ESV

GRUNDLAGEN DER ANGLISTIK UND AMERIKANISTIK

Herausgegeben von Rüdiger Ahrens und Edgar W. Schneider

Band 27

Einführung in die Kulturwissenschaft

Grundbegriffe, Themen, Fragestellungen

3., neu bearbeitete Auflage

von

Aleida Assmann

ERICH SCHMIDT VERLAG

Bibliografische Information der Deutschen Nationalbibliothek
Die Deutsche Nationalbibliothek verzeichnet diese Publikation in der Deutschen Nationalbibliografie; detaillierte bibliografische Daten sind im Internet über http://dnb.d-nb.de abrufbar.

Weitere Informationen zu diesem Titel finden Sie im Internet unter
ESV.info/3 503 12270 7

1. Auflage 2006
2. Auflage 2008
3. Auflage 2011

ISBN 978 3 503 3 503 12270 7

www.ESV.info

Dieses Papier erfüllt die Frankfurter Forderungen
der Deutschen Bibliothek und der Gesellschaft für das Buch
bezüglich der Alterungsbeständigkeit
und entspricht sowohl den strengen Bestimmungen der US Norm
Ansi/Niso Z 39.48-1992 als auch der ISO-Norm 9706.

Satz: multitext, Berlin
Druck und Bindung: Danuvia Druckhaus, Neuburg a.d. Donau

Vorwort zur dritten Auflage

Diese Neuauflage hat die Optik und das Layout der zweiten Auflage übernommen: Schlüsselbegriffe, wichtige Formeln und Formulierungen sind im Schriftbild hervorgehoben; Listen, Diagramme und Übersichtstabellen heben Zusammenhänge visuell klarer hervor; Zusammenfassungen am Ende der Kapitel bieten einen verdichteten Überblick über die jeweilige Thematik. Auch an der Gliederung hat sich nichts verändert. Manche Leserinnen mögen in diesem Buch ein Kapitel zum Thema ‚Gender' vermissen. Tatsächlich ist dieses Thema in andere Kapitel mit eingegangen; unter ‚Medien' zum Beispiel werden Fragen männlicher und weiblicher Autorschaft diskutiert, im Kapitel ‚Körper' geht es um die Modellierung von Geschlechtsrollen, im Kapitel ‚Identität' kommen weibliche Lebensentwürfe und Identitätskonstruktionen zur Sprache. Auch soll noch einmal betont werden, dass diese Einführung in die Kulturwissenschaft nicht nach dem Muster der Darstellung von Theorie-Angeboten aufgebaut ist. Für diese Gattung kann ich zwei Studien empfehlen, die mein Projekt sinnvoll ergänzen: Doris Bachmann-Medick, *Cultural Turns. Neuorientierungen in den Kulturwissenschaft* (2006) und Wolfgang Iser, *How to do Theory* (2007). Mein Interesse galt vielmehr dem Versuch, Texte, Themen, Begriffe und Theorien so miteinander zu verflechten, dass sich dabei über die Grenzen von Fächern und Methoden hinweg ein Fundus an gemeinsamem Wissen und erprobeter Praxis abzeichnet – eben der Ansatz zu einem kulturwissenschaftlichen Grundwissen.

Inhaltlich wurden Korrekturen und Verbesserungen vorgenommen, die zum großen Teil auf Impulse von Rezensentinnen zurückgehen, denen ich für ihre konstruktive Kritik an dieser Stelle besonders danken möchte. So wurden die vormals verstreuten Literaturhinweise zum Zweck der besseren Übersichtlichkeit in einer Gesamtbibliographie zusammengefasst. Darüber hinaus wurden einige Ergänzungen angebracht, wo sich der Stand der Forschung inzwischen in eine neue Richtung entwickelt hat. Nicht zuletzt wurde die Bibliographie um Neuerscheinungen ergänzt und eine große Anzahl der zitierten Bücher durch Standardausgaben ersetzt. Diese an sich schon enorm zeitaufwändige und penible Kleinarbeit wurde durch die hermetische Schließung der Universitätsbibliothek aufgrund eines Asbestschadens nicht gerade erleichtert. Ohne die tatkräftige, kluge und unbeirrte Unterstützung von Anna Stahl, Eva Mendez und Romina Heimburger wäre diese Neuauflage nicht möglich gewesen. Dr. Carina Lehnen danke ich dafür, dass sie diese angeregt und mit ihrem Rat und Sachverstand so kommunikativ und effektiv begleitet hat.

Konstanz, im Februar 2011 Aleida Assmann

Inhaltsverzeichnis

Einleitung

Ziel und Aufbau dieses Bandes

Im Jahre 2002 stellte der Anglistenverband eine Erklärung ins Netz, in der er bestätigte, dass sich „innerhalb der Anglistik eine Kulturwissenschaft etabliert“ hat, die die „traditionellen Grenzen fachspezifischer Disziplinen“ hinter sich lässt und uns „auf die Herausforderungen des 21. Jahrhunderts“ vorbereitet.[1] Vor diesem Hintergrund folgte im Jahr 2003 ein Fachkongress zum Thema „Kulturwissenschaften in der Anglistik. Eine Standortbestimmung“, dessen Ergebnisse als Netzpublikation erschienen sind. Kein Zweifel: **die Kulturwissenschaften haben innerhalb der deutschsprachigen Anglistik Fuß gefasst**. Die Phase des Aufbruchs und der Erneuerung ist abgeschlossen, programmatische Studien zum Umbau des Fachs liegen in großer Zahl vor.[2] Die Aufgabe des vorliegenden Bandes kann es deshalb nicht sein, diese Schritte noch einmal zu rekapitulieren und zu bekräftigen. Angesichts der vielen Einführungs- und Sammelbände zum Thema wird hier nicht noch einmal ein Überblick über unterschiedliche kulturwissenschaftliche Forschungsansätze und Methoden geboten. Von den enzyklopädisch und handbuchartig organisierten Bänden, die einen Überblick über Namen, Richtungen und Entwicklungen anbieten, setzt sich diese Einführung deshalb bewusst ab. Ihr Ziel ist es, einige Grundthemen zu identifizieren, in denen sich kulturwissenschaftliche Fragen verdichten, und diese mit literarischen Texten und Lektüren zu verbinden. Das kann natürlich nur sehr selektiv und exemplarisch geschehen. Dieses Buch möchte neugierig machen auf interessante Fragestellungen und möglichst voraussetzungslose Einstiege in komplexere Zusammenhänge ermöglichen. Gleichzeitig sollen Begriffe veranschaulicht und

---

1 www.anglistenverband.de/at002.html.

2 Hier nur eine kleine Auswahl aus einer bereits unabsehbar werdenden Liste von Veröffentlichungen: *During, Simon* (2005) Cultural Studies. A Critical Introduction. London: Routledge; *Hörning, Karl H./Winter, Rainer* (1999) Widerspenstige Kulturen: Cultural Studies als Herausforderung. Frankfurt a. M.: Suhrkamp; *Jaeger, Friedrich* et al., Hgg. (2004) Handbuch der Kulturwissenschaften, Bd. 1–3, Stuttgart: Metzler; *Leistyna, Pepi* (2005) Cultural Studies. From Theory to Action. Malden, MA: Blackwell; *List, Elisabeth/Fiala, Erwin* Hgg., (2004) Grundlagen der Kulturwissenschaft. Interdisziplinäre Kulturstudien. Tübingen, Basel: Francke; *Nünning, Ansgar*, Hg. (1998) Metzler Lexikon Literatur- und Kulturtheorie, Stuttgart: Metzler; *Nünning, Ansgar/Sommer, Roy*, Hgg. (2004) Kulturwissenschaftliche Literaturwissenschaft. Disziplinäre Ansätze – Theoretische Positionen – Transdisziplinäre Perspektiven. Tübingen: Gunter Narr (diese Bände sind, obwohl von Anglisten um Nünning herausgegeben, nicht auf Anglistik eingeschränkt); *Stierstorfer, Klaus/Volkman, Laurenz*, Hgg. (2005) Kulturwissenschaft interdisziplinär. Tübingen: Gunter Narr.

literarische Grundkenntnisse vermittelt werden. Dieser Band versteht sich als ein studienbegleitendes Hilfsmittel für die Erforschung des Zusammenhangs von Literatur und wichtigen Grundfragen der Kultur.

Die Einführung in kulturwissenschaftliche Theorien und Methoden soll so eng wie möglich mit einer Einführung in die englische und amerikanische Literatur unterschiedlicher Epochen verknüpft werden, wobei auch gelegentliche Ausgriffe über den anglo-amerikanischen Sprach- und Kulturraum hinaus notwendig sind, um allgemeinere Bezüge herzustellen. Die Mischung älterer und neuerer Textbeispiele ist dabei Prinzip, geleitet von dem Grundgedanken, dass eine kulturwissenschaftliche Orientierung nicht erst in der Pop- und Gegenwartskunst ihre Erfüllung findet, sondern auch rückwirkend ein neues Licht auf die Literaturgeschichte wirft.

Der vorliegende Band stellt in sieben Kapiteln ebenso viele thematische Felder vor, in denen methodische Grundbegriffe, theoretische Ansätze und Lektüren literarischer Texte zusammengeführt werden. Unter dem Stichwort **‚Zeichen'** geht es um die kleinste Einheit kultureller Semantik, auf welcher alle Prozesse der Sinnbildung, Verständigung und Deutung aufruhen. Das anschließende Kapitel **‚Medien'** baut darauf auf und fragt nach den materiellen Präsentationsformen, in denen Zeichen übermittelt werden, sowie nach der Geschichte dieser Medien und ihrer konstruktiven Bedeutung als Ermöglichungsbedingung künstlerischer Ausdrucksformen. Im Kapitel **‚Körper'** geht es um die physiologischen Grundlagen der Kultur einerseits und um den Störfaktor andererseits, der alle abstrahierenden, idealisierenden und virtualisierenden Darstellungen unterläuft und in Frage stellt. Die Dimensionen **‚Zeit'** und **‚Raum'**, denen je ein Kapitel gewidmet ist, bilden ihrerseits physische Grundlagen menschlicher Existenz, die in Gestalt gesellschaftlicher und politischer Orientierungsrahmen menschliche Lebens- und Handlungsformen bestimmen. Unter dem Stichwort **‚Gedächtnis'** geht es um verschiedene Formen und Strategien, mit denen aus individueller wie kollektiver Perspektive auf Vergangenes zurückgegriffen und Abwesendes in die Gegenwart zurückgeholt wird. Dieses Kapitel leitet über zum Thema **‚Identität'**, worunter Formen individueller und kollektiver Selbstdeutung und Selbstdarstellung verstanden werden, die je nach kulturellen Voraussetzungen als Einheit im Wandel, als ein multiples Selbst oder als ethnisch-kulturelle Eigenart gegenüber dem Anderen und Fremden zur Geltung gebracht werden. Einige Stichworte mag man in dieser Liste vermissen, wie zum Beispiel das Thema ‚Gender'. Dieses Thema, das eigentlich einen eigenen Band erfordert, ist hier auf verschiedene Kapitel verteilt: unter ‚Medien', ‚Körper' und ‚Identität' wird man fündig.

Kulturbegriffe

Der Begriff Kultur ist in sehr unterschiedlichen Verwendungen im Umlauf, die hier einleitend kurz charakterisiert werden sollen. Wir können drei wertfreie und drei werthaltige Verwendungen des Begriffs unterscheiden. Das Wort kommt von lateinisch ‚colere', das soviel wie ‚pflegen' bedeutet. Diese **Pflege** galt ursprünglich dem Erdboden, woran noch heute das engl. Wort ‚agriculture' erinnert. Es kann sich aber auch auf Körperpflege im Allgemeinen beziehen, worauf noch das deutsche Wort ‚Kulturbeutel' (für Wasch- und Rasierzeug) hindeutet, oder auf geregelte Wachstumsbedingungen im Labor, wo ‚Bakterien-Kulturen' angelegt werden. In fortschreitender Ausdünnung dieser Grundbedeutung lässt sich das Wort Kultur inzwischen als Suffix an jedwede mit einer gewissen Systematik verfolgte menschliche Tätigkeit anhängen, wobei es so gut wie alles bezeichnen kann, was einen gewissen Grad an entwickelter Vielfalt und innerer Ausdifferenzierung aufzuweisen hat wie z. B. in Gesangskultur, Käsekultur, Fitnesskultur, Partykultur, Müllkultur oder neuerdings Sicherheitskultur.

In einer gänzlich anderen Bedeutung bezieht sich Kultur auf **geographische und politische Großgebilde** wie Nationen mit unterschiedlichen historischen Entwicklungen, deren Einheit durch bestimmte Sprachen, Mentalitäten, Kunst- und Lebensformen verbürgt ist. Das, was das große Ganze jeweils zusammenhält, wird in dem Allgemeinbegriff Kultur ausgedrückt. In diesem Sinne sprechen wir von einer deutschen, französischen, amerikanischen, chinesischen oder auch westlichen Kultur, wobei es jeweils das Prinzip der Abgrenzung ist, das Ganzheiten dieser Art begründet. Als Einheit mit einer unbestimmt-bestimmten Eigenart werden solche Gebilde in der Regel eher von außen wahrgenommen; wer genauer hinsieht oder selber drinsteckt, dem wird sich ein anderes Bild auftun. Dieser Einheits- und Ganzheitsbegriff von Kulturen ist in den letzten Jahren zurecht kritisch in Frage gestellt und als eine Fiktion bzw. als Essentialisierung durch Zuschreibung eines ‚Wesens' dekonstruiert worden. Diese Einsicht kann allerdings nicht bedeuten, dass wir auf diesen Kulturbegriff im Sinne einer Grundorientierung ganz verzichten könnten. Trotz ihrer manifesten Inhomogenität, Hybridität und Offenheit beziehen wir uns in der Praxis weiterhin auf Kulturen als einheitliche Großgebilde.

Neben Pflege und nationaler Eigenart gibt es einen weiteren wertfreien Begriff von Kultur, der in den beiden letzten Jahrzehnten immer stärker hervorgetreten ist. In diesem Sinne ist Kultur **alles, was im Zusammenleben von Menschen der Fall ist**. Der Philosoph Bernhard Waldenfels schreibt, dass sich unter Kultur all das fassen lässt, was Menschen aus sich und den Dingen machen und was ihnen dabei widerfährt; darin eingeschlossen sind symbolische Deutungen, kollektive Rituale, Kunststile oder soziale Einrichtungen, sowie die ständig wachsende Zwischenwelt aus Technik und Medien. Die Kultur ist – ähnlich der Seele bei Aristoteles – „auf gewisse Weise alles".[3] Was immer Menschen tun und anrühren oder anschauen ist

3 Waldenfels (2001), 98.

bereits Kultur, wie für den legendären König Midas alles, was er anrührte, zu Gold wurde. Das gilt in diesem inklusiven Sinne auch für die Natur und sogar die Naturwissenschaften, die die Natur ja durch kulturelle technische Geräte hindurch und von einem immer schon kulturell motivierten Interesse aus untersuchen. Wenn alles Kultur ist, dann besteht der positive methodische Ertrag dieser neuen Perspektive darin, dass alle Bereiche menschlichen Lebens und Erfahrens zum Gegenstand kultureller Forschung werden können – von Spielautomaten über Radiergummis bis zur Ausscheidung. Dieser inklusive und zugleich relativierende Blick wertet das bis dahin Nebensächliche und Unbedeutende plötzlich mit neuem Interesse auf. Es ist der ethnographische Blick, der dabei von der Untersuchung exotisch fremder Kulturen auf das Eigene zurückgelenkt wird und dieses produktiv verfremdet. Die extreme Erweiterung des Kulturbegriffs hat aber auch eine negative Seite. Mit der totalen Entgrenzung des Gegenstandsfeldes und der Relativierung von Haupt- und Nebensachen entsteht die Gefahr der Beliebigkeit und Indifferenz.[4] Wenn alles Kultur ist, löst sich die Bedeutung dieses Begriffs von selber auf; ohne Gegenbegriff verkommt er zu einer tautologischen Schablone.

Die Bedeutungen von Kultur als Pflege, als nationale Eigenart und als Universalbegriff unterscheiden sich von den folgenden Kulturbegriffen durch ihre Wertfreiheit. Sobald **Werte** ins Spiel kommen, ist Kultur nicht mehr alles, sondern etwas sehr Spezielles, das in einem (oft polemisch dramatisierten) Oppositionsverhältnis zu etwas anderem steht. Werthaltige Kulturbegriffe sind in der Regel **Kampfbegriffe**; sie setzen aber nicht voraus, dass Kultur unbedingt immer etwas Gutes ist; sie kann, wie wir gleich sehen werden, auch als etwas Schlechtes angesprochen werden. Gut und schlecht sind gleichermaßen Wertbegriffe. Die entscheidende Prämisse, die den folgenden Kulturbegriffen unterliegt, ist die, dass Kultur als ein gesellschaftlicher und politischer Schauplatz von Wertzuschreibung und Wertentzug, ja als ein Kampfplatz zwischen guten, minderwertigen und schlechten, bzw. zwischen guten und bösen Kräften in Erscheinung tritt.

Ein normativer Kulturbegriff, der durchs 19. Jahrhundert hindurch bis in die Mitte des 20. Jahrhunderts hinein in Geltung war, ist der von der **Hochkultur**. Träger dieser Hochkultur war das Bürgertum, das seit dem 18. Jahrhundert den neuen säkularen Wert des ‚Ästhetischen' im Sinne einer Kultivierung und Sublimierung der Sinne entdeckte und sich damit polemisch von der Unterhaltungsindustrie der Unterschichten absetzte. Hochkultur impliziert eine vertikale Struktur und beansprucht Höhe im doppelten Sinne als soziale Verortung in der Gesellschaft und als ästhetische Wertung künstlerischer Spitzenleistungen. Die beiden Formen von Höhe vereinigen sich im Begriff des Elitären; es geht gleichermaßen um Affirma-

4 Diese Kritik hat auch Bill Readings (1997) vorgebracht: „Culture ceases to mean anything as such; it is dereferentialized. (...) If culture is everything, then the invocation of culture cannot have redemptive force, cannot lend meaning (unity and direction) to symbolic life." (99)

tion des ästhetisch Anspruchsvollen wie um Abgrenzung gegenüber anderen sozialen Schichten, wobei in einer soziologisierenden Interpretation dieses Sachverhalts das eine auch als Mittel zum anderen interpretiert werden kann. Es ist keine Frage, dass die elitäre Hochkultur des Bürgertums ihren Begriff von Kunst in einer Weise kanonisiert hat, dass er für Außenseiter, die nicht die entsprechenden Bildungsprivilegien genossen haben, unzugänglich wurde und zur Immunisierung gegen sozialen Wandel beitrug. **Kultur als elitäres Gut** und Mittel- bzw. Oberschichten-Privileg ist seit den 1960er-Jahren auf dem Rückzug. Es waren nicht zuletzt die cultural studies, die zum Abbau der konstituierenden Differenz von oben versus unten beigetragen haben. Weder die starre Wertungsskala noch die soziale Grenze ließ sich in einer dynamischen Gesellschaft mit hoher Immigrationsrate und sozialer Mobilität aufrechterhalten. In England waren die aus den Kolonien einreisenden Immigranten an der Erosion dieses hierarchischen Kulturbegriffs beteiligt, in den USA waren es der Feminismus und die Selbstbehauptung ethnischer Minderheiten, in Deutschland war es die 68er-Revolte, die mit bürgerlichen Traditionen brach und mit neuen Werten und Lebensformen experimentierte.

Ein weiterer normativer Kulturbegriff bezieht sich auf das, was den Menschen vom Zustand der Wildheit trennt und allererst zum Menschen macht. Mensch ist der Mensch in dieser Sicht nicht eo ipso, sondern erst aufgrund einer ‚kultivierenden' und korrektiven Arbeit an sich selbst. Der Schlüssel zu diesem Kulturbegriff ist die Selbstdisziplin, die Beherrschung der Triebnatur, die als eine anthropologische Grundstruktur vorausgesetzt wird. Gegenbegriffe zu diesem Kulturbegriff sind Wildheit, Barbarei und der vor-kulturelle Zustand der so genannten ‚Primitiven', von denen angenommen wird, dass sie mit dem Prozess der Selbstformung noch nicht begonnen haben.[5] Primitive in diesem Sinne gibt es aber nicht nur in fremden Stämmen, sondern auch in der eigenen Geschichte. Der Soziologe Norbert Elias z. B. erzählt in zwei faszinierenden Bänden, wie mühsam die Europäer der frühen Neuzeit jene Umgangsformen erlernen mussten, die heute zum Erziehungsprogramm der 3-5-Jährigen gehören: mit Messer und Gabel essen, Körpergeräusche unterdrücken, Naseputzen usw. Der Schlüsselbegriff für dieses Erziehungsprogramm heißt **‚Zivilisation'**, worunter die langfristige disziplinierende Arbeit am menschlichen Körper, bzw. die ‚Naturbeherrschung am Menschen' (Rudolf zur Lippe, 1987) verstanden wird. Trotz einer Jahrhunderte währenden Geschichte der Disziplinierung ist Zivilisation für Elias keine stabile Errungenschaft, sondern bleibt ein immer nur schwaches Korrektiv gegen die ungebremsten Af-

5 Diese Sicht unterliegt z. B. dem Roman von Joseph Conrad, *Heart of Darkness,* auf den wir im Kapitel über Raum zurückkommen werden. Eine Generation vor Conrad gab es jedoch schon eine Widerlegung dieser Sichtweise. Sie ist in der Studie eines Ethnologen der ersten Stunde, Edward Burnett Tylor, niedergelegt. Er provozierte seine Leser mit dem programmatischen Titel *Primitive Culture,* in dem er zwei Worte zusammenbrachte, die sich nach damaliger Meinung gegenseitig ausschlossen. Tyler (1958) gilt als der Begründer eines relativistisch deskriptiven Kulturbegriffs.

fekte, eine dünne Eisschicht gewissermaßen, auf der wir uns bewegen.[6] Das war auch die These von Sigmund Freud in seiner Studie über *Das Unbehagen in der Kultur.*[7] Zur Zeit eines sich verschärfenden Antisemitismus erkannte Freud, der sich nur noch durch Auswanderung retten konnte, dass die Disziplinierungsgeschichte des individuellen Menschen kein gesichertes Gut ist und jederzeit in Reaktionsbildungen einer kollektiven Triebentfesselung umschlagen kann.

Als ein dritter normativer Kulturbegriff kann der emphatische Kulturbegriff der Kulturkritiker angeführt werden. Wenn die Namen Freud und Elias für einen zivilisatorischen Kulturbegriff stehen, stehen die Namen Theodor W. Adorno und Walter Benjamin für einen **kritischen Kulturbegriff**. Adorno vereinigt den emphatischen Begriff von Hochkultur mit dem Begriff der Zivilisierung, einschließlich dessen pessimistischer Einfärbung. Auch er ist als Jude (ebenso wie Freud, Elias und Benjamin) sensibel für das empfindliche Gleichgewicht der Zivilisation, das ständig von Rückschlägen bedroht ist; in seiner Sprache ist es die ‚Dialektik der Aufklärung', die von Anfang an von mythisch-irrationalen Gegenbewegungen durchkreuzt wird. Adorno interessiert sich für Kultur als Ensemble der anspruchsvollen Höchstleistungen künstlerischer Ausdrucksformen; seine Wertschätzung verleiht den Werken bestimmter Dichter, Künstler und Musiker einen quasi-religiösen Status. Kultur ist für ihn eine Form von Transzendenz; sie ist wie die Religion das ganz Andere, das uns aus einer anderen Welt anrührt, sie ist „Luft von anderem Planeten", wie es Herbert Marcuse einmal formuliert hat.[8] Diese auratische Kultur steht in einem schroffen Gegensatz zu den weltlichen Produkten der Kulturindustrie, die die Massen unterhält. Das andere der Kultur ist für Adorno die Kulturindustrie, in der Kunst die Form der Ware annimmt. Die Produkte der Kultur- bzw. Unterhaltungsindustrie sind durch einen Abgrund von dem Ernst und der quasi-religiösen Aura echter Kunst getrennt. Der kulturkritische Diskurs der ‚Frankfurter Schule' ist in dieser Gegensatzbildung verankert und durch einen melancholischen Ton angesichts des unaufhaltsamen Siegeszugs der populären Massenkultur geprägt.[9]

Der Begriff **‚Aura'** geht auf Walter Benjamin zurück; er steht für eine religiöse Anmutungsqualität großer Kunst, die im Zeitalter massenhafter technischer Reproduzierbarkeit unwiederbringlich verloren geht.[10] Walter Benjamin, der zunächst

6 Elias (1977/8).
7 Freud (1992).
8 Marcuse (1964), 61. „Ich fühle luft von anderem planeten", lautet der erste Vers eines Gedichts von Stefan George, das Arnold Schönberg in seinem 2. Streichquartett vertont hat. Durch diese Wiederaufnahme gewann die Formel in der (u. a. von Adorno vertretenen) ‚Frankfurter Schule' eine besondere Bedeutung.
9 Ein anderer Vertreter dieser Kulturtheorie ist der Literaturkritiker George Steiner (1997), der ebenfalls eine gnostische (im Sinne von: einer falschen Welt sich entgegensetzende) Auffassung von Kunst hat und große Kunstwerke deshalb auch als ‚Gegen-Schöpfungen' bezeichnet.
10 Benjamin (1963).

aus Deutschland und dann aus dem nationalsozialistisch besetzten Frankreich fliehen musste, ist anders als Freud, Elias und Adorno der Weg in die Freiheit und Emigration nicht gelungen. Die schärfste und grundsätzlichste Form der Kulturkritik ist in seinen Thesen „Über den Begriff der Geschichte" enthalten, die er 1940 auf der Flucht verfasst hat.[11] Benjamins Kritik gilt nicht nur den Produkten der Massenkultur, sondern auch der bürgerlich liberalen Hochkultur, die im Angesicht des Faschismus versagt hat. Gegen eine Kultur der Sieger nimmt er im Namen einer ethischen Verantwortung für die Unterdrückten der Geschichte Stellung. Aus dieser Perspektive, die die Geschichte gegen den Strich bürstet, betrachtet er alle Kulturgüter mit einem grundsätzlichen Misstrauen. Was geschaffen und weitergegeben wird, ist für ihn „niemals ein Dokument der Kultur, ohne zugleich ein solches der Barbarei zu sein."[12]

Sechs Kulturbegriffe

- Pflege im Sinne von Verbesserung und Aufwertung einer Sache (z.B.: Fitnesskultur)
- geographische und politische Großgebilde (z.B.: die französische Kultur, die westliche Kultur)
- inklusiver Begriff für alles, was Menschen tun und mit ihnen zusammenhängt (ethnographischer Begriff)
- elitärer Begriff von Hochkultur
- Beherrschung der Triebnatur (Zivilisation)
- Kritische bzw. auratische Gegenwelt zur Realität (Frankfurter Schule)

Warum Kulturwissenschaften?

Vor knapp 200 Jahren, am Anfang des 19. Jahrhunderts und der industriellen Revolution in England, hat der englische Dichter P. B. Shelley folgende Analyse der geistigen Situation seiner Zeit gegeben:

> our calculations have outrun conception; we have eaten more than we can digest. The cultivation of those sciences which have enlarged the limits of the empire of man over the external world, has, for want of the poetical faculty, proportionally circumscribed those of the internal world; and man, having enslaved the elements, remains himself a slave.[13]

Shelley spricht nicht von Kultur, sondern von Kultivierung und bezieht sich damit auf die Grundbedeutung von ‚Pflege', ‚Entwicklung' und ‚systematischem Ausbau'. Die Kultivierung der Naturwissenschaften, so seine These, hat sich als eine Gefahr für die Kultur erwiesen. Denn der einseitige Ausbau der rationalen Fähigkeiten

11 Benjamin (1980).
12 Benjamin (1980), 696.
13 Shelley (1968), 249.

des Menschen habe zwar seine Macht über die Natur in enormer Weise ausgedehnt, dabei aber andere Fähigkeiten verkümmern lassen. Der Mensch, so konstatiert Shelley, ist mit seiner Vernunft nicht mitgewachsen, weshalb er nun seiner eigenen Vernunft immer weniger gewachsen ist.[14]

Shelley reagierte 1821 auf einen dramatischen Wandel von Welt- und Menschenbild durch die Verwissenschaftlichung und Technisierung der Lebenswelt. Er sah damals wissenschaftliche Rationalität und poetische Imagination in einen unversöhnlichen Gegensatz gestellt. Auf diesen einfachen Gegensatz können wir das Problem, das er angesprochen hat, heute nicht mehr bringen, denn **Wissenschaft und Technik** sind für uns ein ebenso selbstverständlicher Teil der Kultur geworden wie **Dichtung und Imagination**. Doch Shelleys Alarmsignal ist heute nicht weniger aktuell als damals. Wir erleben gegenwärtig nicht weniger dramatische Revolutionen in der Physik und den Biowissenschaften, deren neue Erkenntnisse über die Struktur der Atome und des Genoms zu einem gewaltigen Motor der Veränderung unserer Kultur werden. Nicht weniger einschneidend sind die Konsequenzen des technischen Wandels, der die elektronischen Medien hervorgebracht und mit einem Netz von Kommunikationskanälen den Erdball überzogen und den Weltraum durchkreuzt hat. Neben naturwissenschaftlichen und technischen gibt es soziale Motoren des Wandels wie zum Beispiel die Neubestimmung des Geschlechterverhältnisses, das die Grundlagen westlicher Gesellschaften innerhalb von ein bis zwei Generationen tiefgreifend verändert hat. Und natürlich nicht zu vergessen die historischen und politischen Motoren kulturellen Wandels: Wir leben in einer Welt der Spätfolgen historischer Traumatisierungen, gewaltsamer Vertreibungen, postkolonialer Identitätssuche und, in Europa, neuer transnationaler Organisationsstrukturen.

Meine These ist, dass die Kulturwissenschaften nicht aus einer neuen M(eth)ode oder theoretischen Wende entstanden, sondern eine Antwort sind auf diesen tiefgreifenden Wandel der Gesellschaft und unserer Welt(un)ordnung. Das erklärt zum einen, warum sich Kulturwissenschaften an verschiedenen Orten der Welt entwickelten und zum anderen, warum sie kein einheitliches Forschungsparadigma hervorgebracht haben. Nicht die Ausbreitung einer theoretischen Schule, nicht der Siegeszug einer neuen Methode ist für ihre Entstehung verantwortlich, sondern der Wandel der Kulturen selbst und die neuen Fragen und Herausforderungen, die sich aus diesem Wandel auch für die Literaturwissenschaft ergeben.

Was ändert sich im Zeichen der Kulturwissenschaften für die einzelnen Fächer? Im Vordergrund steht ein **Durchlässigwerden der Disziplinengrenzen**. Der Kulturwissenschaftler Raymond Williams schreibt über seine Arbeit: „The work which this book records has been done in an area where several disciplines converge but in general do not meet."[15] Kunst und Literatur werden als ein Teil der übergreifenden

14 Der Roman seiner Frau, Mary Shelleys *Frankenstein,* kann durchaus als eine Variation dieses Themas gelesen werden; vgl. auch Kap. 7.

15 Williams (1976), 15.

Kultur wahrgenommen, was sie in Bezug setzt zu politischen, wirtschaftlichen, historischen, gesellschaftlichen Bedingungen und Entwicklungen. In diesem Sinne hatte der Kunsthistoriker Aby Warburg bereits 1912 die „grenzpolizeiliche Befangenheit" seines Faches beklagt und sich für eine Kunstgeschichte im Dienst einer ganzheitlichen Kulturwissenschaft eingesetzt.[16] Die Deutung von Bildern und Texten kann deshalb nicht mehr an der Werkgrenze halt machen, sondern muss auch auf ihre Kontexte Bezug nehmen, womit jedoch keineswegs ihr ästhetischer Status aberkannt wird. Durch den Impuls zur Kontextualisierung werden Anleihen bei Nachbardisziplinen unumgänglich; die Kunstwissenschaftler zum Beispiel entdecken Sprache, Schrift und Text als Ergänzung ihres Gegenstandes, während in der Literaturwissenschaft gleichzeitig Fragen der Bildlichkeit und Medialität immer wichtiger werden. Die Durchlässigkeit der Fächergrenzen darf jedoch nicht verwechselt werden mit ihrer Aufhebung. Die in besonderen Wissenschaftstraditionen begründete Differenz der Perspektiven darf im Zuge der kulturwissenschaftlichen Umstrukturierung keinesfalls verloren gehen. Die einzelnen geisteswissenschaftlichen Fächer dürfen aber auch nicht mehr in selbstbezügliche hermetische Diskurse eingeschlossen bleiben. Die Überschreitung von Disziplinengrenzen erfordert eine gemeinsame Sprache, die über die Fächergrenzen hinweg verständlich ist und es ermöglicht, Anschlussstellen zu bilden und die Einsichten und Ergebnisse anderer Fächer produktiv in die eigene Arbeit aufzunehmen.

Es gibt Stimmen, die in dieser grenzüberschreitenden Perspektive die **Gefahr einer grenzenlosen Ausweitung** des Gegenstandsbereichs sehen. Die Kulturwissenschaften, das ist ihre Chance und ihr Problem, haben keinen klar zu definierenden Gegenstand. Sie beschäftigen sich mit Kultur. Kultur ist alles, was von Menschen gemacht ist. Dazu gehören, wie Terry Eagleton sarkastisch angemerkt hat, Haartrachten ebenso wie Trinkgewohnheiten, Anredeformen, die Lebensweise türkischer Psychotherapeuten, ein Streichquartett von Brahms und die göttliche Komödie.[17] So diffus sie in ihrem Gegenstandsbereich sind, so klar sind dagegen die Perspektiven und Fragestellungen der Kulturwissenschaften. Sie interessieren sich dafür, wie das vom Menschen Gemachte, die Kultur, **gemacht** ist, d. h. unter welchen Voraussetzungen, mit welchen Verfahren, Funktionen und Konsequenzen. Diese Perspektive der ‚Kulturalisierung' hat am Ende des 20. Jahrhunderts eine ähnlich relativistische Sicht erzeugt wie die ‚Historisierung' in der Mitte des 19. Jahrhunderts, die sich nach Ansicht ihres schärfsten Kritikers Nietzsche ebenfalls für viel zu vieles interessierte und dabei alle Kriterien des Wertes und Maßstäbe der Relevanz verlor. Die auch von dem marxistischen Literaturkritiker Terry Eagleton vorgebrachte Kritik an postmoderner Beliebigkeit trifft sicher einen gewissen Prozentsatz uninspirierter Studien, die unter der Flagge des neuen Forschungsparadigmas mitsegeln, jedoch keineswegs Konzept und Intention kulturwissenschaftlicher Forschung selber, der

16 Warburg (1980), 185.
17 Zur Inflation des Kulturbegriffs Eagleton (2001), Kap. 2.

es immer um eine die Gegenwart erhellende reflexive, bzw. um eine die Gegenwart verändernde politische oder pragmatische Perspektive geht.

Cultural Studies und Kulturwissenschaften – zwei Entstehungsgeschichten

Die Kulturwissenschaften besitzen als akademisches Fach weder einen klar abgrenzbaren Gegenstand noch eine einheitliche Gestalt, weil sie sich aus ganz verschiedenen Orientierungen heraus entwickelt haben. Das hängt vor allem mit den spezifischen historischen und sozio-kulturellen Bedingungen zusammen, aus denen sie hervorgegangen sind. Die deutschsprachigen ‚Kulturwissenschaften' z. B. haben eine andere Genealogie als die ‚cultural studies', beide sind ein Teil jener Kulturen, aus denen sie erwachsen sind. Deshalb soll hier ein Wort über den Unterschied zwischen den englischen ‚cultural studies' und den deutschen ‚Kulturwissenschaften' gesagt werden. Erst dann können wir besser verstehen, warum unterschiedliche lokale und historische Entstehungsbedingungen zu unterschiedlichen Fragestellungen, Themen und Methoden geführt haben.

Cultural Studies

Die cultural studies, die nicht erst seit den 1980er-Jahren in den USA, sondern bereits seit der Mitte der 1950er-Jahre in der englischen Industriestadt Birmingham entwickelt wurden, entstanden aus einer **Krise der ‚Humanities'**, wie die Geisteswissenschaften an englischen Universitäten genannt werden. So jedenfalls fasst es der Titel eines Aufsatzes von Stuart Hall zusammen, der maßgeblich an der Reorientierung beteiligt war: *The Emergence of Cultural Studies and the Crisis of the Humanities.*[18] Zusammen mit Raymond Williams[19], Edward Thompson und Richard Hoggart gehörte er zu einer Gruppe von jungen marxistisch inspirierten Literaturwissenschaftlern, die bei dem berühmten Literaturprofessor F. R. Leavis studiert hatten. Dieser Lehrer verkörperte ein elitäres Konzept von bürgerlicher Hochkultur, in dem die jüngere Generation, die wie Hall aus den ehemaligen Kolonien oder wie Williams aus einer Walliser Arbeiterfamilie stammten, ihre eigenen Interessen und Erfahrungen nicht wieder finden konnten. Sie setzten sich von Cambridge

18 Hall (1990).

19 In seinem Buch *Culture and Society* von 1958 hat Williams mit Begriffen wie ‚class', ‚industry' und ‚democracy' die soziale Dimension in den Kulturbegriff eingeführt. Dass dieses Buch kulturwissenschaftlich avant la lettre ist, läßt sich bereits daran ablesen, dass es unter so verschiedenen Kategorien wie ‚cultural history', ‚historical semantics', ‚history of ideas', ‚social criticism', ‚literary history' und ‚sociology' rezipiert wurde. Mit seiner Nicht-Zuordenbarkeit unterlief es die herrschenden disziplinären Grenzen. Dass der Begriff Kultur sowohl Kunst als auch Gesellschaft umspannt, scheint auch heute noch kein allgemein anerkannter Sachverhalt zu sein. In dem instruktiven und verdienstvollen Aufsatz von Ute Daniel (1993) wird auf Kunst als eine Komponente von Kultur mit keiner Silbe eingegangen.

nach Birmingham ab und erfanden einen neuen Kulturbegriff, der mit dem ihres Lehrers nichts mehr zu tun hatte. Leavis war der Papst einer sakralisierenden Kanonpolitik gewesen, die das Fundament der Humanities bildete; sein Hauptwerk mit dem sprechenden Titel *The Great Tradition* hatte den verbindlichen Kanon für die englische Literatur des 19. Jahrhunderts gerade neu festgesetzt. In einer Zeit wachsender Rationalisierung und Technisierung kämpfte Leavis für Kultur als eine unverzichtbare Energiequelle menschlichen Lebens. Sein kulturpädagogisches Modell beruhte dabei auf einer klaren Opposition zwischen der dumpfen und trägen Masse der Gesellschaft einerseits und den Wenigen andererseits, die berufen sind, bewusste Träger von Kultur zu sein. Kultur war für ihn Sache einer schmalen Elite, deren Bildungsauftrag darin bestand, „die Kraft der Kultur und des kulturellen Lebens aufrechtzuerhalten".[20] Von diesem engen und elitären Kulturbegriff setzte sich die **Birmingham-Schule** radikal ab und wandte sich ihrerseits dem Studium der industriellen Massenkultur zu. Für diese neue Generation, die wie Williams ihre Ausbildung nicht nur in Oxford, sondern auch im Zweiten Weltkrieg bekommen und später von Marx, Foucault und Gramsci gelernt hatte, war Kultur nicht das einbalsamierte Erbe einer nationalen Tradition, sondern der Schauplatz von Kämpfen um Macht, Geld, Anerkennung und Prestige. Dieser Impuls der Birmingham-Schule, der auf eine Ausweitung des Kulturbegriffs **von Hochkultur auf Populärkultur** gerichtet war, wurde in den 1970er und 1980er-Jahren von all denen begeistert aufgegriffen, die sich in einer bürgerlich-elitären Definition von Kultur nicht wiederfanden wie Migranten, Feministinnen und andere soziale Minderheiten. Der Kanon, die Idee einer verbindlichen gemeinsamen kulturellen Überlieferung, so hat es Stuart Hall zusammengefasst, „was blown apart by world migration, by fragmentation, by the rise of margins, by the struggle of the margins to come into representation, by the contestation of the margins for cultural power, by the pluralization of ethnicity itself in English society."[21]

Die innerhalb der Birmingham-Schule entwickelten cultural studies verstanden sich als eine unmittelbare Antwort auf aktuelle gesellschaftliche Veränderungen.[22] Ihre neue Vision hat Hall im Rückblick folgendermaßen skizziert: „The vocation of cultural studies has been to enable people to understand what is going on, and especially to provide ways of thinking, strategies for survival, and resources for resistance to all those who are now – in economic, political, and cultural terms – excluded from anything that could be called access to the national culture of the national community."[23] Dieses Konzept der cultural studies, das **Kultur und Politik**

20 F. R. Leavis (1948), 13 f. Neben Leavis sind Matthew Arnold (1869) und T. S. Eliot (1962) als Vertreter der Position von ‚Kunst als elitäre Hochkultur' zu nennen.

21 Hall (1990), 21.

22 „They are themselves focused by, organized through and constitute responses to, the immediate pressures of the time and society in which they arose", schreibt Stuart Hall (1986), 34.

23 Hall (1990), 22.

aufs Engste verkoppelt und eine Strategie für soziale und ethnische Minderheiten entwirft, hat in Einwanderungsgesellschaften wie den Vereinigten Staaten oder Kanada ebenfalls eine große Wirkung entfaltet. Mit ihrem Impuls soll derzeit in Gesellschaften mit kolonialen Unterdrückungsgeschichten der ethnischen Vielfalt zu multikultureller Anerkennung und Chancengleichheit verholfen werden.[24] Ihre wichtigsten Themen sind Jugend- und Arbeiterkultur, alte und neue Medien, Frauen und ethnische Minderheiten.

Ein wichtiger Aspekt der Birminghamschen cultural studies war die Ausweitung des Kulturbegriffs, verbunden mit einer programmatischen Nivellierung der Grenze zwischen kanonischer Literatur und industrieller Massenkultur. Eine Bestätigung dieser Forderung kam Ende der 1960er-Jahre von postmodernen Theoretikern und Kritikern aus den Vereinigten Staaten. Hier ist Leslie Fiedler zu nennen, der mit seinem Slogan: **„Cross the Border, Close the Gap!"**, besonders in Deutschland berühmt wurde.[25] Er gehört zu denen, die das Ende der modernen Literatur verkündeten. Damit meinte er weniger das Ende der Bedeutung der großen Texte von Proust, Eliot und Joyce als das Ende der Herrschaft eines von Kritikern konservierten repressiven ästhetischen Wertsystems, das an diesen Werken geschult war und sich immer mehr zu einer Abwehr-Waffe gegenüber neuen künstlerischen Bewegungen entwickelte. Sein Aufruf richtete sich an die Professoren und Kritiker, die sich auf eine neue Ära einstellen sollten, in der die tiefe Kluft zwischen hoher Literatur und Popkultur überwunden war und eine flexible Mischung aus E- und U-Kultur, aus ernsthaften und trivialen Elementen zum neuen Standard gehörte.

Wenn man sich die weitere Geschichte der Kulturentwicklung in den Vereinigten Staaten anschaut, muss man feststellen, dass sich Fiedlers Aufruf zur Grenzüberschreitung und einer Ausgleichung von Differenzen auf anderen Ebenen nicht nur nicht bewahrheitet hat, sondern dass das genaue Gegenteil eingetreten ist. Seit

24 Derjenige, der in den USA den Ansatz der Birmingham-Schule in der zweiten Generation am konsequentesten fortsetzt, ist Lawrence Grossberg, der selbst ein Schüler von Stuart Hall ist. Seine Form der Cultural Studies ist konsequent marxistisch ausgerichtet und auf die Analyse von Kulturen als Rahmen wirtschaftlichen und politischen Handelns konzentriert. Es gibt allerdings auch Stimmen, die diesen Theorie-Ansatz bereits historisieren: „Altbewährte Gegensatzpaare von Zentrum und Rand, von Macht und Widerstand, von Mainstream und Subkultur, von Hegemonie und Subversion, die sich unter anderem in der Rezeption der britischen Cultural Studies etabliert haben, werden weiterhin ins Feld geführt, als hätte sich seit den sechziger Jahren gesellschaftlich und kulturell in Deutschland nichts verändert." Mayer (1999), 235.

25 Leslie Fiedler hat in Freiburg im Jahre 1968 einen Stegreif-Vortrag gehalten, der kurz darauf zum ersten Mal in der Zeitschrift *Christ und Welt* veröffentlicht wurde, bevor er im folgenden Jahr auch in englischer Sprache im *Playboy* Magazin erschien. Fiedler wird im Online *Oxford English Dictionary* als derjenige genannt, der 1965 den bis dahin nur in der Architektur eingeführten Begriff der Postmoderne zum ersten Mal auf die Literatur angewendet hat. Der Text ist abgedruckt in: Fiedler (1988).

den 1970er-Jahren hat sich eine feministische Bewegung an den Universitäten etabliert, der ethnische und post-koloniale Bewegungen folgten, die u. a. neue indianisch-amerikanische, afrikanisch-amerikanische und jüdisch-amerikanische Identitäten, Traditionen und Literaturen begründeten. In der Folge dieser neuen Orientierungen ging es um ein **Bewusstmachen von Grenzen und Differenzen**, an die Fiedler nicht gedacht hatte, und die nicht so einfach eingeebnet werden können, weil sie Teil der kulturellen Dynamik und des gesellschaftlichen Machtgefüges sind: die Grenze zwischen den Geschlechtern und die Grenze zwischen ethnischen Gruppen in der Gesellschaft. Hier galt die Prämisse, dass der Wunsch einer weißen männlichen Machtelite, diese Grenzen zum Verschwinden zu bringen, von der Absicht geleitet sein konnte, sie unbewusst zu halten, um ihr Störungspotential einzudämmen. Die 1980er und 1990er-Jahre waren unruhige Jahre, in denen die nationale Einheitsfiktion hinterfragt und neue Binnengrenzen etabliert wurden.

Weniger aktivistisch und stärker akademisch eingestellt ist ein anderer amerikanischer Zweig der cultural studies, der eine eigene Zeitschrift gründete und in vielen Publikationen regelmäßig sein Programm thematisiert hat. Die Rede ist vom **‚New Historicism'**, der als eine Initiative von Geisteswissenschaftlern um die Zeitschrift *Representations* an der Berkeley Universität entstand. Der berühmteste Name dieser Schule, die immer wieder abstreitet, eine solche zu sein, ist Stephen Greenblatt, dessen Forschungsgebiet Shakespeare und die englische Renaissance ist. Er hat sich insbesondere von dem Ethnologen Clifford Geertz inspirieren lassen, der Kulturen als Texte begriff. Als teilnehmender Beobachter und Feldforscher hat Geertz selbst Kulturen vertextet, indem er seine eigene Form der **‚dichten Beschreibung'** für spezifische kulturelle Praktiken entwickelte.[26] Die Neuen Historiker erweiterten drastisch die Textbasis ihres Faches. Die Texte, die sie in die Literaturwissenschaft einführen, stammen aus den historischen Archiven, in denen sie ein Schattendasein führten. Ihre Provokation besteht darin, dass sie die traditionellen literaturwissenschaftlichen Wertkriterien nivellieren und diesen Archiv-Texten ebenso viel Aufmerksamkeit und methodische Sorgfalt entgegen bringen wie den Kanon-Texten der großen Literatur. Wenn Kultur wirklich in Text geronnen und manifestiert ist, dann haben alle Texte einen gleichen Anspruch auf Deutung und Analyse. Das Interesse des New Historicism richtet sich darauf, die ‚Aura' der literarischen Texte aufzulösen, die ihnen in der bürgerlichen Rezeption zugesprochen wurde. Durch Einbettung literarischer Werke in den historischen Kontext ihrer Entstehung sollen die Effekte der Kanonisierung wieder rückgängig gemacht werden. Dabei soll zugleich dem Marginalisierten zur Aufmerksamkeit verholfen und das gewürdigt werden, was der Missachtung oder Verdrängung zum Opfer gefallen war. Die Neuen Historiker sind sich bewusst, dass dieses Forschungsprogramm mit einem Risiko verbunden ist, das sie aber nicht nur in Kauf nehmen, sondern in dem sie eine echte Chance sehen:

> The risk, from a culturally conservative point of view, is that we will lose sight of what is uniquely precious about high art: new historicism, in this account, fosters

26 Geertz (1999).

> the weakening of the aesthetic object. (...) When the literary text ceases to be a sacred, self-enclosed, and self-justifying miracle, when in the sceptical mood we foster it begins to lose at least some of the special power ascribed to it, its boundaries begin to seem less secure and it loses exclusive rights to the experience of wonder.[27]

Kulturwissenschaften

In Deutschland haben die Kulturwissenschaften eine Entstehungsgeschichte, die bis an den Anfang des 20. Jahrhunderts zurückreicht. Damals begannen einzelne Wissenschaftler wie Georg Simmel, Karl Lamprecht, Aby Warburg, Walter Benjamin und Ernst Cassirer aus den methodologischen Bahnen der etablierten geistes- und sozialwissenschaftlichen Disziplinen auszuscheren und neue Fragestellungen, Wahrnehmungsformen und Arbeitsweisen zu entwickeln. Diese einzelgängerischen Vorstöße vorwiegend jüdischer Wissenschaftler konnten sich damals jedoch nicht gegen die institutionellen disziplinären Strukturen behaupten und wurden im Gegenteil in den 30er-Jahren durch Verfolgung und Vertreibung aus dem NS-Staat gewaltsam ausgeschlossen. Die Wiederanknüpfung an diese abgebrochenen und verlorenen Impulse geschah nicht sofort nach dem Zweiten Weltkrieg, sondern setzte erst allmählich in den 1970er- und 80er-Jahren ein. Seit den 1990er-Jahren standen diese Autoren Pate bei der Grundlegung der Kulturwissenschaften an ost- und westdeutschen Universitäten.

Hier kann nur in groben Zügen skizziert werden, welche gedanklichen Umorientierungen diese Institutionalisierung der Kulturwissenschaften in Deutschland im einzelnen vorbereitet haben. Die Umrüstung der traditionellen Geisteswissenschaften zu Kulturwissenschaften schlägt sich sinnfällig in der Ersetzung des Schlüsselbegriffs **‚Geist'** durch neue Leitbegriffe wie **‚Symbol'**, **‚Medium'** und **‚Kultur'** nieder. Für das Paradigma der Geisteswissenschaften waren Namen wie Wilhelm Dilthey, Heinrich Rickert und Hans-Georg Gadamer bestimmend. Dieses Paradigma beruhte auf gewissen Leitoppositionen wie Geist und Materie, Subjekt und Objekt, Geschichte und Natur, Erklären und Verstehen, die sämtlich die Sphäre des Menschlichen gleichsetzten mit lebendigem Bewusstsein, subjektiver Intentionalität und historischen Ausdrucksformen, um sie sauber und geschlossen von Sphären des Nicht-Menschlichen wie Materie, Natur oder Technik abzugrenzen. In dieser Rahmenkonstruktion galt es vor allem nachzuweisen, „wie aller Inhalt der Kultur (...) eine ursprüngliche Tat des Geistes zur Voraussetzung hat".[28] Der Zentralbegriff Geist blieb allerdings ein Arcanum, weil er nur als ein reines Innen, als eine geheimnisvolle spirituelle Energie wirksam war, die sich in

27 Gallagher/Greenblatt (2000), 11 f. Weitere Schwerpunkte des New Historicism sind: die Bedeutung des Körpers und die Grenzen seiner Vertextungs- und Darstellbarkeit, die Formen und Medien der Darstellung und ihr Verhältnis zu Handlungen und Ereignissen, sowie eine Hinwendung zum Partikularen in der Vorliebe für selektive Fallstudien mit weniger exemplarischem als anekdotischem Charakter.

28 Cassirer (1988), Bd. 1, 11.

materiellen Äußerungsformen zwar niederschlug und an diesen abzulesen, jedoch mit äußerlichen Konkretisierungen niemals gleichzusetzen war.

Zu den wissenschafts-strategischen Implikationen des Kulturbegriffs, der im Zentrum von Kulturwissenschaft steht, gehört vor allem, dass er die oben genannten Leitoppositionen des 19. Jahrhunderts, die bis in die 1970er-Jahre bestimmend waren, unterläuft. Während der Begriff ‚Geist' darauf gerichtet war, einen emphatisch menschlichen Faktor des Kulturprozesses zu identifizieren, zu isolieren und zu affirmieren, verlagert die Kulturwissenschaft ihr Augenmerk auf Strukturen, Prozesse und Praktiken in einem Umfeld, das von vornherein als technomorph gedacht wird. Im Mittelpunkt dieses neuen Paradigmas steht das Axiom von der **Konstruktivität der Medien**, die nicht mehr als Darstellungsformen, sondern als genuine Weisen der Welterzeugung verstanden werden. Der Philosoph Ernst Cassirer begründete seine Philosophie der Kultur auf der Basis einer Theorie der symbolischen Formen, die er in so unterschiedlichen Dimensionen wie Mythos, Kunst, Wissenschaft, Technik, Religion und Recht als eine elementare kognitive und gestalterische Grundkraft am Werke sah. Für Cassirer waren die Begriffe ‚Symbol' und ‚Medium' noch austauschbar. Seine zentrale These war die Unhintergehbarkeit von ‚Symbol' und ‚Medium', mit der er den Schwerpunkt kulturwissenschaftlicher Forschung von der Blackbox des Geistes hin zu Formen der Darstellung und Präsentation verlagerte.[29]

Im Zuge solcher Umorientierung vom geistigen Sein zum medialen Dasein sind nicht zuletzt die technischen Medien verstärkt in den Fokus der Aufmerksamkeit getreten, die immer weniger als Mittler aufgefasst werden und immer mehr als genuine Organisationsformen menschlicher Welterfahrung. Diese Organisationsformen, die auch als eine ‚zweite Natur' bezeichnet werden, haben indes ihre Geschichte. Es ist der Blick auf die Geschichte der Medien, die uns deren Plastizität und Kontingenz vor Augen führt und uns davor bewahrt, sie zu verdinglichen oder zu naturalisieren.

An dieser Umrüstung der Geisteswissenschaften zu Kulturwissenschaften hat der Germanist Friedrich Kittler einen entscheidenden Anteil, von dem 1980 ein Buch mit dem provokanten Titel *Austreibung des Geistes aus den Geisteswissenschaften* erschien.[30] Wohlgemerkt: Es hieß nicht „Die Austreibung ..." sondern „Austreibung ...": hier wurde nichts aus der Distanz beschrieben und konstatiert, sondern hier wurde gehandelt; der Titel ist selbst Programm und damit als performative Sprache (vgl. Kapitel 1) zu verstehen. In der Einleitung macht der Autor sein Anliegen deutlich: es besteht darin, den Geist der Geisteswissenschaften zu ‚exorzieren' wie einen bösen Dämon. Dieser Geist, so Kittler, sei selbst eine datierbare kulturelle Konstruktion; sie gehe auf die Jahre 1770–1800 zurück, die von dem Historiker Reinhart Koselleck als wichtige Gelenkstelle abendländischer Geschichte identifiziert und mit dem Namen **‚Sattelzeit'** versehen worden sind. In

29 Cassirer (1983), 176.
30 Kittler/Turk/Nassen (1980).

diesem Zeitraum wurden drei neue Begriffe erschaffen, die die Grundlage der Geisteswissenschaften bildeten, und jede dieser Ideen entstand auf die gleiche Weise: durch Singularisierung vorgängiger Vielheiten. An die Stelle der Geister trat der Geist, an die Stelle der Geschichten trat die Geschichte, an die Stelle der Menschen trat der Mensch. Hier ist noch hinzuzufügen: An die Stelle der Künste trat die Kunst. Diese neu geschaffenen Kollektiv-Singulare, so Kittler weiter, bildeten das Fundament für neue Disziplinen, die „das 19. Jahrhundert erstmals auf Lehrstühle setzte“: Geschichte, Literaturgeschichte, Ästhetik, Anthropologie, Sprachwissenschaft, Kunstgeschichte. Zusammengefasst bilden diese Disziplinen bis heute unter dem Dach des ‚Geistes‘ den Kern der Geisteswissenschaften und damit eine eigene Wissenschaftskultur in Distinktion zu den unter dem Begriff ‚Natur‘ zusammmengefassten Naturwissenschaften.

An die Stelle des exorzierten Geistes setzte Kittler einen Begriff, der nur im Plural sinnvoll gebraucht werden kann und seinem 1985 erschienenen Buch den Titel gab: **Aufschreibesysteme**. Statt ‚Aufschreibesysteme‘ können wir auch **‚Medien‘** sagen, ein Wort, das ebenfalls sinnvollerweise nur im Plural zu gebrauchen ist. Unter Kittlers Einfluss entstand eine Forschungsrichtung innerhalb der Kulturwissenschaften, die sich auf die harte Technikgeschichte der Kommunikation konzentrierte und Literaturwissenschaft in die Nähe einer Ingenieurswissenschaft brachte.

Als eine stärker philosophische aber nichtsdestoweniger medienbewusste Forschungsrichtung wäre die **poststrukturalistische Schriftphilosophie** französischer Provenienz zu nennen, die sich mit den Namen Foucault, Lacan und vor allem Derrida verbindet und ebenfalls eine wichtige Wirkung auf die deutschen Kulturwissenschaften hatte. Auch hier setzte die Umorientierung mit einer tief- greifenden Kritik am Geist-Begriff an, diesmal in Gestalt des Wortes **‚Logos‘**, das sich ebenfalls jeglicher Materialisierung entzieht. Derridas Analysen kreisen um das Phantasma der Ursprünglichkeit, Unmittelbarkeit und reinen Gegenwart, auf das er die philosophische Orientierung des Abendlands gegründet sieht. Dieser Medienvergessenheit stellt er seine Analysen von Schrift, Differenz und Aufschub entgegen, die allenthalben die irreduzible Dynamik von Verzögerungen, Vermittlungen und Verschiebungen herausstellen.

Mit einer stärker historischen und vergleichenden Perspektive hat sich eine medienorientierte Kulturwissenschaft entwickelt, die an internationale Forschungen der 1960er-Jahre anknüpft. Hier sind die Forschungen zu Mündlichkeit und Schriftlichkeit der **Toronto-Schule** in Kanada hervorzuheben, die sich mit Namen wie Harold Innis, Eric Havelock und Marshall McLuhan verbindet. Eric Havelock z. B., Altphilologe und Erforscher der ‚Kulturrevolution des Alphabets‘, verstand sein Werk als Fortsetzung einer empirischen Oralitäts-Forschung, die die Kompositionsgesetze mündlicher Epik an lebendigen Traditionen auf dem Balkan studierte.[31] Havelock untersuchte den dramatischen Einbruch des Alphabets in die

31 Havelock (1982).

mündlich verfasste altgriechische Kultur und beschrieb, wie sich die Formen des Denkens und der gesamten Kultur mit diesem Medienwandel veränderten.[32] Die zentrale These dieser kulturwissenschaftlichen Medienforschung lautet: Kulturen sind durch die Kapazität ihrer Medien, d. h. ihrer Aufzeichnungs-, Speicherungs- und Übertragungstechnologien, definiert. Mit dieser These rückten bislang nebensächliche Dinge wie Schriftsysteme, Kommunikationsformen, Transmissionskanäle von Nachrichten sowie die Speicherungstechniken von Wissen in den Mittelpunkt der Aufmerksamkeit.[33] Diese Perspektive auf die Medienbestimmtheit der Kultur hat in einer Zeit rasant beschleunigter technologischer Evolution ihre Brisanz offenbart. Aus diesen Untersuchungen ist die **kulturelle Gedächtnisforschung** hervorgegangen, die ebenfalls historisch ausgerichtet ist und gerade auch antike und außereuropäische Kulturen mit einbezieht. In diesem Forschungsansatz wird die Medienfrage mit der Frage nach dem kulturellen Gedächtnis verknüpft, dessen Bedeutung als ein zentraler Aspekt von Identitätskonstruktionen und der Selbstthematisierung von Gesellschaften bis in die Gegenwart hinein immer deutlicher hervorgetreten ist und gegenwärtig einen neuen, sich rapide ausweitenden Zweig internationaler Kulturwissenschaften ausmacht.[34]

Während im England der 1950er-Jahre die cultural studies aus einer Krise der Humanities entstanden, gingen in Deutschland Anfang der 1990er-Jahre die Kulturwissenschaften aus einer **Krise der Geisteswissenschaften** hervor. Diese Krise hat der Philosoph Jürgen Mittelstraß im Jahre 1995 noch einmal wortgewaltig beschworen. Er war der Meinung, dass die Geisteswissenschaften diese Krise durch esoterische Selbstbezüglichkeit und Fragmentierung von Forschungszusammenhängen selbst verschuldet hatten.[35] Während die Natur- und Technikwissenschaften sich auf der Höhe der Zeit befänden und unsere moderne Welt aktiv umgestalteten, erwiesen sich die Geisteswissenschaften als Verlierer dieses Modernisierungsprozesses. Statt an Gestaltung und Formung unserer Welt und der Zukunft teilzuhaben, hätten sie sich durch konservative Rückwärtsgewandtheit und weiche Werte selbst ins Abseits manövriert, wo sie allenfalls noch eine kompensatorische Funktion übernehmen könnten. Mittelstraß rief die Geisteswissenschaften dazu auf, die alten Zöpfe des Subjektivismus, Historismus, der Textfixierung und Hermeneutik abzuschneiden und sich um einen objektiven Standard der Wahrheit und echte Probleme zu kümmern. Sie sollten endlich zu ihrem eigentlichen Auftrag einer normativen sozialpädagogischen ‚Bildungsfunktion' stehen. Dann und nur dann könnten die Geisteswissenschaften neben den von ihm so genannten

32 Havelock (1986); Havelock (1990).
33 Assmann, A./Assmann, J./Hardmeier (1991). Dieser Arbeitskreis hat inzwischen zehn weitere Publikationen hervorgebracht.
34 Assmann, A. (1999a); Assmann, J. (1997).
35 Mittelstraß (1996). Mit den Thesen von Mittelstraß habe ich mich in einem Briefwechsel auseinandergesetzt, der als Anhang abgedruckt ist in: Assmann, A. (2004a).

‚Verfügungswissenschaften' (gemeint sind die Naturwissenschaften und Technik) eine Rolle als **‚Orientierungswissenschaften'** übernehmen, und sie wären endlich in der Lage, einen aktiven Beitrag zur Gestaltung der modernen Welt zu leisten.[36]

Mittelstraß empfahl den Geisteswissenschaften, ihr notorisches Legitimationsdefizit durch einen emphatischen normativen Impuls zu überwinden. Eine derartige grundlegende Richtungsänderung, die mit allen historischen Traditionen der Geisteswissenschaften bricht, ist leicht zu verkünden, aber (glücklicherweise) schwer durchzusetzen. Viel leichter durchzusetzen ist ein Wandel der Nomenklatur. So erstand aus der Asche der krisengeschüttelten Geisteswissenschaften fast wie von selbst der strahlende Phoenix der Kulturwissenschaften. Ging es hier nur um einen Etikettenschwindel oder doch tatsächlich um so etwas wie einen Paradigma-Wechsel? In einem Essay von 1997 hat der Germanist Uwe Steiner diesen Wandel genauer analysiert.[37] Er hatte auf die Preisfrage einer renommierten germanistischen Zeitschrift geantwortet, die sich mit der Mittelstraßschen Forderung nach Orientierungswissen auseinander setzte. Diese Frage lautete: „Können die Kulturwissenschaften eine neue moralische Funktion beanspruchen?" Steiner beginnt seinen Essay mit der Auswechslung des Begriffs ‚Geist' durch ‚Kultur'. Während der Einheitsbegriff ‚Geist' empirischer Erforschung unzugänglich ist, ist das Wort ‚Kultur' immer schon ein pluralistischer Differenzbegriff, der neue Fragestellungen erlaubt. Steiner analysiert Kulturen als sich selbst organisierende Symbolsysteme. Er setzt sich damit von der Krisenrhetorik ab, die er im Anschluss an die Systemtheorie Niklas Luhmanns durch eine konstruktivistische Sprache und Begrifflichkeit ersetzt. In einer Welt von Wandel, Kontingenz und Flüchtigkeit haben Kulturen die Aufgabe, wiedererkennbare Gestalten auszubilden und gleichzeitig elastisch auf solchen Wandel zu reagieren. In dieser Perspektive spielen symbolische Prozesse die Hauptrolle. War die Diskussion über die Geisteswissenschaften als eine Diskussion der (mangelnden) Werte eingeleitet worden, so konterte Steiner mit einem Diskurs über die Bedeutung von Symbolen. Kulturwissenschaften beanspruchen nach Uwe Steiner keine Orientierungsfunktion, wohl aber eine besondere **Kompetenz für Symbole** – in Bezug auf ihre irreduzible Kraft, ihre Struktur und Funktionsmechanismen, sowie ihre Wirkungen im Bereich von Alltag und Politik, von Kommunikation und Identitätsbildung, von Macht und Konflikt. Mit ihrem neuen Anspruch auf Symbolkompetenz werfen die Kulturwissenschaften mit einem Schlag die Bürde der Apologetik

36 Das ist auch das Fazit einer Gedenkschrift, ‚Geisteswissenschaften heute', in der eine Forschungskommission den Rahmen für die neuen Kulturwissenschaften absteckte. Diese sollten „als Instrument interkultureller Bildung und anthropologischer Erkenntnis ihren genuinen Beitrag zum Problem einer Reintegration der technologischen Zivilisation in die gesellschaftliche Kultur der Zukunft leisten." Frühwald (1991), 11. Dieser Formulierung liegt offensichtlich der alte Gegensatz vom Sonderweg deutscher besinnlicher Kultur versus französischer moderner Zivilisation zugrunde. Vgl. dazu Elias (1978), 1–42.

37 Steiner, U. (1997).

ab, die so schwer auf den Schultern der Geisteswissenschaften gelegen hatte. Die Preisfrage nach der moralischen Funktion beantwortete Steiner negativ. Angesichts der wachsenden Moralisierung, Politisierung und Fundamentalisierung der cultural studies in anglophonen Diskursen sah er darin eher einen Teil des Problems als dessen Überwindung. Kulturwissenschaften hätten nicht die Aufgabe, Orientierung und stabile Werte in das normative Vakuum einer Gesellschaft zu injizieren; das könne nicht die Aufgabe einer Wissenschaft sein, sondern müsse anderen Institutionen überlassen bleiben. Ihre Kompetenzen seien kritisch reflektierend und explorativ, aber nicht fundierend. Sie hätten im Gegenteil dafür zu sorgen, dass das Gleichgewicht der modernen Gesellschaft zwischen Möglichkeit und Wirklichkeit, zwischen Potential und Realisierung erhalten bleibt und nicht durch partikulare Wertsetzungen und autoritäre Diskurs-Begrenzungen gestört wird.

In dieser Selbstdarstellung der deutschen Kulturwissenschaften wird noch einmal der Unterschied zwischen deutschen und anglo-amerikanischen Traditionen deutlich. Verallgemeinernd dürfen wir festhalten, dass es in den cultural studies vorrangig um die Abschaffung des elitären Begriffs von Hochkultur und einen neuen Zugang zur Popkultur, sowie um eine Neuordnung des literarischen Kanons geht, an dem soziale und kulturelle Minderheiten verstärkte Rechte der Teilhabe einklagen. Die cultural studies verstehen Kultur als einen Kampfplatz der Wertungen, Umwertungen und Identitätspolitik, auf dem sie selbst agieren. Demgegenüber bleibt für die Kulturwissenschaften Kultur primär ein Forschungsgegenstand. Ihr primäres Anliegen ist es, diesen Forschungsgegenstand zu kontextualisieren, d. h. die kanonisierten (und damit automatisch entkontextualisierten) Texte und Artefakte in jene größeren kulturellen Zusammenhänge zurückzubetten, in denen sie entstanden sind. Dabei spielen gerade auch die anthropologischen Wurzeln des Kulturbegriffs, wie sie den Zivilisationstheorien zugrunde liegen, sowie historische und ethnographische Traditionen, die den Blick auf das Fremde im Anderen und im Eigenen lenken, eine wichtige Rolle.[38] Der wichtigste Unterschied zwischen cultural studies und Kulturwissenschaften besteht wohl darin, dass letztere ausschließlich in akademischen Institutionen verankert sind, während erstere gleichzeitig Teil einer sozialen Bewegung und kulturellen Praxis sind. Das erklärt vielleicht auch, warum in den Kulturwissenschaften eher eine reflexive und kritische als eine aktivistisch kämpferische Haltung im Vordergrund steht.

38 Assmann, A. et al., Hgg., (2004).

Cultural Studies	Kulturwissenschaften
• Kultur als Kampfplatz der Identitätspolitik	• Kultur als Forschungsgegenstand
• Ausweitung des Kulturbegriffs von Hochkultur auf Populärkultur	• Historische (Re-)Kontextualisierung von Kunst
• Neuordnung des literarischen Kanons	• Interesse an einem kulturellen Gedächtnis
• Forderung nach verstärkter Teilhabe sozialer und kultureller Minderheiten	• Reflexive und kritische Analyse von symbolischen Repräsentationen

Auswahlbibliographie:

Bachmann-Medick, Doris (2006) Cultural Turns. Neuorientierungen in den Kulturwissenschaften. Reinbek: Rowohlt.

Becker, Sabina (2007) Literatur- und Kulturwissenschaften: ihre Methoden und Theorien. Reinbek: Rowohlt.

Nünning, Ansgar/Nünning, Vera (2003) Konzepte der Kulturwissenschaften. Stuttgart: Metzler.

Teske, Doris (2002) Cultural Studies: GB – Anglistik – Amerikanistik. Berlin: Cornelsen.

1. ZEICHEN

1.1 Zeichengebrauch als anthropologische Grundlage

Der Philosoph Friedrich Nietzsche hat den Menschen definiert als ein Tier, das sich zu erinnern vermag. Mit dieser Fähigkeit positioniert sich der Mensch in der Zeit, blickt zurück und schaut planend voraus. Er ist nicht der Gegenwart ausgeliefert, sondern schafft sich selbst einen Zeithorizont, in dem er sich bewegen, erinnern, Erwartungen aufbauen und Ziele setzen kann. Dieser Zeithorizont jedoch wäre nicht möglich ohne den Gebrauch von **Zeichen** und **Symbolen**, weshalb eine kulturwissenschaftliche Studie sinnvollerweise mit einer Klärung dieser Grundbegriffe einzusetzen hat.

Die anthropologische Bedeutung von Symbolen lässt sich anhand einer Beobachtung erläutern, die der amerikanische Literaturtheoretiker Kenneth Burke gemacht hat. In einem Essay mit dem Titel *The Definition of Man* hat er verschiedene Merkmale aufgelistet, die den Menschen von anderen Lebewesen unterscheiden.[1] An erster Stelle wird der Mensch als ein Tier bestimmt, das Symbole benutzt (**symbol-using animal**). Sein Beispiel ist eine Amsel, der er beim Nisten und Brüten zugeschaut hat. Er beobachtete dabei, dass alle jungen Vögel flügge wurden und das Nest verließen bis auf einen, der den unheimlichen Moment des ersten Flugs vor sich her schob und schließlich als einziger im Nest zurückblieb. Für diesen erfand die Amselmutter einen besonderen Trick: Sie brachte ihm einen Wurm und verweilte flatternd mit ihrer Beute so weit außerhalb des Nests, dass sich der junge Vogel weit hinauslehnen musste, um den Bissen zu erhaschen. In diesem Augenblick zuckte die Amsel zurück und der Vogel purzelte aus dem Nest, worauf er spontan die Flügel öffnete und auf und davon flog. An diesem Punkt setzt Burkes Reflexion ein. Er gratuliert der Amselmutter zu ihrer genialen Erfindung, bedauert aber zugleich, dass eine solche Erfindung in der Vogelwelt nicht Schule machen könne, weil die Amsel ja nicht in der Lage sei, ein Handbuch über die ‚Entnestung junger Vögel' zu schreiben. In der Vogelwelt können Erfahrungen und Erfindungen allenfalls mimetisch durch Vor- und Nachmachen weitergegeben und von anderen genutzt werden. Es kann jedoch nichts weitergegeben werden, was diese unmittelbare Kommunikationssituation überschreitet, weil es keinen symbolischen Code gibt, in dem dergleichen Wissen für andere vergleichbare Fälle und nachfolgende Generationen aufgezeichnet werden kann. Jede Vogelgeneration muss wieder von vorn anfangen. Dazu sind die Tiere auch sehr wohl fähig, weil sie mit dem in ihren Genen einprogrammierten Instinkt-Wissen für das, was ihnen bevorsteht, hinreichend gerüstet sind. Nicht so

---

1 Burke (1966).

die Menschen. Sie besitzen keine ausreichende biologische Grundausstattung, die ihnen Handlungsorientierung und Verhaltenssicherheit vermittelt. Als Ersatz dafür verfügen sie über Symbole, mit denen sie ihre eigene Umwelt erschaffen.

Burke ist sich durchaus darüber im Klaren, dass Symbolgebrauch kein menschliches Privileg ist, sondern auch bei verschiedenen Arten im Tierreich vorkommt. Etliche Tierarten besitzen, wie wir aus einer Fülle faszinierender Untersuchungen wissen, zum Teil hochkomplexe Zeichensysteme, mit denen sie lebenswichtige Nachrichten kommunizieren können. Es gibt Bienentänze, die detailgenau signalisieren, wo üppige Honigwiesen zu finden sind, und es gibt Nachrichtensysteme, mit denen sich die Ameisen über komplexe Wegstrecken verständigen. Während Tiere in der Lage sind, durch Laute, Körperbewegung und andere interaktive Signale Zeichen zu erfinden, um mit ihren Artgenossen raum- und zeitgleich zu kommunizieren, ist es ihnen verwehrt, diese Symbole extern zu speichern, um sie zu einem späteren Zeitpunkt und an einem anderen Ort wieder abrufen zu können. Die Sprache der Tiere stößt hier an unüberwindliche Schranken. Sie ist ein **Kommunikationsmedium**, aber kein **Speichermedium**. In dieser Sprache kann man sich nichts merken, was nächstes Jahr noch von Interesse sein oder von einer Generation an die andere weitergegeben werden könnte. Die **mnemotechnische Funktion** von Bildern und Zeichen, welche die Handlungen über den Augenblick hinaus festhalten, steht ihnen nicht zu Gebote. Damit ist es ihnen auch nicht möglich, durch Zeichengebrauch ein gemeinsam geteiltes Gedächtnis aufzubauen und ihre Orientierung in Raum und Zeit wesentlich zu erweitern. Die Tiere sind deshalb, wie Nietzsche es prägnant ausgedrückt hat, „kurz angebunden (...) an den Pflock des Augenblicks".[2] Mit dem Symbolgebrauch sind neben der Möglichkeit einer Informationsübermittlung über Raum und Zeit hinweg weitere spezifisch menschliche Möglichkeiten verbunden wie der reflexive Umgang mit Zeichen, der die Operationen der Abstraktion und Negation ebenso einschließt wie die Ästhetisierung von Symbolen.

Bewusster Symbolgebrauch setzt immer schon ein höheres Differenzierungsvermögen voraus, weil Symbole mit dem, was sie darstellen und worauf sie referieren, nie identisch sind. Man kann sich auf das Bild eines Stuhles nicht setzen und von dem Wort Brot nicht ernähren. Daraus folgt eine ganze Reihe weiterer Differenzierungsleistungen, die neben der Abstraktion auch andere mentale Operationen wie Abkürzung, Verallgemeinerung, Ersetzung, Verschiebung und Verdichtung einschließen. Für Burke gibt es einen Urgestus in allem Zeichengebrauch, den er **‚transcendence'** nennt, was wir mit ‚Überschreitung' übersetzen dürfen. Jedes Symbol ist in diesem Sinne ein Kraftimpuls, mit dem Menschen ihren durch körperliche Reichweite definierten Handlungskreis überschreiten können. Das Symbol führt den, der sich seiner bedient, vom Ich zum Du, vom Hier zum Dort,

2 Nietzsche (1962), 211.

vom Jetzt zum Dann, von der wörtlichen zur übertragenen Bedeutung, von der Materie zum Geist. Es ist diese konsequente Nutzung der im Symbol angelegten Kräfte, die den Menschen aus den engen Grenzen seiner Lebensbezüge befreit und aus einem geschlossenen Milieu in eine offene, von ihm selbst mitgeschaffene Umwelt hinausführt.

Mit anderen Worten: Sprache ist, was den Menschen zum Menschen macht. Sprache als Organ geschichtlichen Wachsens und Wandels und Medium langfristiger transgenerationeller Kommunikation gibt es im Tierreich nicht. Ebenso wenig gibt es dort eine genetische Anlage zum Spracherwerb oder das Prinzip der **‚doppelten Artikulation'**, das phonetische und semantische Differenzierung kombiniert, womit überhaupt erst ein unbeschränkter Zeichenvorrat geschaffen werden kann. Die kulturelle Schöpfung der Sprache hat selbstverständlich ihre natürlichen Voraussetzungen. Sie geht jedoch weit über diese hinaus und unterscheidet sich von anderen kulturellen Schöpfungen darin, dass sie nicht nur Produkt menschlichen Schaffens, sondern zugleich auch das zentrale **Werkzeug menschlicher Selbstschöpfung** ist. Sprache ist das Medium, in dem Menschen ihre Welt, ihre Kultur und sich selber erschaffen. Deshalb hängt vom Gebrauch dieser Produktivkraft wortwörtlich alles Weitere ab. Sprache ist kein feststellbares und abgeschlossenes System. Sie bleibt wie die Kulturen, die Geschichte und die Menschen selber in stetiger Bewegung und bedarf als eine zentrale Ressource kollektiver und individueller Selbstschöpfung beständiger Pflege und Aufmerksamkeit.

1.1.1 Sprachskepsis und ‚linguistic turn' um 1900

Im Jahr 1952 hielt der aus Russland stammende und seit 1941 in den USA lebende Sprach- und Literaturtheoretiker Roman Jakobson auf einem internationalen Symposium über Anthropologie einen Vortrag, in dem er auf zwei Veröffentlichungen des Jahres 1916 hinwies.[3] Die eine enthielt die Relativitätstheorie von Albert Einstein, die andere war der so genannte *Cours*, die Nachschriften einer Vorlesung, die Ferdinand de Saussure einige Jahre zuvor in Genf gehalten hatte.[4] Mit dieser Verknüpfung von Einstein und Saussure hob Jakobson die Relativität in Physik und Sprache als ein zentrales geistiges Datum des 20. Jahrhunderts hervor. Eine Generation nach Jakobson tauchte der Begriff **‚linguistic turn'** auf, der die Bedeutung Saussures für eine epochale Wende in der Sprach- und Zeichentheorie bekräftigte.

Was mit dieser Wende gemeint ist, kann bereits an einem literarischen Text abgelesen werden, der am Beginn des 20. Jahrhunderts entstanden ist und in einzigartiger Weise die Sprachskepsis seiner Zeit ‚verdichtet'. Es handelt sich um den fiktiven Brief eines Lord Chandos, den dieser im Jahre 1603 verfasst und an Francis Bacon gerichtet haben soll, und in dem er über seinen Rückzug aus der Sprache

3 Falk (1995).
4 Saussure (1916).

und mit ihr zugleich aus der sozialen Welt berichtet. Der Text stammt aus der Feder Hugo von Hofmannsthals, der mit diesem Werk seine eigene Schreibhemmung überwand, die ihn einige Jahre lang blockiert hatte. Die den Briefschreiber bis in die innersten Fasern seiner Existenz lähmende Einsicht ist das Erkennen der **Zusammenhanglosigkeit von Wörtern und Dingen**. Wenn die Wörter ihre Verweisfunktion verlieren und es kein Band zwischen Sprache und Realität gibt, dann verselbständigen sich die Zeichen und der Mensch fühlt sich seiner Umwelt zutiefst entfremdet. Für Chandos bedeutet dies, um seine berühmteste Formulierung aufzugreifen, dass ihm die Worte „im Munde zerfallen wie modernde Pilze“, weshalb er sich ins Schweigen zurückzieht.[5]

Die Chandos-Option für das Schweigen und gegen die Sprache ist jedoch nur die eine Seite der Medaille eines gänzlich neuen Sprachverständnisses. Sie ist Teil einer revolutionären Wende, an der um 1900 Literaten, Philosophen und Sprachwissenschaftler mitgewirkt haben, und die nachträglich als ‚linguistic turn‘ bezeichnet worden ist. Die Ablösung sprachlicher Zeichen von der Realität, auf die Hofmannsthals Chandos mit abgründigem Pessimismus reagierte und die ihn in eine neue Mystik trieb, ist zugleich die Geburtsstunde des modernen **Konstruktivismus**. Dieser gründet ebenfalls in der Einsicht, dass die Sprache nicht auf die Welt hin durchlässig ist. Der positive Aspekt dieser Einsicht konzentriert sich in der These, dass sich die Menschen ihre eigene Welt erschaffen bzw. ‚konstruieren‘. Sie leben nicht in der Welt schlechthin, sondern in einer Welt, die das Produkt ihrer Begrifflichkeit und ihres sprachlichen Ausdrucksvermögens ist. Auf den Genfer Sprachwissenschaftler Ferdinand de Saussure, Gründungsvater des französischen **Strukturalismus**,[6] geht die moderne Definition des Zeichens zurück, das er als einen Komplex von Signifikant und Signifikat bestimmte. Signifikant (frz. signifiant, engl. signifier), das ist die materialisierte Außenseite, die sinnlich wahrnehmbar ist, wie z. B. der akustische Impuls eines Wortes oder die visuelle Gestalt eines (Schrift-)Bildes; Signifikat (frz. signifié, engl. signified) ist demgegenüber die kognitive Innenseite der Bedeutung, die mit der Sprache oder einem Code (darunter versteht man ein Regelsystem zur Hervorbringung und Interpretation von Zeichen) erlernt werden muss, und über die man sich in der Kommunikation mit anderen Menschen verständigt. Die Worte haben also, entgegen der Sprachskepsis von Hofmannsthals Chandos, ihren Inhalt und ihre Bedeutung keinesfalls verloren, doch ist dieser Inhalt nicht mehr mit Referenzen der Außenwelt identisch. An die Stelle der externen Realität tritt der hinter dem Wort liegende Begriff, der nunmehr mit ins System der Sprache gehört und eine direkte Durchlässigkeit auf

5 von Hofmannsthal (1959), 12.

6 Saussure selbst hat den Begriff ‚Struktur‘ nicht verwendet, sondern den Begriff ‚System‘ vorgezogen.

die umgebende Außenwelt unterbindet.[7] Worte verweisen demnach auf Begriffe und nicht mehr unmittelbar auf bestimmte Gegenstände und Sachverhalte. Zeichen trennen und vermitteln; sie reißen einen **Abgrund** auf **zwischen Welt und Sprache** und überbrücken ihn zugleich.

Nach Umberto Eco sind Signifikate ‚kulturelle Einheiten', das heißt innerhalb spezifischer Kulturen geformte Begriffe und gemeinsam geteilte Vorstellungsbilder.[8] Diese Sprachtheorie ist insofern relativistisch, als sie Worte nicht mehr einfach als Namen von Dingen begreift, sondern als Zeichen mit einer phonetisch-semantischen Doppelstruktur. Sie geht davon aus, dass Welt niemals unmittelbar zugänglich ist, sondern immer schon über Sprache vermittelt und somit eine menschliche Schöpfung und kulturelle Konstruktion ist. Diese Einsicht in die ‚Willkürlichkeit' oder ‚Arbitrarität' des Zeichens hatte Chandos zu seiner Flucht in die Einsamkeit getrieben; er glaubte im engen Korsett einer Sprache, die auf soziale Übereinkunft reduziert ist, nicht leben zu können. Für Saussure war es umgekehrt: Für ihn war es die Einsicht in den sozialen Charakter der Sprache, der ihm eine ganz neue, **konstruktivistische Perspektive** auf die Welt eröffnete. Nicht Welt- und Selbst-Verlust sind deshalb die Konsequenzen des linguistic turn, sondern ein neues Bewusstsein dessen, was vom Menschen gemacht ist, worin und woraus er lebt und was er zu verantworten hat. Saussure steht in der Tradition großer Sprachforscher wie Herder und Humboldt. Sein bleibendes Verdienst besteht in einer konsequent konstruktivistischen Auffassung von Sprache als einem Zeichensystem, das Welt nicht abbildet, sondern Welt allererst hervorbringt. Diesen Punkt hat auch der amerikanische Soziologe George Herbert Mead betont, als er schrieb:

> Language does not just symbolize situations or objects which are given, on the contrary, it makes the existence and the emergence of situations or objects possible because it is part of the mechanism through which these situations or objects are being created.[9]

1.1.2 Die Grund-Struktur des Zeichens: aliquid stat pro aliquo

Es ist wiederholt betont worden, dass es nichts in der Welt gibt, das nicht Zeichen in dem Sinne werden könnte, dass es von einem Menschen „als auf etwas anderes deutend oder ‚für etwas anderes stehend' aufgefasst werden kann."[10] Der Mensch produziert nicht nur selber Zeichen, er sieht sich auch von ihnen umgeben. In der

7 In der Geschichte der Semiotik wurde das Signifikat traditionellerweise jenseits der Sprache angesetzt. Augustin z. B. stellt es sich als ein vorsprachliches inneres Wort vor, bzw. als ein universales, im Inneren des Menschen verankertes Wissen: „Der von dem gewussten Gegenstand geformte Gedanke ist nämlich das Wort, das wir im Herzen sprechen. Dies ist nicht griechisch, nicht lateinisch, noch einer sonstigen Sprache zugehörig." Zit. nach Todorov (1995), 34.

8 Eco (1972).

9 Mead (1993), 117.

10 Trabant (1999a), 33.

Natur erforscht er verschlüsselte Botschaften transzendenter Mächte, um ihnen Hinweise auf sein Schicksal zu entnehmen, oder er orientiert sich an Spuren, die ihm Aufschluss über ein früheres Geschehen geben. Zeichen gibt es also auch jenseits des literarischen Textes und menschlicher Kommunikation, aber nicht außerhalb eines kulturell konditionierten Blicks. Die Wissenschaft, die sich mit Struktur und Gebrauch von Zeichen in diesem allgemeinen Sinne befasst, ist die **Semiotik**, die aus dem Strukturalismus herausgewachsen ist, deren Anfänge jedoch bis in die Antike zurückführen.[11]

Die Grundstruktur des Zeichens ist bereits in einem scholastischen Satz der mittelalterlichen Semiotik bündig zusammengefasst worden: **‚aliquid stat pro aliquo'** – etwas steht für etwas anderes. Zwischen dem Lautwert ‚Stuhl' oder dem Bild eines Stuhls einerseits und einem real-existierenden Stuhl andererseits gibt es gravierende Unterschiede. Zwischen dem Zeichen und dem, worauf es verweist, besteht eine **ontische Differenz**, eine Differenz der Seinsweise. Indem wir in Sprache und Bildern kodierte, knappe und ökonomische Zeichen benutzen, können wir uns mit großer Behändigkeit über Abwesendes verständigen. Natürlich bringt diese Ersetzung des Abwesenden durch Zeichen auch das Problem von Missverständnissen und Täuschungen mit sich. Dieses Problem hat Jonathan Swift in einer Episode seines Romans *Gulliver's Travels* eindrücklich in Szene gesetzt.[12] Dort

---

11 Der Gegenstand der Semiotik umfasst Zeichenprozesse und -kommunikation jeglicher Art, gleichgültig, ob von Menschen oder Tieren hervorgebracht. Vgl. Posner (1997). Die Literatursemiotik hat demgegenüber einen eher eingeschränkten Gegenstandsbereich, weil sie (im Sinne eines emphatisch wissenschaftlichen Anspruchs) von der Deutung der Texte absieht. Jürgen Trabant hat folgende witzige Kurzcharakterisierung der Literatursemiotik gegeben: „‚Against interpretation' war das Motto, schon bevor Susan Sontag dies auf ihre polemischen Fahnen schrieb. Roman Jakobson hat in seinen ‚Mikroskopien' von Gedichten gezeigt, wie so etwas aussehen könnte: Da wurden Phonemrekurrenzen festgestellt, Silbenstrukturen analysiert, grammatische Kategorien aufeinander und auf die Phonemstruktur bezogen etc. Die Poesie war ja schließlich die Projektion des Prinzips der Äquivalenz von der Achse der Selektion auf die Achse der Kombination (alles klar?). Und dann wurde explizit *nicht* gesagt, was das alles bedeuten soll, weil eine Sinnzuordnung nicht mehr das Geschäft des Wissenschaftlers gewesen wäre." Trabant (1999b), 271.

12 Swift (1965), 185: „Since words are only names for *Things*, it would be more convenient for all Men to carry about them, such Things as were necessary to express the particular Business they are to discourse on. [...] if a Man's Business be very great, and of various Kinds, he must be obliged in Proportion to carry a great Bundle of *Things* upon his Back, unless he can afford one or two strong Servants to attend him. I have often beheld two of those Sages almost sinking under the Weight of their Packs, like Pedlars among us; who when they met in the Streets would lay down their Loads, open their Sacks, and hold Conversation for an Hour together; then put up their Implements, help each other to resume their Burthens, and take their Leave."

tragen die Sprach- und Zeichenskeptiker, die kein Risiko eingehen wollen, einen Sack mit Gegenständen auf ihrer Schulter. Wenn sie sich begegnen, um miteinander zu reden und sich etwas zu erzählen, tun sie dies nicht mit Worten, sondern indem sie aus den mitgeschleppten Säcken einzelne Objekte hervorziehen und sich diese gegenseitig zeigen. Wenn das stumme Gespräch beendet ist, wird alles wieder eingepackt, man hilft sich gegenseitig, die schweren Säcke auf die Schulter zu hieven und geht seines Weges.

Swifts Zeichenskeptiker verzichten auf die ‚Weltabkürzungskunst'[13] der Zeichen und verständigen sich im sperrigen Medium der Gegenstände. Neben Worten und Gebärden können auch **Gegenstände zu Zeichen** werden, unter der Bedingung, dass man sie zunächst ihrer Gebrauchsfunktion entkleidet. Ein Hammer in einem Werkzeugkasten bedeutet ausschließlich Hammer; ein Hammer, gekreuzt mit einer Sichel in einem Ährenkranz und abgebildet auf einer Fahne, bedeutet ‚Arbeiter- und Bauernstaat'. Als Dinge, die aus ihrem Kontext herausgelöst sind und ihren unmittelbaren Gebrauchswert verloren haben, begegnen uns zum Beispiel die Exponate im Museum, die als Zeichen einer vergangenen Epoche und verlorenen Lebenswelt ausgestellt sind. Ein 7-armiger Leuchter, der aus seinem kultischen Gebrauchszusammenhang gelöst ist, steht für eine zerstörte jüdische Kultur; der Volkswagen im historischen Museum in Berlin steht für den wirtschaftlichen Aufschwung nach dem Zweiten Weltkrieg in Westdeutschland.

Sprach- und Zeichenphilosophen haben darauf aufmerksam gemacht, dass Saussures klare Trennung der beiden Komponenten des Sprachzeichens in einen Signifikanten und ein Signifikat nicht ganz unproblematisch ist, weil wir das zweite Element, das unsinnlich begriffliche Signifikat, nicht wirklich greifen können, ohne es nicht immer wieder in Worte (Lexeme), und damit in Signifikanten zurückzuverwandeln.[14] Mit dieser Einsicht hat der französische Philosoph Jacques Derrida das imponierende Gebäude des Strukturalismus ins Wanken gebracht und den **Post-Strukturalismus** eingeleitet. Er kritisierte die statische Zeichenarchitektur eines vom Signifikanten ablösbaren und ihm fest zuzuordnenden Signifikats als ‚essentialistisch' und betonte, dass sich der Zeichenprozess (die **Semiose**) ausschließlich in einer unendlichen Signifikantenkette vollzieht. Kommunikation stellte sich für ihn deshalb auch nicht als eine Übermittlung von Botschaften dar, sondern als ein Spiel von Signifikanten, das nur durch willkürliche Unterbrechung anzuhalten ist und von sich aus niemals an ein Ende kommt. Ein Beispiel für dieses Gleiten auf der Signifikantenkette ist die phantastische Etymologie des Namens ‚Kaschmir', die wir in einem Roman von Salman Rushdie finden:

> As the light failed, they passed a sign that had originally read WELCOME TO K; but somebody had daubed it with crude, irregular letters, so that it now said WELCOME TO KOSH-MAR. 'What's Kosh-Mar?' Haroun wanted to know. (...) 'It's a word from

13 Stegmeier (1994).
14 Vgl. dazu: Simon (1989); Flasch (1992).

> the ancient tongue of Franj, which is no longer spoken in these parts,' Rashid explained. 'In those long-gone days the Valley, which is now simply K., had other names. One, if I remember correctly, was "KACHE-MER". (...) 'Do those names mean anything?' Haroun asked. 'All names mean something,' Rashid replied. 'Let me think. Yes. That was it. "Kache- Mer" can be translated as "the place that hides a Sea". But "Kosh-Mar" is a ruder name. (...) In the old tongue,' Rashid admitted, 'it was the word for "nightmare".'[15]

Auf den Spuren Derridas hat der Linguist Ludwig Jäger den Zeichenprozess der Bedeutungsbildung (Semiose) untersucht und dabei ebenfalls den Status des Signifikats genauer unter die Lupe genommen.[16] Das Signifikat ist für Jäger eine Blackbox, weil es in der Realität des Kommuniktions- und Verständigungsprozesses keine feste Position gibt, von der aus wir die Bedeutungen unserer Worte objektiv beobachten, kontrollieren oder eichen könnten. Bedeutung ist für ihn deshalb keine stabile Einheit (wie es die stabile Zuordnung von Definitionen zu Lexemen im Lexikon suggeriert), sondern eine mentale und kulturelle Projektion, die von den Sprechern in die Kommunikation eingebracht wird. Da es für diese Projektion keine feste meta-sprachliche Kontrolle gibt, vollzieht sich Kommunikation als ein fortlaufender Prozess der gegenseitigen Anpassung zwischen den Teilnehmern. Sie entwickelt sich, so Jäger, im Wechselspiel **gegenseitiger semantischer Projektionen**. Bedeutung kann also nie wirklich vorausgesetzt und einfach eingesetzt werden, sondern muss im Vollzug zwischen den Gesprächspartnern immer neu ermittelt, ausgehandelt und kooperativ geschaffen werden. Zeichen und Worte ‚haben' in diesem Sinne keine ein für alle Mal fixierte, statische Bedeutung, sondern erhalten ihre Bedeutung durch Vermuten, Ausprobieren, Bestätigen, Korrigieren (kurz: durch Aushandeln) in aktuellen Kommunikationssituationen.

1.1.3 Zeichenfunktionen

Kehren wir von diesen kritischen Überlegungen noch einmal zum Nukleus der sprachlichen Praxis, der (mehr oder weniger) alltäglichen Kommunikationssituation zurück, in der Verständigung trotz aller Widerstände und Gefährdungen ja doch meist gelingt. An dieser sind zwei Menschen mit Bewusstsein und sozialer wie kultureller Vorbildung beteiligt, die als **Sender** und **Empfänger** ‚bezeichnet' werden. Zwischen diesen beiden Polen spielt sich die Verständigungshandlung des Mitteilens und Aufnehmens in face to face-Situationen in einer reziproken Form ab, bei der die Möglichkeit eines ständigen Rollenwechsels gegeben ist. Der Sprachwissenschaftler Karl Bühler hat auf der Basis dieser paradigmatischen Kommunikationssituation ein Schema der Grundfunktionen des Sprachzeichens entwickelt, das große Wirkung gehabt hat und nach wie vor einen wichtigen Einstieg in diese Thematik eröffnet.[17] Bühler unterschied **drei Grundfunktionen der Sprache**: eine **darstellende**, die auf die gemeinsame Wirklichkeit verweist, auf die

---

15 Rushdie (1990), 40.
16 Jäger (1997).
17 Bühler (1982), 24 ff.

Bezug genommen wird, eine **expressive**, die auf das sprechende Subjekt (den Sender) zurückverweist, und eine **appellative**, die auf das wahrnehmende Subjekt (den Empfänger) gerichtet ist.

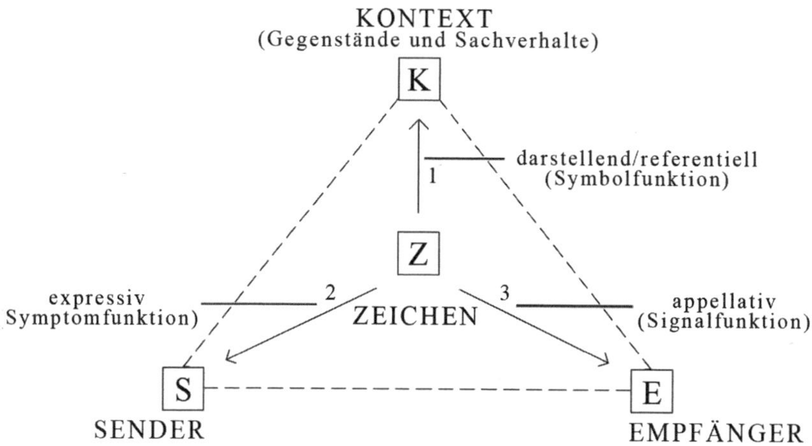

Drei Zeichenfunktionen nach Karl Bühler (Organonmodell)

Dieses dreigliedrige Schema (das der Linguist Klaus Heger später in dem griffigen Dreiklang von Symptom-Funktion / Symbol-Funktion / Signalfunktion[18] zusammengefasst hat) ist noch in den 1930er-Jahren vom Prager Strukturalisten Jan Mukařovský erweitert worden. Seine Entdeckung war die **‚ästhetische Funktion** der Sprache', die von Bühler nicht vorgesehen war. Unter ästhetischer Funktion verstand Mukařovský einen Sprachgebrauch, in dem sich die Aufmerksamkeit nicht nur auf das Dargestellte, sondern gleichzeitig auch auf das Zeichen selbst richtet. Die von ihm identifizierte ästhetische Funktion der Sprache ist überall dort in der Kultur aufzufinden, wo die reine Mitteilungsfunktion der Sprache überschritten wird und der Zeichengebrauch ‚selbstbewusst' wird. Diese Rückwendung der sprachlichen Aktivität auf sich selbst nennt Mukařovský auch ‚Autonomie': In der ästhetischen Funktion beschäftigt sich das sprachliche Zeichen mit sich selber. Er machte geltend, dass die ästhetische Funktion der Sprache nicht erst in literarischen und künstlerischen Kontexten zum Zuge komme, sondern bereits in Alltagssituationen gegenwärtig sei. Die Grenzlinie, schrieb er, „die die ästhetische Funktion von der praktischen scheidet, ist nicht immer sichtbar, und sie deckt sich gar nicht mit der Grenze zwischen Kunst und den übrigen menschlichen Betätigungen."[19] Wir können z. B. feststellen, dass die ästhetische Funktion häufig dort im

18 Heger (1976).
19 Mukařovský (1967), 48 f.

Spiele ist, wo um die Aufmerksamkeit des Betrachters gebuhlt wird, wie etwa in der Werbung. Im Firmen-Logo zum Beispiel wird der geschriebene Namenszug oft zu einem wiedererkennbaren Bild, zum Augenfänger. Ein Beispiel dafür ist die Aufschrift einer Duty-free-Einkaufstüte, auf der die Worte ‚SEE–BUY–FLY' zu lesen sind, wobei das letzte Y als Bild einer auffliegenden Möwe gestaltet ist.

Mithilfe der ästhetischen Funktion der Zeichen wird Aufmerksamkeit stimuliert, die Merkfähigkeit eines Slogans unterstützt und die Wahrnehmung auf die Darstellung selbst gelenkt. Diese Funktion setzt bereits bei Kinderreimen ein, die stets eine mnemotechnische und fast magische Qualität haben. Mit dem Werbespruch ‚I LIKE IKE' gelangte der amerikanische Präsident Dwight Eisenhower, dessen populärer Spitzname ‚Ike' war, 1953 ins Weiße Haus. Mukařovský betont deshalb zurecht: „Die ästhetische Funktion ist also allgegenwärtig; deshalb kann ihr nicht einmal die Linguistik ihren Platz unter den Grundfunktionen der Sprache verwehren." (49) Wenn man also die ästhetische Funktion als „eine der vier Grundfunktionen der Sprache ansetzt, die potentiell in jeder Sprachäußerung gegenwärtig ist" (53), ergibt sich folgendes erweiterte Schema:

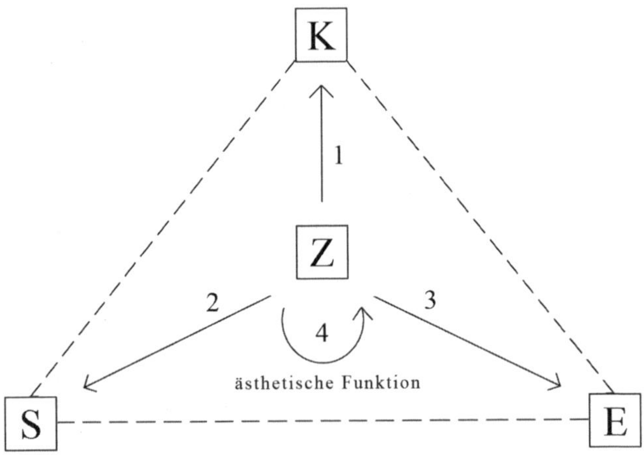

Vier Zeichenfunktionen (erweitert durch Jan Mukařovský)

Dieses Schema der unterschiedlichen Sprachfunktionen ist von Roman Jakobson später noch weiter ausgearbeitet worden.[20] Ihm ging es darum, eine Form von Linguistik zu überwinden, die sich auf die referentielle Sprachfunktion und damit auf einen engen Begriff von Information beschränkt. Er betonte: „We cannot restrict the notion of information to the cognitive aspect of language." (354) Das folgende Schema zeigt das nunmehr auf **sechs Faktoren** und **Funktionen** ausgeweitete Bühlersche Kommunikationsmodell:

20 Jakobson (1960).

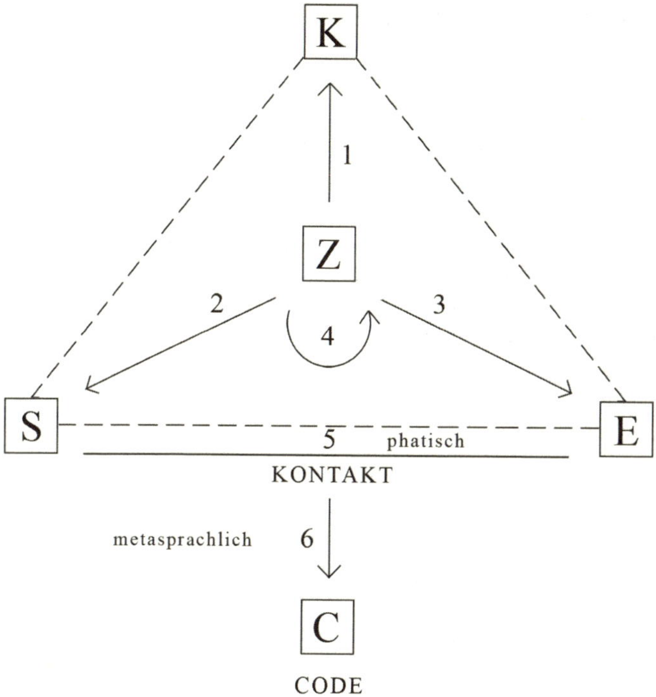

Sechs Zeichenfunktionen (erweitert durch Roman Jakobson)

Jakobson hat das Bühlersche Modell mit einem durchaus kulturwissenschaftlichen Impuls geöffnet, indem er ganz unterschiedliche Sprachverwendungskontexte wie Magie, Wissenschaft und triviale Alltagskommunikation in ihrem Nebeneinander sichtbar machte. Besonders interessant ist in diesem Zusammenhang der Begriff der ‚phatischen' Kommunikation, den er von dem Ethnologen Bronislav Malinowski übernommen hat. Phatische Kommunikation bezieht sich auf den Kommunikationskanal und hat die ausschließliche Funktion, den Kontakt zwischen Sender und Empfänger zu etablieren und aufrechtzuerhalten.

1.2 Literarische Kommunikationsstörungen

An nichts lässt sich das **Regelwerk der Kommunikation** so gut studieren wie an Missverständnissen und Störungen. Becketts Dramen des Absurden, die den Dialog inhaltlich ausleeren und aufs Formelhafte reduzieren, bilden auf weite Strecken keine Gespräche ab, sondern legen wie im folgenden Beispiel durch Abweichungen von der Norm die Regeln von ‚Sprachspielen' (L. Wittgenstein) bloß:

ESTRAGON: (*chewing*). I asked you a question.
VLADIMIR: Ah.
ESTRAGON: Did you reply?
VLADIMIR: How's the carrot?
ESTRAGON: It's a carrot.
VLADIMIR: So much the better, so much the better.[21]

Statt auf die zuvor gestellte Frage zu antworten, reagiert der angesprochene Vladimir mit einer Gegenfrage. Statt diese zu beantworten, reagiert der gefragte Estragon mit einer tautologischen Aussage. Harold Pinters *The Birthday Party*, ein Stück, das ebenfalls in der Tradition des absurden Dramas steht, ist reich an Szenen phatischer Kommunikation. In der Eingangsszene unterhält sich ein Ehepaar zwischen Küche und Frühstückstisch:

MEG. Is that you, Petey?
Pause.
Petey, is that you?
Pause.
Petey?
PETEY What?
MEG. Is that you?
PETEY Yes, it's me.
MEG. What? Are you back?
PETEY Yes.
MEG. I've got your cornflakes ready.
Are they nice?
PETEY. Very nice.
MEG. I thought they'd be nice.
You got your paper?
PETEY Yes.
MEG. Is it good?
PETEY. Not bad.
MEG. What does it say?
PETEY. Nothing much.[22]

In diesen Passagen leert sich die Sprache selbst aus; Redundanzen und Wiederholungen regieren ein Gespräch, das diesen Namen kaum noch verdient. Der spärliche Informationsgehalt löst sich in Tautologien auf, Kommunikation reduziert sich auf die Aufrechterhaltung des Kontakts zwischen zwei Personen mit den Mitteln der Sprache. Wir greifen jedoch zu kurz, wenn wir diese Formen von Interaktion ausschließlich als semantischen Leerlauf einstufen, der im absurden Drama natürlich eine wichtige Rolle spielt. Anthropologisch gesehen ist die phatische Kommunikationsfunktion diejenige, die Kinder als erste lernen und die auch mit Tieren praktiziert wird. Als Grundlage und Rückgrat der Kommunikation ist sie

21 Beckett (1967), 20.
22 Pinter (1971), 9 f.

unersetzlich als sozialer Kitt und Voraussetzung für die Aufrechterhaltung gesellig-gesellschaftlicher Beziehungen in Routinen und Alltagsritualen.

In Shakespeares *Hamlet* läuft die Kommunikation zwischen den Personen aus anderen Gründen immer wieder ins Leere. Das Stück zeichnet sich insgesamt durch eine hohe **Selbstreflexivität der Sprache** aus, wobei immer wieder ein Bewusstsein für die Differenz von Signifikanten und Signifikat aktualisiert wird, das im Prozess gelingender Kommunikation eigentlich ganz verschwinden sollte; in der normalen Kommunikation verständigt man sich zwar mit Worten, doch ist man dabei immer schon ganz bei den Sachen, über die geredet wird. Nicht so in diesem Stück, wo die Differenz zwischen Worten und Sachen immer wieder betont wird. Der Berater des Königs, Polonius, der gern zu viele und zu umständliche Worte macht, wird von der ungeduldigen Königin mit den Worten unterbrochen: „More matter with less art." (II, 2, 97) Die für Hamlet am dänischen Hof so charakteristische Haltung der Kommunikations-Verweigerung beruht darauf, dass er sich dumm stellt gegenüber dem offensichtlich Gemeinten (den Signifikaten) und auf die Wortwörtlichkeit der Sprachzeichen pocht. Mit diesem linguistischen Sabotageakt, den man **‚Literalismus'** oder ‚Buchstäblichkeit' nennen könnte, verwirrt er seine Gesprächspartner, indem er hartnäckig von der Ebene der Mitteilung (also den Signifikaten) auf die Ebene der Darstellung (also die Signifikanten) umschaltet:

Enter HAMLET, reading on a book.
POLONIUS: What do you read, my lord?
HAMLET: Words, words, words.
POLONIUS: What is the matter, my lord?
HAMLET: Between who?
POLONIUS: I mean the matter that you read, my lord.[23]

Hamlet tritt nicht kooperativ in den verbalen Austausch ein, sondern entzieht sich seinem Gesprächspartner mit den Mitteln der Sprache. Was sich hier im Kleinen abspielt, gilt für das Stück im Ganzen: Anstatt auf die Sache, um die es jeweils geht (What is the matter, my lord?), konzentriert Hamlet sich auf die Worte selbst (words, words, words). Er macht den Sprung nicht mit hinüber zu den Bedeutungen, den impliziten Signifikaten, auf deren Ebene eine Verständigung (um nicht zu sagen: ‚Horizontverschmelzung', H. G. Gadamer) zwischen den Gesprächspartnern stattfinden sollte, sondern bleibt hartnäckig an den Signifikanten hängen. Mit seiner Strategie einer ausweichenden und **indirekten Form der Kommunikation** vermeidet Hamlet, dass er für den Gesprächspartner ‚lesbar' wird. Er will unter allen Umständen verhindern, dass seine Worte und Gesten als ‚expressive' Zeichen gelesen werden können, die irgendeinen Aufschluss über sein Inneres ermöglichen. Er ist beständig auf der Hut, um den anderen nur nichts von sich selbst erkennen zu geben.

23 Shakespeare, *Hamlet*, II, 2, 167; 191–195.

Hamlets Zeichengebrauch hat aber nicht nur eine paranoide und hyper-reflexive, sondern auch eine spielerische und ästhetische Qualität. Das wird bereits an den allerersten Worten deutlich, die er im Stück spricht.

> KING: But now, my cousin Hamlet, and my son –
> HAMLET: (*Aside.*) A little more than kin, and less than kind.
> KING: How is it that the clouds still hang on you?
> HAMLET: Not so, my lord. I am too much in the sun.[24]

Die erste Replik ist keine Antwort auf die Kommunikationseröffnung, sondern ein beiseite gesprochener Kommentar zu den Worten ‚cousin' und ‚son'. Er problematisiert das Verwandtschaftsverhältnis, das ihn so plötzlich nach dem Machtwechsel am Hofe aus dem Rang eines Neffen in den eines Sohnes befördert hat. Diese Sohnesrolle ist er offensichtlich nicht gewillt einzunehmen und sträubt sich gegen die vereinnahmende Geste des neuen Königs, der sich als ein Usurpator auf dem Thron herausstellen wird. Er tut all das in einem einzigen Vers mit fünf Hebungen, in den ein Wortspiel eingebaut ist. Das Wort ‚kin' (wie in ‚kinship') bezeichnet Verwandtschaftsverhältnisse; das Wort ‚kind' hat eine doppelte Bedeutung. Die neuere Bedeutung ist ‚freundlich', die ältere, noch bei Chaucer durchgängig belegte Bedeutung heißt soviel wie ‚Natur'. Zuviel Nähe in der Verwandtschaft, so dürfen wir den kompakten Vers paraphrasieren, impliziert unfreundliche, ja unnatürliche Verhältnisse. Der zweite Satz Hamlets ist eine direkte Antwort auf eine Frage, doch auch diese Antwort ist ein Ausweichmanöver. In diesem Fall nimmt er die metaphorische Rede über die Wolken wörtlich. Gemeint war mit der Frage: Warum trägst du noch immer schwarze Trauerkleidung? Hamlet will partout nicht verstehen und entgegnet, er stehe zu sehr in der Sonne. Mit dem Wort ‚sun' baut er gleichzeitig einen weiteren so genannten pun auf, der sich auf ‚son' zurückbezieht.

Pun ist ein Sprachspiel, das in der Vieldeutigkeit der englischen Sprache fundiert ist und die ästhetische Funktion der Alltagssprache hervorkehrt. Diese Form des Wortwitzes ist nicht an die Literatur gebunden, sie hat in ihr jedoch herausragende Vertreter gefunden, die die **Kunst des gleitenden Signifikanten** perfektioniert haben. Minimale Differenzen auf der Signifikantenebene führen zu semantischen Verschiebungen, die immer neue Bedeutungskontexte eröffnen. Das produziert einen genussvollen Schwindel wie beim reinen Assoziieren, bei dem das rationale Bewusstsein die Steuerung abgibt und sich einem freien Strömen überlässt. Im pun spricht die Sprache sich selber, jedoch nicht in der raunend etymologisierenden deutschen Heidegger-Tradition, sondern in der subversiv spielerischen Tradition, die von Shakespeare über Lewis Carroll bis zu James Joyce führt.

Als ein abschließendes Beispiel für literarische Missverständnisse soll die karibische Autorin Jamaica Kincaid angeführt werden, die in einem autobiographischen Roman die folgende Erfahrung in der Queen Victoria Girls' School auf der Insel Antigua beschreibt. Die 10-jährige Icherzählerin hatte Wordsworths berühmtes

24 Shakespeare, *Hamlet*, I, 2, 64–67.

Gedicht *The Daffodils* auswendig zu lernen und vor einem vollen Auditorium vorzutragen. Die Rezitation war ein voller Erfolg, aber für das karibische Mädchen, dass sich unter dem Namen dieser Blume nichts vorstellen konnte, eine Demütigung. Die Spaltung von Signifikant und Signifikat schlug sich in einer folgenreichen Persönlichkeitsspaltung nieder. „I was then at the height of my two-facedness: that is, outside I seemed one way, inside I was another; outside false, inside true." Die verhassten Blumen, die sie zu vergessen wünscht, holen sie als eine Bedrohung in ihren Träumen ein. Als sie neun Jahre spätere bei einer Wanderung in den U. S. A. zum ersten Mal in ihrem Leben blühende Narzissen zu sehen bekommt, ist ihr erster Impuls, sie mit einer großen Sichel niederzumähen.

> Mariah said, „These are daffodils. I'm sorry about the poem, but I'm hoping you'll find them lovely all the same." (...)
> „Mariah, do you realize that at ten years of age I had to learn by heart a long poem about some flowers I would not see in real life until I was nineteen?"
> As soon as I said this, I felt that I had cast her beloved daffodils in a scene she had never considered, a scene of conquered and conquest; a scene of brutes masquerading as angels and angels as brutes. (...) It wasn't her fault. It wasn't my fault. But nothing could change the fact that where she saw beautiful flowers I saw sorrow and bitterness.[25]

1.3 Zeichentypen

1.3.1 Performative Sprache

Dem Philosophen J. L. Austin fiel auf, dass seine Kollegen einen durchaus verengten Begriff von Sprache haben, weil sie sich ausschließlich auf die darstellende Funktion der Sprache konzentrierten. Sprache beschreibt aber nicht nur Sachverhalte, sie repräsentiert und konstatiert nicht nur, sondern sie stellt auch selbst, wie Austin zeigte, einen Modus des Handelns dar. Reden und Handeln schließen sich also nicht unbedingt aus, sondern sind unter Umständen identisch. Solche Fälle untersuchte Austin in seinem Buch *How to Do Things with Words*, mit dem er die philosophische und linguistische **Pragmatik** begründete. In der Pragmatik geht es nicht vorrangig um Bedeutungen (Semantik) und den Wahrheitswert von Aussagen, sondern um die Effizienz von Sprache als einer genuinen Handlungsform. Sprachliche Rede ist also nicht nur in Handlungen eingelassen, sondern stellt selbst eine spezifische Form des Handelns dar, die Austin mit dem Begriff ‚performatives' beschrieb und vom Modus der ‚constatives' absetzte.

Austin hat **performatives Sprechen** auf ganz unterschiedlichen Ebenen entdeckt. Es begegnet uns in institutionellen Kontexten und Riten auf einem hoch formalisierten Niveau, etwa wenn ein Kind getauft wird, die Braut in der Kirche ihr Jawort gibt oder ein Richter im Gericht den Angeklagten verurteilt. In weniger stilisierter Form begegnet uns performatives Sprechen in Alltagssituationen, wenn wir uns etwas versprechen, jemanden willkommen heißen, wetten, kritisieren, fluchen

25 Kincaid (1991), 18, 30.

oder uns entschuldigen. Formalisiertes performatives Sprechen funktioniert nur, wenn die nötige Amtsautorität hinter den Worten steht und der richtige institutionelle Rahmen gegeben ist. Im Alltagsgebrauch funktioniert performatives Sprechen nur, wenn die Handlungsabsicht vom Sprechenden mit der Äußerung auch wirklich mitvollzogen wird, sonst bleiben die Formeln leer. Dafür gibt es ein einschlägiges Beispiel in einem kurzen Dialog in Harold Pinters *Birthday Party*:

MEG. Do you want some tea?
(STANLEY *reads the paper.*) Say please.
STANLEY. Please.
MEG. Say sorry first.
STANLEY. Sorry first.
MEG. No. Just sorry.
STANLEY. Just sorry!
MEG. You deserve the strap.[26]

Hier verstößt Stanley dadurch gegen die Regeln des Höflichkeits-Sprachspiels, dass er den performativen Gehalt seiner Äußerungen gerade nicht assertiert.

1.3.2 Drei Zeichentypen: symbolisch, ikonisch, indexikalisch

Neben Saussures Theorie der Zeichenstruktur und Bühlers Theorie der Zeichenfunktionen (und ihren Ergänzungen durch Mukařovský, Jakobson und Austin) ist hier noch eine weitere Theorie der Zeichentypen zu nennen. Der amerikanische Semiotiker Charles Sanders Peirce hat die wichtigsten Zeichentypen als **‚Symbol'**, **‚Ikon'** und **‚Index'** voneinander unterschieden.[27] Die Frage hinter dieser Unterscheidung ist eine ebenso einfache wie grundlegende: Von welcher Art ist das Band, so fragte sich Peirce, das ein materielles Zeichen mit dem verknüpft, was es bezeichnet? Er stellte fest, dass es auf diese Frage drei verschiedene Antworten gibt. Wenn das Band auf einer *beliebigen Verknüpfung* beruht und ausschließlich durch gesellschaftliche Konvention festgelegt ist, spricht er von einem symbolischen Zeichen; wenn das Band auf einer *Ähnlichkeit* zwischen Signifikant und Signifikat beruht, spricht er von einem ikonischen Zeichen. Beruht das Band auf einem *materiellen Kontakt* zwischen Bezeichnendem und Bezeichnetem, so spricht er von einem indexikalischen Zeichen.

Beginnen wir mit der Unterscheidung zwischen symbolischen und ikonischen Zeichen. Eines der ältesten Probleme der Semiotik betrifft die Frage, ob die Zeichen, mit denen sich Menschen verständigen, **arbiträr**, d. h. beliebig und austauschbar oder aber **immanent sinnvoll** und geheimnisvoll motiviert sind.[28] Gibt

26 Pinter (1971), 17 f.
27 Peirce (1983).
28 Diese Frage wird ausführlich in Platons Dialog Kratylos diskutiert, wo Sokrates die Position der Arbitrarität und sein Gesprächspartner Kratylos die Position der Ähnlichkeit oder Motiviertheit vertritt.

es einen plausiblen Grund dafür, warum ein Wort so heißt, wie es heißt? Oder kann grundsätzlich alles für alles stehen und ist diese Verbindung allein menschlicher Vereinbarung und Konvention geschuldet? Zu dieser Grundfrage hat sich nicht zuletzt Shakespeares verliebte Julia geäußert, als sie sich über Romeos Familien-Namen ‚Montague' Gedanken machte. Dieser Name ist ihr verhasst, weil er ihren Geliebten als Spross einer feindlichen Familie ausweist:

> JULIET: 'Tis but thy name that is my enemy;
> Thou art thyself though, not a Montague.
> What's Montague? it is nor hand, nor foot,
> Nor arm, nor face, nor any other part
> Belonging to a man. O! be some other name:
> What's in a name? that which we call a rose
> By any other name would smell as sweet.[29]

Der Name, das buchstabiert Julia hier in allen Einzelheiten nach, ist der Person in keiner Weise ähnlich. Die lebendige Gestalt eines Menschen mit Hand, Fuß, Arm und Gesicht lässt sich im Kürzel seines Namens nicht wieder finden.[30] Wenn er so äußerlich ist, warum hat der Name dann aber so großes Gewicht? Warum entscheidet er über die Identität einer Person, und damit über Liebe, Leben und Tod? Woher kommt diese Gewalt, die Namen über Menschen und ihre Schicksale haben? Julia, die diese schwierigen Fragen nicht beantworten kann, wünscht sich eine Namensänderung. Kann man mit dem Ändern von Namen Identitäten auflösen und Verfolgungsgeschichten entgehen? Beginnt, so mag sich auch mancher Einwanderer in ein neues Land gefragt haben, mit dem neuen Namen ein neues Leben? Julia beendet ihre Namens-Reflexion mit einer emphatischen Parteinahme für die Fraktion der arbiträren Sprachtheorie, indem sie von Namen zu Wörtern übergeht: „What's in a name? that which we call a rose / By any other name would smell as sweet." Diese Auffassung hat vieles für sich, zumal wenn man an die Vielheit der Einzelsprachen und ihre Übersetzbarkeit denkt. Das, was die Deutschen ‚Brot' nennen, ist mit englisch ‚bread' und französisch ‚pain' nicht weniger akkurat bezeichnet. Eine intrinsische Motiviertheit der Sprachzeichen könnte vielleicht für eine Ursprache gelten, der ein mythischer Weltbezug zugrunde liegt. Der biblische Hinweis auf die Sprache Adams, der jedem Geschöpf treffsicher seinen richtigen Namen zu geben wusste, nährte die Vorstellung einer solchen motivierten **kosmischen Universalsprache**, an der Theoretiker nicht nur in der Renaissance und Romantik, sondern bis ins 20. Jahrhundert hinein weiterspekuliert haben.[31]

---

29 Shakespeare, *Romeo and Juliet*, I, 1, 80–86.

30 Die Theorie der Namen bildet einen eigenen Zweig der Sprachphilosophie; Saul Kripke nennt den Namen einen ‚rigid designator', Kripke (1980); Avishai Margalit spricht von der metonymischen Qualität des Namens, der ein Teil der Person ist, und zwar jener Teil, in dem die Person nach ihrem Tode weiterlebt. Margalit (2003).

31 Assmann, A. (1991a). Ein spätes Zeugnis dieser Theorie ist Walter Benjamins frühe Sprachtheorie und seine wichtigen Aufsätze über die Übersetzung und das mimetische Vermögen.

Das folgende Gedicht George Herberts ist eine Meditation über den Namen Jesu, wobei dieser Name wiederum in seine Bestandteile zerlegt wird und in seinen Komponenten eine zweite unterschwellige Botschaft oder Geheimschrift lesbar wird. Der Signifikant, so können wir auch paraphrasieren, zerfällt in weitere Signifikanten, eine Zeichendeutung, die den Sprecher des Gedichts an der Arbitrarität, der Unmotiviertheit dieses besonderen Namens zweifeln lässt:

> IESU is in my heart, his sacred name
> Is deeply carved there. But th'other week
> A great affliction broke the little frame
> Ev'n all to pieces; which I went to seek.
> And first I found the corner where was I,
> After where ES, and next where U was graved.
> When I had got these parcels, instantly
> I sat me down to spell them; and perceived
> That to my broken heart he was *I ease you*,
> And to my whole is *IESU*.[32]

Kommen wir von Herberts imaginativer Resemiotisierung der Buchstaben im Namen ‚Jesu' auf die Trias der Zeichentypen von Peirce zurück. Als **symbolische Zeichen** bestimmt er solche, die, wie die Eigennamen und die Lexeme der Einzelsprachen, einen arbiträren Charakter haben. Sie wären samt und sonders auch durch andere ersetzbar, nur halten wir aufgrund von Übereinkunft und Konvention an den einmal geschaffenen Bezeichnungen fest. **Ikonische Zeichen** sind demgegenüber solche, die einen Bezug der Ähnlichkeit zwischen Signifikanten und Signifikat erkennen lassen. Am deutlichsten ist das bei Bildern der Fall, die mit Formen und Farben Wirklichkeit abbilden. Auf dieser Ebene wird unmittelbar klar, warum – in einem Gedankenspiel à la Julia – das Bild eines Hundes nicht gegen das einer Rose austauschbar ist. Während arbiträre Zeichen der Sprache und Schrift immer nur auf Grund der Kenntnis eines zu erlernenden Kodes verstehbar sind, sind ikonische Zeichen allgemeiner zugänglich. Illustrationen waren in der Buchgeschichte nicht nur Schmuck und Beiwerk, sondern boten auch einen voraussetzungsloseren Einstieg, zum Beispiel als ‚biblia pauperum', als Bibel des analphabetischen Volks. Als Anfang des 20. Jahrhunderts der Stummfilm als neues bewegtes Bild-Medium entstand, glaubte der Filmtheoretiker Bela Balázs, dass damit die Universalsprache der Menschheit wieder gefunden und der Fluch der Sprachverwirrung überwunden sei. Ihm schien „gerade die Filmkunst eine Erlösung von dem babelschen Fluch zu versprechen. Denn auf der Leinwand der Kinos aller Länder entwickelt sich jetzt die erste internationale Sprache: die der Mienen und Gebärden."[33]

Wir dürfen uns den Gegensatz zwischen symbolischen und ikonischen Zeichen aber nicht zu schematisch entlang der Grenze von Sprache und Bildern vorstellen. Auch in der Schrift gibt es bereits ansatzweise ikonische Elemente, z. B. durch das

32 Herbert, (2002a), 220.
33 Balázs (2001), 22.

Layout der Seite, wo Absätze Gedankensprünge oder fett gedruckte Überschriften etwas Allgemeines und Wichtiges signalisieren. Das **Schriftbild** enthält zusätzliche Informationen, die auf einer Ähnlichkeitsbeziehung zum Dargestellten beruhen. In einer Szene in Pinters *Birthday Party* wird der Protagonist Stanley von einem seiner Peiniger dazu angehalten sich hinzusetzen. Diese Aufforderung ist in der Druckfassung durch Großbuchstaben markiert. Der Schriftzug ‚SIT DOWN' signalisiert ganz offensichtlich, dass hier nicht mehr gesprochen, sondern geschrieen wird. Das Ähnlichkeitsmoment besteht dabei im gemeinsamen Nenner der ‚Vergrößerung' von Schrift bzw. Stimme.

Als dritten Zeichentyp hat Peirce das **indexikalische Zeichen** bestimmt. Das Wort ‚Index' bezieht sich auf den Zeigefinger, der auf etwas im Raum Anwesendes zeigt. Das indexikalische Zeichen setzt sich über die Verknüpfung zwischen Signifikant und Signifikat hinweg und verweist ausnahmsweise direkt und konkret auf etwas, das im Raume anwesend ist. Deiktische Sprachzeichen tun dasselbe. Der Satz des Polonius: „Take this from this if it be otherwise", kann nicht ohne die zeigende Hand verstanden werden, die beim ersten ‚this' auf seinen Kopf und beim zweiten ‚this' auf seine Brust zeigt. Wie deiktische, so stellen auch indexikalische Zeichen eine Verknüpfung mit einem bestimmten realweltlichen Gegenstand oder Sachverhalt her. Am Beispiel eines Grabsteins lassen sich alle drei Peirceschen Zeichen-Typen unterscheiden. Der Grabstein ist ein symbolisches Zeichen, das durch Namen, Inschrift und Zahlen ein verstorbenes Individuum repräsentiert. Der Grabstein ist ein ikonisches Zeichen, wenn er ein Kreuz darstellt oder die Skulptur eines tröstenden Engels mit einschließt; aber auch die Materialität dieses Zeichens, der Stein, ist bereits ikonisch, weil er den Widerstand gegen das Vergessen und das Verlangen nach einer möglichst lange andauernden Erinnerung sinnlich repräsentiert. Der Grabstein ist schließlich ein indexikalisches Zeichen, das auf die Stelle ‚zeigt', wo der Leichnam eines Menschen oder seine Urne bestattet ist. An diesem Beispiel wird deutlich, dass sich die Zeichentypen nicht immer trennscharf voneinander unterscheiden müssen, sondern sich auch gegenseitig stützen und überlappen können.

Das paradigmatisch indexikalische Zeichen ist die **Spur**, die ein Mensch oder Tier im Sand oder Lehm hinterlässt. Das Spurenlesen ist, wie Carlo Ginzburg gezeigt hat, eine der ältesten Denkformen des Menschen, die vom Jäger und Sammler bis zum Historiker und Detektiv reicht.[34] Alle wenden dieselbe logische Grundregel an, indem sie von anwesenden indexikalischen Zeichen auf das schließen, was diese Zeichen hervorgebracht hat und inzwischen vom Schauplatz bzw. Tatort verschwunden ist. Wenn Robinson Crusoe in Defoes gleichnamigem Roman einen menschlichen Fußabdruck am Strand entdeckt, beginnt für ihn ein neues Kapitel seiner Geschichte, denn obwohl er noch keinen Menschen gesehen hat, weiß er, dass er nun nicht mehr allein auf der Insel ist. Von dem Abdruck muss er auf die Präsenz eines anderen Menschen schließen, was ihn in eine überwältigende Angst

34 Ginzburg (1983).

versetzt: „I stood like one thunder-struck, or as if I had seen an apparition (...) after innumerable fluttering thoughts, like a man perfectly confused and out of my self, I came home to my fortification, not feeling, as we say the ground I went on, but terrify'd to the last degree".[35]

Ein anderes wichtiges Beispiel für ein indexikalisches Zeichen ist die **Photographie.** Das Urbild der Photographie ist die ‚vera icon', das Schweißtuch der Heiligen Veronika, die nach der Legende am Kreuzweg Christi stand, ihm das Gesicht abwischte, weshalb ihr Tuch den Negativabdruck des Gesichts des Heilands auf immer festgehalten hat. Das Tuch, das im Vatikan verwahrt wird, gilt bis heute als kostbarste aller Reliquien, weil es eine körperliche Spur des Erlösers bewahrt. Auch bei der Photographie sprechen wir von einer ‚Spur', in die sich die Wirklichkeit unmittelbar eingeprägt hat. Die Photographie bringt also nicht nur ein ‚Bild', sondern auch einen ‚Abdruck' der Wirklichkeit hervor, die sich als Schattenschrift in die Silbersalze der magnetischen Platte sozusagen von selbst einschreibt.[36] ‚Acheiripoeieton' (nicht von Menschenhand gemacht) war in der Antike der Ausdruck für Kunstwerke, die vom Himmel gefallen oder auf der Erde gefunden wurden. Die Photographie ersetzt die Menschenhand durch eine Apparatur, die ihrerseits allerdings von Menschenhand gemacht ist und von ihr bedient sein will.

Zu den indexikalischen Zeichen gehören auch die **‚Anzeichen'** oder **‚Symptome'**. Der Rauch ist ein Anzeichen für Feuer, mit dem er in einem kausalen Entstehungszusammenhang verbunden ist, die Körper-‚Sprache' des Fiebers, der Schweißausbrüche, der roten Flecken oder einer Gelbfärbung der Haut werden durch Krankheiten hervorgebracht, auf die der Arzt aus solchen Anzeichen schließen kann. Hier haben wir es mit komplexen Zeichen- und Entzifferungssystemen zu tun, die z.T. auf Jahrtausende alte Beobachtung und Erfahrung gegründet sind. Der medizinisch-diagnostische Blick ist die spezielle und disziplinierte Variante eines sehr viel allgemeineren physiognomischen Blicks, der sich ebenfalls bemüht, aus Sichtbarem auf Unsichtbares, in diesem Falle: aus Mienen und Gesten auf die verborgenen Absichten und das innere Wesen eines Menschen zu schließen.

Eine Schlüsselszene für indexikalische Zeichen ist Hamlets erster Auftritt auf der Bühne. In den ersten zusammenhängenden Worten, mit denen er sich den Zuschauern vorstellt, geht es um eben diesen Zeichentyp. Hamlet steht als melancholische Gestalt in schwarzem Trauergewand abseits und signalisiert damit seine Bindung an den soeben verstorbenen Vater und den Abstand zu seinem Onkel und seiner Mutter, die unziemlich rasch auf die Beerdigung des Vaters eine festliche Hochzeit folgen ließen. Er möge doch bitte, so mahnt die Mutter, seine schwarzen Kleider ablegen und sich einstimmen auf die neue Situation am Hofe: „Good Hamlet, cast thy nightly colour off" (I, 2, 68). Dieser Imperativ gibt Hamlet Anlass zu einer tiefsinnigen Reflexion über Authentizität und (Un-)Darstellbar-

35 Defoe (1972), 162.
36 Zur Photographie als Spur vgl. Barthes (1985).

keit menschlicher Affekte.[37] Er macht seine Mutter darauf aufmerksam, dass sie weder aus seiner Kleidung, noch aus körperlichen Signalen (Gesten), ja nicht einmal aus körperlichen Symptomen zweifelsfrei auf sein Inneres schließen könne. Diese Reflexion wird wieder einmal an einem für Hamlet so typischen Literalismus aufgehängt:

QUEEN. Thou know'st 'tis common, all that lives must die,
Passing through nature to eternity.
HAMLET. Ay madam, it is common.
QUEEN. If it be,
Why seems it so particular with thee?
HAMLET. Seems, madam? Nay, it is. I know not ‚seems'.
'Tis not alone my inky cloak, good mother,
Nor customary suits of solemn black,
Nor windy suspiration of forced breath,
No, nor the fruitful river in the eye,
Nor the dejected haviour of the visage,
Together with all forms, moods, shapes of grief,
That can denote me truly. These indeed seem,
For they are actions that a man might play,
But I have that within which passes show –
These but the trappings and the suits of woe. (I, 2, 72–86)

Die ‚Symptome' und ‚Anzeichen' für Trauer, die Hamlet hier aufzählt, sind keineswegs untrüglich. Gleich sieben Mal hintereinander verneint er, dass man bei ihm von solchen **äußeren Zeichen** zuverlässig auf sein **Inneres** schließen könne.[38] Denn all die Zeichen können auch durch Verstellung oder Schauspielerei willentlich erzeugt werden. So spricht einer, der Erfahrung mit dem Theater hat, denn auf der Bühne ist alles bewusste Inszenierung und Zeichen. Hamlet geht jedoch noch einen paradoxen Schritt weiter, indem er auf der Bühne auf sein eigenes Inneres als einen zeichenfreien Raum verweist. Mit dieser meta-theatralischen Geste entblößt und überbietet er zugleich die Zeichen des Theaters.

1.4 Sprache, Kultur, Gewalt

Eine bedeutende Einsicht in die kulturelle Dimension von Sprache verdanken wir der antiken Tradition der **Rhetorik**. Die Bildung des Menschen durch Sprache ist ihr Programm, das Sokrates in dem bündigen Satz zusammengefasst hat: „Sprich, damit ich dich sehe!" Damit das Gegenüber, der andere Mensch überhaupt sichtbar wird, muss er erst sprechen; solange er stumm ist, bleibt er, obwohl in seiner Gestalt visuell präsent, unsichtbar. Wir offenbaren uns durch unsere Rede, zum Guten wie zum Schlechten. Ein weiteres lateinisches Sprichwort lautet: ‚Hättest du geschwiegen, wärst du ein Philosoph geblieben.' Wenn es erst die eigene Rede

37 Vgl. dazu Plett (1975).
38 Shakespeare hat vermutlich den Essay Montaignes über Physiognomie gelesen.

ist, die dem Menschen zur vollen Sichtbarkeit verhilft, dann muss man auf die eigene Sprache ebenso viel Wert legen, wie auf die äußere Erscheinung vor dem Spiegel. Rhetorik ist in eben diesem Sinne Sprach-Kosmetik; sie überformt die physische Gestalt durch eine weitere Gestalt, die keine Gabe der Natur ist, sondern allein der erworbenen Sprachbeherrschung geschuldet ist. Es gab in Geschichte und Literatur Virtuosen der Sprachbeherrschung, deren Sprach-Kunst ihre physischen Defekte mehr als aufwog. Der kleinwüchsig-bucklige Dichter Alexander Pope zum Beispiel war aufgrund seiner brillanten und pointierten Formulierungen der absolute Star in der englischen Gesellschaft des frühen 18. Jahrhunderts. Und der fiktive Cyrano de Bergerac mit seiner viel zu langen Nase vermochte mit werbenden Worten bei der Angebeteten sehr viel mehr auszurichten als ihr schöner aber dummer Kavalier. Durch die Spracherziehung der Rhetorik lernt man, wie man Inneres nach außen wendet. Wer die Kunst erwirbt, Gedanken und Überzeugungen in treffende Worte zu fassen und wirkungsvoll zu vermitteln, knüpft Beziehungsnetze und baut Brücken zu anderen Menschen. Das Erziehungsprogramm der Rhetorik ist von Grund auf sozial; die Bildung zum Menschen erfolgt über die Bildung der Sprache, und diese ist immer schon auf andere Menschen bezogen. Sprache ist, um mit Herder zu sprechen, ein „Band zwischen Menschen und Menschen", wenn auch ein sehr flüchtiges und unvollkommenes.[39]

Sprache ist, was den Menschen zum **Menschen** macht und **vom Tier unterscheidet**. Diese Gründung der Menschwerdung auf Sprache hat Shakespeare im *Tempest* näher beleuchtet. Der mächtige Zauberer Prospero, der außer der Menschensprache auch über die Sprache der Geister verfügt, hat versucht, dem zwischen Tier und Mensch stehenden Diener Caliban seine Menschensprache beizubringen:

PROSPERO: I pitied thee,
Took pains to make thee speak, taught thee each hour
One thing or other. When thou didst not, savage,
Know thine own meaning, but wouldst gabble like
A thing most brutish, I endowed thy purposes
With words that made them known ...[40]

Die Sprache soll dem Sprachlosen dazu verhelfen, sich selber kennen zu lernen: durch Sprache kann er seine eigenen Wünsche und Regungen kennen lernen und diese auch anderen mitteilen. Selbsterkenntnis und Interaktion mit anderen bedingen sich gegenseitig, Reflexion und Sozialität wachsen in der Sprache miteinander und gehen ineinander über.

Caliban hat jedoch ganz andere Bedürfnisse; er bedient sich der Sprache als ein Mittel der Revolte und Selbstbehauptung gegen seinen ungeliebten Herrn:

39 Herder (1964), 348.
40 Shakespeare, *The Tempest*, I, 2, 356–361.

CALIBAN: You taught me language, and my profit on't
Is, I know how to curse. The red plague rid you
For learning me your language![41]

Obwohl auch Caliban in Versen spricht, wie das bei Shakespeare üblich ist, zeigt er mit diesen performativen Sätzen zugleich, dass er das Fluchen gelernt hat. Fluchen ist eine von vielen Möglichkeiten, Sprache nicht als Informations- und Kommunikationsmedium einzusetzen, sondern als eine Form des Handelns. Ein Fluch taugt so gut wie ein anderer, wenn es darum geht, Angst einzujagen, einzuschüchtern, zu bedrohen, aufzubegehren, abzuschütteln. Neben diese Szene lässt sich jene andere in Defoes *Robinson Crusoe* setzen, wo der Protagonist den befreiten Gefährten Freitag sprechen lehrt, um ihn missionieren zu können. Eines der ersten Worte, die er ihn lehrt, ist das Wort ‚master'.[42]

Obwohl das Stück in der Zeit des frühen Kolonialismus geschrieben wurde, können wir heute kaum umhin, es auch anachronistisch im Rahmen unserer postkolonialen historischen Situation zu lesen, was die Wertigkeiten erheblich verschoben hat. Deshalb dürfen wir in dieser kleinen Szene auch den Subtext **kolonialer Sprachpolitik** mitlesen. Koloniale Herrscher haben überall auf der Welt der eingeborenen Bevölkerung mit Gewalt ihre Sprache aufgezwungen. Damit haben sie nicht nur die bestehenden lokalen Muttersprachen entwertet, sondern zugleich auch die damit verbundenen indigenen Traditionen, kulturellen Praktiken und mündlichen Überlieferungen missachtet und vernichtet. Eine Sprache, die nie verschriftet wurde, hat keine Chance, langfristig neben einer Schriftsprache fortzubestehen. Sie weicht dem Druck einer kolonialen Standard-Sprache, die sich in einer komplizierten Bürokratie, in rechtlichen Verordnungen und den Curricula von Bildungs- und Erziehungsprogrammen breit macht. Eine Autorin aus der Karibik, M. Nourbese Philip, hat das Spannungsverhältnis zwischen indigener ‚Muttersprache' und kolonialer ‚Vatersprache' in folgendem Gedicht zum Ausdruck gebracht:

English is
my mother tongue.
A mother tongue is not
not a foreign lan lan lang
language
l/anguish
anguish
– a foreign anguish.

English is
my father tongue.

41 Shakespeare, *The Tempest*, I, 2, 366–369. Stephen Greenblatt hat die Calibanische Formel zum Titel eines Buches gemacht: *Learning to Curse. Essays in Early Modern Culture* (1992).

42 Defoe (1972), Kap. 14, „A Dream Realised".

A father-tongue is
A foreign language,
Therefore English is
A foreign language
not a mother tongue.[43]

Sprache ist ambivalent: Sie kann als ein Mittel hegemonialer Disziplinierung und Gewalt eingesetzt werden, ist aber auch das grundlegende Mittel der Zivilisierung des Menschen. Wo Kommunikation ins Stocken gerät, kann Gewalt aufbrechen. „Das Versagen der Kommunikation", so schrieb der französische Philosoph Jean Paul Sartre nach dem Zweiten Weltkrieg, „ist der Anfang aller Gewalttätigkeit. Wo die Mitteilung aufhört, da bleibt nichts als Prügeln, Verbrennen, Aufhängen".[44] Zum Thema Sprache und Gewalt hat Shakespeare im ersten Akt von *King Lear* einen tiefsinnigen Kommentar abgegeben. Cordelia, die dem Gebot des Vaters, in einer kompetitiven Situation eine öffentliche Liebeserklärung an ihn abzugeben, nicht gewachsen ist, weil sie ihre Liebe nicht in platte Klischees verpacken kann, kommt ins Stammeln und verfällt ins Schweigen. Cordelia verweigert Sprache, weil der Befehl, der an sie ergeht, mit dem Inhalt, um den es geht, unvereinbar ist: Liebe lässt sich nicht in autoritärer Form aufrufen und in einem öffentlichen Wettbewerb quantitativ messen. Cordelia verweigert dieses Sprachspiel, weil es von einer Gewalt grundiert ist, die dann auch sofort ausbricht. In ihrem Schweigen nistet sich der Zorn des narzisstisch gekränkten Vaters ein, der die Tochter von diesem Augenblick an mit Hass verfolgt. Lear's Gewalt schlägt sich in der Zerrüttung seiner Sprache nieder, die mit seiner zunehmenden sozialen Isolierung einhergeht. Es ist allein die Gegen-Sprache der Narren, die diesen Zusammenbruch übersteht, und aus der heraus Sprache und soziale Interaktion mühsam neu erlernt werden müssen.

Der Gegensatz ‚Sprache versus Zivilisation' ist freilich zu einfach, denn **Gewalt** findet nicht nur jenseits der Sprache statt, sondern wird – wie im Falle der Propaganda – auch durch Sprache vorbereitet und – wie im Falle der Inquisition, des Verhörs, der Folter – gar **im Medium der Sprache vollzogen**. Sprache verbindet sich mit Gewalt, wenn sie Hass schürt, Massen aufpeitscht und unter Druck setzt. Letzteres wird eindrücklich in Harold Pinters Theaterstück *The Birthday Party* vorgeführt, wenn der Protagonist Stanley im zweiten Akt von zwei Männern in ein verbales Kreuzverhör genommen wird, aus dem er im dritten Akt als ein völlig Gebrochener hervorgeht. Das Zerbrechen seiner Person wird als Verlust von Sprache sinnfällig. Die einzige, ihm noch mögliche Antwort auf die stechenden, im Staccato wie Hiebe auf ihn niedergehenden Fragen seiner beiden Peiniger ist ein Schrei, auf den nur noch unverständliche Silben folgen. Die Inquisition der beiden Männer vollzieht sich als Gehirnwäsche, bei der die Identität der Person vollständig demontiert wird, um sie sodann wieder neu zusammenzusetzen. Aus dieser neuen sozialen Identität

43 Nourbese (1991), XI–XII; für den Hinweis danke ich Monika Reif-Hülser. Vgl. dazu Wilentz (1992), 261–278.
44 Sartre (1964), 167.

sind alle Merkmale der Individualität und Unverwechselbarkeit (vgl. Kapitel 7) herausgefiltert; der stumme und immobile, seines Bewusstseins, seiner Wünsche und Erinnerungen beraubte Stanley wird anschließend als Inbegriff des reibungslos funktionierenden und passgerechten neuen Menschen dargestellt:

> GOLDBERG. We'll make a man of you.
> MCCANN. And a woman.
> GOLDBERG. You'll be re-orientated.
> MCCANN. You'll be rich.
> GOLDBERG. You'll be adjusted.
> MCCANN. You'll be our pride and joy.
> GOLDBERG. You'll be a mensch.
> MCCANN. You'll be a success.
> GOLDBERG. You'll be integrated.[45]

Pinters Stück ist nicht nur ein Kommentar zu den Totalitarismen des 20. Jahrhunderts, sondern thematisiert auch jene subtileren Formen einer ‚strukturellen Gewalt', die die Gesellschaft durch ihren Konformitätsdruck auf ihre Mitglieder ausübt. Der Theoretiker dieser Form von latenter Gewalt, dessen Schriften Pinter inspiriert haben könnten, ist der französische Historiker und Soziologe Michel Foucault. Er hat den von der Macht reglementierten und geschundenen ‚Körper' in die Geschichtsforschung eingeführt, worauf noch zurückzukommen ist.

Die Art und Weise, wie Gewalt gerade durch Sprache vorbereitet und stabilisiert wird, hat George Orwell in seinem Roman *1984* ausführlich analysiert. Er zeigt nicht nur, dass Indoktrination, Drohung, Hetze und Propaganda gewalttätige Gebrauchsformen von Sprache sind, er interessiert sich auch für subtilere Formen der Manipulation von Sprache in totalitären Systemen. Am Beispiel eines fiktiven Sprachprojekts, der so genannten **‚Newspeak'**, führt er das Experiment vor, wie man eine natürliche in eine künstliche Sprache verwandelt. In ‚natürlichen' Sprachen, die über Jahrhunderte oder Jahrtausende gewachsen sind und sich in der Zeit permanent verändern, lagert sich ein über Etymologien zugängliches reiches historisches Archiv menschlicher Erfahrungen und Weltaneignungen ab. Dieser dynamische Bestand bleibt dabei stets offen für zukünftige Veränderungen. Neben ihrer Geschichtlichkeit ist es die **Mehrdeutigkeit**, die die natürliche Sprache kennzeichnet. Worte lassen sich in ihren Bedeutungen nicht ein für alle Mal festlegen, sie sind ‚überdeterminiert'. Ein Wort hat mehrere Bedeutungen, eine Bedeutung ist in mehreren Worten darstellbar; neben den Grundbedeutungen (Denotationen) gibt es stets einen diffusen Horizont von Zusatzbedeutungen (Konnotationen). Das Projekt der Newspeak besteht nun darin, diese beiden Merkmale zu eliminieren und die natürliche Sprache in eine künstliche Sprache (nach dem Modell der wissenschaftlichen, mathematischen, technischen Sprachen) zu verwandeln. Eine künstliche Sprache ist ein geschlossenes System mit einem strikten Code, in dem es nur eine Bedeutung pro Lexem gibt. Darüber hinaus gilt für die

45 Pinter (1971), 83 f.

künstliche Sprache das Prinzip der Ökonomie: je knapper und sparsamer der Zeichenbestand und die grammatischen Regeln, desto besser.

„We are getting the language into its final shape – the shape it's going to have when nobody speaks anything else. (...) We're destroying words – scores of them, hundreds of them, every day. We're cutting the language down to the bone."[46] Mit diesen Worten beschreibt ein von der Regierung angestellter Linguist seine Arbeit an der Sprache. Mit der radikalen Reduzierung des Zeichenbestands soll nicht nur die Enthistorisierung der Sprache vorangetrieben werden, sondern auch das Bewusstsein der Sprachgemeinschaft auf die Ideologie des Regimes reduziert werden. Während Knappheit und Präzision in wissenschaftlichen Sprachen für Erkenntniszwecke sinnvoll und nötig sind, bedeuten sie für eine Kommunikationssprache eine radikale Verengung kognitiver Möglichkeiten und die Austreibung menschlicher Empfindungen. Sprache ist die wichtigste Ressource für Kommunikation und Reflexion; ohne Sprache kein Denken, kein Selbstbewusstsein, keine Kritik. Genau diese individuellen Fähigkeiten sind es, die durch die Transformation der Sprache politisch unter Kontrolle gebracht werden sollen.

> „The whole aim of Newspeak is to narrow the range of thought. In the end we shall make thoughtcrime literally impossible, because there will be no words in which to express it. Every concept that can ever be needed will be expressed by exactly *one* word, with its meaning rigidly defined and all its subsidiary meanings rubbed out and forgotten. [...] Every year fewer and fewer words, and the range of consciousness always a little smaller. [...] The Revolution will be complete when the language is perfect. [...] By the year 2050, at the very latest, not a single human being will be alive who could understand such a conversation as we are having now. [...] The whole literature of the past will have been destroyed. Chaucer, Shakespeare, Milton, Byron – they'll exist only in Newspeak versions, not merely changed into something different, but actually changed into something contradictory of what they used to be. [...] The whole climate of thought will be different. In fact, there will *be* no thought, as we understand it now. Orthodoxy means not thinking – not needing to think. Orthodoxy is unconsciousness."[47]

Dieser Text legt ex negativo ein leidenschaftliches Bekenntnis für die Bedeutung von Sprache als Zentrum von Kultur und Humanität ab. Sprache ist ein sowohl individuelles wie kollektives Unternehmen und ebenso wie die Geschichte, die Kultur und die Menschheit ein offenes, sich wandelndes Projekt. Wir bedienen uns ihrer und dienen ihr zugleich. Als Medium der Menschenbildung, der Reflexion sowie des kulturellen Gedächtnisses ist sie die Grundlage eines produktiven Wachstums, das sich freilich niemals von selbst versteht. Sprache ermöglicht Kultur, sie ist aber auch abhängig von Kultur im Sinne von Aufmerksamkeit und bewusster Pflege. Die Literatur, in der Sprache nicht nur virtuos gebraucht, sondern auch sehr genau beobachtet und reflektiert wird, ist der bevorzugte Ort solcher Aufmerksamkeit und Pflege.

46 Orwell (1961), 45.
47 Orwell (1961), 46 f.

Zusammenfassung

Eines der zentralen Merkmale, die den Menschen vom Tier unterscheiden, ist der Gebrauch von Zeichen zur Speicherung und Weitergabe menschlichen Wissens.

Bereits in der mittelalterlichen Semiotik wurde die Grundstruktur des Zeichens in dem Satz ‚aliquid stat pro aliquo' (etwas steht für ein anderes) zusammengefasst. Die moderne Definition des sprachlichen Zeichens als Komplex aus Signifikant und Signifikat geht auf den Strukturalisten Ferdinand de Saussure zurück. Der Signifikant ist in Saussures Modell die materielle, sinnlich wahrnehmbare Außenseite des Zeichens, das Signifikat die kognitive Innenseite, also das mentale Konzept, das durch dieses Zeichen symbolisiert wird. Die Einsicht in die Arbitrarität der Verknüpfung zwischen Signifikant und Signifikat markiert die Geburtsstunde des Konstruktivismus (im Rahmen des ‚linguistic turn' um 1900). Dessen zentrale These ist, dass die Menschen durch ihre Sprache ihre eigene Welt nicht abbilden, sondern sie überhaupt erst ‚konstruieren'.

Poststrukturalistische Theorien kritisieren die statische Zeichenarchitektur in Saussures Modell und plädieren dafür, dass Bedeutung nicht als stabile Einheit zu sehen ist, sondern als mentale und kulturelle Projektion, die zwischen Gesprächspartnern immer wieder neu ausgehandelt werden muss.

Die drei Grundfunktionen von Sprache hat Karl Bühler in einem Kommunikationsmodell herausgearbeitet und als darstellend, expressiv und appellativ voneinander unterschieden. Nach Weiterentwicklungen durch Jan Mukařovský und Roman Jakobson entstand ein auf sechs Faktoren und Funktionen (Sender/expressiv, Mitteilung/poetisch, Kontext/referentiell, Kontakt/phatisch, Code/metasprachlich, Empfänger/appellativ) ausgeweitetes Modell, welches die Anwendung auf ganz unterschiedliche Sprachverwendungskontexte erlaubt.

Der amerikanische Semiotiker Charles Sanders Peirce unterschied in seiner Theorie die Zeichentypen ‚Symbol', ‚Ikon' und ‚Index' anhand der jeweiligen Art der Verknüpfung zwischen dem Zeichen und dem Bezeichneten.

Alltagskommunikation, Literatur und Kultur sind Kontexte für die Verwendung und Interpretation von Sprache und Zeichen. Sprache ist grundlegendes Mittel für die Zivilisierung des Menschen; sie kann aber auch Mittel hegemonialer Disziplinierung und Gewalt sein.

Auswahlbibliographie:

Barthes, Roland (1981) Das Reich der Zeichen. Frankfurt a. M.: Suhrkamp.
Hess-Lüttich, Ernest W. B. / Müller, Jürgen E. / van Zoest, A. J. A., Hgg., (1998) Signs & Space. Tübingen: Gunter Narr.
Mersch, Dieter, Hg.,(1998) Zeichen über Zeichen. Texte zur Semiotik von Peirce bis Eco und Derrida. München: dtv.
Simon, Josef (1994) Zeichen und Interpretation. Frankfurt a. M.: Suhrkamp.
Trabant, Jürgen (1996) Elemente der Semiotik. Tübingen/Basel: Francke.
Wirth, Uwe, Hg., (2002) Performanz. Zwischen Sprachphilosophie und Kulturwissenschaften. Frankfurt a. M.: Suhrkamp.

2. MEDIEN

2.1 Medien als Mittler?

Der menschliche Wirklichkeitsbezug, so hat es der Philosoph Hans Blumenberg einmal ausgedrückt, ist „indirekt, umständlich, verzögert, selektiv und vor allem metaphorisch."[1] In dieser Indirektheit nisten sich die Medien ein. Mithilfe der Medien schärft der Mensch seine Sinne, elaboriert er seine Ausdrucks-Fähigkeiten und dehnt den Radius seiner Kommunikations- und Speichermöglichkeiten radikal aus.

Das Wort ‚Medien' bedeutet wörtlich **‚Mittler'**. Vom spiritistischen Medium bis zur technischen Apparatur stellen sie einen Zugang her, wo wir sonst keinen unmittelbaren Zugang haben. Diese Definition von Medium als Mittler reicht aber nicht aus, sie ist sogar irreführend. Denn indem Medien zwischen Mensch und Welt vermitteln, bringen sie die Welt und den Menschen zugleich erst eigentlich hervor. Medien sind deshalb produktive Instrumente der Weltgestaltung und Welthervorbringung, Konstrukteure der Wirklichkeit und damit auch des Menschen, der in dieser Wirklichkeit lebt. Diese Einsicht in den konstruktiven Charakter der Medien, die man heute in jedem der zahlreichen Bücher über Medien und Medientheorie nachlesen kann, gilt bereits für Zeichen und Bilder, wie der Philosoph Ernst Cassirer betont hat. Diese alle, so schrieb er, „treten zwischen uns und die Gegenstände; aber sie bezeichnen damit nicht nur negativ die Entfernung, in welche der Gegenstand für uns rückt, sondern sie schaffen die einzig mögliche, adäquate Vermittlung und das Medium, durch welches uns irgendwelches geistige Sein erst fassbar und verständlich wird."[2] In einer neueren Formulierung klingt das so:

> Medien übertragen nicht einfach Botschaften, sondern entfalten eine Wirkkraft, welche die Modalitäten unseres Denkens, Wahrnehmens, Erinnerns und Kommunizierens prägt. (...) ‚Medialität' drückt aus, dass unser Weltverhältnis und damit alle unsere Aktivitäten und Erfahrungen mit welterschließender (...) Funktion geprägt sind von den Unterscheidungsmöglichkeiten, die Medien eröffnen, und den Beschränkungen, die sie dabei auferlegen.[3]

Geistiges Sein, um an die Formulierung Cassirers anzuschließen, bleibt in seiner ätherischen Gestaltlosigkeit unfasslich; damit Menschen überhaupt etwas aufnehmen können, muss es zuvor eine materielle Stütze und eine sinnliche Form erhalten. Geist, der kommuniziert werden soll, kommt also nicht ohne Medien aus, das heißt im Einzelnen: Sprache kann nicht ohne akustische Schwingungen, Ge-

---

1 Blumenberg (1981), 115.
2 Cassirer (1983), 176.
3 Krämer (1998), 14 f.

danken können nicht ohne Schrift, Druck und Buch, Bilder können nicht ohne Farbe, Leinwand und Rahmen, Musik, Klang und Ton nicht ohne Instrumente und technische Magnetbänder, Filme nicht ohne Zelluloid oder digitale **Aufzeichnungsträger** wahrgenommen werden. Während die Geisteswissenschaften ihre fundierende Einheit im kollektiv-metaphysischen Begriff des ‚menschlichen Geistes' fanden, aus dem die Kulturen ebenso hervorgehen wie die Weltschöpfung aus dem göttlichen Odem (Hebr: ruach), fragen die Kulturwissenschaften, und hier insbesondere natürlich die Medienwissenschaften, nach den Medien als konkrete Voraussetzungen jeglicher künstlerischen Hervorbringung und Darstellung.

Medien sind materiale – und je näher wir der Gegenwart kommen: apparative – Träger von Zeichensystemen. Ein Zeichen, so stellen wir jetzt fest, ist als Komplex von Signifikant und Signifikat unvollständig beschrieben; es bedarf, um überhaupt wahrnehmbar zu werden, auch einer **materiellen Außenseite**, eines Mediums.

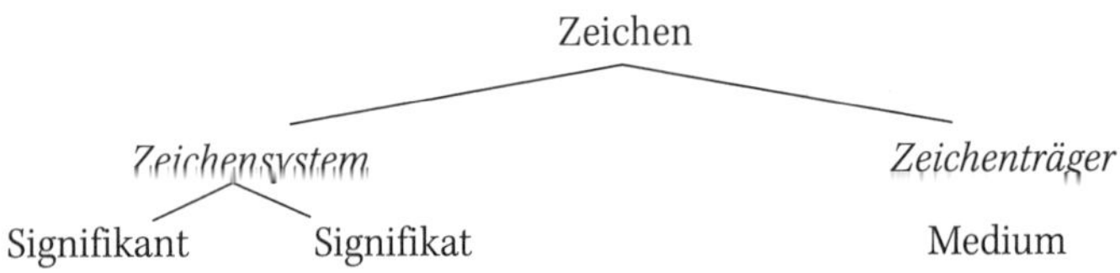

Von diesen materiellen Trägern hat man lange Zeit wenig Aufhebens gemacht. Diese Modalitäten galten als trivial oder selbstverständlich, sie waren jedenfalls keine ernsthafte Überlegung wert. Und das mit gewissem Recht. Als „tacit dimension" unserer Kommunikationsprozesse sind sie nämlich darauf angelegt, übersehen zu werden, und zwar nicht nur, weil sie in der Handhabung zur Gewohnheit und damit zur Selbstverständlichkeit geworden sind wie die schwarzen Buchstaben auf der Druckseite oder der flimmernde Lichtstrahl, der das Kinobild auf die Leinwand projiziert. Wir sind kulturell geradezu darauf programmiert, von der Materialität der Medien abzusehen, denn wenn wir uns den Medien selbst zuwenden, können wir nicht mehr das sehen, was sie uns zeigen: kodierte Information auf der Buchseite oder das projizierte Bild auf der Leinwand. Medium und Darstellung können nicht zugleich wahrgenommen werden; wie die Kippfiguren der Psychologen, in denen man mal einen Hasen- und mal einen Entenkopf sieht, kann man sie nur abwechselnd in den Blick nehmen. Mit anderen Worten: Medien sind dazu da, etwas in Erscheinung zu bringen und nicht selbst in Erscheinung zu treten.

2.1.1 Aufrasterung des kompakten Medienbegriffs

Cassirer hat eben diesen Unterschied zwischen ‚symbolischen Formen' und Medien, d. h. zwischen Weisen der Wahrnehmung einerseits und Weisen der Aufzeichnung andererseits, verwischt, weil er sich für den materialen Aspekt der Präsentation nicht eigens interessierte. Heute neigen wir dazu, diese Differenz ernster zu nehmen. Deshalb unterscheiden wir zwischen **symbolischer Darstellung** und **medialer**

Darbietung. Um das an einem Beispiel zu illustrieren: Die Malerei hat als eine ihrer Gattungen das Tafelbild hervorgebracht, dessen mediale Voraussetzung in der Regel Leinwand und Rahmen sind; die Literatur hat als eine ihrer Gattungen das Drama hervorgebracht, dessen Medium einerseits das Buch und andererseits die Bühne ist, der Film hat die Gattung des Spielfilms hervorgebracht, dessen mediale Voraussetzung aus Filmrolle, Projektionsstrahl und Leinwand besteht. Die Grenzen zwischen den Künsten gehen ihrerseits zu einem gewissen Grad auf die Grenzen zwischen den Sinnen zurück: Musik und Dichtung sind fürs Ohr, Malerei, Photographie und Stummfilm sind fürs Auge, die Bildhauerkunst fürs Auge und den Tastsinn gemacht. Deren jeweilige Werkstoffe sind Klang, Stimme oder Buchstaben, Farbe und Leinwand, Papier und Zelluloid, Holz, Metall oder Marmor. Sinne, Zeichen, Künste und Medien bauen also aufeinander auf. Im Zuge der Mediengeschichte lässt sich zunächst eine Tendenz zur Trennung und Reinheit und sodann wiederum eine Tendenz zur Verschränkung und Überblendung der Künste beobachten. Bereits der Film kombiniert Bild, Sprache und Musik und entwickelt damit eine kombinierte, synästhetische Kunstform, die mehrere Sinne gleichzeitig anspricht; der Computer kodifiziert mit derselben digitalen Schrift Sprache, Bild und Ton.

Kenneth Burke hat vier **Stufen des Zeichengebrauchs** unterschieden, die in der Entwicklung aufeinander aufbauen: Kodieren, Kommunizieren, Speichern und Übertragen. Diese Reihe kann man noch um das Vervielfältigen und Verbreiten ergänzen, das ja den entscheidenden Durchbruch des Buchdrucks begründet hat. Mit Blick auf diese unterschiedlichen technischen Stufen und Funktionen hat der Medientheoretiker Siegfried J. Schmidt das Wort ‚Medium' zurecht als einen ‚Kompaktbegriff' bezeichnet, in dem in der Regel ganz unterschiedliche Dimensionen mit aufgerufen sind. Wenn man versucht, diese Ebenen im Einzelnen zu identifizieren, kommt man zu folgendem Schema:

1. *Zeichensysteme* und Ausdrucksformen wie verbale, visuelle, akustische, numerische Kodes (z. B. die englische Grammatik, das Alphabet oder die Tonleiter)
2. *Darstellungsformen* innerhalb der verschiedenen Künste und ihrer Gattungen (z. B. Malerei, Stillleben, Roman, Kurzgeschichte, Dokumentarfilm)
3. *Zeichenträger* im Hinblick auf die materielle Präsentation des Dargestellten (z. B. Farbe, Wand, Holz, Leinwand, Marmor, Stimme, Tinte und Druckerschwärze)
4. *Aufzeichnungs- und Verbreitungsmedien* im Hinblick auf Formen der Speicherung, Vervielfältigung und Verbreitung über Kommunikationskanäle (z. B. Buch, Zeitung, Film, Fernsehen, Video, Internet)

5. *Soziale Kommunikationsformen* im Sinne der Kontexte, in die Medien eingebettet sind, d. h. Institutionen und Räume der Aufführung, Ausstellung und des Vertriebs (z. B. Bibliothek, Buchladen, Videothek, Marktplatz, Theater, Konzertsaal, Kino, Festival)[4]

Spezifische Kunstwerke entstehen als Produkte dieser fünf Ordnungen – der semiotischen (1), der künstlerischen (2), der sinnlich-materiellen (3), der technischen (4), der sozialen (5) – und in Auseinandersetzung mit den von ihnen jeweils vorgegebenen Möglichkeiten und Grenzen. Im Folgenden soll auf die Medialität der Literatur näher eingegangen und insbesondere nach der Bedeutung von Schrift, ihrer historischen Entwicklung und den sie begleitenden sozialen Institutionen gefragt werden. Dabei soll auch auf Bilder und Bildlichkeit als ‚das Andere' von Schrift und Sprache eingegangen und ihr komplexes intermediales Wechselverhältnis wenigstens in Andeutungen beschrieben werden.

2.2 Mündlichkeit und Schriftlichkeit

2.2.1 Speichertechniken: Sicherungsformen der Wiederholung und der Dauer

Nach Freud gibt es grundsätzlich zwei Möglichkeiten, etwas im Gedächtnis festzuhalten: durch die Frequenz der Wiederholung und durch die Intensität eines Eindrucks.[5] Diese beiden Verfahren lassen sich an zwei Bildern veranschaulichen: **Pfad** (oder bei Freud: „Bahn") und **Spur**. Ein (Trampel-)Pfad ist nur solange erkennbar, wie er benutzt wird. Wenn nicht mehr auf ihm hin und her gelaufen wird, wächst Gras darüber und er ist vom Umfeld bald nicht mehr zu unterscheiden. Nichts anderes passiert, wenn wir etwas vergessen. Das bedeutet,

4 Ich lasse mich hier von der Drei-Gliederung von S. J. Schmidt inspirieren, die dieser in seinem Buch *Kalte Faszination: Medien, Kultur, Wissenschaft in der Mediengesellschaft* (2000), 93 f. vorgeschlagen hat. Er unterscheidet vier Komponenten im Medienbegriff, die sich gegenüber meiner Systematik leicht verschieben: semiotische Kommunikationsinstrumente (entspricht meiner Ebene 1), das technisch-mediale Dispositiv mit der dazugehörigen Medientechnologie (entspricht meiner Ebene 3), die sozialsystemische Institutionalisierung eines Mediums (entspricht meiner Ebene 4) und die jeweiligen Medienangebote, das sind die konkreten Bücher, Filme, Musikstücke (bei mir nicht eigens genannt).

5 Freud (1950), 385: „Nach der psychologischen Erfahrung hängt das Gedächtnis, d. h. die fortwirkende Macht eines Erlebnisses ab von einem Faktor, den man die Größe des Eindrucks nennt, und von der Häufigkeit der Wiederholung desselben Eindrucks. In die Theorie übersetzt: Die Bahnung hängt ab von der Quantität (Q), die im Erregungsvorgang durch das Neuron läuft, und von der Wiederholungszahl des Vorganges."

dass bestimmte Neuronenverbindungen, die nicht mehr aktualisiert werden, abgebaut werden. Die Wiederholung und Wiederauffrischung entspricht einer dynamischen Speicherungstechnik, die Gravierung oder Einprägung einer statischen. Anders als der Pfad ist die Spur Abdruck eines einmaligen Impulses. Unter besonderen Konservierungsbedingungen können Spuren sehr lange erhalten bleiben – ein Fußabdruck im nachträglich erhärteten Lehm zum Beispiel, ein im Holz eingebrannter Fleck, eine Narbe oder Tätowierung auf der Haut.

Pfad und Spur können also für zwei gegensätzliche Speichermodelle stehen; ich unterscheide sie als **Sicherungsformen der Wiederholung und der Dauer**. Vereinfacht gesagt beruht die Speicherungstechnik mündlich verfasster Gesellschaften auf Wiederholung, die von Schriftkulturen auf Einprägung. Gesellschaften, die nicht über Schrift verfügen, müssen das zum Wiedergebrauch bestimmte Wissen in lebendigen Gedächtnissen speichern und periodisch auffrischen. Die außerordentliche Neuerung schriftlicher Aufzeichnung besteht darin, dass sie einen bestimmten Inhalt ein für alle Mal festzuhalten vermag – und damit eine von Wiederholung und Aufführung unabhängige Dauer schafft. Die Schrift bietet sich damit als eine Entlastung des Gedächtnisses an. Um die enorme Annehmlichkeit dieser neuen Erfindung zu ermessen, brauchen wir uns nur einmal ein Buch vorzustellen, in dem, wenn es nicht regelmäßig gelesen wird, die Buchstaben allmählich verblassen; unter solchen Umständen hätten wir bald nur noch Blindbände in unseren Bücherschränken stehen. Wir vertrauen ganz selbstverständlich auf die vom Gedächtnis unabhängige Konservierungskraft der Schrift.

In **mündlichen Gesellschaften** sind die Dichter selbst die (körperlichen) Medien des kulturellen Gedächtnisses; sie bewahren das für die Gruppe wichtige Wissen über ihre Herkunft, ihre Vorgeschichte, ihre Götter und Helden auf. Medium in diesem Sinne sein heißt, nicht etwas Eigenes zu sagen haben, sondern das Wissen der Gruppe bereit zu halten. Vom mündlichen Dichter – von Barden, Schamanen, Medizinmännern, Rhapsoden, Jongleuren, Griots und wie sie alle heißen mögen – verlangt man nicht Innovation und Einfallsreichtum, sondern Gedächtniskapazität und Vortragskunst. Sie müssen improvisieren und variieren können, sind aber verpflichtet, die Tradition damit zu erneuern und nicht etwa zu ersetzen. Dichter, die aus dem Dienst der Gruppe in den Dienst eines einzelnen Fürsten treten, wie es in der griechischen und römischen Welt, aber auch im Zeitalter Shakespeares geschah, distanzieren sich von dieser Gemeinschaftsaufgabe am kulturellen Gedächtnis und werden damit zu Organen von persönlichem Ruhm bzw. arbeiten im Medium ihrer Werke an ihrer eigenen Verewigung.

Die mündliche Inszenierung von Dichtung ist immer **multimedial**. Das erklärt sich aus der (festlichen) Aufführungssituation ebenso wie aus mnemotechnischer Notwendigkeit. Musik, Rhythmus, Tanz und Stimme sind körperliche Medien, die das Gedächtnis mit abstützen. Dieses reichhaltige Ensemble einer verkörperten Mnemotechnik, das die Griechen „mousiké" nannten und den Musen unterstellten, wird von der Schrift aufgelöst. Übrig bleibt dann von all diesen verschiedenen

Zeichensystemen nur noch ein einziger Strang, die Sprache. Und auch diese ist noch von der Stimme abgetrennt und, ihrer klanglichen Artikulation entkleidet, auf eine unsinnliche Buchstabenkette reduziert. Mit der **Verschriftlichung** geschieht dabei noch etwas anderes, ebenso Einschneidendes: Der Wortlaut wird fixiert. Während mündliche Dichtung in aller Regel nur als die Summe ihrer Varianten existiert, zu denen es kein stabiles Original, keinen so genannten ‚Urtext' gibt, verfestigt die Schrift den Wortlaut zu allererst zum Text.

Mündlichkeit	*Schriftlichkeit*
Aufführung, Performance als Medium	Buch als Medium
interaktive Partizipation mit Publikum	gegenseitige Abwesenheit von Autor und Leser
kollektive Erfahrung	individuelle Erfahrung
Improvisationskunst, Variationen	Wortlautfixierung des Textes
Formelhaftigkeit, Schemata	freigesetzte Einbildungskraft
anonyme Künstler	namhafte Autoren

2.2.2 Mündliche Dichtung – schriftliche Literatur

Die deutsche Sprache unterscheidet zwischen **‚Dichtung' und ‚Literatur'**. Das Wort Dichtung ist unbefleckt von Tinte und Druckerschwärze, es evoziert ebenso wie das Wort ‚Poesie' eine geformte schriftlose Überlieferung. Wie lässt sich Dichtung über Generationen hinweg übermitteln, wenn ihr die Schrift nicht als Konservierungsmittel dient? Die Antwort heißt: mithilfe des Gedächtnisses. Wie aber vermag das Gedächtnis dieses zu leisten? Eine nicht auf dem Papier, sondern im Gedächtnis gespeicherte Dichtung weist bestimmte Merkmale auf, die sie von der Literatur im literalen (d. h. buchstäblich fixierten) Sinne unterscheiden. Einige dieser Merkmale sind:

- Die Prinzipien körperlicher Mnemotechnik sind der Dichtung nicht äußerlich, sondern schlagen sich in der sprachlichen Komposition nieder. **Rhythmus, Alliteration, Reim** sind in mündlich verfassten Kulturen nicht nur als Schmuck zu verstehen, sondern immer auch als Gedächtnisstrategien.
- Mit Ausnahme heiliger, im Wortlaut memorierter Texte, werden im Falle von Erzählungen die **Tiefenstrukturen**, die Baupläne der Texte auswendig gelernt, während die Gestaltung der **Oberflächenstruktur** in jeder Wiederholung frei variiert wird. Der Mediävist Paul Zumthor hat hierfür den Begriff der ‚mouvence' geprägt; mündliche Kompositionen bestehen nicht in starrer Form, sondern als Variation im Strom der Tradition. Dabei spielt der Formelschatz eine große Rolle, der ein Repertoire einsatzbereiter Wendungen anbietet. Diese halten als Relaisstationen des Gedächtnisses den poetischen Reproduktionsprozess in Gang.

- Was im Gedächtnis aufbewahrt wird, muss regelmäßig in der Wiederholung reaktiviert werden, damit es nicht vergessen wird. Wichtige Anlässe für Wiederholung stellen in Gedächtniskulturen die **Feste** dar. Sie bieten den Rahmen für feierliche Inszenierungen der Überlieferung mit virtuosen Performanzen. Die entscheidende Sicherung mündlicher Überlieferung geschieht also nicht (nur) durch das Gedächtnis, sondern gerade auch durch die Aufführung. Mündliche Dichtung, das hat sie mit der Popkultur und der slam poetry gemein, lebt in der Aufführung.

Vor diesem Hintergrund stellt sich Schrift als ein externes, körperloses Gedächtnis dar. In einer bemerkenswerten Erzählung am Ende seines Dialogs *Phaidros* lässt Platon die Errungenschaft der Schrift vom ägyptischen Erfinder-Gott Thot als ein Allheilmittel gegen Gedächtnisschwund anpreisen. Doch dieses ‚Pharmakon', wie das griechische Wort hierfür lautet, entpuppt sich – wie so oft – zugleich als Heilmittel und Gift. Und so bekommt der stolze Schrifterfinder in Platons Text die bis heute bestürzende Antwort: „nicht ein Mittel für die Stärkung, sondern für die Zerstörung der Erinnerungsfähigkeit hast du erfunden!"[6]

Was die **Schrift** im Einzelnen kann und nicht kann, wird erst vor dem Hintergrund der traditionellen Gedächtniskulturen sichtbar:

- An die Stelle einer körperlichen Mnemotechnik tritt die gedächtnisindifferente Aufzeichnung. Literatur kann beliebig lang werden, ihr Umfang wird nicht mehr nach Gedächtniskapazität und Aufführungskriterien bemessen, sondern nach dem Schreibmaterial. Die auf den Körper bezogene Komposition (wie Lautstruktur und Rhythmik, ganz zu schweigen von Musik und Tanz) weicht der Reduktion auf **unsinnliche Sprache.**
- Der Fluss der ‚mouvence' wird angehalten und **erstarrt** als Text. Darunter soll, wie im folgenden Kapitel ausgeführt wird, eine in ihrem Wortlaut oder Zeichenbestand fixierte und zum Wiedergebrauch, zur Re-Lektüre bestimmte Mitteilung verstanden werden.
- Dichter werden individualisiert; sie entwickeln einen Anspruch auf Innovation und treten aus der anonymen und gemeinschaftlichen Tradition als **Autoren** mit einem distinkten Profil hervor (vgl. dazu die Ausführungen zur Autorschaft im Verlauf dieses Kapitels).
- Das Überlebensschicksal von schriftlich fixierten Texten wird **unabhängig** von regelmäßigen **Aufführungen** und von der Interaktion der Kommunikationspartner. Auch das, was aus dem Gebrauch und Gedächtnis über längere Zeit entschwunden war, kann, sofern es materiell gesichert wurde, aus der Versenkung zurückgeholt werden und eine ‚Renaissance' erleben, d. h. eine Wiederbelebung, oder richtiger: eine Wiedergeburt.

6 Platon (2001), 273c–274d.

Mündlichkeit wird freilich keineswegs einfach durch Schriftlichkeit ersetzt, sondern findet auf vielen Wegen auch wieder Einlass in den schriftlichen Text. So kann zum Beispiel die ,Inszenierung von Mündlichkeit' zu einem besonderen literarischen Anliegen schriftlicher Texte werden.[7]

2.2.3 Text als wiederholbare Mitteilung

Der Begriff **,Text'** wird heute in der Regel sehr allgemein im Sinne von schriftlicher Aufzeichnung und Zeichenzusammenhang bis hin zur weiten metaphorischen Bedeutung von ,Kultur als Text' verwendet. Hier soll ein anderer Textbegriff vorgeschlagen werden, der Text mit der Bindung an einen bestimmten Wortlaut gleichsetzt. Wortlautfixierung impliziert nicht automatisch Schriftlichkeit; sprachliche Mitteilungen können auch auswendig gelernt werden mit der Absicht, sie wortwörtlich weiterzugeben, wie im Falle eines Botenberichts. Ein Text in diesem eingeschränkten Sinne ist dann eine wiederholte oder wiederholbare Nachricht. Konrad Ehlich hat Text definiert als eine wieder aufgenommene Mitteilung im Rahmen einer „zerdehnten Sprechsituation".[8] Eine **zerdehnte Kommunikation** ist eine, bei der Sender und Empfänger einer Mitteilung nicht gleichzeitig und gleichräumig anwesend sind. Eine Kommunikation kann dennoch stattfinden, wenn die Mitteilung in einer Zwischenspeicherung fixiert wird und ihren Ursprungsort bzw. ihre Ursprungszeit dadurch überschreiten kann. Der Bote überbringt heute eine Nachricht, die er vor drei Tagen in einer anderen Stadt empfangen hat. Der schriftliche Text ist als ,immutable mobile' (Bruno Latour) eine **,stabile Mobilie'**, die noch weit besser als der Bote Botschaften über Raum und Zeit hinweg transportieren kann. Und nicht nur das: Als eine auf Wiederholung angelegte Nachricht kann er zum Anlass immer neuer Kommunikationssituationen werden. Die Grundeigenschaft des Textes ist deshalb die **,Iterabilität'**. In diesem Wort steckt das lateinische Wort ,iter', das ,Weg' bedeutet. Die durch Memorieren oder Schrift verfestigten Sprachzeichen bilden einen Weg, auf dem beliebig oft hin- und hergewandert werden kann. Der Text, der auf einem handlichen materialen Träger (und nicht etwa in inschriftlicher Form auf einem Grabstein oder einer Tempelmauer) niedergeschrieben ist, ist mobil in seiner Transportierbarkeit und stabil in seinem fixierten Zeichenbestand, bleibt dabei aber, was die Kommunikationssituation angeht, grundsätzlich offen: Die Art und Weise der Aufnahme der Mitteilung ist notwendig unbestimmt. Auf diesen Punkt kam es dem Philosophen Jacques Derrida besonders an, als er den Begriff der Iterabilität von dem der Wiederholung absetzte.[9] Akte der Wiederholung und technischen Reproduktion können identisch sein, Leseweisen sind es dagegen nie. Zwar bietet der Text als ein Gefüge von fixierten Zeichen zuverlässig immer dieselben Wege an, auf denen hin- und hergewandert werden kann, doch sind Erfahrung und Ziel dieser Bewegung

7 Vgl. z. B. Erzgäber (1998).
8 Ehlich (1983), 31 f.
9 Zum Begriff der Iterabilität vgl. Derrida (1988).

niemals festgelegt. Es ist nie vorherzubestimmen, wohin die Deutungsreise den Rezipienten trägt.

Die **Figur des Boten** ist interessant, weil sie nicht nur als menschliche Form des Zwischenspeichers, sondern auch als parasitäre Figur des Go-Betweens auftreten kann, die Verwirrung in die Botschaft und Ordnung der Zeichen bringt. Das ist zum Beispiel in L. P. Hartleys Roman *The Go-Between* der Fall, wo der Knabe, der die Botschaften zwischen den heimlich Liebenden hin- und herträgt, immer mehr in diese einzugreifen beginnt und sie nach seinen eigenen Vorstellungen abändert.[10] Im Gegensatz zur zuverlässigen, schriftlich fixierten Mitteilung gibt es prekäre Situationen in der zerdehnten Botenkommunikation. Eine solche Szene kommt in Laurence Sternes Roman *Tristram Shandy* vor. Dort geht es um den Namen, auf den der nicht besonders lebensfähig erscheinende Neugeborene umgehend getauft werden muss. Der Vater, noch nicht angezogen, kann das in der gebotenen Eile nicht selbst besorgen, weshalb er die Magd Susannah die Treppe hinaufschickt, was weiter kein großes Problem wäre, wenn der Name, den sich der Vater ausgedacht hat, nicht monströs ungewohnt und schwierig wäre: „But stay, – thou art a leaky vessel, Susannah, added my father; canst thou carry Trismegistus in thy head the length of the gallery without scattering?“[11]

Das kann sie natürlich nicht. (‚Trismegistus‘ heißt der Drei-mal-Große und ist der Beiname des Gottes Hermes in einer ägyptischen Variante; er bezieht sich auf einen sagenhaften Weisen, der als Autor uralter ‚hermetischer‘ Offenbarungsschriften gilt.) Was im undichten Gefäß der Botin dann noch im oberen Stockwerk des Hauses Shandy ankommt, ist “'Tis Tris-something“, woraus der Pfarrer dann in der Eile ‚Tristram‘ macht. Die Funktion, die der lebendige Bote erfüllt, der eine Botschaft memoriert, erfüllt zuverlässiger die schriftliche Niederlegung einer Nachricht in materieller Form. In beiden Formen haben wir es mit Texten im Sinne wiederholter oder wiederholbarer Kommunikation zu tun. Sie machen es möglich, dass Sender und Empfänger in gegenseitiger Abwesenheit miteinander kommunizieren können. Was der Bote auf kleinen Strecken vermag, kann Schrift in einem ganz anderen Umfang leisten: Nachrichten zwischenzuspeichern und Kommunikation zu ermöglichen über räumliche und zeitliche Abstände hinweg.

In einem Text mit dem Titel „Distant Correspondents“ hat der englische Romantiker und Essayist Charles Lamb sich über das Problem der zerdehnten Kommunikation Gedanken gemacht. An einem Sonntag des Jahres 1823 schrieb er an einen Freund in Australien. Er musste damals damit rechnen, dass sein Brief etwa zehn Monate unterwegs sein würde. Kein Wunder, das er sich erdrückt fühlte von der zeitlichen und räumlichen Distanz, die sich zwischen ihm und seinem Adressaten auftat. Er schrieb: „The weary world of waters between us oppresses my imagination. It is difficult to conceive how a scrawl of mine should ever stretch across it. It

10 Hartley (2002).
11 Sterne (2004), IV, xiv.

is a sort of presumption to expect that one's thoughts should live so far. It is like writing for posterity ..."[12] Er verlor fast den Mut weiterzuschreiben, denn wie konnte er sich dafür verbürgen, dass die Nachrichten, die eben jetzt wahr waren, als er sie niederschrieb, noch wahr sein würden, im Moment, in dem sein Freund sie lesen würde? Lamb empfand, dass nicht nur die Wahrheit unter diesen Verhältnissen ihre Substanz verlor („not only does truth, in these long intervals, unessence herself"), er befürchtete auch umgekehrt, dass eine platte Erfindung auf der langen Reise zu einer Wahrheit reifen könne. Lambs Problem mit seinem australischen Brief ist instruktiv, weil es die Grenze zwischen **Brief-Kommunikation** und **Literatur** deutlich macht. Briefe sind Einwegmitteilungen und in der Regel nicht auf Iterabilität angelegt, also keine ‚Texte' in dem hier eingeführten Sinne. Anders als der Brief ist Literatur auf die Bedingungen der zerdehnten Kommunikation eigens ausgerichtet. Da ihre Wahrheiten von vornherein ‚unsubstantiell' (bzw. nicht auf Referenz in der Wirklichkeit beschränkt) sind, kann diese Mitteilung auch unter historisch veränderten Umständen immer wieder aufgenommen werden.

2.2.4 Schriftträger und Buchformate

Das Buch in seiner Form scheint ewig und stabil; in Wirklichkeit hat es seine Formate im Laufe der Geschichte aber einschneidend verändert. In dieser Geschichte lassen sich mindestens sechs Stationen unterscheiden:

1. Die **Tontafeln** die im weichen Zustand eingeritzt und dann durch Brand gehärtet werden.
2. Die **Papyrusrolle** (auch Volumen oder scroll genannt), der als Material Papyrusblätter dienen, deren Rispen in einer senkrechten und einer waagrechten Schicht übereinander gelegt, verkleistert und gepresst sind. Da die so entstandenen Flächen aneinander geklebt werden können, entsteht eine Bahn von beliebiger Länge, die in Kolumnen beschrieben und anschließend zusammengerollt wird. Solche Rollen werden mit zwei Händen gelesen, indem man links auf- und rechts zurollt, bis man an die gewünschte Stelle kommt. Textstellen können also in dieser Buchform nur im Durchlauf gefunden werden, was die Papyrusrolle mit dem Tonband und den Computerdateien verbindet, die ebenfalls ‚durchgescrollt' werden.
3. Der **Kodex** ist aus stabilerem Material und bildet den Prototyp des modernen Buches. Er besteht aus **Pergament**, das zusammengeheftet und mit einem hölzernen Einband versehen ist. Pergament geht aus Tierhäuten hervor, die in einem aufwendigen Herstellungsprozess rasiert, getrocknet und entfettet werden müssen.[13] Ein etwas längerer Text ging nicht auf die sprichwörtliche Kuhhaut, sondern verbrauchte eine ganze Herde von Kälbern oder Schafen. Platons *Ti-*

12 Lamb (164), 150.
13 HAMLET: Is not parchment made of sheepskins?
HORATIO: Ay, my lord, and of calves too.
(Shakespeare, Hamlet, V, 1, 102 f.)

maios z. B. verbrauchte 16 Häute, eine angelsächsische Bibel verschlang gar 520 Häute.[14] Dieser Buchtyp, der zwischen dem 2. und 4. Jahrhundert eingeführt wurde, wird nicht mehr gerollt, sondern geblättert. Er wurde zum Medium der Zukunft, als die Christen den Kodex für ihre Texte entdeckten und sich damit vom Papyrus-Medium heidnischer Autoren absetzten. Abgesehen von vereinzelten Papyrusfunden im Wüstensand ist von der Bibliothek der alten Welt nur erhalten, was in christlichen Skriptorien, das sind die den Klöstern zugeordneten Schreibwerkstätten, umkopiert worden ist. Die Christen verleibten sich dabei zunehmend den klassischen Bildungskanon ein. „Was im Laufe dieser Umstrukturierung nicht umgeschrieben wurde, schied aus dem Kanon aus und wurde dem Vergessen überlassen".[15] Die Kirche behielt im Mittelalter das Schriftmonopol; vor Entstehung der Universitäten blieben die Klöster die Zentren der Bildung und Bibliotheken. Die Kodices wurden in einem aufwendigen, arbeitsteiligen Herstellungsverfahren auch zu materiellen Wertgegenständen; das Buch mit religiösem Inhalt war selbst ein heiliger Gegenstand. Es bestand noch kein instrumentelles Verhältnis zum Buch.

4. Das änderte sich nach dem 12. Jahrhundert, als anstelle des kostbaren Pergaments auch **Papier** verwendet wurde. Die Technik der Papierherstellung wurde von China über die Araber nach Europa gebracht; die erste Papiermühle in Deutschland entstand Ende des 14. Jahrhunderts. Papier wurde zur materialen Grundlage für die neu gegründeten Universitäten, die neben den Klöstern zu Orten des Schreibens und Lesens wurden. Mit dem Papier verbreitete sich die Schreibpraxis; das Schreiben wurde entprofessionalisiert; Autoren wie Thomas von Aquin fingen an, ihre Texte selber zu schreiben. In diesem Zusammenhang wurde etwas Neues erfunden, von dem Ivan Illich meint, es sei eine noch wichtigere technische Innovation als der Buchdruck: das Layout der **pagina**. Texte wurden nunmehr auf der Buchseite auf Lesbarkeit hin ausgerichtet, was mit einer neuen Lesetechnik verbunden ist. Der kostbar illuminierte Fließtext der Klöster war auf eine langsame, meditative, staunende Lektüre ausgerichtet, während das neue übersichtliche Layout eher auf Informationsverarbeitung und Mitdenken zielte. Texte erhielten Überschriften und wurden in Absätze und Verse gegliedert; die Seite mit ihrer klaren Trennung von Text und Kommentar wurde zum optischen Konstruktionsraum des Denkens. Papier und pagina sind ebenso Errungenschaften der neuen Universitäten wie die (reprofessionalisierten) kommerziellen Schreibbüros mit ihren Lohnschreibern, die nun neben die klösterlichen Skriptorien treten.
5. 1440 machte **Gutenberg** die Erfindung mit der es möglich wurde, Texte auf Papier mit beweglichen Lettern im Setzkastenprinzip aus einem Typeninventar zu drucken. Damit wurde erstmals eine identische Reproduktion von Geschrie-

14 Jochum (1999).
15 Jochum (1999), 53.

benem möglich; aus dem Handwerk des Schreibens bildete sich der erste Zweig industrieller Produktionsweise.

6. Das vorläufig letzte Buchformat ist die **elektronische Datei** bzw. die Diskette oder CD-ROM. Dieser Schriftträger ist nach Stein, Lehm, Gras, Haut und Lumpen fast ‚immateriell' geworden. Im Gegensatz zum gedruckten Buch hat die abgespeicherte Datei ihre sinnliche Gegenständlichkeit verloren. Um sie lesen und schreiben zu können, bedarf es der Apparaturen, die einem rapiden technischen Überholungs- und Ersetzungsprozess unterliegen. Da durch diesen Wandel die Langzeitstabilität des Datenträgers nicht mehr gegeben ist, bereiten sich heute Institutionen der Datenspeicherung wie Bibliotheken und Archive auf einen aufwändigen Prozess des periodischen Umkopierens auf die jeweils aktuellen Speichersysteme vor. 2009 ist das E-Book mit dem Lesegerät ‚Kindle' auf den Markt gekommen, was einen neuen Wettbewerb, neue Rechtschreibprobleme und neue Leseangebote mit sich bringt: Dazu gehört z.B., Bücher „auch kapitelweise zu verkaufen, Aktualisierungen im Abonnement anzubieten oder regalfüllende Klassiker-Sammlungen zum Komplettpreis zu verhökern".[16] Obwohl heute immer mehr Publikationen im Internet erscheinen, ist das Buch aufgrund der Vorteile seiner praktischen Handhabung keineswegs gefährdet und es sieht so aus, als würde es in der neuen Medienkonkurrenz und im neuen Medienverbund seinen Platz aus pragmatischen Gründen auch weiterhin behaupten.

2.3 Schrift und Autorschaft im Spiegel der Mediengeschichte

Im folgenden Kapitel soll literarische Medialität in ihrer geschichtlichen Dimension am Beispiel der Autorschaft erläutert werden. Dabei wird es vor allem um die beiden Dimensionen der materialen Darbietungsformen (Wandel der Schreib-Techniken) und der sozialen Kommunikationsformen gehen (Wandel der Institutionen von Literatur).

2.3.1 Die Stabilisierung des Textes in Schrift und Druck

Die Einführung von Schrift führt, wie wir gesehen haben, zu einer radikalen Veränderung der Existenzbedingung von mündlicher Dichtung. Schriftliche Literatur wird unabhängiger vom Ohr und Körper, dafür abhängiger vom lesenden Auge, wobei verlorene Sinnlichkeit durch höhere semantische und strukturelle Komplexität ersetzt wird. Ihre Produktion löst sich immer mehr ab vom kollektiven sozialen Aufführungs-Rahmen; sie wird in Einsamkeit und Abgeschlossenheit hervorgebracht und rezipiert.

Der Übergang von **mündlicher zu schriftlicher Kultur** vollzieht sich nicht als ruckartige Ersetzung. Den gleitenden Übergang bildet die Schriftlichkeit in mündli-

16 Tagesspiegel vom 4. 1. 2009.

cher Kultur, die auch als **'Rezitationskultur'** bezeichnet wird.[17] Geoffrey Chaucer, englischer Dichter des ausgehenden Mittelalters, ist ein Beispiel für diese Phase. Es gibt ein Bild, das ihn zeigt, wie er am Hofe Richards II. einer aufmerksamen vornehmen Gesellschaft aus seinen Werken vorliest – ein deutlicher Beleg für eine Rezitationskultur zwischen Mündlichkeit und Schriftlichkeit. Dass seine Dichtung als ‚Literatur' im Sinne eines neuen Text-Bewusstseins zu verstehen ist, macht auch ein kleines Gedicht deutlich, das er an seinen Schreiber Adam gerichtet hat:

> Schreiber Adam, wenn du dich daran machst,
> meinen *Troilus* oder *Boethius* neu abzuschreiben,
> dann musst du deinen Kopf unter deinen Locken anstrengen.
> Aber vor allem sollst du meinem Text genaustens folgen.
> Wie oft muss ich nochmals über deine Arbeit gehen,
> Sie korrigieren und dabei reiben und auskratzen,
> Und all das nur wegen deiner Schusseligkeit und deinen Fehlern![18]

Wo von „reiben und auskratzen" (rubbe and scrape) die Rede ist, wird auf kostbares und widerstandsfähiges Pergament geschrieben. Auch aus Chaucers *Canterbury Tales*, die ja in der Rahmenhandlung eine mündliche Erzählsituation fingieren, geht hervor, dass sie sich bereits an Leser richten, denn es wird dort empfohlen, dass diejenigen, die keinen Gefallen an einer Geschichte finden, doch umblättern und eine andere Geschichte wählen mögen:

> who-so list it nat y-here
> Turne over the leef, and chese another tale.[19]

Ein weiteres Beispiel, das davon zeugt, wie sich allmählich der schriftlich fixierte Text in einer noch weithin mündlichen Kultur durchsetzt, ist das Improvisationsverbot, das Hamlet seinen Schauspielern erteilt: „And let those that play your clowns speak no more than is set down for them!"[20] Diese Worte richten sich gegen die damals gängige Theaterpraxis, die komischen Rollen gemäß der Virtuosität der Schauspieler so auszubauen, dass sich der Harlekin auf Kosten des Stücks und der dramatischen Kohärenz seinen persönlichen Applaus sicherte.

Chaucer gehört ins Zeitalter der **Handschriftkultur.** Er beschäftigte einen Schreiber, der von seinen Texten Reinschriften und Kopien herstellte. Die Qualität des Abschreibers bemaß sich nach seiner Fähigkeit zur exakten Abschrift. Kopisten

17 Pearsall (1985); Müller (1996).

18 Im mittelenglischen Original liest sich das so: „Adam scriveyn, if ever it thee bifalle / Boece or Troilus to wryten newe, / Under thy lokkes thou most have the scalle, / But after my making thou wryte trewe. /So ofte a daye I mot thy work renewe, / Hit to correcte and eek to rubbe and scrape; / And al is through thy negligence and rape." Chaucer (1969a), 118. Vgl. dazu Minnis (1984).

19 Chaucer (1969b), A 3176 f.

20 Shakespeare, *Hamlet*, III, 2, 34 f.

sind im Druckzeitalter nicht etwa brotlos geworden; es hat sie bis ins 20. Jahrhundert hinein gegeben, wenn auch ihr Ansehen rasch verfiel und sie nur noch randständige Existenzen waren. Sie hatten die Aufgabe, Schriftsätze zu vervielfältigen, die nicht für den Druck bestimmt waren, d. h. in den Kanzleien und in den Amtsstuben der Bürokratie, wo sie erst mit der Erfindung der Kopiermaschinen überflüssig wurden. Die **Figur des Kopisten** taucht auch in literarischen Texten auf und spielt dort eine interessante Rolle. Vertreter dieses Berufsstands pflegen in der Literatur des 19. Jahrhunderts kein glückliches Schicksal zu haben. Ein negativ karikierter Gerichtsschreiber stirbt in Dickens Roman *Bleak House* an einer mysteriösen Krankheit mit dem Namen „spontaneous combustion" (spontane Implosion), was ein düsteres Licht auf den Akt des unoriginellen Abschreibens wirft, der im Druckzeitalter immer mehr entwertet wird. Ein besonders eindrucksvolles Beispiel ist die Erzählung *Bartleby* von Herman Melville. Der Titelheld ist ein Kopist, der im ‚Dead-Letter-Office' gearbeitet hat.[21] Darunter versteht man ein Ressort der Post, wo sich jene Briefe ansammeln, die ihre Adressaten nicht erreicht haben. Die Bindung Bartlebys an den ‚toten Buchstaben' führt dazu, dass sich diese Schreiber-Figur allmählich mit der Geste der Verweigerung („I prefer not to") aus allen sozialen Verbindungen löst und schließlich in völliger Einsamkeit stirbt. In solchen und anderen Kopisten-Erzählungen reflektiert die Literatur nicht zuletzt ihre eigene Medialität.[22]

Francis Bacon hat als die drei wichtigsten Faktoren, die den Eintritt in die Neuzeit befördert haben, das **Schießpulver**, den **Kompass** und die **Druckerpresse** genannt. Diese drei, so stellte er fest, „haben die Erscheinung und den Zustand der ganzen Welt verändert."[23] ‚Der ganzen Welt', sagt er mit Recht, denn es waren ja gerade diese Entdeckungen, die zur Öffnung des verengten Weltbildes und zur geographischen und politischen Expansion beigetragen haben. Ohne Kompass kein transatlantischer Verkehr, ohne Schießpulver keine Eroberungen, ohne Druckerpresse keine ausgedehnte Missionstätigkeit. Die Druckerpresse ist eine technische Revolution, die eine tief greifende Umwälzung der Informationsstrukturen hervorgebracht hat. Elizabeth Eisenstein, die Historikerin dieses Prozesses, schreibt, dass in den ersten 50 Jahren des Buchdrucks etwa 8 Millionen Bücher gedruckt wurden – das sind mehr, als alle Schreiber Europas seit den Tagen Konstantins (d. h. des 4. nachchristl. Jhs.) abgeschrieben haben.[24]

2.3.2 Schwache Autorschaft

In Zeiten einer starken Traditionsbindung kann Autorschaft nur schwach sein; stark sind dann nicht die **Autoren**, die Texte produzieren, sondern allein die **Autori-**

---

21 Melville (1987).
22 Mainberger (1995).
23 Bacon (1990), Aphorism 129, 95.
24 Eisenstein (1989). Vgl. dazu Giesecke (1991).

täten, deren Texte über Jahrhunderte weitergeben werden, denen man folgt, die man abschreibt, kompiliert, kommentiert. Autoritäten waren ausschließlich die toten Autoren; sich als lebendes Individuum selbst als Autor zu inszenieren, wäre eine lächerliche Hybris. Der schwache Autor bewegt sich geistig im Schatten der Autoritäten; er inszeniert sich, wie Chaucer das mit Vorliebe tut, als ein Leser. Was immer er schreibt, hat er zuvor irgendwo gelesen. Der schwache Autor kehrt die Texte hervor, an die er sich anlehnt, der starke Autor verschleiert sie. Der amerikanische Literaturkritiker Harold Bloom hat dafür den einschlägigen Begriff der ‚anxiety of influence' geprägt.[25] Der schwache Autor hat die Einführung des Buchdrucks überlebt; er hat das neue Medium weder als eine Wende, noch den Buchmarkt als eine Chance wahrgenommen. Hier ist als eklatantes Beispiel wiederum Shakespeare zu nennen, der keines seiner Werke eigenhändig in Druck gegeben hat, und dessen erste Gesamtausgabe erst sieben Jahre nach seinem Tod von seiner Theatertruppe herausgegeben wurde. Anders der Zeitgenosse Ben Jonson, der seine Dramen zu Lebzeiten in einer ‚autorisierten' Ausgabe erscheinen ließ.

Die Situation der **schwachen Autorschaft** lässt sich an einem Text illustrieren, der aus demselben Jahrzehnt stammt wie die erste Werkausgabe Shakespeares (1623). Auf dem Deckblatt des Buches stehen der Titel, der Druckort und zwei Namen, der des Druckers und der des Verlegers. Was nicht darauf steht, ist der Name des Autors (John Earle). Das lässt darauf schließen, dass das Interesse der Techniker und Unternehmer am neuen Medium Druck zunächst größer war als das der Verfasser. Autor wurde nur, wer es nötig hatte seinen Text als Ware zu verkaufen. Für höher gestellte Personen galt das als anrüchig. Zu ihnen gehörte offensichtlich auch der Verfasser des 1628 veröffentlichten Buches *Micro-Cosmographie*, wie wir dem folgenden Vorwort des Verlegers Edward Blount entnehmen können:

> An den Leser, bürgerlich oder hochwohlgeboren. Ich habe es gewagt, hier die Rolle der Hebamme zu spielen und dabei behilflich zu sein, diese Kinder zur Welt zu bringen, die der Vater erstickt hätte. Dieser hätte sie in ihren losen Windeln sich selbst überlassen, sobald seine Phantasie von ihnen entbunden worden ist. Er schrieb zu seiner eigenen Unterhaltung, teils, um sich die Zeit auf dem Lande zu vertreiben, teils um seinen Freunden damit einen Gefallen zu tun. Nachdem die Texte eine Weile in Abschriften von Hand zu Hand gewandert sind, ist daraus ein beträchtlicher Band geworden. Manche verstreute Abschriften, und zwar die schlechtesten und redundantesten, wären fast in den Druck gelangt, wenn der Autor nicht eiligst Schritte unternommen hätte, dieses zu verhindern. Als er nun das Risiko (seinen Text nicht selbst in den Druck zu geben) einsah, ließ er sich breitschlagen, seinen Text in der jetzigen Gestalt drucken zu lassen. Wenn irgendwelche Fehler stehen geblieben sind (es gibt ja kaum Bücher, die keine aufweisen) so bitte ich, diese nicht dem Autor anzulasten, sondern vielmehr meiner und des Druckers Nachlässigkeit. Ich verspreche auch, im Falle eines Nachdrucks noch größere Sorgfalt walten zu lassen und diesen Mangel zu beheben. Bis dahin bin ich der Ihre, Edward Blount.[26]

25 Bloom (1973).
26 Earle (1899).

Aus diesem Text gehen die Merkmale schwacher Autorschaft mit aller Deutlichkeit hervor. Der schwache Autor denkt gar nicht daran, seinen geistigen Produkten durch Drucklegung die Chancen weiterer Verbreitung und beständiger Fortdauer zu sichern. Wenn es dennoch zum Druck kommt, so tut er dies widerwillig („unwillingly willing" heißt es im Original) und nur aus Gründen des Selbstschutzes gegen die Piraten des freien Druckmarkts. Die Indifferenz seinen geistigen Produkten gegenüber führt dazu, dass andere das Sorgerecht für die verwaisten Kinder übernehmen. Zur geläufigen Metaphorik literarischer Produktion als Zeugung und Geburt kommt hier noch als zweites Bildfeld das der Vormundschaft und Aufzucht hinzu.[27] Damit verteilt sich der Komplex literarischer Produktion auf zwei Rollen, die des Vaters und die des Erziehers. Im aristokratischen Milieu, in dem die bürgerliche Kleinfamilie noch nicht die Norm ist, fallen beide Rollen nicht notwendig zusammen; und die Rolle des Vormunds, der sich um Aufzucht und Erziehung kümmert, ist nicht weniger wichtig als die des Erzeugers. Es ist interessant festzustellen, dass hier eine ältere etymologische Bedeutung des lateinischen Wortes ‚auctor' wieder zum Tragen kommt, denn zu dessen rechtlichen Bedeutungskomponenten gehörte ursprünglich auch: ‚Vormund eines Mündels'.

Der schwache Autor entspricht somit einem Vater, der das Sorgerecht für seine Kinder an einen Vormund abtritt. Wo der Erzeuger nicht über sein Produkt wacht, sind Umstellungen, Weglassungen und vor allem unmarkierte Zutaten zum Textbestand an der Tagesordnung. Texte im Zeichen schwacher Autorschaft sind nicht stabil, sondern biegsam und können je nach Nachfrage um- und weitergeschrieben werden.[28] Obwohl, um zum vorliegenden Beispiel zurückzukehren, spätere Editionen des Werks John Earle als Autor ausweisen, ist heute nicht mehr feststellbar, welche Bestandteile des Buches wirklich aus seiner Feder stammen.

2.3.3 Starke Autorschaft

Die Situation der unbestimmten Zuordnung von Texten und Namen endet mit Beginn der **starken Autorschaft.** Eine rechtliche Vorbedingung dafür wurde in England 1709 mit dem **Copyright Act** geschaffen, der Autoren ein Besitzrecht an ihren Texten einräumte. Zu dieser rechtlichen und ökonomischen Voraussetzung kamen soziale Bedingungen hinzu, von denen hier nur zwei erwähnt werden sollen: die Abkoppelung von der Patronage und die Kanonisierung.

Im System der Patronage empfing der Dichter sozialen Schutz und wirtschaftlichen Unterhalt von einer höher gestellten Person, in der Regel von einem Aristokraten oder einem Fürsten, und war dafür zu der Gegenleistung verpflichtet, des-

27 Dem Topos vom Text als deformiertem Säugling, Wechselbalg, Findel-, Pflege- oder Waisenkind ist Richard Helgerson (1976), 1 ff. nachgegangen, der von einem „paradigm of prodigality" spricht und diese Bilder dem Motiv des verlorenen Sohnes zuordnet.

28 Dazu ausführlicher: Assmann, A. (1991b).

sen Ansehen zu mehren und seinen Ruhm unsterblich zu machen. In diesem Vertragsverhältnis war der Patron im Grunde Teilhaber des Werks, das er materiell unterstützte und das ihn verherrlichte. Der Weg von der abhängigen zur unabhängigen Autorschaft ist der Weg vom Patron zum Buchmarkt. Samuel Johnson, den die Engländer ehrfurchtsvoll „our doctor" nannten, und der als „the first professional man of letters" in die Geschichte eingegangen ist, hat diesen Weg exemplarisch zurückgelegt. Als es darum ging, sein „Dictionary of the English Language" zu finanzieren, erhoffte er sich dafür die Unterstützung eines gewissen Lord Chesterfield, die allerdings ausblieb. Die Drucklegung des Lexikons wurde schließlich über Subskriptionen finanziert.[29] Nach Erscheinen des Werks schrieb Lord Chesterfield zwei lobende Rezensionen. Diese beantwortete Johnson am 7. Februar 1755 mit einem berühmten Brief an den Lord, der als Meilenstein in der Geschichte der Autorschaft gelten darf. Darin heißt es:

> Seven years, My Lord have now past since I waited in your outward Rooms or was repulsed from your Door, during which time I have been pushing my work through difficulties of which it is useless to complain, and have brought it at last to the verge of Publication without one Act of assistance, one word of encouragement, or one smile of favour. Such treatment I did not expect, for I never had a Patron before (...). Is not a Patron, My Lord, one who looks with unconcern on a Man struggling for Life in the waters and when he has reached ground encumbers him with help.[30]

Mit der Umgehung der Patronage und der Aufnahme einer direkten Verbindung zum Drucker und Buchhändler kommt es zur **Professionalisierung** von Autorschaft, die neue Erwerbschancen eröffnet, gerade auch für Frauen.[31] Doch mit der Professionalisierung im Zuge fortschreitender Alphabetisierung und Schulbildung entsteht erneut eine Differenzierung in starke und schwache Autorschaft. Neu an der Wiederkehr dieser Differenz im 18. und 19. Jahrhundert ist, dass diesmal die Grenze (nicht ausschließlich, aber signifikant) entlang der Geschlechtergrenze verläuft. Mit anderen Worten: Frauen entsprechen in der Regel der Kategorie des schwachen Autors, Männer (zum Teil) der des starken Autors. Was macht, so muss man hier fragen, einen Autor zum starken Autor, wenn es nicht mehr das namhafte Werk und der selbständige Akt der Drucklegung ist?

Hier führt das zweite Stichwort weiter: die kulturelle Praxis der Kanonisierung. Die **Kanonisierung** literarischer Texte folgt dem Prinzip der Kanonisierung heiliger Texte: Im Umgang mit diesen Texten darf nichts mehr hinzugefügt, nichts weggenommen und nichts umgestellt werden. Bei kanonisierten Texten ist der Wortlaut emphatisch fixiert und erfordert fortgesetzte Deutungsarbeit. Die Kanonisierung Shakespeares als literarischer Klassiker setzt im 18. Jahrhundert mit philologisch sorgfältigen Editionen seiner Werke ein, die die authentischen von den nichtau-

29 Über parallele Entwicklungen in Deutschland vgl. Bosse (1981) sowie Rieger (1995).
30 Johnson (1992), 95 f.; vgl. Laurenson/Swingewood (1972).
31 Im Jahre 1851 können in England 69% der männlichen und 55% der weiblichen Bevölkerung lesen und schreiben. Vgl. Baumann (1986).

thentischen Texten scheiden, Glossen, d. h. Erklärungen für dunkle Stellen anbieten und einen Sekundärprozess anhaltender Interpretationsarbeit anstoßen. Literarische Klassiker sind Texte, die nicht nur besonders autorisiert und stabil sind, sondern auch immer wieder gelesen und in immer neuem Lichte gedeutet werden. Wessen Texte rechtfertigen einen solchen Aufwand? Warum wurde ein an heiligen und klassischen Texten geschulter Umgang plötzlich auf neuere volkssprachige Literatur und zeitgenössische Autoren ausgedehnt? Die literarische Kanonbildung von Klassikern steht in einem historischen Zusammenhang mit der Entstehung von **Nationalkulturen**. Die Nationen Europas traten in einen kulturellen Wettbewerb, indem sie ihre Herkunftsgeschichten neu erfanden und nationale Klassiker produzierten, die zum Symbol ihrer nationalen Identität wurden.

Shakespeare spielt hier eine besondere Rolle, denn er wurde nicht nur von den Engländern als Klassiker aufgebaut, sondern gegen Ende des 18. Jahrhunderts auch von den Deutschen als ein ‚nationaler Klassiker' kooptiert. Ein Grund dafür war der deutsche Geniediskurs, an dem Goethe in seiner Sturm- und Drang-Phase stark beteiligt war. Shakespeare galt als Urbild des regellosen Natur-Genies; mit diesem Vorbild befreiten sich junge Dichter von den Fesseln einer schulmeisterlichen Regelpoetik. Mit dem **Geniebegriff,** der sich Mitte des 18. Jahrhunderts in den protestantischen Kulturen Englands und Deutschlands herausbildete, wurde das außergewöhnliche Individuum gefeiert. Dieser Begriff dient der Heiligsprechung (und genau das heißt ‚Kanonisierung') eines Autors. Hier tritt uns innerhalb der modernen verweltlichten Kultur ein unverkennbar sakrales Moment entgegen. Inbegriff des starken Autors ist der kanonisierte, heilig gesprochene Autor, dem das Prädikat Genie zugesprochen werden kann. Mit dem Wort ‚Genie' ist das Wort **‚Originalität'** immer mitgemeint, also eine Innovationsqualität, die auf eine genuine, unverwechselbare Eigenständigkeit der literarischen Produktion zurückgeht. Diese kreative Eigenständigkeit des Originalgenies, das sich nicht mehr als Vermittler von Traditionen, sondern als Erneuerer und Befreier verstand – Wordsworth beruft sich in seinem Epos *Prelude* nicht mehr wie vor ihm John Milton auf die Inspiration einer Muse, sondern auf seine eigene Imagination – ließ sich dann in direkter Weise mit dem rechtlichen Konzept des Schutzes von Eigentum verknüpfen.[32]

Ein so konzipierter Geniebegriff schloss weibliche Kandidatinnen eo ipso aus. Ein ‚weibliches Genie' wäre für Kant, der im späten 18. Jahrhundert die Grundlagen einer philosophischen Ästhetik gelegt hat, eine absurde Wendung gewesen, eine contradictio in adiecto, oder, mit den Worten von Alistair Minnis: ‚an Impossible

32 In seinem Epos *Prelude. The Growth of a Poet's Mind* schreibt Wordsworth (1970), dass Dichter ebenso wie Propheten mit der besonderen Gabe ausgestattet sind „to perceive / Something unseen before." Von seinem poetischen Werk, das aus eigenen schöpferischen Quellen hervorgegangen ist, hofft er, dass es selbst zu einer Naturkraft werde: I had hope that „that work of mine, / Proceeding from the depth of untaught things, / Enduring and creative, might become / A power like one of Nature's." (Book XI, 1805, 306–312) Woodmansee (1983).

She'. Zwischen 1750 und 1850 wurde das Bild vom starken Autor als **Über-Mensch** konstruiert; Ansätze dazu sind bereits bei Samuel Johnson zu finden, dann bei den romantischen Dichtern wie Wordsworth und Shelley. Dort ist vom Dichter als Prophet und Gesetzgeber der Menschheit die Rede; das sind Ämter und Rollen, die zu dieser Zeit schwerlich in weiblicher Verkörperung vorstellbar waren. Zur Kanonisierung gehört nicht nur Edierung und Kommentierung des Werks durch einen professionellen Kritiker, sondern auch eine kultische Dimension, die sich in einer Rhetorik des Preisens manifestiert. Im Falle Shakespeares reicht dies vom jungen Goethe des Sturm und Drang, der Shakespeare mit einer enthusiastischen Rede gefeiert hat, bis zu Harold Blooms neuem Buch über Hamlet.[33] Die folgende Kostprobe zu diesem Genre stammt aus der Feder Thomas Carlyles aus der ersten Hälfte des 19. Jahrhunderts: „For myself, I feel that there is actually a kind of sacredness in the fact of such a man being sent into this Earth. Is he not an eye to us all; a blessed heaven-sent Bringer of Light?"[34]

Während der starke Autor, wenn nicht direkt für die Ewigkeit, so doch wesentlich für die Nachwelt schreibt, erschöpft sich die Wirkung des schwachen Autors in den kurzen Konjunkturzyklen der Massenpresse. Hohe Auflagenzahlen besagen hier gar nichts, bzw. alles: Quantität und Qualität driften rigoros auseinander. Dazu passt ein Befund, auf den Rudolf Schenda aufmerksam gemacht hat: Der auflagenstärkste deutsche Roman des 19. Jahrhunderts ist heute nur noch in einem einzigen, unvollständigen Exemplar erhalten.[35] Hawthorne, der selbst keine hohen Auflagenzahlen erreichte und den weiblichen Autorinnen seiner Zeit ihre so viel größere Publikumswirksamkeit neidete, sprach gehässig vom **„mob of scribbling women"**, von der Meute kritzelnder Weiber. Es besteht eine deutliche Hierarchie zwischen Schreiben und Kritzeln. Was als geschrieben und was als gekritzelt gilt, darüber entscheidet jedoch nicht der Buchdruck, sondern der soziale Rahmen, in dem geschrieben und gelesen wird. Was sich im ephemären zeitgenössischen Kontext erschöpft, ist und bleibt trotz hoher Auflagen und massenhafter Resonanz ‚Gekritzel'; was dagegen von der Mit- und Nachwelt aussortiert wird zur beständigen Wiederlektüre und Interpretation, und damit schließlich seinen Weg in die Lektürelisten der literaturwissenschaftlichen Seminare und Schulen gefunden hat, gilt in einem emphatischen Sinne als ‚Schrift' und rechtfertigt umfangreiche Werkeditionen und Kommentierungen sowie einen entfristeten Stellplatz auf Bibliotheksregalen.

Ein instruktives Beispiel für den ‚mob of scribbling women' ist die Autorin Susan Warner, die unter dem Pseudonym Elizabeth Wetherell den Roman *The Wide,*

33 Bloom (2003). In diesem Buch greift er auch den von ihm geprägten und bereits eingeführten (Bloom (1999) 271) Begriff der ‚Bardolatry' wieder auf, worunter er eine quasi-religiöse Verehrung des Barden Shakespeare versteht.

34 Carlyle (1926), 343. Vgl. dazu Assmann, A. (1995).

35 Schenda (1976).

Wide World veröffentlichte. Das Buch schrieb die Autorin, um in einer ökonomisch prekären Situation an Geld zu kommen. Es ist in einem sentimentalen Stil geschrieben und handelt von der religiösen Erziehung eines jungen Mädchens, dem es mithilfe einer stetigen Bibellektüre gelingt, trotz wiederholter Schicksalsschläge und schwerer Prüfungen körperlich und seelisch rein zu bleiben. Als das Buch 1850 erschien, war es das meistverkaufte Buch in den Vereinigten Staaten; 14 Neuauflagen erschienen allein in den ersten beiden Jahren. Dieser Bestseller, der auch in England Anklang fand, wurde noch bis zur Jahrhundertwende aufgelegt, darauf folgte sein steiler Absturz ins Vergessen, bis Jane Tompkins das Buch wieder entdeckte und 1987 mit einem Nachwort in der Feminist Press erneut herausgab. Tompkins verfolgte damit ein kulturpolitisches Projekt; sie wollte die vergessene Autorin nicht nur ins Gedächtnis und Bewusstsein zurückholen, sondern auch in den Kanon. Ihre Formel dafür heißt **‚The other American Renaissance'**, in der neben den von F. O. Matthiessen propagierten männlichen Klassikern Hawthorne, Melville und Whitman Autorinnen zum Zuge kommen sollen. Kanonisiert werden sollte in diesem Fall wohl weniger der Text selbst, der ein Sermon im Genre der ‚female domestic fiction' ist, als die feministische Lektüre dieses Textes, der von Tompkins als ein wichtiges Kapitel weiblicher Geschichte und Autonomiebestrebung interpretiert wird.[36]

Die einseitige Zurichtung des Geniebegriffs hat Frauen aus dem literarischen Kanon ausgeschlossen.[37] Diesen männlichen Gender-Diskurs hat Oscar Wilde in folgenden karikierenden Sätzen zusammengefasst: „No woman is a genius. Women are a decorative sex. They never have anything to say, but they say it charmingly. Women represent the triumph of matter over mind, just as men represent the triumph of mind over morals."[38] Der Diskurs über die Möglichkeit starker weiblicher Autorschaft änderte sich in dem Maße, in dem sich Frauen an ihm beteiligten. In ihrem berühmten Essay *A Room of One's Own* hat Virginia Woolf sich die Frage gestellt, was Frauen eigentlich vom Ziel der starken Autorschaft trennt. Ihre Antwort lautete: mit Sicherheit nicht das Fehlen von Talent oder Genie, sondern das Fehlen einer ökonomischen Infrastruktur und geistiger Traditionen.[39] Der Besuch im illustren Oxbridge und anschließend in einem unscheinbaren Frauencollege bringt ihr die unüberbrückbare Differenz und Chancenungleichheit zwischen den Geschlechtern markant zu Bewusstsein. Der jahrhundertealte materielle und geistige Rahmen bietet den männlichen Wissenschaftlern und Schriftstellern einen soliden Rückhalt; nichts davon, weder Geld noch Geist noch Kochkunst, findet sie im Frauencollege. Hier müssen erst noch die Voraussetzungen für all das geschaffen werden, was den Männern seit Jahrhunderten zu Erfolg und Unsterblichkeit

36 Vgl. dazu Rosenthal (2004).

37 Auf die kulturpolitischen Implikationen der literarischen Kanonisierung werden wir im letzten Kapitel noch einmal zurückkommen.

38 Wilde (2003), 64.

39 Woolf (2008a). Vgl. auch das letzte Kapitel dieses Buches.

verholfen hat. Immerhin, so muss man hinzufügen, hat Woolf mit ihrem Essay einen Anfang gemacht und einen Grundstein gelegt, auf dem eine neue, genderbewusste Literaturtradition und -geschichte aufbauen konnte.

2.3.4 Der Tod des Autors und der Triumph der Schrift

Der Personenkult des Genies, die Verherrlichung des starken Autors, prägte bis ins 20. Jahrhundert hinein die bürgerlichen Schreib- und Lesegewohnheiten. Diesem Kult wurde im ‚Revolutionsjahr 1968' der Garaus gemacht mit einem kurzen Manifest, das die Schärfe eines Guillotinenstoßes besaß. Der Autor: Roland Barthes, der Titel: **La Mort de l'Auteur**, der Tod des Autors. Natürlich meinte er nicht den realexistierenden Autor, über dessen Leben und Sterben auch ein Roland Barthes nicht Gericht zu halten hat, sondern den Autor als literaturwissenschaftlichen Mythos und als Konstruktion bürgerlichen Leseverhaltens. Indem er diesen Autor desakralisierte, eliminierte, umbrachte, wollte Barthes den Lesern ihren Fluchtpunkt, das Telos ihrer Lektüre entreißen und sie damit der Quelle ihrer Verankerung von Sinn berauben. Wenn die Devise zuvor hieß: je emphatischer der Autor, desto stabiler und geschlossener der Text, so hieß sie nunmehr: je abwesender der Autor, desto beweglicher und offener der Text. Mit dem ‚Tod des Autors' wird der Text ursprungslos, die neutrale Schrift wird abgetrennt von der biographischen Stimme. Nicht mehr befugt mitzureden, wird dieser die Autorität über den Text entzogen. Mit dieser Strategie erhält der Text eine grundlegend andere Bedeutungsstruktur und erfordert eine grundlegend andere Leseweise, die nicht mehr zum Autor als ihrem letzten Referenzpunkt durchstößt, sondern im Gewebe der Zeichen verweilt. Der ehemals so starke Autor wird damit wieder zum schwachen Autor; so schwach, dass er sich selbst auflöst: er wird zum **reinen Medium** – ja wessen? Nicht mehr der Muse, nicht mehr der Tradition, nicht mehr der Autoritäten, sondern nunmehr: der Sprache, der Kodes, der Schrift. Mit seiner (er ist noch immer männlich) Hilfe spricht die Sprache sich selbst, schreibt die Schrift sich selbst. Dieser Tod des Autors signalisiert den Triumph der ‚Schrift'.

Diese Schrift hat allerdings wenig gemein mit der Schrift, von der eingangs die Rede war. Es ist nicht mehr Schrift als Zwischenspeicher, nicht mehr Schrift als Medium des Mediums Sprache. Die neue Schrift heißt jetzt **écriture**. Sie ist nicht mehr nachträgliche Notation eines vorgängigen Sprechens oder Lebens (wofür die Chiffre Autor stand), nicht mehr Ausdruck einer außerhalb des Textes stehenden Person, sondern sie ist der Akt des Schreibens selbst, die **Inskription**, wie Barthes diesen Akt nennt. Die Betonung der Rolle des Schreibers im abschließenden Zitat aus Barthes' Manifest zeigt, wie die lange Geschichte von Schrift und Autorschaft an ein Ende gekommen ist, das ihrem Anfang erstaunlich ähnlich sieht:

> Der moderne Schreiber, der den ‚Autor' zu Grabe getragen hat, kann also aus der pathetischen Sicht seiner Vorgänger nicht mehr glauben, dass seine Hand zu langsam für sein Denken oder Fühlen sei (...); für ihn zieht, ganz im Gegenteil, die von jeder Stimme gelöste und von einer reinen Geste der Einschreibung (und nicht des Ausdrucks) getra-

> gene Hand ein Feld, das keinen Ursprung oder zumindest keinen anderen als die Sprache selbst hat, das heißt eben das, was fortwährend jeden Ursprung in Frage stellt.[40]

Der Tod des Autors ist der Triumph der Schrift – dieser von Barthes hergestellte Zusammenhang eröffnete in den 1970er-Jahren nicht nur neue Leseweisen im Paradigma der **Intertextualität**, sondern auch **postmoderne** und **dekonstruktive** Schreibweisen. Gleichzeitig öffneten sich jedoch noch andere Türen, die aus der westlichen Tradition starker Autorschaft herausführten. Sie führten in Traditionen zurück, die vom Mainstream westlicher Kultur systematisch unterdrückt und ausgeschaltet worden waren. Das soll abschließend an vier Beispielen kurz erläutert werden, in denen sich **weibliche Stimmen** betont zur schwachen Autorschaft bekennen. Die afroamerikanische Autorin Alice Walker hat ihrem Roman *The Color Purple* eine Widmung ‚To the Spirit' vorangestellt. Sie erinnert uns daran, dass in dem Wort ‚Geist', das inzwischen durch ‚Medium' ersetzt wurde, auch noch die okkulte Bedeutung von ‚Medium' mitschwingt:[41]

> To the Spirit:
>
> Without whose assistance
> Neither this book
> Nor I
> Would have been
> Written.

Leslie Marmon Silko, eine amerikanische Gegenwartsautorin indianischer Herkunft, leitet ihren Roman *Ceremony* mit einem rituellen Spruch ein und stellt sich selbst in eine mythische Genealogie. Durch traditionelle Sprüche, Gebete und Lieder, die sie in ihren Text einflicht, macht sie deutlich, dass sie als schreibende Autorin gleichwohl der mündlichen Erzähltradition der Indianer verpflichtet bleibt, die in der mythisch matriarchalischen Figur der ‚Spider Woman' ihren Ursprung haben. Geschichten verknüpfen Menschen und Generationen, indem sie durch die Zeit weitergesponnen werden. Silko bettet ihren literarischen Text in eine mündliche Überlieferung des Geschichtenerzählens ein.

Die konsequente Durchsetzung ihrer schriftlichen Texte mit oralkulturellen Elementen zeichnet auch die afroamerikanische Gegenwartsautorin und Nobelpreisträgerin Toni Morrison aus. In ihren Romanen stellt sie auf vielfältige Weise die puritanisch-amerikanische Tradition der Individualität und Autonomie in Frage und betont demgegenüber die Bedeutung der Gemeinschaft, ohne die die einzelnen Figuren ihrer Romane verkommen. Entscheidend für ihre Protagonisten sind weniger die Gesten der Revolte und Emanzipation als vielmehr Formen der Rückbindung an die Vorfahren und das in ihnen verkörperte kulturelle Gedächtnis.[42] Morrison selbst versteht sich als Erbin und visionäres Medium der Leiden und

40 Barthes (2006), 60 f.
41 Walker (1982), Widmung.
42 Morrison (1998).

Traumata, aber auch der kreativen Ressourcen dieser Herkunftsgemeinschaft. Als ein letztes Beispiel soll hier die ironische Beschreibung der Kreuzung von mündlicher und schriftlicher Tradition angeführt werden, die der indianisch-amerikanische Autor Sherman Alexie von seinen Texten gegeben hat:

> ‚Sherman,' asks the critic, ‚how does your work apply to the oral tradition?'
>
> ‚Well', I say, as I hold my latest book close to me, ‚it doesn't apply at all because I type this. And I´m really, really quiet when I'm typing it'.[43]

2.4 Text und Bild

Seit der Antike spielt das Verhältnis der Künste zueinander eine wichtige Rolle. In der römischen Rhetorik wurde die eine Kunst der anderen als Vorbild vorgehalten. ‚Ut pictura poesis' lautet ein vielzitierter Satz von Horaz. Er schreibt vor, dass die Dichtung ihre Inhalte ebenso anschaulich vor Augen stellen möge, wie es die Malerei tut.[44] Malerei wurde damit zum Vorbild der Sprachkunst. Im Zuge eines neuen Selbstbewusstseins der einzelnen Künste wurden in der Renaissance zum ersten Mal die spezifischen Möglichkeiten und Grenzen der einzelnen Künste thematisiert, die man dabei auch kritisch gegeneinander ausspielte. So entwickelte sich ein neuer Diskurs, **‚Paragone'** genannt, der den Wettstreit um Eigenart und Vorrang der Künste zum Gegenstand hatte. Im Zuge dieser Debatte stellten Dichter und Maler in kompetitiver Absicht die spezifischen Fähigkeiten ihrer Kunst heraus.

Der Wettstreit der Künste stieß einen **theoretischen Kunstdiskurs** an, der die Kunstpraxis in der Folge kontinuierlich begleitet hat. Er ist auch der erste Ansatz für das Interesse an einer Trennung und Reinheit der Künste, die im 18. Jahrhundert ihren Höhepunkt fand. Nachdem im Mittelalter noch eine enge Verknüpfung von Schrift und Bild gepflegt wurde – Schrift wurde in Initialen zum Bild, handschriftliche Texte wurden von Ornamenten und Bildern gerahmt[45] –, legte man nun Wert auf Grenzen und die Einhaltung der immanenten Regeln der jeweiligen Kunst. Mit der Ausdifferenzierung der Künste entwickelte sich ihre Professionalität und Reflexivität. Der berühmteste Text dieses Diskurses entstand zwei Jahrhunderte nach dem Paragone und gilt bis heute als ein Markstein in der Geschichte der Ästhetik: Gotthold Ephraim Lessings *Laokoon*.[46] Laokoon ist der Name der mittleren Figur einer griechischen Statuengruppe, die einen Vater mit zwei Söhnen darstellt, an denen sich ein furchtbares Schicksal vollzieht: Eine Riesenschlange hat die Gruppe angegriffen und ist dabei, die drei Männer in ihren Windungen zu ersticken. Lessing interessiert an dieser Skulptur ein künstlerisches Problem: Was vermag das Bild zu schildern, das die Erzählung nicht

43 Alexie (2000), 6.
44 Schweizer (1972).
45 Curschmann (1999).
46 Lessing (2007).

vermittelt? Was stellt die Erzählung dar, das jenseits des Bildes bleiben muss? Mit anderen Worten: Welches sind die spezifischen Möglichkeiten und Grenzen der einzelnen Künste als Darstellungsformate?

Lessings Antworten sind so einfach wie eindrücklich. Malerei und Skulptur sind **Raumkünste**, Dichtung und Musik sind **Zeitkünste**. Was im Raum zur Darstellung kommt, ist simultan und synchron; was in Sprache und Gesten dargestellt wird, entwickelt sich diskursiv eins nach dem anderen. Da die bildenden Künste im Gegensatz zur literarischen Erzählung keinen Prozess und keine Entwicklung präsentieren können, seien sie, so Lessing, darauf angewiesen einen ‚fruchtbaren Augenblick' auszuwählen, in dem sich Vergangenes und Zukünftiges in einer spannungsvollen dynamischen Figur verschränken. Seine These ist, dass das, was für die Produktion der Künste gilt, auch für ihre Rezeption gilt. Ein Bild wirke mit Wucht und Pathos auf einmal und als Einheit, während die Erzählung diese Wirkung in der Zeit modelliere und über Wendepunkte fortschreite.

Diese einfache Gegenüberstellung von der Zeitlosigkeit der Bildkunst und der Zeithaltigkeit der Wortkunst kann gerade in Bezug auf deren Rezeption nicht völlig überzeugen. Obwohl sie gleichzeitig alles zeigen und nichts zurückhalten, werden Bilder doch keineswegs instantan in ihrer Totalität wahrgenommen. Es bedarf eines langsamen und geduldigen Eindringens in das Bild seitens des Betrachters, das in der Regel durch das Wort gelenkt wird. Wie oft hat man selbst erlebt, dass erst die Beschreibung ein Bild belichtet und seine Konturen sich so allmählich aufbauen wie die eines photographischen Abzugs im Entwicklerbad. Der Literaturwissenschaftler Philip Fisher spricht in diesem Sinn von einer ‚Choreographie des Blicks', die nicht weniger zeithaltig ist als die eines Lesers.[47]

Fragen, die Künstler und Theoretiker wie Leonardo da Vinci und Alberti in der Renaissance oder Lessing in der Aufklärung stellten, haben bis heute nichts von ihrer Aktualität verloren, auch wenn sich die medialen Bedingungen verändert haben. Abschließend soll auf das Verhältnis von Text und Bild in seinen modernen und postmodernen Bezügen eingegangen werden, womit noch einmal an das oben eingeführte Ebenenmodell von Zeichensystemen (Codes), Darstellungsformaten (Künsten und Gattungen), Darbietungsformen (materialen Medien) und sozialen Kommunikationsformen (Einbettungen und Institutionen) anzuknüpfen ist.

2.4.1 Der ‚iconic turn' um 2000

Nach dem ‚linguistic turn' Anfang des 20. Jahrhunderts wurde gegen Ende desselben Jahrhunderts eine weitere Wende proklamiert, die dieses Mal die Sprache verabschiedete und zu den Bildern überging. Nach 170 Jahren Erfahrung mit der Photographie, 100 Jahren Kino, 50 Jahren Fernsehen und 25 Jahren Video ist es unbestreitbar, dass gerade auch die technischen Bilder in der Kultur einen immer

47 Fisher (1997).

größeren Raum einnehmen. Ein Prophet dieser Wende ist der Chicagoer Literaturwissenschaftler W. J. T. Mitchell, der einen **‚iconic turn'** proklamierte und damit auf einen Strukturwandel in der Verfasstheit unserer Kultur hinwies.[48] Die Kultur stellt nach dieser Vorstellung – um es in der Sprache der Neurologen zu sagen – gewissermaßen von der linken, sprachverarbeitenden auf die rechte, bildverarbeitende Gehirnhälfte um. Diese Wende, so heißt es, markiere zugleich das Ende des Druckzeitalters oder der ‚Gutenberg-Galaxie'; mit ihr vollziehe sich der Wechsel vom Leitmedium Buch zum Leitmedium Bild.

Es ist nicht zu leugnen, dass diese Beschreibung vieles für sich hat. Unsere tägliche Erfahrung ist in einer Weise von Bildern bestimmt, die man sich in früheren Zeiten, als ihre Herstellung mühsam und ihre Vervielfältigung aufwendig war, schwer vorstellen konnte. Wenn wir uns das Bild-Regime unserer Tage jedoch näher ansehen, stellen wir leicht fest, dass diese Bilder selten völlig sprachfrei sind. Bilder existieren in der Regel nicht als Konkurrenzmedium zur Sprache, sondern in engstem Verbund mit ihr. Wo immer wir sie antreffen, sind sie von Sprache gerahmt – als Bei- und Unterschriften, als sound track, als Sprechblasen, als Kommentar, als Interpretation. Bilder der Kunst, des Films oder der Werbung werden allenthalben durch Sprache ergänzt oder in Sprache rückübersetzt. Natürlich bestehen unüberwindbare Differenzen und Schranken zwischen pikturalen Zeichen einerseits und phonetischen oder schriftlichen Zeichen andererseits; jedoch ist es gerade diese irreduzible Differenz, die den Impuls zur Überbrückung und Übersetzung anstößt und in eine produktive Interaktion der beiden Zeichensysteme hineinführt.

Die Rhetorik des ‚iconic turn' sollte man also nicht als eine radikale Epochenwende missverstehen. Die Geschichte der technischen Medienentwicklung spielt sich nicht in einem Verdrängungswettbewerb ab und läuft keineswegs darauf hinaus, dass mit jeder neuen Erfindung gleichzeitig etwas Älteres irreversibel abgewählt wird. Wir haben es nicht mit **Ersatz** sondern mit **Zusatz** zu tun, wobei allerdings zu betonen ist, dass sich mit jedem neuen Medium unser Verhältnis zu den älteren Medien verändert, ganz so, wie es T. S. Eliot für die literarische Tradition beschrieben hat (im folgenden Zitat wird von mir lediglich das Wort ‚work' durch ‚medium' ersetzt): „The existing order is complete before the new medium arrives; for order to persist after the supervention of novelty, the whole existing order must be, if ever so slightly, altered; and so the relations, proportions, values of each medium toward the other media are readjusted."[49]

2.4.2 Bilder im Text

Das Bewusstsein für eine ikonische Wende hat dazu geführt, dass nicht nur die Kunst- und Medien-, sondern auch die Literaturwissenschaften ihr Verhältnis zum

48 Mitchell (1994 / 2005 / 2008).
49 Eliot (1969), 50.

Bild neu überdacht haben.[50] In den für die Literaturgeschichte zentralen Begriffen ‚Einbildung' und ‚Imagination' sind die Worte ‚Bild' und ‚Image' ja bereits enthalten, wenn auch in einer medial vorreflexiven Form. Es bedurfte aber eines neuen Reflexionsanstoßes, bevor die Bildlichkeit in der Literatur zu einem neuen Thema wurde. Im Zeichen der **Intermedialität**, die mit einer neuen Sensibilität für unterschiedliche Darstellungsmodi und Repräsentationsformen einherging, wurde man neu aufmerksam auf die vielen Bilder, die in literarische Texte immer schon eingelassen waren. Innerhalb des Zeichensystems Schrift, sozusagen unter der homogenen Decke der Buchstaben, sind verschiedene Arten von Bildern verborgen, die ein wesentliches Element des Textes ausmachen. Zu solchen in den Zeichenmodus von Sprache und Schrift eingelassenen Bildern im Text gehören u. a.

- **Sprachbilder** im engeren Sinne, d. h. Metaphern und Vergleiche
- verbal induzierte **Vorstellungsbilder**, die sowohl mimetisch visuell sein können und im Sinne der szenischen Vergegenwärtigung dazu dienen, das jeweils Gesagte zu veranschaulichen, als auch antimimetisch visionär sein können und dem abstrakten Geist oder der freien Phantasie entsprungen sind
- außerhalb des Textes **real-existierende materiale Bilder**, auf die verwiesen wird, und die durch Beschreibung vergegenwärtigt werden (Ekphrasis[51])
- innerhalb der Fiktion **körperlich inszenierte Bilder**, die ab und zu die Erzählhandlung arretieren und von der prägnanten Geste über die melodramatische Szene bis hin zum tableau vivant reichen.

Seit der antiken Rhetorik sind die Bilder den Texten also nicht fremd, wie bereits die oben genannte Ut-pictura-poesis-Maxime beweist. Diese Norm hat in der Geschichte der Kunst und Medien zwischen den Schwesternkünsten Malerei und Literatur immer wieder neue Rückkopplungen hervorgebracht.[52] Berühmt ist in dieser Hinsicht das 17. Kapitel des Romans *Adam Bede*, in dem die Schriftstellerin George Eliot mitteilt, dass ihre realistische Romankunst an der holländischen Genre-Malerei des 17. Jahrhunderts geschult ist. Vorbildlich (im wahrsten Sinne) für sie ist die akkurate Schilderung des einfachen Alltagslebens mit all seinen präzisen und monotonen Kleinigkeiten. Die Masse der Menschen, so begründet sie ihr

50 Beispiele für eine in diesem Sinne erweiterte Kunstgeschichte sind die ‚Bildanthropologie' von Hans Belting und die ‚Bildwissenschaft' von Gottfried Böhm. Vgl. für das Folgende Rippl (2005).

51 Unter ‚Ekphrasis' versteht man eine Gattung der Bildbeschreibung, die eine altehrwürdige Tradition hat. Dabei geht es darum, mithilfe von Sprache ein lebhaftes Vorstellungsbild herzustellen. Ihr Schlüsselbegriff heißt ‚enargeia'. Damit ist eine Anschaulichkeit gemeint, die dem Leser die Beschreibung so nahe bringen soll, als hätte er das Beschriebene selbst vor Augen. In der Ekphrasis wird somit sinnliche Visualität in mentale Visualität übersetzt. Buch (1972).

52 Hagstrum (1958); Humm (2003).

Interesse am einfachen Leben, habe nun einmal keinen Teil an den Haupt- und Staatsaktionen der großen Geschichte, sondern bewege sich in ganz anderen Bahnen, die näher am Alltag und seinen menschlichen Grundbedürfnissen orientiert sind. An den holländischen Bildern des einfachen Lebens bewundert George Eliot die Abwesenheit jeglicher pittoresker Schemata und sentimentaler Klischees. Es geht ihr mit ihrem Realismus um diese soziale Schicht der einfachen Leute: „Therefore let Art always remind us of them; therefore let us always have men ready to give the loving pains of a life to the faithful representing of commonplace things."[53]

George Eliot schrieb, als die **Photographie** noch in ihren Kinderschuhen steckte. Die Entwicklung dieses neuen Massenmediums hat eine wichtige Wirkung auf die Geschichte des realistischen Romans gehabt. Paul Valéry konstatierte, dass sich die Normen der Photographie in neuen Genauigkeitsstandards und einer Zunahme beschreibender Passagen in den realistischen Romanen niederschlug. Photographie wurde zum Inbegriff und Symbol für realistische Kunst.[54] Der Siegeszug der Photographie trug aber auch dazu bei, dass Autorinnen und Autoren wie Virginia Woolf und D. H. Lawrence das Prinzip **Realismus** verabschiedeten und neue, komplementäre Schreibweisen erprobten. Sie verzichteten darauf anzustreben, was in einem anderen Medium einfacher und besser realisiert werden konnte. Mit der Photographie als Norm für die Literatur (nach dem Muster: ut photographia poesis) hat sich auch Henry James in der Erzählung *The Real Thing* (1893) kritisch auseinander gesetzt. Dort bekommt ein Maler die Aufgabe, ein Ehepaar zu porträtieren, das bereits exzessiv fotografiert worden ist und ein Bewusstsein von seiner eigenen ‚Photogenität' mitbringt. Was für das eine Medium förderlich sein kann, ist im anderen Medium hinderlich. Der Maler bekennt:

> I could see she had been photographed often, but somehow the very habit that made her good for that purpose unfitted her for mine. (...) Do what I would with it my drawing looked like a photograph or a copy of a photograph.[55]

Im folgenden Gesprächsausschnitt zwischen dem Maler und seinen Modellen geht es um das Verhältnis von Wirklichkeit und Repräsentation:

> „Do you think she looks like a Russian Princess?" Major Monarch asked, with lurking alarm.
> „When I *make* her, yes."
> „Oh, if you have to make her –!" He reasoned acutely.
> „That's the most you can ask. There are so many that are not makeable."
> „Well now, *here's* a lady" – and with a persuasive smile he passed his arm into his wife's – „who's already made!"[56]

53 G. Eliot (1996), 178.
54 Greiner/Kemmler (1979); Albers (2001).
55 James (1946), 195.
56 James (1946), 192.

Das Problem mit dem Modell als ‚real thing' ist, dass es bereits gemacht ist, wobei für die Kunst, die ja auf das Machen (nichts anderes heißt griechisch ‚poiesis') spezialisiert ist, nichts zu tun übrig bleibt. ‚You press the button, we do the rest!' hieß es in einer frühen Kodak-Webung. Wo aber keine Umsetzungen und Übersetzungen mehr nötig und möglich sind, hat die Kunst ihr Recht verloren. Das gilt übrigens für den Künstler und Schriftsteller ebenso wie für die Betrachter und Leser. Auch diese kommen nur auf ihre Kosten, wenn sie ihre **Imagination** ins Spiel bringen können, um aus dem Bild oder Text etwas zu ‚machen'. In einer Situation der Medienkonkurrenz der einzelnen Künste verkennt James den ‚Kunstcharakter' der Photographie, um eine klare Grenze zum Medium des Schreibens zu markieren, das er hier mit der Malerei zusammenführt und gegen die Photographie in Stellung bringt. Am Beispiel der unterschiedlichen Modelle zeigt er, dass das, was gut für die Photographie ist, schlecht ist für die Malerei. Die vorrangige Aufgabe von Kunst und Literatur ist nicht, Wirkliches abzubilden oder abzulichten, sondern zum Sehen zu verhelfen: „A studio was a place to learn to see".[57]

Das neue Medium um 1900 war der **Film**, der noch einmal eine ähnliche Herausforderung für die Literatur bedeutete wie zuvor die Photographie. Leon Edel vertritt die These, dass die Erfindung des Romans nichts anderes gewesen sei als die Vorwegnahme der Filmkamera. „Novelists have sought almost from the first to become a camera. And not a static instrument but one possessing the movement through space and time which the motion-picture camera has achieved in our century."[58] Als dieses Medium dann Wirklichkeit wurde, hat es eine neue Metaphorik (point of view, Kamera-Auge, Kamera-Fahrt, Zoom) mitgebracht und bei Autoren und Kritikern zu einer selbstreflexiven Praxis der Visualisierung geführt. Henry James gehört zu denen, die sich in ihren Texten besonders um Visualisierbarkeit bemüht haben.[59] Er selbst, der sich metaphorisch als „painter of life" bezeichnete, stellte sein literarisches Projekt ganz auf Bildlichkeit ein. Dabei war er überzeugt, dass die Literatur die subtilste und umfassendste Form von Bildlichkeit schaffen kann: „The novelist can only fall back (...) on his recognition that man's constant demand for what he has to offer is simply man's general appetite for a picture. The novel is of all pictures the most comprehensive and the most elastic. It will stretch anywhere – it will take in absolutely anything."[60]

2.4.3 Neue Medien

In den 1950er-Jahren hielt das **Fernsehen** Einzug in die Wohnstuben. In England datiert man dieses Ereignis auf den 2. Juni des Jahres 1953, den Tag der Direktübertragung der Krönungszeremonie Königin Elizabeths II. Im 27. Kapitel ihres Romans

57 James (1946), 206.
58 Edel (1974), 177.
59 Bogardus (1984).
60 James (1986), 246.

Virgin in the Garden hat die Autorin Antonia S. Byatt diese historische Stunde rekonstruiert und sich dabei die pfiffige Frage gestellt, ob wir es hier eher mit einem Ereignis der Nationalgeschichte oder der Mediengeschichte zu tun haben:

> ‚In those days, neither the public nor the private mores that went with the intrusive camera-eye and the obtrusive screen were established. The official BBC report on the coverage of the Coronation enquired of itself. ‚Might there not be something unseemly in the chance that a viewer would watch this solemn and significant service with a cup of tea at his ellbow? – there were real doubts [...]'. Most of the Press was democratically statistically ecstatic. ‚The Coronation brings the tiny screen into its own, turns it into a window on Westminster for 125,000,000 people ... All these millions from Hamburg to Hollywood will see her coach jingle through rejoicing London *this very day* ... 800 microphones are ready for 140 broadcasters to tell the world Elizabeth is crowned. But today is television's day. For it is television, reaching out to the Queen's subjects, which will give a new truth to the Recognition of the Monarch on her Coronation Day'.[61]

Was Byatt am neuen Medium Fernsehen interessiert, ist das Kollabieren der Grenze zwischen öffentlichem und privatem Raum. Fernsehen öffnet ein Fenster zur Welt und holt das Krönungsereignis in die kleinbürgerliche Wohnstube. Es erlaubt Partizipation in Echtzeit, ohne den Zuschauer aus seinem Sessel zu nötigen. Die soziale Kommunikationsform, die mit dem privatisierenden Massenmedium Fernsehen verbunden ist, stellte die Zeitgenossen Anfang der 1950er-Jahre noch vor Probleme. Wie ließen sich historisches Pathos und rituelle Feierlichkeit der in Direktübertragung ausgestrahlten Haupt- und Staatsaktion mit Wohnzimmer, Pantoffeln und Teetasse verbinden?

Die Einführung des Mediums Fernsehen als eine neue technische Darbietungsform brachte nicht nur eine neue soziale Kommunikationsform, sondern auch **neue Darstellungsformate** (wie Tagesschau, Sportübertragung, Quizsendungen, Talkshows) mit sich.[62] Dieses neue Medium hatte auch Auswirkungen auf die primäre Ebene der Zeichenpraxis. Das jedenfalls ist die These von Stuart Hall, der in einem berühmten Aufsatz mit dem Titel **„Encoding/Decoding"** die akustisch-visuelle Form des TV-Diskurses analysiert hat.[63] Diese Untersuchung ist Teil eines Forschungsfelds, das er ‚audience research' nennt, und in dem Fragen wie die folgenden gestellt werden: Wie nehmen die Massen die televisierte Botschaft auf? Nach welchen Regeln ist sie fabriziert? Welche Formen der direkten und indirekten Beeinflussung finden dabei statt? Halls erste These ist, dass die Prozesse des Enkodierens einer Botschaft niemals symmetrisch sind mit deren Dekodierung, dass sich Kommunikation niemals als Zirkulation von Information in einem geschlossenen Schaltkreis abspielt. Mit Blick auf die neue mediale Situation rekonstruiert er folgendes Kommunikationsmodell:

61 Byatt (1978), 238 f.
62 Morley (1992).
63 Hall (1980).

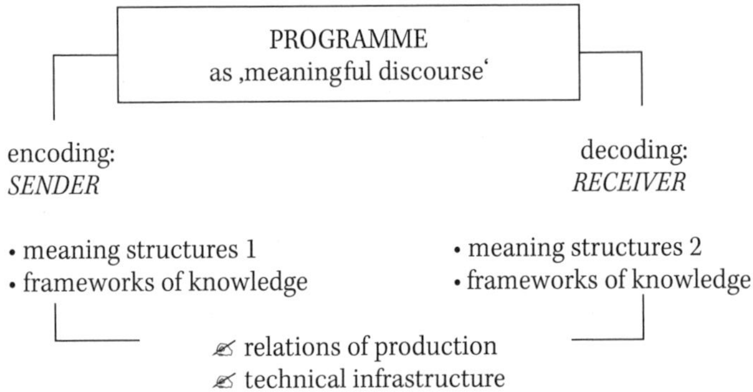

Seine wichtigsten Einsichten in die Struktur medialer Massenkommunikation sind:

1. dass sich massenmediale Kommunikation markant von der individualisierten Form der Lektüre unterscheidet
2. dass Realität im Fernsehen nur kommunizierbar ist, wenn sie in die Form bestimmter Codes (einer Geschichte, eines Diskurses, einer Bildfolge, einer Programmstruktur) gepresst wird
3. dass in diese Codes immer schon die Sozialstruktur, Macht und Ideologie der dominanten Kultur eingeschrieben sind
4. dass diese ideologischen Inhalte nicht durch Denotationen (eindeutige Signifikate), sondern weitgehend unbewusst über Konnotationen (Zusatzassoziationen, Welthaltungen) vermittelt werden, die innerhalb kultureller Rahmen standardisiert sind. Das bedeutet, dass diese ideologische Dimension der Kommunikation nicht nur über explizite **‚dominante Codes'** transportiert wird, sondern gerade auch über sogenannte **‚negotiated codes'**, die so tief internalisiert sind, dass ihre Inhalte und Wertsetzungen für selbstverständlich und natürlich gehalten werden.

Während es Lessing noch auf eine größtmögliche Reinheit der Künste angekommen war, sind wir heute mit Kunstwerken konfrontiert, in denen die Grenzen zwischen den Künsten bewusst überschritten werden. Dieses neue Interesse an Grenzüberschreitungen, das unter dem Stichwort **‚Intermedialität'** zusammengefasst wird, macht aufmerksamer für die mehr oder weniger verborgene Existenz von Bildern in Texten und Schrift in Bildern. Diese Entwicklung ist nicht unabhängig von der neuen Geschichte technischer Medien, die zu einer fortschreitenden Verschachtelung von Medien und Darstellungsformaten geführt hat. Jedes neue Medium verschluckt und rahmt ein altes; so ist der Computer schließlich zum Hyper-Medium geworden, in dem sämtliche Darstellungsformen und -formate der Kulturgeschichte aufgehoben sind: Bild, Schrift, Photographie, Film, Stimme und Klang.

Zusammenfassung

Medien sind weit mehr als die Grundlage für weltweite menschliche Kommunikation. Sie vermitteln auch zwischen Mensch und Welt sowie zwischen Mensch und Geist bzw. Imagination. Aufgrund ihres konstruktiven Charakters sind sie produktive Instrumente der Welthervorbringung und -gestaltung.

Im engeren Sinne sind Medien materielle Träger von Zeichensystemen. Um überhaupt wahrnehmbar zu sein, benötigt ein Zeichen eine materielle Außenseite, ein Medium. Neben den bereits von Saussure beschriebenen Komponenten des Zeichensystems bedarf es somit eines sinnlich wahrnehmbaren Zeichenträgers.

Der ‚Kompaktbegriff' Medium lässt sich in unterschiedliche Aspekte zerlegen. Dazu gehören die Zeichensysteme, die Darstellungsformen, die Zeichenträger und die Aufzeichnungsspeicher sowie die sozialen Kommunikationsformen. Spezifische Kunstwerke entstehen demnach immer als Produkte dieser verschiedenen Ebenen.

Ein wichtiger Unterschied im Hinblick auf die Bewahrung und Weitergabe kulturellen Wissens ist der zwischen Mündlichkeit und Schriftlichkeit. Während die Speicherungstechnik mündlich verfasster Gesellschaften auf Wiederholung der betreffenden Inhalte beruht und somit sowohl auf die Verwendung bestimmter Mnemotechniken als auch auf regelmäßige Aufführung angewiesen ist, stellt die Schrift eine Möglichkeit der gedächtnisindifferenten Aufzeichnung von Wissen dar. Die multimediale Komposition einer mündlichen Aufführung wird auf den unsinnlichen (Schrift-)Code reduziert und der genaue Wortlaut des zu überliefernden Wissens fixiert. Das Überlebensschicksal dieses schriftlich gespeicherten Wissens ist unabhängig von regelmäßigen Aufführungen und auch der Umfang des festgehaltenen Wissens wird nicht mehr durch die Gedächtniskapazität eines Menschen beschränkt. Durch die Bindung an einen bestimmten Wortlaut wird ein Text zu einer wiederholten oder wiederholbaren Nachricht, die in einer zerdehnten Kommunikationssituation räumliche und zeitliche Abstände zu überbrücken vermag.

Ebenfalls untrennbar mit dem Thema Medien verknüpft ist die Figur des Autors. Während schwache Autoren sich geistig im Schatten gesellschaftlich anerkannter Autoritäten bewegen, sich oft gar nicht namentlich zu erkennen geben und unter Umständen überhaupt kein Interesse am Schicksal ihrer eigenen geistigen Produkte haben, ist die starke Autorschaft dadurch gekennzeichnet, dass der Autor einen Anspruch auf sein geistiges Eigentum erhebt. Er selbst tritt als Individuum in Erscheinung, seit der Aufklärung wird er als ein kreatives (männliches) Genie konstruiert, das etwas völlig Neues erschafft. Der Geniekult fand in der Mitte des 20. Jahrhunderts ein abruptes Ende. Nicht nur, weil Roland Barthes den ‚Tod des Autors' und den ‚Triumph der Schrift' verkündete und ihn durch das Medium der ‚écriture' ersetzte. Der Geniekult wurde auch durch den

Feminismus und das Eindringen postkolonialer Literaturen in den westlichen literarischen Kanon erschüttert.

Gegen Ende des 20. Jahrhunderts proklamierte der Literaturwissenschaftler W. J. T. Mitchell – in Anlehnung an den ‚linguistic turn' um 1900 – einen ‚iconic turn'. Er wies darauf hin, dass sich in unserer Kultur ein Wechsel vom Leitmedium Buch zum Leitmedium Bild vollzieht. Tatsächlich begegnen uns Bilder jedoch fast nie völlig isoliert, sondern meist in Kombination mit Sprache und Schrift, sodass eher von einer produktiven Interaktion beider Zeichensysteme zu sprechen ist. Überhaupt zeigt sich in den neuen Medien unserer Zeit ein ausgeprägter Trend zur ‚Intermedialität'.

Auswahlbibliographie:

Briggs, Asa / Burke, Peter (2009) A Social History of the Media. From Gutenberg to the Internet. Cambridge: Polity Press.

Fahlenbrach, Kathrin, Hg., (2005) Medien, Macht, Wahrnehmung. Mediale Dispositive des Sehens und Hörens. Frankfurt a. M.: Lang.

Faulstich, Werner (2000) Medienkulturen. München: Fink.

Jahraus, Oliver (2003) Literatur als Medium. Sinnkonstruktion und Subjekterfahrung zwischen Bewusstsein und Kommunikation. Weilerswist: Vellbrück Verlag.

Liebrand, Claudia / Schneider, Irmela, Hgg., (2002) Medien in Medien. (Mediologie, Bd. 6.) Köln: DuMont.

Lull, James (2000) Media, Communication, Culture. A Global Approach. Cambridge: Polity Press.

Münker, Stefan / Roesler, Alexander, Hgg., (2008) Was ist ein Medium? Frankfurt a. M.: Suhrkamp.

Schnell, Ralf, Hg., (2007) Mediennutzung, Medienwirkung, Medienregulierung. Stuttgart: Metzler.

Uricchio, William/Kinnebrock, Susanne, Hgg., (2006) Media Cultures. Heidelberg: Winter.

3. KÖRPER

3.1 Körperdiskurse

In dem bereits zitierten Chandos-Brief von Hofmannsthal lesen wir den Satz: „Ich empfand immer ein unerklärliches Unbehagen, die Worte ‚Geist', ‚Seele' oder ‚Körper' nur auszusprechen." (11 f.) Der Schreiber des Briefes hatte offensichtlich ein Problem mit Allgemeinbegriffen. Geist, Seele, Körper, das sind Begriffe von höchstem Abstraktionsniveau, die ihm, der eine zwanghafte Bindung an Einzelheiten und konkrete Details entwickelt hat, nicht mehr über die Lippen wollen. Wir sind gegenüber Chandos in einer etwas anderen Situation: Wir teilen seine Abwehr gegenüber Geist und Seele, aber wir hängen am Begriff ‚Körper', den wir trotz Abstraktion mit einer neuen Aura versehen haben. Das Wort hat seit den 1980er-Jahren eine inflationäre Konjunktur; oft wird es benutzt wie eine magische Formel, die mehr beschwört als sie ausspricht. Die Aufmerksamkeit konzentriert sich auf den Körper als das Universale und zugleich so Spezifische, als das in Diskursen Vergessene, Verdrängte, ja als das Andere der Diskurse. Der Begriff des Körpers spielt in unterschiedlichen Dimensionen eine Rolle, von denen ich hier nur einige nennen möchte.

- **Körper und Medien:**
  Körper ist das, was jenseits des Textes verbleibt, was nicht konvertierbar ist in alphanumerische oder digitale Zeichen. In diesem Sinn ist Körper (griechisch: Soma) das **Gegenteil von Zeichen** (griechisch: Sema). Die gänzlich unsinnliche „Strukturschrift" des digitalen Kodes notiert außer Schrift auch Bild und Ton, aber einer interaktiven Einbeziehung des Körpers versperrt er sich radikal. Dafür ist die Erzeugung eines virtuellen Ersatz-Körpers notwendig (Avatar). Zu den körperlichen Merkmalen, die nicht in Zeichen oder Rechenoperationen aufzulösen sind, gehören Empfindungen wie Lust und Schmerz, Befindlichkeiten wie Krankheit und Altern, die Endlichkeit der Lebensspanne zwischen den Grenzen von Geburt und Tod, die konkrete Verortung in Raum, Zeit, Familie, Generation und Kultur.
- **Körper und Gender:**
  Ein weiterer Kontext für die Thematisierung von Körper ist der Gender-Diskurs. Die Frage dieses Diskurses war zunächst die nach der Differenz; der Differenz zwischen den Geschlechtern und der zwischen **‚sex'** und **‚gender'**. Im Rahmen konstruktivistischer und dekonstruktivistischer Theorien werden diese beiden Differenzen aber schon wieder in Frage gestellt, geht man doch davon aus, dass der geschlechtliche Körper durch Sprache und performatives Handeln überhaupt erst hervorgebracht wird.[1]

1 Butler (1990).

Mit solchen Thesen soll die alte Spaltung von Natur und Kultur endgültig überwunden werden. Das mag als eine Denk- und Diskurs-Strategie einleuchten, aber das Ergebnis ist dennoch paradox: Der Körper, der traditionellerweise als das definiert wird, was von den Zeichen nicht erfasst werden kann, erscheint als reines Produkt dieser Zeichen, als ein bloßer Effekt des Diskurses. Lord Chandos jedenfalls hätte diese Wendung der Theorie nicht verstehen können, verband er mit seinem Rückzug aus der Sprache doch eine emphatische Rückkehr zu den Dingen und einem ‚flüssigen Denken des Körpers'.

- **Körper und ‚agency':**
  In einem weiteren Kontext gewinnt der Körper an Bedeutung, wo es um politischen Widerstand gegen koloniale und imperiale Herrschaft, einschließlich der Effekte der Globalisierung, geht. Gegen sämtliche Formen der Vereinheitlichung von Kulturen werden indigene Traditionen, konkrete Standpunkte und körperliche Lebenswelten aufgerufen. Mit der *„Location of Culture"*, um einen Buchtitel von Homi Bhabha zu zitieren, wird auf ihre unhintergehbare körperliche und raumzeitliche Konkretheit aufmerksam gemacht. Diese Differenz und Konkretheit der Positionen muss wiedergewonnen werden, um Formen der Resistenz ausbilden und den Entrechteten eine Stimme zurückgeben zu können. Agency im Sinne von **Handlungsfähigkeit** ist die Form, in der heute nach dem ‚Ende des Subjekts' die Subjekt-Debatte in den cultural studies wieder aufgenommen wird (vgl. Kapitel 7). War der Begriff Subjekt vormals auf Wahrnehmung und Bewusstsein ausgerichtet, so ist das neue Subjekt von seinem Körper und seiner **Stimme** (im Sinne von Selbstbestimmung) her konzipiert. Stimme ist hier nicht nur das, was der Kehlkopf produziert, sondern was – in Abwandlung eines Wortes von Max Weber – im öffentlichen Diskurs die Chance hat, Gehör und Anerkennung zu finden.

Ganz in diesem Sinne hat z. B. der marxistische Literaturtheoretiker Terry Eagleton vorgeschlagen, „den Begriff der Kultur nicht mehr länger an den Geist, sondern den Körper zu binden".[2] Gegen einen Kulturalismus, der alle widerständige Realität in soziale Konstruktionen und Diskurse auflöst, plädiert Eagleton für eine politische Anthropologie, die von der Körperlichkeit des Menschen als Grundlage aller Kultur ausgeht. In den Grundbedingungen und Grundbedürfnissen, die vom Körper vorgegeben sind, sieht er das Fundament für eine mitmenschliche Solidarität, das sich durch kulturelle Differenzen und Partikularitäten hindurch als tragfähig erweisen könnte.

Der Körper, so lassen sich diese Vorbemerkungen zusammenfassen, taucht in kulturwissenschaftlichen Debatten seit den 1980er-Jahren mit großem Nachdruck auf. In diesen unterschiedlichen Debatten markieren Körperkonzepte die Suche

2 Eagleton (2001); vgl. dazu die Rezension von Große Kracht (2001), 263.

nach einer Differenz, die uns immer wieder an die Ränder unserer Diskurse führt und uns an deren Grenzen stoßen lässt. Dieses Kapitel setzt beim **Körper als Erkenntnisbasis** und den Sinnen als den grundlegenden Organen der Wahrnehmung an. Denn wie der französische Phänomenologe Maurice Merleau Ponty betont hat, ist jede Form von Erkenntnis immer schon verkörpert. Philosophie darf deshalb nicht von abstrakten Maximen ausgehen, sondern von der Kunde, die uns unsere Sinne von der Welt geben und der Art und Weise, wie wir diese als verkörperte Subjekte verarbeiten.

3.1.1 Die Hierarchie der Sinne

„The eye of man hath not heard, the ear of man hath not seen, man's hand is not able to taste, his tongue to conceive, nor his heart to report, what my dream was."[3] So konfus spricht nur einer, und das ist der soeben aus seinem ‚Sommernachtstraum' erwachte Bottom in Shakespeares gleichnamigem Stück. Dieser Traum hat Bottoms fünf Sinne gründlich durcheinander gebracht und es erfordert offensichtlich einige Mühe, sie wieder richtig zu sortieren. Darüber hinaus sind seine Erfahrungen viel zu wunderbar, um sie in jene reguläre Ordnung zu überführen, die vom Common Sense, dem Meister der fünf Sinne, organisiert wird. Diese **fünf Sinne** sind im Laufe der Geschichte der abendländischen Kultur in **unterschiedliche hierarchische Ordnungen** gebracht worden. Zu dieser historischen Dimension der Sinnes-Hierarchie schreibt Roland Barthes:

> Zu Beginn der Neuzeit, im Zeitalter des Ignatius, scheint ein Faktum die Ausübung der Imagination abzuwandeln: die Veränderung der Hierarchie der fünf Sinne. Im Mittelalter ist, so sagen die Historiker, der feinste Sinn, der Wahrnehmungssinn par excellence, der den reichsten Kontakt mit der Welt herstellt, das Gehör. Das Gesicht kommt erst nach dem Tastsinn an dritter Stelle. Dann findet aber eine Umkehrung statt: das Auge wird zum Hauptorgan der Wahrnehmung (dafür zeugt das Barock als Kunst des Gesehenen). Diese Veränderung hat eine wichtige religiöse Bedeutung. Der Primat des Gehörs, der noch im 16. Jahrhundert sehr lebendig war, war theologisch begründet: die Kirche gründet ihre Autorität auf das Wort, Glaube ist Hören: auditum verbi Dei, id est fidem. Das Ohr, das Ohr allein, sagt Luther, ist das Organ des Christen. Es kann also ein Widerspruch zwischen der neuen, vom Gesicht bestimmten Wahrnehmung, und dem alten, auf das Gehör gegründeten Glauben auftreten.[4]

Barthes erläutert im Folgenden einige Gründe für die traditionelle Geringschätzung des **Gesichtssinns**: Bild und Vision sind schwer ab- und eingrenzbar, sie sind ambivalent und mit dem Unbewussten liiert; Bilder stehen den Sinnen näher und nähren die Leidenschaften; Bilder stehen ganz unten auf der Skala der Erkenntnis. Diesen Vorbehalten gegen Einbildung, Bild und Auge fügt er noch ein dogmati-

3 Shakespeare, *A Midsummer Night's Dream*, IV, 1, 204–207. Zur Hierarchie der Sinne vgl. auch Wulf (2004), 110–114.

4 Barthes (1986), 76 f.

sches Argument hinzu: In der religiösen Praxis der Meditation ist das Mittel der imaginativen Vision nur auf den untersten Stufen zugelassen; mystische Abkürzungen dieses Weges und Techniken der Unmittelbarkeit sind der Kirche suspekt. Die Beschreibung des Übergangs vom Mittelalter zur Neuzeit als der von einer **„Epoche des Ohrs"** zu einer **„Epoche des Auges"** kann als eine plakative Vereinfachung kritisiert werden; dennoch schärft sie die Aufmerksamkeit für wichtige Veränderungen in den kulturellen Rahmenbedingungen.[5] Eine durch das Ohr verbürgte Wahrheit ist offensichtlich von anderer Qualität als eine durchs Auge beglaubigte. Neben Paulus, der den Glauben ganz auf das gehörte Wort gründen wollte, tritt immer deutlicher der ‚ungläubige' Thomas, der auf eine optische Versicherung seines Glaubens angewiesen war. Einen neuen Bedarf an visueller Evidenz haben bekanntlich die neuen Wissenschaften hervorgebracht, die sich auf das Sicht- und Beobachtbare verlegten, den Blick disziplinierten und dabei die Sehkraft der Augen durch optische Instrumente schulten und steigerten.

Es ist dieser empirische Charakter des Sehsinns, der auch Othello im gleichnamigen Stück Shakespeares angesichts Iagos Verdächtigungen auf ein Beweismittel pochen lässt – er nennt es: ‚ocular proof':

> OTHELLO: Villain, be sure thou prove my love a whore,
> Be sure of it, give me the ocular proof,
> (...)
> Make me to see't! (III, 3, 365–370)

Dass in Künstlerkreisen der Renaissance **das Auge** an die Spitze der Sinnes-Hierarchie rückte, war das Ergebnis einer grundlegenden kulturellen Umwertung des Gesichtsinns. In der christlichen Tradition hatte man empfohlen, die Augen eher zu verschließen als offen zu halten. Augustin hatte den Augen noch ein tiefes Misstrauen entgegengebracht und sie als Einfallstor der Sünde gegeißelt.[6] Er sprach von ‚Augenlust' (concupiscentia oculorum). Weit entfernt, sie als zuverlässige Zeugen der Wahrheit anzuerkennen, wurden die Augen von ihm als gefährliche Schwachstelle des Menschen eingestuft, durch die dieser dem trügerischen Schein der Sinnenwelt wehrlos ausgesetzt ist. Trugbilder und Phantasmata, so argumentierte Augustin, finden Einlass in das Herz des Menschen durch seine Augen und stimulieren niedrige körperliche Leidenschaften. Dieses Misstrauen gegen die Oberfläche der Dinge verdichtete sich unter den Puritanern zu einem Misstrauen gegen den schönen Schein als die gefährlichste weil verführerischste Erscheinungsform irdischen Trugs.

---

5 Zu erwähnen wären hier ferner die Studien von Marshall McLuhan und die Kritik an ihnen in Eisenstein, in der sie von einem Wandel der „hearing public" zur „reading public" schreibt (1997), 129.

6 Augustinus (1987).

Die Problematik des schönen Scheins hat Shakespeare in *The Merchant of Venice* im Motiv der Kästchenwahl aufgegriffen. Diese soll dabei helfen, den richtigen Bräutigam unter den Bewerbern herauszufinden. In einer Szene, in der ein goldenes, ein silbernes und ein bleiernes Kästchen zur Auswahl gestellt sind, von denen nur eines das Bild der begehrten Portia enthält, kommt für den potenziellen Bräutigam alles darauf an, zwischen Schein und Sein unterscheiden zu können. Das tiefsitzende Misstrauen gegen die Oberfläche der Dinge und ihren schönen Schein wird in der Kästchenwahl-Episode zugespitzt: Den Augen darf man nicht trauen, weil sie nicht zwischen **Oberfläche und Tiefe** zu unterscheiden vermögen und unwiderstehlich dem glänzenden Trugbild erliegen. Die Kästchen-Probe ist deshalb eine Prüfung der Augen, auch wenn sie ganz anders ausfällt als beim Ophthalmologen. In diesem Fall kommt es weniger auf die Schärfe des Blicks an als auf seine Unbestechlichkeit.

Bassanio gewinnt den Wettbewerb, weil er diese Lektion im rechten Moment parat hat. Mit einer großen rhetorischen Geste, die man diesem opportunistischen Lebemann nicht so leicht abnimmt, verdammt er den schönen Schein samt den lüsternen und stets betrügerischen Augen:

> So may the outward shows be least themselves;
> The world is still deceiv'd with ornament. (...)
> Thus ornament is but the guiled shore
> To a most dangerous sea; the beauteous scarf
> Veiling an Indian beauty; in a word,
> The seeming truth which cunning times put on
> To entrap the wisest. (III, 2, 73 f; 97–101)

Während Bassanio in diesem Stil über die Kästchen meditiert, ertönt im Hintergrund ein Lied, das ihn, wenn er nur aufmerksam zuhört, auf die rechte Fährte setzen kann. Die Frage, wie die Phantasie genährt wird, wird dort folgendermaßen beantwortet:

> Tell me where is fancy bred,
> Or in the heart or in the head?
> How begot, how nourished?
> Reply, Reply.
> It's engend'red in the eyes,
> With gazing fed, and fancy dies
> In the cradle where it lies. (III, 2, 67–69)

Das Liedchen erzählt von Geburt und Tod der ‚fancy', die durch die Augen, welche auf nichtiges Blendwerk fixiert sind, stimuliert wird. Der Tod der Phantasie (hier gleichzusetzen mit trügerischem Phantasma) ist zugleich der Sieg der Vernunft über die Augen. In der christlich puritanischen Anthropologie sind Imagination und Augen eng aufeinander bezogen und eindeutig negativ bewertet. Bassanio besteht die Kästchenprobe dank seiner Widerständsfähigkeit gegen die Augenlust und aufgrund seiner Fähigkeit, zwischen Schein und Sein unterscheiden zu können.

Ein Jahrhundert später, am Anfang des 18. Jahrhunderts, waren diese Probleme ausgestanden; das tiefsitzende puritanische Misstrauen gegen die Sinne und ihre Anfälligkeit gegenüber dem schönen Schein ist einer **ästhetischen Anerkennung des schönen Scheins** gewichen. Die Augenlust verlor mit der Übertragung aus dem religiösen in den ästhetischen Kontext ihre negativen Konnotationen und wurde zu einer produktiven und erhabenen Kraft. Ein Manifest dieser neuen Wertschätzung des Sehens findet sich in einer Nummer der Wochenschrift *The Spectator*, die Anfang des 18. Jahrhunderts von Joseph Addison und Richard Steele herausgegeben wurde. Der betreffende Text beginnt mit den Worten: „Our Sight is the most perfect and most delightful of all our Senses."[7] Der Gesichtssinn wird, wie schon bei einzelnen Künstlern der Renaissance, als vornehmster Sinn etabliert, jedoch wird diese Wertschätzung mit einer neuen Argumentation gestützt. Das Auge ist das vornehmste Organ des Menschen, weil es dessen körperliche Reichweite entschränkt und ihm die ganze Welt bis zum Horizont sozusagen zu Füßen legt. Der Blick, als eine verfeinerte und diffuse Variante des Tastsinns, breitet sich mit seiner ätherischen Berührung ungehindert über alles aus und kann es dabei vereinnahmen. Addison beschreibt hier das neue Phänomen eines ästhetisch genießenden Blicks, dem er folgende wichtige Eigenschaften zuschreibt:

- **Sinnlichkeit** (‚Aisthesis'): Alles, was die Imagination bewegen soll, muss zuvor (wie bereits Aristoteles wusste) durch die Sinne in den Körper eingetreten sein
- **Innerlichkeit**: Das äußere Zeugnis der Sinne wird in ein inneres Bild übersetzt
- **Intuition**: Man muss nur die Augen öffnen, und das ganze Bild steht vollkommen da; ebenso spontan und einheitlich reagiert das Urteil auf die visuelle Wahrnehmung
- **Fähigkeit des Als-ob**: Was der Blick einholt, verwandelt sich in geistigen Besitz; dieser Blick sieht die Welt in einem nicht-pragmatischen und nicht-besitzergreifenden Licht
- **Sublimierung**: Der ästhetische Blick verwandelt die niederen sinnlichen Reize in etwas Höheres und Besseres
- **Muße**: Der ästhetische Blick eröffnet ein Reich der Muße neben dem der Arbeit; in diesem Reich werden die geistigen Kräfte des Menschen aufgefrischt und belebt.

Die Ästhetik, wie Addison sie konzipiert hat, bildet ein Zwischenreich zwischen den Sinnen und dem Verstand. Den neuen, von Bedürfnissen und Zwecken entlasteten Blick, der in dieses Zwischenreich führt, macht sich eine prosperierende bürgerliche Schicht zu Eigen, die im Begriff ist, sich eine spezifische Mußekultur (die bislang das Privileg der Aristokratie war) zu erfinden. Die Augen sind in dieser ästhetischen Erziehung mehr als ein empirisches Organ der Wahrnehmung;

7 Addison (1965), 535. Die weiteren Zitate aus dem Text folgen dieser Ausgabe.

sie sind zugleich Organ der **Imagination**, und damit Organ eines inneren Sehens, kurz: jener neuen Art von Wahrnehmung, die wir seit dem 18. Jahrhundert die ästhetische nennen.

Diese Theorie der ästhetischen Wahrnehmung, die mit Autoren wie Addison beginnt, hat am Ende dieses Jahrhunderts in den Schriften Immanuel Kants einen Höhepunkt gefunden, der nicht nur auf die deutschen Dichter einen tiefen Eindruck gemacht hat.[8] Die englischen Romantiker Coleridge und Wordsworth sind ohne diesen Schub des **deutschen Idealismus**, wie Kant ihn verkörpert, nicht zu denken. Kant wurde zum Helden der Dichter, weil er die ‚produktive Einbildungskraft' als ein notwendiges Ingredienz der menschlichen Wahrnehmung ausgewiesen hat. Diese konstruktive Kraft ist somit nicht nur eine Leistung der Dichter und Künstler, sondern ein irreduzibles anthropologisches Merkmal überhaupt. Kants philosophische Einsicht in den konstruktiven Charakter unserer Wahrnehmung (und nichts anderes bedeutet hier ‚Idealismus') geht mit dieser positiven Bewertung der Imagination einher.[9] So haben sich aus der Wertschätzung des Auges und der neuen Hierarchie der Sinne zwei sehr unterschiedliche Traditionen entwickelt: die **Ästhetik** und die **Wissenschaft**. Wenn Wordsworth das Auge „the most despotic of our senses" nennt, distanziert er sich damit nicht zuletzt von der empirischen Tradition des Sehens und den neuen Standards seiner Genauigkeit.[10] So wie im Auge mit dem ästhetischen und dem empirischen Blick zwei komplementäre Wahrnehmungsweisen begründet sind, kann auch ‚Wirklichkeit' im 19. Jahrhundert nicht mehr unstrittig und einheitlich vorgestellt werden, sondern zerfällt in eine Welt der Natur- und eine der (wie sie in Zukunft heißen werden) Geisteswissenschaften. Die Künste, die neben den exakten Wissenschaften einen eigenständigen Anteil an der Welterfahrung beanspruchen, heben das innere Auge, den konstruktiven Blick und das produktive Vermögen der Einbildungskraft hervor. Die Neubewertung des Gesichtssinns um 1800 markiert einen historischen Vorgang, den der Soziologe Max Weber als ‚Ausdifferenzierung der kulturellen Wertsphären' beschrieben hat. Das bedeutet: Von nun an gehen die Kunst und die Wissenschaften getrennte Wege.

8 Kant (2001).

9 Von Goethe stammt ein berühmter Vers, der die Konstruktivität des Auges als eine metaphysische Verschränkung von göttlicher Schöpfung und menschlicher Wahrnehmung beschreibt: „Wär nicht das Auge sonnenhaft, / die Sonne könnt es nicht erblicken, / läg nicht in uns des Gottes eigene Kraft, / wie könnt uns Göttliches entzücken?" Goethe (1988), 645 (Zahme Xenien).

10 „the bodily eye, in every stage of life / The most despotic of our senses"; und kurz darauf heißt es: „such thraldom of that sense / Seems hard to shun". Wordsworth (1970), XII Z. 129 f., Z. 150 f..

3.2 Körper, Sexualität und Gender

3.2.1 Körper, Seele, Geist

„A man's body and his mind, with the utmost reverence to both I speak, are exactly like a jerkin, and a jerkin's lining; – rumple the one – you rumple the other", schreibt Laurence Sterne in seinem Roman *Tristram Shandy*.[11] Körper und Geist verhalten sich zueinander wie ein Wams und dessen Futter: Wer das eine zerknittert, zerknittert auch das andere. Mit dieser Einsicht schrieb der Autor gegen eine Auffassung an, die den Menschen säuberlich in zwei gegensätzliche, unverbundene Komponenten zerlegt. Descartes' Gegensatz von **Geist und Körper** war im Grunde nur die rationalistische Bestätigung einer langen abendländischen Tradition, die von Platon vorgeprägt war und von Paulus, Augustin und dem Christentum weiter vertieft worden ist. Diese Anthropologie können wir als **dualistisch** bezeichnen: Sie spaltet den Menschen in ein Wesen mit zwei ungleichen Komponenten, die ihn in entgegengesetzte Richtungen auseinander ziehen. Auf der einen Seite zieht der Körper mit seinen Bedürfnissen, seinen Begierden, seiner Hinfälligkeit, auf der anderen Seite ziehen der Geist, die Seele, die Vernunft, insgesamt Kräfte, die den Körper überschreiten und über ihn triumphieren.

Die Dekonstruktion dieser alteuropäischen Opposition ist ein zentrales Thema im Werk Oscar Wildes, der dem viktorianisch-asketischen Körperbewusstsein eine Philosophie der Verfeinerung der Sinne und der Spiritualisierung des Körpers entgegensetzte:

> Soul and body, body and soul – how mysterious they were! There was animalism in the soul, and the body had its moments of spirituality. The senses could refine, and the intellect could degrade. Who could say where the fleshly impulse ceased, or the physical impulse began? How shallow were the arbitrary definitions of ordinary psychologists! (...) Was the soul a shadow seated in the house of sin? Or was the body really in the soul, as Giordano Bruno thought? The separation of spirit from matter was a mystery, and the union of spirit with matter was a mystery also.[12]

Die Seele gilt ebenso wie der Geist als das Andere des Körpers, doch hat sie eine eher religiöse Bedeutung. Zur Metayphysik der Seele gehörte, dass sie ein belebendes Prinzip und damit Teil des Kosmos ist, dass sie die Verbindung des Menschen zum Göttlichen ermöglicht, am Göttlichen teilhat, indem sie unsterblich ist. Diese Seele, die auf Transzendenz bzw. auf ein Überleben im Jenseits angelegt war, veränderte ihren Charakter von Grund auf, als sie Anfang des 19. Jahrhunderts zum Gegenstand einer empirischen ‚Erfahrungsseelenkunde' (Karl Philipp Moritz) wurde, die später in das überging, was wir heute Psychologie und Psychoanalyse nennen. Mit dem Wort ‚Psyche' (das griechische Wort für Seele) wurde ein neuer

11 Sterne (2004), 126.
12 Wilde (2003), 77.

wissenschaftlicher Diskurs über die Seele begründet, der sie von ihren metaphysischen Bezügen gänzlich abgelöst hat.

Mit der dualistischen Anthropologie war eine Sichtweise und Bewertung verbunden, die die materiellen und immateriellen Komponenten des Menschen nicht als gleichwertig, sondern als hierarchisch gestuft ansetzte, was in der abendländischen Geschichte (mit Unterbrechungen im Mittelalter und der Renaissance) zu einer langen Geschichte der Geringschätzung, **Verteufelung** und Ausblendung **des Körpers** geführt hat. Gegen diese Einstellung hat auch schon Sterne angeschrieben. Er wird der literarischen Richtung der **Empfindsamkeit** (sentimentalism) zugeordnet, die im Zeitalter der Aufklärung die Bedeutung der Gefühle und körperlichen Befindlichkeiten neu entdeckt hat. Trauer, Wehmut, Mitleid und Lachen sind in dieser Perspektive anthropologische Grundimpulse und damit elementarer Ausdruck des Menschseins. Der Mensch des Sentimentalismus bekennt sich zu seinen körperlichen Regungen und erkennt darin eine Wesensverwandtschaft nicht nur der Menschen unterschiedlicher Rassen und Kulturen, sondern auch zwischen dem Menschen und der gesamten Kreatur.

Diese Überzeugungen haben in literarischen Texten ihre Spuren hinterlassen. Bei Sterne nimmt die Behandlung körperlicher Vorgänge bereits einen ähnlich großen Raum ein wie später in Joyces *Ulysses* (1922), der mit den prüden Normen des Bürgertums bricht. Sternes bereits erwähnter Roman *Tristram Shandy* beginnt mit den unglücklichen Umständen der Zeugung des Protagonisten, und bis zum Ereignis seiner Geburt vergeht mehr als ein Drittel des Buches. Nicht nur die Vorbereitungen auf die Geburt, auch die Wehen des Schreibens durchziehen diesen Text, der selbstbewusst seine eigene Materialität reflektiert und das geistige Produkt Buch zugleich als einen materiellen Text-Körper zur Schau stellt. Durch Brüche in der linearen Abfolge, durch Gedanken über Erzählzeit und erzählte Zeit, durch ein unvermittelt zwischen die Druckseiten eingebundenes Vorsatzpapier[13] und zwei Kapitel über Sinn und Funktion von Kapiteleinteilungen (III, 9 und 10) ist der Text nicht nur selbstreflexiv (indem er über sich selber nachdenkt), sondern auch selbstreferentiell (indem er auf seine eigene Gegenständlichkeit aufmerksam macht). Wenn die moderne Anthropologie mit der Einsicht beginnt, dass Körper und Geist (bzw. Seele) nicht ‚zwei Hälften' der menschlichen Natur sind, sondern eine übergeordnete Einheit bilden und der Mensch nur als ein psychophysischer Zusammenhang zu verstehen ist, dann kann Sternes vom Körper besessener Roman als ein Manifest dieser neuen Richtung gelten.[14]

13 Darunter versteht man ein farbig marmoriertes Blatt, das den äußeren Einband von den bedruckten Seiten abtrennt.

14 Lippe (1987); Pfotenhauer (1987); Shilling (1993); Stafford (1991); Waldenfels (2000); Wulf (1997).

3.2.2 Körperliche Tabus und Exzesse

Zurück zur literarischen Behandlung körperlicher Vorgänge. Ein Meilenstein in der Geschichte der Thematisierung tabuisierter körperlicher Handlungen und Verrichtungen ist Joyces *Ulysses*, in dem der Leser gleich zu Beginn den Protagonisten Leopold Bloom bei seinem morgendlichen Gang auf die Toilette begleitet. Den sprachlichen und literarischen Umgang mit solch alltäglichen Selbstverständlichkeiten verbietet in aller Regel eine Selbstzensur, die das Produkt einer langen historischen kulturellen Konditionierung ist. Zu dem von Norbert Elias beschriebenen Prozess der Zivilisation und Disziplinierung des Körpers gehören auch **Sprachregelungen**, die explizite Verweise auf Körperteile und -funktionen aus der Kommunikation verbannen. Mit dem Aufstieg des **Bürgertums** geht eine radikale kulturelle Umkodierung des Körpers einher, die sich in verschiedenen Bereichen als eine tiefgreifende Revolution des Anstands-, Empfindungs- und Geschmackskodes vollzogen hat. Ein Beispiel dafür ist die **Darstellung des Todes**. An die Stelle des Skeletts als mittelalterliches Universal-Symbol des Todes treten auf Friedhöfen abstrakte Motive wie die Säule, liebliche Engel oder der Genius mit der nach unten gesenkten Fackel. Der alternde, und erst recht der verwesende Körper wird im 18. Jahrhundert als ein Thema der Darstellung tabuisiert. Alle realistische Drastik, an der mittelalterliche Darstellungen so reich sind, wurde zugunsten eines idealisierten, an der klassisch griechischen Kunst orientierten Körpers unterdrückt. Aber nicht nur die körperlichen Zeichen von Krankheit und Tod wurden unterdrückt, sondern ebenso die körperlichen Zeichen von Vitalität, also z. B. exzessives Essen und Trinken sowie Verdauung und Sexualität.

Der Historiker des vor-bürgerlichen Körperdiskurses ist der russische Gräzist Michail Bachtin, der die verdrängten Traditionen **volkstümlicher Lachkultur** rekonstruiert und ihre verborgenen Spuren durch die Literaturgeschichte verfolgt hat. Der mittelenglische Dichter Chaucer zum Beispiel hat die derben Zoten und Schwänke (‚fabliaux') der mündlichen Volkstradition in seinen Canterbury Tales nacherzählt. Das literarisch eindrucksvollste Veto gegen den „Leibeskanon der Kunst-Literatur und wohlanständigen Rede der Neuzeit"[15] ist wohl die von Shakespeare geschaffene Figur des Sir John Falstaff, der als befreiende Parodie eines heroischen Ritters angelegt ist. Falstaffs grotesker fetter, prassender, trinkender und hurender **offener** Körper ist in jeder Hinsicht das Gegenbild zum idealisierten klassischen **geschlossenen** Körper. Seine exuberante Gestalt, seine ausschließlich in Prosa formulierten Reden und seine Handlungen widersprechen eklatant allen aristokratischen und bürgerlichen Normen von Status und Anstand, was vom Publikum jedoch keineswegs als Provokation aufgefasst wird, sondern mit befreiendem Lachen quittiert wird. In der Schlacht ist er nicht mit einer Pistole, sondern einer Flasche Wein (‚sack') ausgerüstet: „Hal, 'tis hot, 'tis hot; there's that will sack (i. e. ausplündern) a city." Seine Philosophie ist das Leben, ge-

15 Bachtin (1990), 20.

rade auch im Angesicht des Todes und der Toten auf dem Schlachtfeld: „I like not such grinning honour as Sir Walter hath. Give me life."[16] Falstaff ist die Personifikation eines unverwüstlichen Lebenswillens, der sich von keinen großen Worten und erhabenen Werten täuschen lassen kann. So untergräbt er zugleich alle kulturellen Ordungen, wie Harold Bloom betont: „he subverts everything (...) that would constrain him: time, the state, virtue, the chivalric concept of ‚honour' and all ideas of order whatsoever." Bloom, der Falstaff in eine Reihe mit Chaucers Wife of Bath, Cervantes' Sancho Pansa, Rabelais' Panurge stellt und für den größten der karnevalesken Charaktere hält, macht ihn obendrein zu einem psychologischen Persönlichkeitstest für die Leser und Betrachter:

> Falstaff, to most scholars, is an emblem of self-indulgence, but to most playgoers and readers Sir John is the representative of imaginative freedom, of a liberty set against time, death, and the state, which is a condition that we crave for ourselves. Add a fourth freedom to timelessness, the blessing of more life, and the evasion of the state, and call it freedom from censoriousness, from the superego, from guilt. (...) You define yourself who you are by your reaction to Falstaff (...). Those who do not care for Falstaff are in love with time, death, the state, and the censor.[17]

Bachtin hat mit seinen eindrucksvollen Studien zur europäischen Lachkultur und ihrer engen Verbindung zur Entstehung der ebenso dynamischen wie gestaltlosen Gattung des Romans ein großes neues Forschungsfeld eröffnet und viele Nachfolger gefunden. Auch Terry Eagletons **politische Anthropologie,** die in den körperlichen Grundbedingungen das Fundament für eine mitmenschliche Solidarität und eine inklusive Kultur sieht, kann noch an diese Forschungen anschließen. Bachtins Thesen geben dabei nach wie vor Stoff für Kontroversen: Handelt es sich bei der Lachkultur um eine eher volkstümliche oder durchaus aristokratische Tradition? Ist diese Lachkultur als subversive Tradition zu verstehen, die sich durch die repressive abendländische Kultur zieht? Oder sind die karnevalesken Riten, die etablierte Kodes und Hierarchien vorübergehend umstoßen und in periodischen Entladungen angestaute soziale Spannungen abführen, doch eher ein systemstabilisierendes Element? Lässt sich diese Opposition von Macht und Subversion für unsere Gegenwartskultur überhaupt noch aufrechterhalten? Die folgende Überlegung von Ruth Mayer kann man ebenso auf Bachtin wie auf Foucault beziehen:

> die gesamte Bildlichkeit von kontrollierendem Zentrum und den subversiven Rändern muss überdacht werden. Pop hat den Status des Marginalen und Widerständigen lange schon verloren. Die karnevaleske Subversion mag in den siebziger Jahren gleichermaßen provozierend und befreiend gewirkt haben. In den späten neunziger Jahren, in einer Welt, in der Polysemie zum zentralen Mediencode geworden ist und subkulturelle Stile von Fernsehsendern und Hochglanzmagazinen zelebriert werden, ist nicht mehr

16 Shakespeare, *Henry IV Part 1*, V, 3, 56–58.

17 Bloom (1999), 288. Obwohl Bloom hier den Aspekt der Subversion betont, ist Falstaff für ihn jedoch weniger eine Figur der Un- oder Gegenordnung als der Exuberanz und des virtuosen Spiels (299).

ohne weiteres augenfällig, warum und wie genau diese Repräsentationsstrategien Widerstand transportieren sollen. Es fragt sich, ob das Ironische, Parodistische und Karnevaleske in einer postmodernen Mediengesellschaft nicht eben jene Funktion erhalten kann, die früher Kontroll- und Überwachungsinstanzen innehatten.[18]

3.2.3 Sexualität als literarisches Thema

Wohl kein Sujet ist beliebter und unverzichtbarer in der Literatur als die Liebe. Die erotische Anziehung zwischen den Figuren organisiert, dynamisiert und magnetisiert die fiktiven Welten, die auf der Bühne dargestellt und in Romanen erzählend ausgebreitet werden. Wer wen begehrt, wer wem zu nahe tritt, wer wen bekommt, das sind Fragen, die Anteilnahme und Neugier der Zuschauer und Leser dauerhaft und unvermindert beflügeln.[19] Dieser geradezu obsessiven Allgegenwart des Themas **Liebe** in der Literatur steht – bis hinein ins zwanzigste Jahrhundert – die Abwesenheit des Themas **Sexualität** gegenüber. So ausführlich und anschaulich von Liebe als Passion und Schicksal gehandelt wird, so ausgeschlossen ist in aller Regel die körperliche Dimension dieses Themas. Literarische Liebe besteht über Jahrhunderte hinweg aus zarten Emotionen und umwerfenden Leidenschaften, aber nicht aus körperlichen Regungen und Akten. Die Verbannung des sexualisierten Körpers aus dem literarischen Liebesdiskurs gehört zu den langfristig stabilen Konventionen christlich abendländischer Kultur. Der Geschlechtsakt findet nicht auf der Bühne statt; Romeo und Julia haben, wenn sie über Lerche und Nachtigall debattieren, ihre Liebesnacht hinter sich, Othello und Desdemona haben Schwierigkeiten, neben den tumultuösen Tagesgeschäften hinter der Bühne zusammenzufinden. Was immer da stattfinden mag, wird in die Voraussetzungen verschoben, in die Leerstellen, die die Zuschauer und Leser automatisch auffüllen. Es findet ‚off scene' statt, eine Formel, die in unserem Wort ‚obszön' wiederkehrt.[20] Obszön ist, was nach den Regeln gesellschaftlicher Übereinstimmung, genannt ‚Dekorum' (lat. ‚das Schickliche'), nicht gezeigt werden darf. Natürlich haben sich an diese Grenze der Selbstzensur nicht immer alle gehalten, weshalb es seit dem 18. Jahrhundert auch einen wachsenden Markt für pornographische Literatur und Darstellungen gibt.

Wie stark die repressive Moral des **Viktorianismus** noch im 19. Jahrhundert wirkte, lässt sich an Robert Louis Stevensons Roman *Dr Jekyll and Mr Hyde* ablesen. In diesem Fall führt die Doppelmoral des schottisch-calvinistischen Milieus, aus

18 Mayer (1999), 241 f., verweist auf die Theoretiker Gilles Deleuze und Félix Guattari mit ihrem Paradigma des ‚Rhizoms' (was so viel heißt wie: verflochtenes unübersichtliches Wurzelwerk) als eine Alternative zu hierarchischen Gesellschaftsmodellen.

19 „Liebe ist das Ergebnis bestimmter kultureller Bedingungen; sie ist von den Mythen und rhetorischen Formen einer Gesellschaft abhängig und wird sozial kontrolliert." Wulf (2004), 122. Vgl. auch Wulf (1985).

20 Nach einer anderen Etymologie stammt das Wort von lateinisch ‚caenum', Schmutz, Unrat ab.

dem Stevenson stammt, zu einer Persönlichkeitsspaltung und einer Doppelgänger-Geschichte. Was der Protagonist im Tageslicht der gesellschaftlichen Konventionen nicht ausleben darf, bürdet er seinem Alter Ego auf, der seine Triebe ohne Rücksicht auf Normen und Gebote auslebt. Von Sexualität ist in Stevensons Roman freilich nirgends die Rede, auch nicht in ‚Henry Jekylls Full Statement of the Case', wie das Kapitel überschrieben ist, das eigentlich ja die Auflösung seines Geheimnisses enthalten sollte. In diesem Fall ist der Autor Stevenson jedoch selbst ein ‚Mr Hyde'. Er führt die beschämende und degradierende Nachtseite seines Protagonisten auf eine „certain impatient gaity of disposition" zurück und zollt damit dem prüden viktorianischen Kode noch einmal seinen Tribut. 1886, als Stevensons Roman erschien, hatten sich andere Autoren von den Zwängen einer bürgerlich repressiven Moral bereits frei gemacht und neue Körper-Themen exploriert. So auch der Dichter Dante Gabriel Rossetti, der das folgende Sonett auf den Moment nach dem Liebesakt geschrieben hat:

Nuptial Sleep

At length their long kiss severed, with sweet smart:
And as the last slow sudden drops are shed
From sparkling eaves when all the storm has fled,
So singly flagged the pulses of each heart.
Their bosoms sundered, with the opening start
Of married flowers to either side outspread
From the knit stem; yet still their mouths, burnt red,
Fawned on each other when they lay apart.
Sleep sank them lower than the tide of dreams,
And their dreams watched them sink, and slid away.
Slowly their souls swam up again, through gleams
Of watered light and dull drowned waifs of day;
Till from some wonder of new woods and streams
He woke, and wondered more: for there she lay.[21]

Diese Situation ist insofern eine ganz andere als die von Romeo und Julia oder auch Adam und Eva, auf die vielleicht angespielt wird, denn es handelt sich, wie der Titel andeutet, um Sexualität in und nicht wie literarisch üblich vor oder außerhalb der Ehe. Neu an dieser Variante des (petrarkistischen) Liebessonetts ist, dass hier weniger die Geliebte angebetet wird als die Liebe selbst als eine schöpferische Energie. Das Wort ‚Sleep' im Titel ist zweideutig; es bezieht sich sowohl auf den Beischlaf wie auf den Schlaf danach. Die Pointe des Gedichts ist, dass hier beide Formen des Schlafs ineinander übergehen. In die allmähliche Lösung der beiden Körper aus ihrer Verklammerung ist der Liebesakt mit eingeschrieben, in der Erschöpfung ist die Anstrengung, im post-koitalen Schlaf ist der Koitus mit festgehalten.

21 Rossetti (1873), 193. Das Gedicht war ursprünglich als Teil des Sonett-Zyklus ‚House of Life' konzipiert. Als ein Kritiker den Vorwurf der „fleshliness" äußerte, wurde es von Rossetti aus dem Zyklus entfernt.

Die **Zeit um 1900** ist gekennzeichnet durch das Spannungsfeld zwischen anhaltenden gesellschaftlichen Tabus einerseits und sexuellen Befreiungsbewegungen andererseits, die nicht nur die Artikulationsspielräume der Autorinnen und Autoren, sondern auch deren Lebensformen betrafen. Dabei spielten **Homosexualität** ebenso wie **lesbische Liebe** eine große Rolle, auf die die viktorianische Gesellschaft zunächst noch mit Kriminalisierung oder mit Reputationsentzug reagierte. Oscar Wilde brachte seine unaussprechliche Liebe („The love that dare not speak its name") zu dem jungen Lord Alfred Douglas 1894 ins Gefängnis.[22] E. M. Forster, der ebenfalls homosexuell veranlagt war, hat sich in der Handlung seiner zu Lebzeiten publizierten Erzählungen und Romane an die anerkannten Schemata der ‚Zwangsheterosexualität' gehalten. Die Texte, in denen er keine Zugeständnisse an Öffentlichkeit und Leserschaft machte, durften erst nach seinem Tode veröffentlicht werden. Für die Frauen gilt Ähnliches. Virginia Woolf hatte eine Beziehung zu Vita Sackville West, Gertrude Stein lebte mit ihrer Freundin Alice B. Toklas zusammen, H. D., die mit Ezra Pound verlobt und mit Richard Aldington verheiratet war, lebte die meiste Zeit ihres Lebens mit einer Freundin zusammen. Diese mit Beginn des 20. Jahrhunderts explosiv veränderten Lebensformen bezeugen eine tiefgreifende **sexuelle Revolution**, an der nicht nur die Künstler mitgewirkt haben. Hier sind die Namen Sigmund Freud und für den englischen Sprachraum Havelock Ellis[23] zu nennen, die mit ihren Thesen von der Triebstruktur des Menschen umwälzende Aufklärungsarbeit betrieben und die Kruste der bürgerlichen Doppelmoral aufgebrochen haben.

Eine Literatur der sexuellen Befreiung hat es aber schon im 19. Jahrhundert gegeben. Der amerikanische Dichter Walt Whitman verstand sich emphatisch als ein Dichter des Körpers, was er nicht müde wurde in seinen Gedichten immer neu zum Ausdruck zu bringen. „I Sing the Body Electric" heißt eine Sequenz von neun Gedichten, in denen er Körper und Sexualität zum Gegenstand hymnischer Verse macht. Das letzte dieser Gedichte besteht aus einem langen Katalog, in dem einzelne Körperteile von oben nach unten der Reihe nach aufgezählt werden, darunter die folgenden:

> Broad breast-front, curling hair of the breast, breast-bone, breast-side,
> Ribs, belly, backbone, joints of the backbone,
> Hips, hip-sockets, hip-strength, inward and outward round, man-balls, man-root,
> Strong set of thighs, well carrying the trunk above,
> Leg-fibres, knee, knee-pan, upper-leg, under-leg (...)[24]

In einem weiteren Gedicht setzt er die männliche Potenz seines Samens mit seiner zukunftsbestimmenden poetischen Kreativität gleich. Im folgenden Zeugungsakt phantasiert er sich geradezu als ‚Vater der Nation':

22 Der Vers ist die letzte Zeile des Gedichts „Two Loves" von Lord Alfred Douglas, das dieser in der Zeitschrift Chameleon (London 1894) veröffentlichte.
23 Ellis (1918).
24 Whitman (1958), 104.

It is I, you women, I make my way,
I am stern, acrid, large, indissuadable, but I love you,
I do not hurt you any more than is necessary for you,
I pour the stuff to start sons and daughters fit for these States,
I press with slow rude muscle,
I brace myself effectually, I listen to no entreaties,
I dare not withdraw till I deposit what has so long accumulated within me.[25]

So konkret seine Bilder, so präzise seine Benennungen sind, so allgemein und gelegentlich auch abstrakt ist das, was Whitman mit Sprache umfassen möchte. Die Begriffe Körper und Seele sind für ihn untrennbar miteinander verwoben; wo immer er von Körper spricht, da hat er es auch mit Seele zu tun: „I am the poet of the Body and I am the poet of the Soul". Wo immer er über den männlichen Körper spricht, da spricht er auch über den weiblichen Körper, wo immer er über den weißen Körper spricht, da spricht er auch über den schwarzen Körper. Seine Gedichte sind im höchsten Maße **explizit** – er schreibt gegen eine Tabuisierung und Verunglimpfung des Körpers an – und **inklusiv**, sie sammeln alles zusammen und versuchen es sprachlich in einer großen demokratischen Gebärde zu umfassen.[26]

Dieser politische Enthusiasmus hat die Sprache von Whitmans Versen unweigerlich aufgeblasen, inflationiert. Das jedenfalls fand ein anderer Autor, der sich um die Jahrhundertwende in Sachen ‚sexuelle Befreiung' als Schriftsteller engagierte. Die Rede ist von D. H. Lawrence, dessen *Lady Chatterley's Lover* 1928 zum ersten Mal publiziert wurde, jedoch sofort auf den **Index** der verbotenen Bücher geriet und erst 1960 in England erscheinen durfte. Er schrieb es gegen die Doppelmoral einer repressiven Gesellschaft, die Pornographie goutierte, aber die Bedeutung der Sexualität nicht offen anerkannte. „It's the one insane taboo left: sex as a natural and vital thing."[27] D. H. Lawrence hat sich zum hohen Ton von Walt Whitmans Gedichten eher respektlos geäußert und Folgendes zu Whitmans Thema ‚Geschlechtstrieb als nationale Produktivkraft' zu Papier gebracht:

I AM HE THAT ACHES WITH AMOROUS LOVE.
What do you make of that? I AM HE THAT ACHES. First generalization. First uncomfortable universalisation. WITH AMOROUS LOVE! Oh, God! Better a Bellyache. A bellyache is at least specific. But the ACHE OF AMOROUS LOVE!
Think of having that under your skin. All that!

---

25 Whitman (1958), 106.

26 In ihrem Aufsatz „‚Secret Sewers of Vice': Disgust, Bodies, and the Law" (1999), schreibt Martha Nussbaum: „Disgust at the body and its products has collaborated with the maintenance of injurious social hierarchies. The health of democracy therefore depends on criticizing and undoing that social formation." Diese Verse beschreibt sie deshalb als „an elaborate undoing of disgust" (118).

27 Lawrence (1994), 277. Wie sich die Standards der Schicklichkeit in körperlichen Dingen ändern, zeigt das Vorwort, das Richard Hoggart der zweiten Auflage des Romans von 1961 vorangestellt hat. Es beginnt mit den Worten: „*Lady Chatterley's Lover* is not a dirty book. It is clean and serious and beautiful." Ebd. V.

> I AM HE THAT ACHES WITH AMOROUS LOVE.
> Walter, leave off. You are not HE. You are just a limited Walter. And your ache doesn't include all Amorous Love, by any means. If you ache you only ache with a small bit of amorous love, and there's so much more stays outside the cover of your ache, that you might be a bit milder about it."[28]

Die hier angeführten Beispiele variieren alle einen **männlichen Blick** auf das Thema Sexualität. Ein neues Kapitel in der Literatur-Geschichte der Sexualität wurde durch die Wiedergewinnung und Einbeziehung weiblicher Perspektiven eröffnet, die sich einerseits auf den ausgegrenzten weiblichen Blick konzentrierten[29] und andererseits die männliche Literatur auf bestimmte sexuelle Phantasmata hin analysierte.[30] An diesem Punkt allerdings beginnt der Körper als Schnittstelle zwischen Natur und Kultur zu oszillieren, der Übergang zwischen Sexualität und Gender wird fließend. Der Weg von der eher körperbezogenen Sexualität zum Körper als einem sozialen und politischen Gender-Konstrukt ist in der feministischen Theorie zwischen den 1970er und 1990er-Jahren systematisch zurückgelegt worden.

3.2.4 Gender

In der griechischen und christlichen Vorstellung gilt der **Körper als Gefängnis der Seele**. Im Tod wird der Kerker des Körpers aufgebrochen und die Seele, der edlere Bestandteil des Menschen, kann ihm entweichen und in ihre angestammte Unsterblichkeit zurückkehren. Diese Vorstellung hat Nietzsche, Spezialist für radikale Umdeutungen, auf den Kopf gestellt, als er die Seele als Gefängnis des Körpers bezeichnete. Die Seele ist in dieser Sicht das Gefüge aus kulturellen Normen und sozialen Zwängen (Freud würde sagen: das Über-Ich), die die Macht über den Körper haben, ihn disziplinieren und in seiner Entwicklung und Entfaltung hemmen. Die Genderforschung hat diese Frage wieder aufgenommen und die kulturellen Programmierungen näher untersucht, die für die Festschreibung und Bewertung von Geschlechtsrollen verantwortlich sind. Männlichkeit und Weiblichkeit sind für die Genderforschung keine natürlichen Vorgaben, sondern kulturelle Muster, die mit staatlicher Macht durchgesetzt und in der Sozialisation bis zur Unbewusstheit verinnerlicht werden. Im Status dieser Unbewusstheit werden sie grundlegend wirksam für die Konstruktion von Selbstbildern, Identitäten und Lebensentwürfen. So diktieren sie Selbstbilder, Identitäten und Lebensentwürfe. An der **Normierung von Geschlechtsrollen** haben nicht nur Institutionen wie Familie und Schule, sondern hat auch die Literatur einen entscheidenden Anteil, die ebenso sehr Vorbilder normiert, wie sie Normen untergräbt (vgl. Kapitel 7). Aus der Perspektive der Genderforschung, die die kanonische und nicht-kanonische Literatur einer Relektüre unterzogen hat, wurde erstmals deutlich, wie wenig Na-

28 Lawrence (2003), 392 f.
29 Als wichtige Autorinnen lesbischer Liebe sind hier u. a. die amerikanische Dichterin Adrienne Rich und die englische Schriftstellerin Jeanette Winterson zu nennen.
30 Hill Rigney (1978); Bronfen (1994).

tur und wie viel Kultur hier waltet. Die Geschichte der Geschlechterbeziehungen erweist sich als in der Geschichte höchst wandelbar und als ein Terrain, in dem so gut wie nichts feststeht und alles umstritten und umkämpft ist. Im Mittelpunkt der Genderforschung steht das Patriarchat als männliche Macht über den weiblichen Körper, das in sozialen Hierarchien und familialen Unterdrückungsverhältnissen bis in die Grundfesten der Kultur verankert ist. Indem sie einen Diskurs über diese einverleibte Macht entwickelt, entwickelt sie gleichzeitig politische Strategien der Aufweichung dieser Normen und setzt einen Prozess der Selbst-Aufklärung und der Veränderung der Gesellschaft in Gang, aus dem neue Möglichkeiten der Emanzipation und Selbstbestimmung hervorgehen.

3.3 Menschenbilder – Historische Anthropologie

Die Frage nach dem Körper schließt die nach Menschenbildern im Allgemeinen ein. Die Blickrichtung (der anthropologisch orientierten Disziplinen) auf diesen Themenkomplex ist jedoch unterschiedlich: Aus der Perspektive der Evolutionstheorie geht es um die Geschichte der Gattung Mensch über mehrere Millionen Jahre hinweg; aus der Perspektive der Ethnologie um die Lebensbedingungen und Sinngebungen schriftloser und außereuropäischer Gesellschaften, aus der Perspektive der Geschichtswissenschaft um alltägliche Lebensformen und Symbolsysteme in der europäischen Geschichte. Weniger konkret und viel spekulativer verfährt die philosophische Anthropologie, die traditionellerweise den Menschen im Gegensatz zum Tier definiert (vgl. Kapitel 1). Eines dieser ‚Menschenbilder' stammt von dem deutschen Philosophen Helmut Plessner (1892–1985), der den Menschen durch seine **‚exzentrische Positionalität'** definiert hat. Das bedeutet, dass der Mensch im Unterschied zum Tier nicht in eine artspezifische Umwelt eingepasst ist, in der er instinktsicher agieren kann, sondern sich stets außerhalb eines solchen Zentrums im Raum behaupten muss, was ihm die Fähigkeit zur Distanz, zur Unruhe, zur Beweglichkeit und zur Reflexion einbringt. Ferner hat Plessner unterstrichen, dass wir zu unserem Körper ein zwiefältiges Verhältnis haben: Er unterscheidet die Modi des **‚Körper Habens'** und des **‚Körper Seins'**. Einen Körper haben wir, wenn wir uns ihm gegenüberstellen und ihn beherrschen, Kontrolle über ihn ausüben, ihn (durch Kosmetik oder im Fitness-Studio) modellieren; Körper sind wir als beseelte Organismen, die ohne diesen Körper nichts sind. Wille und Geist sind nicht denkbar ohne die Infrastruktur unserer Leiblichkeit mit ihren unverfügbaren Stimmungen und Befindlichkeiten.[31] Der Mensch ist also zugleich immer innen und außen, er verfügt über seinen Körper und ist Teil von ihm.

31 Plessner (1928). Das Menschenbild, das Plessner in seiner universal gemeinten Anthropologie entwirft, ist in vieler Hinsicht das des europäischen modernen Menschen des 20. Jahrhunderts.

3.3.1 Die Materialität des Körpers

Der Körper bildet eine paradigmatische Schnittstelle zwischen Natur und Kultur. Sobald wir zum Arzt gehen, wird der Körper zum Gegenstand von Messungen und Diagnosen, die ein objektives Bild seines Zustands versprechen. Er ist jedoch ebenso sehr Gegenstand von kulturellen Praktiken, Diskursen und Institutionen, die ihn definieren und zurichten, interpretieren und bewerten, formen und verformen. Was als ‚Natur' des Körpers bestimmt wird, hat sich seit der frühen Neuzeit dramatisch verändert.[32] In der Renaissance hatte man eine ganz andere Vorstellung von der Materialität des Körpers. Damals galt noch ungebrochen die aus der Antike von Aristoteles und Galen übernommene Lehre der so genannten **‚Humoralpathologie'**. Ihr zufolge besteht die Substanz des Menschen aus vier Körpersäften: Blut, Phlegma, gelbe Galle, schwarze Galle. Diese Flüssigkeiten sollen sich idealerweise in einem harmonischen Gleichgewicht befinden; wo dieses jedoch gestört ist und eine der Flüssigkeiten überwiegt, sind den Krankheiten Tor und Tür geöffnet. Auch die Temperamente unterschiedlicher Charaktere werden aus dem Überschuss einer dieser Säfte erklärt: der fröhlich gestimmte Sanguiniker hat zu viel Blut, der Phlegmatiker, der zu viel weiße Flüssigkeit hat, leidet an Antriebsschwäche, der Choleriker, der zu viel gelbe Galle hat, leidet an Zornausbrüchen und der Melancholiker, bei dem die schwarze Galle überwiegt, ist ein Opfer düsterer Stimmungen. Die sicherlich interessanteste Symptomatik in diesem System ist die des **Melancholikers**, den Aristoteles nicht nur als pathologisch traurig und trübsinnig, sondern obendrein noch als offen für Visionen und besondere Formen von Kreativität dargestellt hat. Deshalb hat sich an diesem Typ eine Körpergeschichte der Genie-Ästhetik ankristallisieren können. Ein umfangreiches Werk über die Melancholie stammt von Robert Burton, einem Zeitgenossen Shakespeares.[33] Der berühmteste Melancholiker der Literaturgeschichte ist Hamlet, der in schwarzer Kleidung die Bühne betritt und die damals wohl bekannte paradigmatische Geste des Melancholikers einnimmt: den Hut tief ins Gesicht gezogen und die Arme vor der Brust verschränkt als Zeichen einer Introvertiertheit, die den Trauernden mit dem Liebeskranken und dem Dichter verbindet.

Eine **Kulturgeschichte des Körpers** interessiert sich nicht nur für die Geschichte medizinischen Wissens, sondern überhaupt für kulturelle Formungen von Sexualität, von Tod und Trauer[34], von Leidenschaften[35] und Schmerz[36], für die Bedeu-

32 van Dülmen (1995).
33 Burton (1972).
34 Ariès (1980); Ecker (1999); Horn (1998).
35 Fisher (2002).
36 Scarry (1985). Die Grundthese des Buches ist in einem Satz von Jean Paul Sartre aus *Das Sein und das Nichts* prägnant zusammengefasst: „Mein Körper ist überall: die Bombe, die mein Haus zerstört, zerstört auch meinen Körper, da das Haus bereits eine Indikation meines Körpers war." Vgl. auch Assmann, A. (1989).

tung des Essens[37] oder die Bewertung von Lebensphasen wie Kindheit[38], Jugend und Alter, um nur einige mögliche Themen zu nennen.

3.3.2 Künstliche und symbolische Körper

Das Wort Körper wird nicht nur auf individuelle Organismen angewandt, sondern auch auf **ganze Kollektive** und anderweitig **unsinnliche Konzepte,** die durch das Verleihen eines symbolischen ‚Körpers' in den Rang der Anschaulichkeit erhoben werden. Ein Beispiel dafür ist die Schrift des Thomas Hobbes über den Staat, die den Titel *Leviathan* (1651) trägt. Das Titelbild dieses Buches zeigt aber nicht ein mythisches Meeresungeheuer sondern einen riesigen Menschen, der sich über eine Landschaft mit Bergen und Ortschaften erhebt. Dieser Mensch, ein bis zur Taille sichtbarer Mann, trägt die Insignien des Königtums mit Krone, Schwert und Szepter. Schaut man sich sein Wams etwas näher an, so entdeckt man, dass der Körper dieses Riesen wiederum aus unzähligen winzigen Körpern von Menschen besteht, in Reih und Glied aufgestellt und ihm zugewandt. Auf diese Darstellung nimmt Hobbes in seiner Einleitung Bezug und erläutert, dass es sich hier um einen künstlichen Menschen handelt, der wie die Maschine eines Automaten technisch zusammengesetzt ist. „For by Art is created that great LEVIATHAN called COMMON-WEALTH, or STATE (in latine CIVITAS) which is but an Artificiall Man; though of greater stature and strength than the Naturall, for whose protection and defence it was intended."[39] Hobbes fährt mit seiner Beschreibung des künstlichen Menschen fort, indem er jedem menschlichen Körperteil eine **politische Funktion** zuordnet. Der menschliche Körper ist hier jedoch mehr als nur eine Versinnlichung von Unsinnlichem oder eine Gedächtnisstütze für die Organisation des Staates; mit der Betonung der Künstlichkeit dieses Körpers setzt sich der Mensch selbst in die Position des göttlichen Schöpfers und zeigt, dass er im Reich der Künstlichkeit so schalten und walten kann wie Gott im Reich der Natur.

Hobbes' Megakörper, der aus einzelnen Körpern besteht, ist eine Hypostase oder Allegorie des Staats. Vor Hobbes gab es einen anderen symbolischen Körper, der nicht den Staat, sondern das Königtum repräsentierte. Nach spätmittelalterlicher Auffassung besitzt der König zwei Körper, einen sterblichen Körper und einen unsterblichen Amtskörper.[40] Mit dem einen ist er ein Mensch wie jeder andere, mit dem anderen ragt er weit über die Menschen hinaus. Diese Bedeutung kommt ihm über sein Amt zu, das ein von Gott gegebenes und unvergängliches ist. Die Doktrin von den **zwei Körpern des Königs** sichert die Kontinuität des Amts über die Sterblichkeit seiner Inhaber hinweg. Auf diese Weise sollen Zeit und Kontingenz ausgeschaltet und zuverlässige Kontinuität und Dauer gesichert

37 Neumann (2000); Wierlacher et al. (1993).
38 Ariès (1975).
39 Hobbes (1997), 9.
40 Kantorowicz (1957). Vgl. dazu Ernst/Vismann (1998).

werden. Der Tod des Königs, der durch die Gefahr von Chaos und Umsturz immer auch eine Erschütterung der Weltordnung bedeutet, wird überwunden durch den zweiten unsterblichen Körper des Königs.

Shakespeare hat auf diese unterschiedlichen Körper des Königs in seinem Historiendrama *Richard II.* angespielt. In diesem Stück wird ein legitimer aber unfähiger König (Richard II.) von einem fähigen aber nicht legitimen Rivalen (Henry Bolingbroke) abgesetzt und schließlich umgebracht. In seiner exzessiven Theatralität schwankt Richard beständig zwischen den beiden Körpern des Königs; mal ist er der gesalbte Amtskörper, dessen numinose Kraft von keinem Wasser abgewaschen werden kann, mal ist er der nackte Mensch, der, seiner Insignien entkleidet, in kreatürlicher Schutzlosigkeit ausgeliefert ist. Die theatralische Zerrissenheit Richards besteht in eben diesem Oszillieren zwischen den beiden Körpern des Königs.

Um von Mittelalter und früher Neuzeit in die Moderne und Gegenwart zu springen: im Zeitalter seiner **bio-technischen Programmierbarkeit** ist die Natur des Menschen heute keine unhintergehbare Größe mehr. Der Mensch ist aufgrund neuer wissenschaftlicher Erkenntnisse und technischer Verfahren befähigt, in seine eigene Evolution einzugreifen und seine genetische Konstitution samt der seiner Nachkommen zu verändern. Die Formel vom Körper sein und Körper haben erhält hier eine neue Bedeutung: Der Mensch, der Körper ist, modifiziert den Körper, den er hat. 180 Jahre bevor diese Selbstmanipulation in den Horizont des Möglichen trat, hat Mary Shelley das Problem in einem bis heute wirkungsvoll gebliebenen Schauerroman vorweggenommen. In ihrem Roman *Frankenstein* wird der Protagonist zu einem **modernen Prometheus**, der als Wissenschaftler die Grundbausteine des Lebens manipuliert und damit die göttliche Macht des Leben-Spendens zusammen mit der weiblichen Kraft des Zur-Welt-Bringens usurpiert. Da der Mensch aber nicht ein für alle mal mit seiner Herstellung geformt wird, sondern durch Erziehung beständig weiter gebildet werden muss, mutiert das sich selbst überlassene und von aller Welt verlassene Produkt des Experiments zum Monstrum.[41] Shelley stellt den Typus des Forschers dar, der die Kontrolle über sein Forschungsobjekt verliert und vom souverän Agierenden zum verzweifelt Getriebenen wird.

Im Zuge des Klonens sind die Grenzen dessen, was bislang als ‚künstlich' und was als ‚natürlich' galt, längst überschritten. In Forschungslabors gibt es derzeit immer mehr geklonte Tiere, die künstlich entstanden sind, sich aber selber (und somit natürlich) fortpflanzen. Ähnlich problematisch gestalten sich Urteile über den menschlichen Organismus, in dem immer mehr Funktionen von digitalen Chips übernommen werden. Hier zeichnen sich die Umrisse eines **‚post-humanen Körpers'** ab, eine Vorstellung, zu der Donna Haraway in einem wichtigen Beitrag Stellung genommen hat. Diese von Mary Shelley aufgeworfenen Fragen werden so in **Cyborgs** an unsere Gegenwart gerichtet.[42] Hintergrund dieser fiktiven Technologie

41 Shelley (1965) (vgl. auch Kap. 7).
42 Haraway (1998) Vgl. dazu Schwab (1994).

ist das Phantasma der Unsterblichkeit eines technisch implementierten Körpers. Nach dem Ende der christlichen Heilsvisionen sind die ungestillten Heilserwartungen auf Medizin und Technik übertragen worden. Generell hat die neue Kulturtechnik des elektronischen Schreibens neue anthropologische Bedingungen und Veränderungen geschaffen. Die tendenzielle Trennung von Körper und Schrift, die bereits die Grundlage der Alphabetschrift bildet, wurde durch die neue Technologie noch gesteigert. Der materielle dreidimensionale Körper des users bleibt bei Ausflügen in chat rooms und Cyberwelten außen vor und an seiner Stelle dringt ein so genannter ‚Avatar', d. h. ein virtueller Ersatzkörper, in die digitale Welt ein. Das führt, anthropologisch gesehen, zu einer neuen Spaltung, nun nicht mehr zwischen Körper und Geist, sondern zwischen einem organischen und einem gerechneten virtuellen Körper.

3.3.3 Körpertechniken, Körpergeschichten, Verhaltenslehren

Zur kulturellen Prägung von Menschenbildern gehören nicht nur symbolische Handlungen, in denen die Identität einer Person, eines Standes oder einer Kultur repräsentiert wird, sondern auch unscheinbare alltägliche Praktiken, in denen menschliches Selbstverständnis reproduziert wird. Eine wichtige Dimension der historischen Anthropologie ist deshalb die kulturelle Ausprägung und Zurichtung des menschlichen Körpers. Der französische Ethnologe Marcel Mauss hat für dieses neue Forschungsgebiet den Begriff der **‚Körpertechniken'** geprägt. Wie er zu diesem Begriff kam, beschreibt er in den folgenden Zeilen:

> I made, and went on making for several years, the fundamental mistake of thinking that there is technique only when there is an instrument. (...) The body is man's first and most natural instrument. Or more accurately, not to speak of instruments, man's first and most natural technical object, and at the same time technical means, is his body.[43]

Mauss illustriert diese Sätze mit seiner Situation als akademischer Lehrer. In jeder noch so unscheinbaren Alltagssituation, so betont er, seien eingefleischte Körpertechniken wirksam:

> Here let us look for a moment at ourselves. Everything in us all is under command. I am a lecturer for you; you can tell it from my sitting posture and my voice, and you are listening to me seated in silence. We have a set of permissible or impermissible, natural or unnatural attitudes. Thus we should attribute different values to the act of staring fixedly: a symbol of politeness in the army, and of rudeness in everyday life. (105)

Ein Historiker europäischer Körpertechniken ist der bereits in der Einleitung erwähnte Historiker Norbert Elias, der die Dynamik des **‚Zivilisationsprozesses'** und seine sozialen Bedingungen untersucht hat. Unter ‚Zivilisationsprozess' versteht Elias „den Strukturwandel von Menschen in der Richtung auf eine größere Festi-

43 Mauss (1979), 104.

gung und Differenzierung ihrer Affektkontrollen, und damit also auch ihres Erlebens – etwa in der Form des Vorrückens der Scham- und Peinlichkeitsschwelle – und ihres Verhaltens – also etwa beim Essen in der Form der Differenzierung des Tafelgeräts."[44] In einer materialreichen Studie hat er den langen und mühsam zu erlernenden Weg der Körper- und Affektkontrolle verfolgt, den die Gesellschaft seit der frühen Neuzeit ihren Mitgliedern auferlegte. Ziel dieses Prozesses ist die Verinnerlichung von Normen, die zu einer reibungslosen Ökonomie des Selbstzwangs führen. Elias bewertet diesen Prozess der Entrohung des Menschen als einen Fortschritt an Zivilisation. Seine wichtigste Quelle ist eine Literaturgattung, die unter Historikern bis dahin wenig Beachtung gefunden hatte, nämlich die **Verhaltenslehren** (conduct-books) für angemessenes Auftreten im privaten und öffentlichen Raum. Dabei geht es um so unterschiedliche Phänomene wie die richtige Technik des Essens mit Messer und Gabel, um Manieren im gegenseitigen Umgang der Geschlechter und um die Fähigkeit, körperliche und emotionale Impulse zurückzuhalten.

Zur kulturellen Konditionierung des Körpers gehört ein Begriff, den der französische Soziologe Pierre Bourdieu eingeführt hat. Er sprach vom **‚Habitus'** und verstand darunter ein Ensemble von kulturellen Prägungen, die durch Lernen, Wiederholung und Einverleibung schließlich zur Gewohnheit geworden und so tief verinnerlicht sind, dass sie ohne Rekurs aufs Bewusstsein wirksam werden. Sein historisches Beispiel war die ‚verhaltensnormierende Instanz' der mittelalterlichen Schule als Prägewerk von Einstellungen und Haltungen, die in einer Weise körperlich eingeschliffen werden, dass sie bis zur Selbstverständlichkeit vergessen sind. Habitus ist der Name für einen derart ‚einverleibten' Besitz kultureller Schemata, die umso zuverlässiger wirksam sind und tradiert werden, je mehr sie dem Bewusstsein entzogen sind. Bourdieu sieht die ausdrückliche Funktion der Schule darin, „das kollektive Erbe in ein sowohl individuell als kollektiv Unbewusstes zu verwandeln". (139) Habitus definiert Bourdieu im Anschluss an die generative Grammatik Chomskys „als ein System verinnerlichter Muster, die es erlauben, alle typischen Gedanken, Wahrnehmungen und Handlungen einer Kultur zu erzeugen – und nur diese". (143) Dieses habitualisierte Wissen unterscheidet sich von einem Code oder Repertoire von Regeln und Problemlösungen durch seinen ‚inkarnierten', im Jenseits des Bewusstseins ‚verkörperten' Status.[45]

Ein weiterer Erforscher von Körpertechniken, der französische Historiker Michel Foucault, hat sein Lebenswerk der Untersuchung verschiedener gesellschaftlicher Institutionen gewidmet, in denen der Körper nach bestimmten Normen definiert, diszipliniert, modelliert, zugerichtet wird. Körpergeschichte im Sinne von Foucault richtet sich auf Institutionen wie die Psychiatrie, die Klinik und ihre Medikalisierung des Körpers, Ehe und Sexualität, das Gefängnis und die Praktiken des Straf-

44 Elias (1977), 13.
45 Bourdieu (1974).

vollzugs. In Foucaults Perspektive erscheint die Gesellschaft mit ihren Institutionen immer schon als der verlängerte Arm einer disziplinierenden Macht, die sich durch ihren Zugriff auf den Körper manifestiert und bestätigt.[46] Foucaults Umperspektivierung des Historiker-Blicks von den Haupt- und Staatsaktionen herausragender großer Männer auf die unscheinbare, die Bevölkerung erfassende und leidvoll prägende Herrschaft über die Körper hat zusammen mit einer neuen Sensibilisierung für Körper-Themen auch zu einer neuen Entdeckung und Wertschätzung von Quellen geführt, auf deren Basis sich eine **‚Geschichte des Körpers'**, und gerade auch des weiblichen Körpers, rekonstruieren lässt.[47] Die Thesen von Foucault hat der italienische Philosoph Giorgio Agamben, Theoretiker der ‚Bio-Politik', weiter entwickelt, der die Kategorie des ‚nackten Lebens' in die Diskussion eingeführt hat und sie als das bestimmt, was dem Menschen nach Abzug aller rechtlichen und gesellschaftlichen Bezüge verbleibt. Die grausame Hervorkehrung dieser Minimalstufe der Existenz, so Agamben, war nicht nur das Werk der Nationalsozialisten, die an jüdischen und anderen Ausgegrenzten ihre Politik der ‚Vernichtung durch Arbeit' vollzogen, sondern ist auch heute im Zeitalter der Zwangs-Migration und Abschiebungen aktuell als die Kehrseite einer politisch gesicherten Existenzform.[48]

Foucault hat sich in seinem Spätwerk noch einem anderen Aspekt des Körpers zugewendet. Er griff das Stichwort ‚cura sui' auf, das in lateinischen Texten auf körperliche Selbst-Praktiken verweist, und das man wohl am besten mit **‚Körperbewusstsein'** übersetzt.[49] In diesem Fall geht es gerade nicht um eine Macht, die von außen über den Körper kommt und ihn in ihre rigiden Normen und Muster zwängt, sondern um eine Selbst-Macht und Autonomie über den Körper, um eine Kultur des von innen gefühlten und gelebten Körpers.

3.3.4 Körperschriften

Die kulturellen Prägewerke des Körpers umfassen jedoch noch mehr als die Geschichte der Selbst- und Fremd-Disziplinierung. Der Körper ist auch ein Zeichenträger, der sowohl gelesen wie gezeichnet, beschriftet und bemalt wird. Hier tun sich zwei unterschiedliche Themenfelder auf, die Lesbarkeit des Körpers und die Tätowierung.

Die Frage nach der **Lesbarkeit des Körpers** wird im Diskurs der so genannten **‚Physiognomik'** untersucht, der von der Antike bis in die Gegenwart reicht. Einen Höhepunkt hatte dieser Diskurs (der bereits im 19. Jahrhundert den Status einer wissenschaftlichen Disziplin verloren hat) im 18. Jahrhundert, als der Philosoph Johann Kaspar Lavater (1741–1801) das ehrgeizige Projekt einer Entzifferung menschlicher Charaktere aus ihren äußeren Erscheinungsmerkmalen entwi-

46 Foucault (1973; 1988; 1991).
47 Duden (1991).
48 Agamben (2002).
49 Foucault (1985).

ckelte. Der Traum der Physiognomik bestand darin, das im Inneren verborgene Wesen eines Menschen an unwillkürlichen Körperzeichen abzulesen und so nach außen zu holen. Das können physiologische Merkmale wie die Form der Nase sein, es können aber auch unkontrollierbare körperliche Ausdrucksformen wie die Stellung der Augenbrauen oder das Erröten sein. Hamlets Widerstand gegen Transparenz und Lesbarkeit des menschlichen Körpers haben wir bereits kennen gelernt (vgl. Kapitel 1). Für ihn handelt es sich bei den Trauergesten gerade nicht um untrügliche Anzeichen, die metonymisch (als sichtbarer Teil von einem unsichtbaren Ganzen) etwas Verborgenes preisgeben, sondern um spielbare und gesteuerte Zeichen. Anders die spontane und unwillkürliche Reaktion, die er durch seine Inszenierung des Theaterstücks im König Claudius hervorruft. Hier erweist sich Hamlet selbst als ein Physiognomiker, der aus äußeren Zeichen Aufschluss auf das Innere seiner Mitmenschen zu gewinnen hofft.

Über die „Wissenschaft der Physiognomie" schrieb Goethe Kritisches, und er hat einen Anteil daran, dass diese Wissenschaft heute keine mehr ist. Er wurde nicht müde, den Gegensatz zwischen einem reinen Innen und einem reinen Außen zu dekonstruieren und durch einen offenen Prozess der Wechselwirkungen zu ersetzen. Diese Wissenschaft, so schrieb er,

> schließt vom Äußeren auf das Innere. Aber was ist das Äußere am Menschen? Wahrlich nicht seine nackte Gestalt, unbedachte Gebärden, die seine inneren Kräfte und deren Spiel bezeichnen! Stand, Gewohnheit, Besitztümer, Kleider, alles modifiziert, alles verhüllt ihn. Durch alle diese Hüllen bis auf sein Innerstes zu dringen, selbst in diesen fremden Bestimmungen feste Punkte zu finden, von denen sich auf sein Wesen sicher schließen lässt, scheint äußerst schwer, ja unmöglich zu sein. Nur getrost! Was den Menschen umgibt, wirkt nicht allein auf ihn, er wirkt auch wieder zurück auf selbiges, und indem er sich modifizieren lässt, modifiziert er wieder rings um sich her. (...) Die Natur bildet den Menschen, er bildet sich um, und die Umbildung ist doch wieder natürlich.[50]

Während der Physiognomiker den Körper wie ein Schriftstück liest, macht die kulturelle Praxis der **Tätowierung** den Körper selbst zur Schreibfläche, indem sie auf ihm untilgbare Zeichen anbringt. Es ist diese Untilgbarkeit, die die Tätowierung von der Kleidung unterscheidet. Sie ist ein Außen, das zugleich ein Innen ist, weil es in die Haut eingezeichnet ist. Dieser Unterschied wird in Melvilles *Typee* (1846) dem Protagonisten Tommo bewusst, den es auf eine polynesische Insel verschlagen hat. Er hält es für klug, sich den Eingeborenen der Insel, von denen er für sein Überleben abhängig ist, ein Stück weit anzupassen. „When at Rome do as the Romans do, I held to be so good a proverb, that being in Typee I made a point of doing as the Typees did."[51] Er trägt ihre Kleidung, isst ihre Speisen und passt sich, so gut es geht, ihrer Lebensweise an. Das von ihm zur Losung gewählte Sprichwort macht deutlich, dass dieses Sich-Einlassen auf die Landessitten aber nur eine

50 Goethe (1981), 11.
51 Melville (1968), 209.

äußere Fassade ist, eine notwendige Anpassung, die wieder rückgängig gemacht werden kann und das Innere der Person nicht betrifft. Zum Problem wird diese Haltung allerdings in dem Moment, wo man ihn durch Tätowierung zu einem vollen Mitglied der Inselgesellschaft machen möchte. Sein eingeborener Diener Kory-Kory ist ein Ausstellungsstück für die Künste des Tätowierers, der zweifelsohne davon überzeugt war, das Werk der Natur durch Ganzkörperbemalung noch wesentlich zu verbessern. In der Beschreibung dieses Polynesiers stößt die indigene Oral-Kultur der Südsee mit der amerikanischen Druck-, Archiv-, Wissenschafts- und Museumskultur auf ironische Weise zusammen:

> The entire body of my savage valet, covered all over with representations of birds and fishes, and a variety of the most unaccountable-looking creatures, suggested to me the idea of a pictorial museum of natural history, or an illustrated copy of ‚Goldsmith's Animated Nature'.[52]

Sobald Tommo diese künstlerische Veredelung auf sich selbst zukommen sieht, weicht der ironische Blick auf die Tätowierung einem tiefen Schrecken vor **kultureller Alterität**, weil dieser Schritt als eine tiefgreifende Identitätsbedrohung, ja als Identitätsverlust erfahren wird. Insbesondere die Tätowierung des Gesichts bedeutet die Überschreitung einer Grenze, die den Rückweg in die zivilisierte Welt für immer versperrt. Auf der Körpergrenze der Haut kippt mit der Tätowierung das Außen in ein Innen um. In dieser Perspektive werden die exotisch kuriosen Darstellungen zu Stigmata, die eine Rückkehr in die eigene Kultur unmöglich machen: „I should be disfigured in such a manner as never more to have the face to return to my countrymen, even should an opportunity offer itself."[53]

Melville, der selbst zur See gefahren ist und als ein so genannter ‚beachcomber' unter Eingeborenen in der Südsee lebte,[54] hat das Thema der Tätowierung in seinem späteren Roman *Moby Dick* (1851) noch einmal aufgegriffen. Am Beispiel des Eingeborenen Queequeg, dessen Körper über und über tätowiert ist, wird nicht über Exklusion und Inklusion und die Grenzen von Gemeinschaften, sondern allgemeiner über die Grenzen kulturellen Sinns reflektiert. Es ist bezeichnenderweise von ‚Hieroglyphen' die Rede, die ein Medizinmann in ihn eingraviert hat:

> (He) had written out on his body a complete theory of the heavens and the earth, and a mystical treatise on the art of attaining truth; so that Queequeg in his own proper person was a riddle to unfold; a wondrous volume; but whose mysteries not even himself could read, though his own live heart beat against them; and these mysteries were therefore destined in the end to moulder away with the living parchment whereon they were inscribed, and so be unsolved to the last.[55]

52 Melville (1968), 83.
53 Melville (1988), 219. Zur Ambivalenz von Ornament und Stigma vgl. Caplan (2000).
54 Darunter versteht man einen ‚Go-between' zwischen weißer und indianischer Kultur, der auf einer exotischen Insel gestrandet ist und sich für eine Weile freiwillig den Lebensformen der Eingeborenen unterwirft. Vgl. dazu Frank (2005).
55 Melville (1988), 480 f.

Es sind Zeichen einer fremden Kultur, die möglicherweise den ganzen geheimnisvollen Sinn dieser Kultur enthalten. Der Matrose wird geradezu als ein Buch[56] beschrieben, das er allerdings selbst nicht lesen kann, denn es handelt sich um ein **lebendiges**, ein ‚inkarniertes' **Buch** mit einem lebendigen Herzen, das von innen gegen die geheimnisvolle Bilderschrift schlägt. Die inkarnierte Überlieferung einer oralen Stammeskultur, so macht Melvilles Erzähler hier deutlich, unterscheidet sich in zwei Aspekten von der Überlieferung einer Schriftkultur. Weil sie auf den Körper geschrieben ist, kann sie nicht wie ein Text zum Gegenstand der Reflexion und Deutung werden, sie bleibt ein unlösbares Geheimnis, das sich einem aufklärenden Verständnis entzieht. Weil sie auf den Körper geschrieben ist, kann sie andererseits den Menschen selbst nicht überdauern; sie vergeht mit dessen Leben und hinterlässt keine Spur, die in einem Archiv aufbewahrt werden und an die die Nachwelt forschend anknüpfen könnte.

3.3.5 Exkarnierte und inkarnierte Kultur

Die Opposition zwischen Körper und Geist hat viel mit der im vorangegangenen Kapitel dargestellten Mediengeschichte zu tun. Die Entwicklung und Steigerung der technischen Aufzeichnungssysteme bedeutete eine rigide Ablösung vom menschlichen Körper. In diesem Sinne bedeutete bereits die Alphabet-Schrift einen irreversiblen Abstraktionsschritt, indem sie menschliche Sprache von der lebendigen Stimme ablöste. Durch Schrift wurde Sprache exkarniert, d. h. losgelöst von jeglichem körperlichen Substrat. **Inkarnation** ist ein theologischer Begriff und steht für die Fleischwerdung des Wortes, von der am Anfang des Johannesevangeliums berichtet wird. Etwas Immaterielles wie der griechische ‚Logos', etwas Schriftliches wie die hebräische ‚Torah' nimmt laut Johannes eine menschliche Gestalt aus Fleisch und Blut an. Der inkarnierte Christus ist die Verkörperung der heiligen Schrift. Medientechnisch gesprochen vollzieht sich in jedem Verschriftungsakt genau das Gegenteil: Konkret gelebte Erfahrung, verkörperte Rede, sinnliche Stimme wird umgeformt in schwarze Lettern auf weißem Grund. Eine Kultur, die vorrangig auf diese technische Errungenschaft setzt und sie für ihre Zwecke ausbaut, unterscheidet sich grundsätzlich von einer auf Mündlichkeit und körperlichen Inszenierungen beruhenden Kultur (vgl. Kapitel 1). Ich spreche von diesen beiden Optionen als einer **‚exkarnierten'** und einer **‚inkarnierten' Kultur.**[57] Eine exkarnierte Kultur erschafft sich Bibliotheken und Archive, Vorratswirtschaft und Wissenschaften. Eine inkarnierte Kultur vollzieht sich in zwischenmenschlichen Bezügen, körperlichen Inszenierungen, Festen und Riten, kurz: in sinnlich performativer Vergegenwärtigung kulturellen Sinns in Raum und Zeit.

56 Das englische Wort ‚volume' geht auf lat. ‚volumen' zurück und bezeichnet die auf Papyrus geschriebene Buchrolle, während die Bezeichnung ‚parchment' auf Pergament verweist, das in der Form des Kodex verarbeitet wurde (vgl. den Abschnitt über die Formen des Buches im 2. Kapitel).

57 Vgl. Assmann, A. (1993b).

Diese kulturtypologische Unterscheidung darf nicht als eine Opposition verstanden werden, deren beide Seiten sich gegenseitig ausschließen. Es gibt inkarnierte Kulturen, die ohne (Alphabet-)Schrift auskommen, doch gibt es keine exkarnierten Kulturen, die auf das Prinzip der Verkörperung, der Anwesenheit, der lebendigen Partizipation verzichten können. Gleichwohl ist es sinnvoll, eine solche Unterscheidung einzuführen, um unterschiedliche Orientierungen und Akzentsetzungen innerhalb von Kulturen genauer beschreiben zu können.[58] Meine Gegenüberstellung von exkarnierter und inkarnierter Kultur hat eine gewisse Parallele in einer Unterscheidung, die der Kulturhistoriker Carl Schorske eingeführt hat. Er spricht (mit Blick auf die Geschichte Österreichs) von einer **‚culture of grace'** und einer **‚culture of the word'**.[59] Das Wort ‚grace' kann ebenso ‚Gnade' wie ‚Anmut' bedeuten. Beide Bedeutungskomponenten sind im Bezug auf die Kultur der katholischen Gegenreformation mit ihrem barocken Prunk, ihren höfischen und kirchlichen Inszenierungen, ihrer Freude an Bildern, an schönem Schein, Ästhetik und sinnlichem Genuss gemeint. Die Kultur des Wortes kennzeichnet demgegenüber die protestantische Tradition mit ihrer Neigung zum Ikonoklasmus, zur Abstraktion, Rationalität, Aufklärung und Askese. Schorskes Begriffe beziehen sich auf unterschiedliche Entwicklungen innerhalb der christlich abendländischen Kultur, die er jedoch nicht nur als einmalige geschichtliche Manifestationen, sondern als in der Geschichte unter veränderten Umständen wiederholbare Strukturen begreift. Bei ihm gerinnen diese kulturtypologischen Differenzierungen keineswegs in einer essentialistischen Polarisierung, sondern bewähren sich als sensible Instrumente der Beschreibung eines komplexen Spannungsverhältnisses und Zusammenspiels.

So wie sich in der abendländischen Geschichte protestantische und katholische Konfessionskulturen polarisiert und gekreuzt haben, so gilt auch auf einer allgemeineren Ebene, dass eine exkarnierte Kultur nicht ohne Anteile einer inkarnierten Kultur (und umgekehrt) auskommen kann. In den USA zum Beispiel, deren Kultur aus der emphatisch schriftorientierten puritanischen Bewegung hervorgegangen ist, gibt es nicht nur die Gegenrichtung einer fundamentalen Schriftskepsis, etwa bei dem mystisch veranlagten Philosophen Ralph Waldo Emerson[60], der die Instanz des kritischen Individuums über alle Bücherweisheit stellte, sondern auch eine starke Tradition rhetorischer Selbstinszenierung.[61]

58 Wir können diesen kulturtypologischen Vorschlag des Europa-Historikers Schorske an die Erforschung von ‚Kulturmustern' anschließen, wie sie Ruth Benedict und Margaret Mead in der Ethnologie entwickelt haben.

59 Schorske (1999).

60 Emerson (1971).

61 Man denke nur an die vielen amerikanischen Filme, die in Gerichtsälen spielen, und in denen die entscheidende Wende der Handlung durch einen überzeugenden rhetorischen Auftritt hervorgebracht wird.

Noch viel stärker mit Händen zu greifen sind in dieser Hinsicht die Unterschiede zwischen **weißer** und **schwarzer Kultur**, die in den USA aufeinander treffen. Das beginnt bei der konkreten Körpererfahrung. Wie lebt man, so fragt die Autorin Toni Morrison in ihrem Roman *The Bluest Eye*, als junges Mädchen in einer schwarzen community mit dem normativen weißen Schönheitsideal blauer Augen? Was bedeutet ein solch implantiertes Fremdbild für das Selbstwertgefühl schwarzer Frauen? Der Unterschied betrifft aber nicht nur rassische Merkmale, sondern auch die Differenzen in der **Körperbezogenheit** und **Körperbetonung** schwarzer und weißer Kultur. In der afroamerikanischen Literatur, in der man seit der Harlem-Renaissance in den 1920er-Jahren zunächst für soziale und später kulturelle Emanzipation kämpfte, wurde die weiße Kultur vorwiegend als eine (exkarnierte) Schriftkultur wahrgenommen. Diese beruhte auf kodifizierter Tradition und Institutionen wie Bibliotheken, Schulen und Universitäten, Museum und Konzertsaal, zu denen der Zugang für Schwarze schwierig, wenn nicht unmöglich war. Die schwarze Kultur, die aufgrund ihrer Geschichte der Enteignung und sozialen Unterdrückung lange Zeit entwertet war, musste erst wieder entdeckt und neu erfunden werden. Sie ist eine (inkarnierte) Kultur aus dem Geist des Körpers mit all ihren lebendigen Traditionen des Tanzes, der Musik (Jazz), der mündlichen Rede und ihrem Schatz von Liedern und Erzählungen.[62] Der Literaturtheoretiker Henry Louis Gates hat diese Unterschiede zwischen beiden Kulturen herausgestellt und die körperbezogene Zeichenpraxis der afroamerikanischen Kultur zum Gegenstand eines wichtigen Buches gemacht.[63] Für ihn ist nicht nur die (inkarnierte) Kultur des Körpers und der Mündlichkeit selbst, sondern sind vor allem auch die Inszenierungen dieser inkarnierten Kultur in der Literatur im (exkarnierten) Medium der Schrift von besonderem Interesse.

3.4 Körper-Inszenierungen

Mit dem Ende des Leitmediums Buch, das in den 1970er-Jahren von dem Medientheoretiker Marshall McLuhan auch als ‚Ende der Gutenberg-Galaxie' etikettiert wurde, trat die bis dahin dominierende Perspektive einer exkarnierten Kultur zurück und gab den Blick frei auf Entwicklungen und Phänomene einer inkarnierten Kultur, die über längere Zeit verstellt oder entwertet waren. Diese Wende, die auch als **‚Wiederkehr des Körpers'** beschrieben worden ist, hat sich in vielen Aspekten des kulturellen Lebens manifestiert. Dazu gehören kulturwissenschaftliche Orientierungen, die sich von der Dominanz des Textes als privilegiertem Gegenstand lösen und andere Zugänge zur Kultur suchen. Eine solche Möglichkeit besteht darin, Kulturgeschichte als „Geschichte von Körper-Inszenierungen" zu erforschen:

> Forschungspolitisch gesehen hat in letzter Zeit eine Verschiebung des kulturellen Paradigmas vom Textmodell zum Performanzmodell stattgefunden. Gegenüber dem

62 Ellison (1994); Morrison (1993); vgl. dazu Bröck (1988).
63 Gates (1988).

> Lesbarmachen von Kultur als Text finden Austauschprozesse, Handlungscharakter, kulturelle Praktiken, Rituale, Zeremonien, Spiele, Feste – modisch gesprochen: Inszenierungen von Kultur und Erlebniswerte von Kultur – stärker Beachtung als die bloßen Repräsentationen, Bilder und Selbstbilder, die den Texten ablesbar sind. Zu erforschen sind dann Texte als kulturelle Muster, die in genau bestimmbaren Grenzen von Zeit und Raum ein kommunikatives, kulturell qualifizierbares Ereignis hervorbringen.[64]

Diesen Weg hat insbesondere die Richtung des so genannten **New Historicism** beschritten, der bereits in der Einleitung kurz vorgestellt worden ist. Die ‚neuen Historiker' haben den Text nicht als historische Quelle verworfen – natürlich bleibt er der wichtigste Zugang zu den Äußerungsformen vergangenen Lebens –, sie nivellieren jedoch die Differenz zwischen kanonischen und anderen Texten, die sie lesen, um Aufschluss über soziale Praktiken im Rahmen einer kulturellen Körpergeschichte zu gewinnen. Die Zeitschrift dieser kulturgeschichtlichen Orientierung heißt *Representations*. Das Wort ‚Repräsentation' ist das Schlüsselwort dieser Forschungsrichtung; es bedeutet einerseits **Darstellung** mit Blick auf die jeweilig eingesetzten Medien und andererseits **Inszenierung** mit Blick auf selbstbewusste körper- und publikumsbezogene ‚performances'. Voraussetzungen, Bedingungen und Verfahren öffentlicher (Selbst-)Darstellung hat Stephen Greenblatt, Mitbegründer der Redaktionsgruppe und treibende geistige Kraft des New Historicism, in seinem Buch *Renaissance Self-Fashioning* näher untersucht. Gegenstand des Buches ist das symbolische Spiel des Körpers als Medium öffentlicher Zurschaustellung von Macht, Status und Identität in der höfischen Kultur der Renaissance.

Repräsentation ist jedoch nicht nur ein Schlüsselbegriff höfischer Kultur der Renaissance, sondern auch der gegenwärtigen Medienkultur. Im Gegensatz zur (exkarnierten) Buchkultur spielen in der (inkarnierten) Medienkultur Kategorien wie Aufführung, Theatralität, Inszenierung, Performance eine entscheidende Rolle. Es sind insgesamt Kategorien, die den Körper, der in der Buchkultur als Agens stillgestellt, ausgesperrt, marginalisiert ist, als Träger von Reizen, Handlung und Bedeutung neu zur Erscheinung bringen.

64 Scherpe (1999), 29. Scherpe ist verbunden mit dem Sonderforschungsbereich 447: ‚Kulturen des Performativen', Berlin/Potsdam, und dem Graduiertenkolleg ‚Körper-Inszenierungen' am Institut für Theaterwissenschaft der Freien Universität Berlin.

Zusammenfassung

Der Begriff Körper hat seit den 80er Jahren Konjunktur und spielt heute in unterschiedlichen Dimensionen (z.B. Medien, Gender und „agency") eine Rolle. Über die Jahrhunderte haben religöse bzw. kulturelle Umwertungen die Hierarchie der fünf Sinne mehrfach verändert. Während der Renaissance gewann z.B. der Gesichtsinn an Bedeutung, der zuvor als Einfallstor der Sünde gegeißelt wurde. Aus der Wertschätzung des Auges und entwickelten sich zwei unterschiedliche moderne Traditionen: die Ästhetik und die Wissenschaft.

Anders als das Tier ist der Mensch nicht in eine artspezifische Umwelt eingepasst. Diese „exzentrische Positionalität" befähigt ihn zur Reflexion. In Ergänzung zu diesem affirmativ humanistischen Ansatz der philosophischen Anthropologie sind kulturelle Ausprägungen und Zurichtungen des menschlichen Körpers („Körpertechniken") wichtige Dimensionen der historischen Anthropologie.

Diese beschäftigt sich mit dem Verhältnis von Körper und Geist bzw. von Körper und Seele. Die neuzeitliche Anthropologie der Aufklärung, die Körper und Geist in Opposition zueinander setzte, hat eine lange Vorgeschichte im Christentum, wurde aber in der Geschichte immer wieder durch Einheitsvisionen unterlaufen.

Elias versteht unter „Zivilisationsprozess" eine fortschreitende Selbstkontrolle über den Körper und die Affekte. Bourdieu untersucht mit dem Begriff „Habitus" ein Ensemble kultureller Prägungen, die umso zuverlässiger wirksam sind, je mehr sie dem Bewusstsein entzogen sind.

Die Verbannung des sexualisierten Körpers ist ein Bestandteil zunächst der christlichen und später bürgerlichen Kultur und Literatur. Das Spannungsfeld zwischen gesellschaftlichen Tabus und sexuellen Befreiungsbewegungen kennzeichnete die Zeit um 1900. Nietzsche deutete in diesem Zusammenhang die Seele als ein Gefüge aus kulturellen Normen und sozialen Zwängen, die den Körper kontrollieren. Die Genderforschung befasst sich mit diesen kulturellen Programmierungen, die bis zur Unbewusstheit verinnerlicht sind. Im Mittelpunkt dieser Forschung steht die männliche Macht des Patriarchats über den weiblichen Körper. Foucaults Umperspektivierung des Blicks auf die Herrschaft über den Körper legte den Grundstein für eine „Geschichte des Körpers".

Unter „Körperschriften" kann man in der Kulturgeschichte sowohl die Tradition der Physiognomik verstehen, die Menschen anhand unwillkürlicher Körperzeichen lesbar machen wollte, als auch den ethnographischen Befund der Tätowierung, die die Haut zur Schreibfläche für kulturelle Zeichen macht.

Man kann grundsätzlich zwischen ‚inkarnierten' und ‚exkarnierten' Kulturen unterscheiden. Inkarnierte Kulturen inszenieren den Körper und betonen seine Erscheinung in performativen Akten, exkarnierte Kulturen sehen von ihm ab und konzentrieren sich auf unsinnliche Phänomene (wie z.B. Texte), die sie auf transzendente Werte hin übersteigern. Katholizismus und Protestantismus setzen in diesem Sinne entgegengesetzte Akzente.

Auswalbibliographie:

Armstrong, Philip (2008) What Animals Mean in the Fiction of Modernity. London: Routledge Chapman & Hall.

Becker, Barbara/Schneider, Irmela, Hg.,(2000) Was vom Körper übrig bleibt. Körperlichkeit – Identität – Medien. Frankfurt a.M./New York: Campus.

Carlson, Marvin (2003) Performance: A Critical Introduction. New York/London: Routledge.

Douglas, Mary (1974) Ritual, Tabu und Körpersymbolik. Sozialanthropologische Studien in Industriegesellschaft und Stammeskultur. Frankfurt a. M.: Fischer.

Öhlschläger, Claudia / Wiens, Birgit, Hgg., (1997) Körper – Gedächtnis – Schrift. Der Körper als Medium kultureller Erinnerung. (Geschlechterdifferenz & Literatur, Bd. 7.) Berlin: Erich Schmidt.

Wischermann, Clemens, Hg., (2000) Körper mit Geschichte. Der menschliche Körper als Ort der Selbst- und Weltdeutung. (Studien zur Geschichte des Alltags, Bd. 17.) Stuttgart: Steiner.

Wulf, Christoph (2004) Anthropologie. Geschichte – Kultur – Philosophie. Reinbek: Rowohlt.

4. ZEIT

4.1 Kulturelle Grundlagen des Zeiterlebens

Zeit steht uns in der Regel nicht so klar vor Augen wie das Datum auf einem Kalenderblatt oder der Zeiger auf dem Ziffernblatt einer Uhr, sondern geht in vielen unscheinbaren Formen permanent in menschliches Handeln, Erleben, Deuten und Erinnern ein. In kulturwissenschaftlicher Perspektive sind **Raum und Zeit** keine rein physikalischen Phänomene oder apriorisch vorgeordnete Kategorien menschlicher Wahrnehmung, sondern selbst **kulturelle Konstrukte**. Diese Koordinaten, in denen menschliches Erleben und Handeln stattfindet, sind nicht stabil und menschlichem Einfluss entzogen, sondern immer schon Orientierungsgrößen und Sinnträger, die sich mit der Geschichte des Menschen wandeln. In den folgenden beiden Kapiteln soll an einigen Beispielen gezeigt werden, wie solche kulturelle Formung von Zeit und Raum aussehen kann und wie literarische Texte in unterschiedlichen Epochen an dieser Formung mitgewirkt haben. Wie wird Zeit erfahrbar gemacht und wie wird über sie nachgedacht? Wie wird sie gerafft, gedehnt und sinnlich erfahrbar gemacht?

4.1.1 Zur Ambivalenz der Zeit

Die wohl unsinnlichste Zeitbeschreibung in der Literatur stammt von Virginia Woolf und liest sich so:

> It was November. After November, comes December. Then January, February, March, and April. After April comes May. June, July, August follow. Next is September. Then October, and so, behold, here we are back at November again, with a whole year accomplished.[1]

Etwas sinnlicher geht es in Shakespeares Drama *Winter's Tale* zu. Die Handlung dieser Romanze vollzieht sich nicht in der von Aristoteles vorgeschriebenen Kontraktion von Zeit, die die Klassizisten auf einen einzigen Tag festgelegt haben. Die Einheit von Raum und Zeit sind in diesem Stück aufgegeben, das sich ja selbst, wie der Titel zeigt, als eine Erzählung gibt. Räumlich greift die Handlung auf zwei Schauplätze aus (Sizilien und Böhmen), und auch zeitlich sprengt das Stück die üblichen Dimensionen. Es setzt im neunten Monat der Schwangerschaft der Königin Hermione ein, die im 2. Akt ihre Tochter Perdita zur Welt bringt, die wiederum im 4. Akt zu einem heiratsfähigen jungen Mädchen herangewachsen ist. Am Anfang dieses Akts lässt Shakespeare eine Figur mit angehefteten Flügeln auftreten, die den Ablauf von 16 Jahren anzeigt. Diese Personifizierung der Zeit hält ein

---

1 Woolf (2008b), 254.

Stundenglas in der Hand, das sie mit einem Streich umkippt. Dabei stellt sie sich dem Publikum mit folgenden Worten vor:

> I that please some, try all, both joy and terror
> Of good and bad, that make and unfold error,
> Now take upon me, in the name of Time,
> To use my wings. (IV, Chorus, 1–4)

Mit dieser Verkörperung hat sich Shakespeare an dem Renaissance-Topos von der Wahrheit als Tochter der Zeit (veritas filia temporis) orientiert. Dazu gehören drei Figuren: der Vater Zeit mit langem Bart und Flügeln, der seine Tochter, eine nackte weibliche Gestalt aus einer Höhle befreit, in die sie vor ihrer Widersacherin, dem Irrtum, dargestellt als eine hässliche weibliche Gestalt, geflohen war. Die Zeit herrscht hier über Gut und Böse, sie gewährt Leontes Zeit für seine Verblendung und Diffamierung (sogar mit tödlichen Folgen für Mamilius), lässt die Lüge aber nicht triumphieren, sondern bringt am Ende die Wahrheit ans Licht.

Das moderne Gegenstück zur allegorischen Verkörperung der Zeit ist **die Uhr**, die Zeit nicht darstellt sondern misst, indem sie die Stunde in 60 Einheiten von exakt gleicher Länge unterteilt. Bacon, der Kompass, Schießpulver und Druckerpresse als die drei großen Motoren der Modernisierung hervorhob, hätte als vierte Errungenschaft die mechanische Uhr hinzufügen können, die im 14. Jahrhundert an mehreren Orten Europas zugleich erfunden wurde und seitdem die unverzichtbare Grundlage für das Zeitregime der Moderne bildet.[2] Die Uhr veranschaulicht in Shakespeares 77. Sonett zusammen mit zwei anderen Gegenständen die Ambivalenz der Zeit in ihren destruktiven und produktiven Wirkungen:

> Thy glass will show thee how thy beauties wear,
> Thy dial how thy precious minutes waste;
> The vacant leaves thy mind's imprint will bear,
> And of this book this learning mayst thou taste.
> The wrinkles which thy glass will truly show
> Of mouthed graves will give thee memory;
> Thou by thy dial's steady stealth mayst know
> Time's thievish progress to eternity.
> Look! What thy memory cannot contain,
> Commit to these waste blanks, and thou shalt find
> Those children nursed, deliver'd from thy brain,
> To take a new acquaintance of thy mind.
> These offices, so oft as thou wilt look,
> Shall profit thee and much enrich thy book.[3]

Das Gedicht nennt drei Gegenstände des täglichen Lebens, an denen wir die Zeit in unterschiedlicher Weise erfahren: den Spiegel, die Uhr und das Buch. Spiegel

2 Dohrn van Rossum (1992).
3 Shakespeare (1997f).

und Uhr sind Medien, an denen der negative Charakter der Zeit sinnfällig wird: die Zeit als Dieb von Jugend und Schönheit, als Motor von Verderben und Tod. Diese Erscheinungsform der Zeit entspricht dem alten Topos von **Zeit als Kronos** (= Chronos), der seine Kinder frisst und in barocken Emblemata als ‚Tempus edax' dargestellt wird. Im Sonett ist aber auch von der positiven Seite der Zeit die Rede. Sie ist nicht nur Agent des Raubs und der Zerstörung, sondern auch eine Produktivkraft, die entstehen und wachsen lässt. Hier kommt der dritte Gegenstand ins Spiel, auf den im Gedicht verwiesen wird: **das Buch**, das in diesem Falle als eines mit leeren Seiten vorzustellen ist, und das wohl als eine konkrete Freundesgabe gedacht werden muss, zu dem das Sonett die Handlungsanweisung liefert. Mithilfe des Buches, so wird argumentiert, können die negativen Wirkungen der Zeit aufgehoben und in etwas Positives und Produktives gewendet werden. Im Akt der Niederschrift nehmen die leeren Seiten des Buches zunächst passiv den Überfluss des Gedächtnisses in Form von Gedanken und Gedichten auf, im Akt der Wiederlektüre sodann ist nicht nur nichts verloren, sondern wird eine Wiederbegegnung mit dem Geschriebenen möglich, aus der etwas Neues entstehen und wachsen kann. Die produktive Kraft der Zeit wird hier in der Metaphorik biologischer Reproduktion beschrieben: „thou shalt find / Those children nursed, deliver'd from the brain".[4]

4.1.2 Lebenszeit

Sobald wir Zeit nicht als eine physikalische Konstante, sondern als zentrale Rahmenbedingung menschlichen Lebens und Erlebens betrachten, fällt die Unterschiedlichkeit von **Zeitqualitäten** auf. Am Anfang steht die Lebenszeit, die mit jedem Geburtstag in Erinnerung gebracht wird, und über die sich Autoren zu allen Zeiten ihre Gedanken gemacht haben. Sie ist vor allem begrenzt, ja viel zu kurz, wie Andrew Marvell in seinem Gedicht „To His Coy Mistress" (1681) beklagt:

> Had we but world enough, and time,
> This coyness, lady, were no crime.
> We would sit down, and think which way
> To walk, and pass our long love's day;
> Thou by the Indian Ganges' side
> Shouldst rubies, find; I by the tide
> Of Humber would complain. I would
> Love you ten years before the Flood;
> And you should, if you please, refuse
> Till the conversion of the Jews.[5]

Eine derart ausgedehnte Zeit und Langsamkeit gibt es nur in diesem witzigen Gedankenspiel im Konjunktiv; das Gegenteil ist der Fall in einem menschlichen Leben, das so schnell vergeht wie die Blume am Wegesrand: „But at my back I always

4 Vgl. die Metaphorik der schwachen Autorschaft in Kap. 2.
5 Marvell (1966), 122.

hear / Time's winged chariot hurrying near.“ Wiederum stehen die Flügel der Zeit für ihre Schnelligkeit, mir der sie den Menschen, der sich von ihr entfernen möchte, einholt. Sprödigkeit und langes Hinhalten in der Liebe sind angesichts des Zeitdrucks der begrenzten Lebenszeit nicht praktikabel; sie werden vom werbenden Sprecher des Gedichts in Überspitzung gar zu einem ‚Verbrechen' (This coyness, lady, were no crime) stilisiert, um die schnelle Gunst der Angebeteten zu erwerben und in der entschlossenen Hinwendung zum gegenwärtigen **Augenblick** (carpe diem, wörtl.: ‚Pflücke den Tag!') den Liebesakt zu genießen.

Begrenzte **Lebenszeit** ist aber nicht nur der Hintergrund für erhöhte Genussfähigkeit, sondern auch für Aufgaben und Ziele, die man sich gesetzt hat. Marvells Zeitgenosse John Milton hat autobiographische Sonette geschrieben, in denen er sich mit der knappen Ressource Lebenszeit auseinandersetzt und fragt, wie sein hoch ambitioniertes dichterisches Lebenswerk im engen Zeit-Rahmen seiner Biographie, noch dazu unter so hinderlichen Umständen wie seiner Erblindung, wohl zu realisieren sei:

> How soon hath Time, the subtle thief of youth,
> Stolen on his wing my three-and-twentieth year!
> My hasting days fly on with full career,
> But my late spring no bud or blossom shew'th.
> Perhaps my semblance might deceive the truth
> That I to manhood am arrived so near;
> And inward ripeness doth much less appear,
> That some more timely-happy spirits indu'th.
> Yet, be it less or more, or soon or slow,
> It shall be still in strictest measure even
> To that same lot, however mean or high,
> Toward which Time leads me, and the will of Heaven.
> All is, if I have grace to use it so,
> As ever in my great Task-Master's eye.[6]
> (1631)

Das erste Quartett ruft noch einmal die **Personifikation der Zeit** als einen geflügelten Mann auf (stolen on his wing); die emblematischen Flügel sind im Peirce'schen Sinne ein ikonisches Zeichen für die unaufhaltsame Flüchtigkeit der Zeit (my hasting days fly). Der späte Frühling des Sprechers zeigt jedoch noch keine Blüten. Er, der mit seinen 23 Jahren offenbar noch extrem jung aussieht, fühlt sich innerlich ebenso unreif. Im folgenden Sextett wechselt die Perspektive von einer eher aktiven zu einer eher passiven Sicht der Dinge. Angesichts einer Reihe von möglichen Gegensätzen wird eine gefasste Haltung der Hinnahme eingeübt; die Zeit ist nun kein Dieb mehr, sondern ein Führer, der mit dem Willen Gottes im Bunde steht. Diese Einstellung wird im Schlusscouplet unterstrichen, wo die Haltung der Gelassenheit noch weiter überschritten wird bis hin zur Allge-

6 Milton (1968), 29.

genwart göttlicher Gnade: ‚If I have grace to use it so'. Unter den Puritanern des 17. Jahrhunderts steht göttliche Gnade für das, was den Eifer menschlicher Tätigkeit und Werke sowohl antreibt als auch in Schach hält. So wichtig eigene Aktivität und Ehrgeiz für das puritanische Programm der selbstbestimmten Lebensführung sind, so entscheidend bleibt die **Gnade Gottes**, die letztlich über die Frage der Erfüllung oder Nichterfüllung eines Lebens entscheidet. Dass der Ton der Sorge, der das Gedicht animiert, auch am Ende nicht gewichen ist und keine wirkliche gottergebene Gelassenheit sich ausbreitet, macht der Ausdruck deutlich, mit dem in der letzten Zeile der persönliche Gott angesprochen wird: ‚my great Task-Master'. Der Sprecher des Gedichts bleibt in gewissem Sinne ein Pennäler, der sich angesichts eines nicht erfüllten Pensums vor der Strenge seines Schulmeisters fürchtet.

> When I consider how my light is spent,
> Ere half my days in this dark world and wide,
> And that one talent which is death to hide,
> Lodged with me useless, though my soul more bent
> To serve therewith my Maker, and present
> My true account, lest He returning chide,
> ‚Doth God exact day-labour, light denied?'
> I fondly ask: but Patience to prevent
> That murmur, soon replies, ‚God doth not need
> Either man's work or his own gifts. Who best
> Bear his mild yoke, they serve him best: his state
> Is kingly: thousands at his bidding speed,
> And post o'er land and ocean without rest;
> They also serve who only stand and wait.'
> (1652)[7]

Das berühmte Sonett, das Milton über seine Blindheit geschrieben hat, variiert zwanzig Jahre später dieses Thema und das Grundmuster seiner Metaphorik. Unter sehr viel dramatischeren Umständen entstanden, ist es eine wesentlich tiefere Auseinandersetzung mit dem Zeit-Dilemma und der Begrenztheit menschlichen Wollens und Könnens. Das Gedicht hat die Form einer Psychomachie, eines Seelendramas, in dem zwei entgegengesetzte Stimmen miteinander um Vormacht streiten. An die Stelle der Schülermetaphorik tritt das Bild der Talente aus dem neutestamentlichen Gleichnis, bei dem diejenigen belohnt werden, die die anvertraute Summe einsetzen und vermehren, im Gegensatz zu denen, die sie vergraben und unverändert zurückerstatten. In dieser Auslegung der Talente-Parabel spricht sich ein neues selbstbewusstes Bürgertum aus, das durch seinen kapitalistischen Aktivismus die Welt verändert und die Pforten der Moderne aufgestoßen hat. Das Bindeglied zwischen protestantischer Ethik und dem Geist des Kapitalismus, das der Soziologe Max Weber herausgearbeitet hat, ist ganz offensichtlich

7 Milton (1968), 80.

dieses neue ökonomische Verhältnis zur Zeit, die es maximal zu nutzen gilt. Miltons dialogisch organisiertes Gedicht formuliert diese moderne Zeitphilosophie und schränkt sie zugleich ein durch die Gegenstimme frommer Selbstbegrenzung.

Die Puritaner, und hier dürfen wir die Frauen bereits ansatzweise mit einschließen, erlebten Zeit vorrangig unter dem ökonomischen Aspekt der Pflicht und Verantwortung, der Buchführung und Rechenschaft vor sich und ihrem Schöpfer. Dabei entwickelten sie das **Tagebuch** zu einem wichtigen kulturellen Medium der Selbsterforschung und Selbststeuerung in der Zeit. Ein Beispiel dafür ist Daniel Defoes Robinson Crusoe, der auf eine einsame Insel in der Karibik verschlagen wird und bald feststellt, wie wichtig dieses innere Selbstgespräch, das Papier, Tinte und Kalender ermöglichen, für die Selbsterhaltung des zivilisierten Menschen unter den Bedingungen der ‚Barbarei' ist. In der Einsamkeit die Herrschaft über Zeit wiederzugewinnen, ist für die Erhaltung von Robinsons Identität absolut zentral. Ebenso wie das Tagebuch ist auch **der Kalender** ein unverzichtbares und fundierendes Ordnungs- und Steuerungsinstrument. Auf einem Baumstamm ritzt Robinson für jeden Tag eine Kerbe ein und verlängert dabei jede siebte. Dieses Zeitmanagement ermöglicht ihm nicht nur, seine kulturelle Identität als Christ durch Heiligung des Sonntags aufrechtzuerhalten, sondern auch, profane Feiertage wie den Tag seiner Errettung und Ankunft auf der Insel begehen zu können. Wie die kirchlichen und nationalen **Feiertage** haben sie die Aufgabe, ihn an identitätsstiftende Ereignisse periodisch zu erinnern und sein Leben im Rahmen einer individuellen Heilsgeschichte zu deuten. Dass er seinem eingeborenen Begleiter den Namen ‚Freitag' gibt, besagt nicht nur, dass dieser ihm an einem Freitag zugelaufen ist, sondern macht auch die koloniale Überlegenheit des weißen Kalenders deutlich.

4.1.3 ‚Kalte' und ‚heiße' Kulturen

Die These von der kulturellen Konstruktion von Zeit schließt grundsätzlich die Beobachtung ein, dass jede Kultur die Zeit als „das Programm ihres Entfaltungsprozesses selbst mit hervorbringt."[8] Ob die Zeit schneller oder langsamer fließt, ob sich die Welt schneller oder langsamer wandelt, ist eine Frage kultureller Rahmungen. Es gibt bekanntlich Kulturen, die starke Elemente der Selbststabilisierung und Identitätssicherung in Form von Riten und Traditionen ausgebildet haben, und solche, die wie die westliche irgendwann in ihrer Geschichte mehr oder weniger flächendeckend auf Innovation und Wandel umgestellt haben. Der Ethnologe Claude Lévi-Strauss spricht in diesem Zusammenhang von sogenannten ‚kalten' und ‚heißen' Kulturen.[9] Als **kalte Kulturen** bezeichnet er solche, die weniger aus Unvermögen denn aus Weisheit die Tendenz in Richtung Wandel und Beschleunigung blockieren, indem sie ihr kulturelles Leben auf Wiederholung, Wiedererkennbarkeit und Konstanz ausrichten und sich darin an den

8 Assmann, J. (1996), 31.
9 Lévi-Strauss, C. (1973).

zyklischen Prozessen der Natur orientieren. **Heiße Kulturen** sind demgegenüber solche, die Innovation und Wandel zum Gesetz ihrer Entwicklung machen und eine neutrale Zeitmessung einführen. In Westeuropa haben sich Kulturen an der Schwelle vom Mittelalter zur frühen Neuzeit von kalten zu warmen und heißen entwickelt, indem sie zuließen, dass ihre konstanzsichernden Bereiche wie Religion und Tradition durch dynamisierende Elemente wie Wissenschaft, Technik und Wirtschaft immer mehr unterwandert und in einen allgemeinen Prozess der Veränderung eingebunden wurden, der dann mit dem metaphysischen Begriff ‚Fortschritt' beschrieben wurde.

Die Polarisierung von ‚kalt' und ‚heiß' kann eine Beschreibungshilfe sein, wenn man sie wertfrei verwendet und keine Hegelsche Norm der Evolution unterlegt, die besagt, dass kalte Kulturen defizitär sind und aus ihnen irgendwann einmal heiße werden müssen. Die Begrifflichkeit eignet sich umgekehrt gerade dazu, Verwerfungen auszumachen und kalte Bereiche in heißen, sowie heiße Bereiche in kalten Kulturen zu identifizieren. Kalte Bereiche in heißen Kulturen entstehen durch Selbstverpflichtungen in Form sakrosankter Werte und Normen, die nicht zur Disposition stehen. Das können ethische und soziale Werte sein wie die Würde des Menschen oder die Gleichstellung der Geschlechter, aber auch ästhetische Werte, die sich in einem Kunstkanon manifestieren, welcher Werke enthält, die zur fortgesetzten Rezeption und Deutung vorgegeben sind. Heiße Bereiche in kalten Kulturen sind im Zeitalter der Globalisierung selbstverständlich geworden, wo es, wie z. B. in einem oberägyptischen Dorf, ein Internet-Café gibt, während das Leben weiterhin von archaischen Bedingungen bestimmt ist, zu denen u. a. gehört, dass die Frauen und Mädchen den täglichen Wasservorrat weiterhin auf dem Kopf vom zentralen Brunnen in die Häuser tragen. Auf solche Phänomene globaler, aber partieller Technikausbreitung passt der Begriff der ‚Gleichzeitigkeit des Ungleichzeitigen', den der Kunsthistoriker Wilhelm Pinder Anfang des 20. Jahrhunderts geprägt hat.

4.1.4 Das Verhältnis der Generationen

Um Innovation zu einem Grundprinzip kulturellen Wandels zu machen, bedarf es bestimmter Motoren. Ein solcher Motor ist die breitenwirksame Nutzung des Mediums Schrift durch die Erfindung des **Buchdrucks** gewesen. Ohne sie wären innovationstreibende Institutionen wie Wissenschaft und Technik ebenso wenig möglich gewesen wie heute deren Ausdifferenzierung und Spezialisierung ohne den Computer. Eine andere treibende Kraft der Veränderung auf der Ebene der sozialen Beziehungen ist der **Wechsel der Generationen**. In kalten Kulturen wird die junge Generation weitgehend auf die Werte und Normen der älteren Generation und damit auf soziale Anpassung verpflichtet. In dieser Sicht bricht mit jeder neuen Generation sozusagen ein Stück Natur oder ‚Barbarei' in die Kultur ein, und das Ziel der Erziehung und Sozialisation besteht dann darin, diese Barbaren zu Menschen im Sinne der jeweiligen kulturellen Definition zu machen. In heißen Kulturen dagegen wird die naturwüchsige Kluft zwischen den Generationen zur Profilierung von Kritik und Polemik der Jüngeren gegenüber den Älteren, und damit zur Abgrenzung und Ermöglichung des Neuen gegenüber dem Alten sowie der Beschleunigung kulturellen Wandels, eingesetzt. In heißen Kulturen wird Jugend zu einem positiven Wert, der für kreative Energie, Innovationspotential und Zukunftsoffenheit steht. In diesem Sinne schrieb der amerikanische Philosoph Ralph Waldo Emerson:

> „Nature abhors the old, and old age seems the only disease: (...) We call it by many names, – fever, intemperance, insanity, stupidity, and crime: they are all forms of old age: they are rest, conservatism, appropriation, inertia, not newness, not the way onward."[10]

Die Jugend darf sich in einer heißen Kultur nicht nur anmaßen, ehrwürdige Traditionen in Frage zu stellen, sie muss es sogar. Die erste literarische Generation, die dieses Recht für sich in Anspruch nahm, war der deutsche **Sturm und Drang**, der sich gegen die schulmeisterliche Regelpoetik des 18. Jahrhunderts auflehnte, den unkontrollierten Leidenschaften zu literarischem Ausdruck verhalf und den Geniebegriff als neue Kunstnorm etablierte. Was mit dem Sturm und Drang historisch in dieser Form zum ersten Mal emphatisch geschah, nämlich die Herausforderung der Gesellschaft durch eine neue Generation, das konnte sich nun potenziell an jeder Generationenschwelle wiederholen. Dafür gab es auch biologische Voraussetzungen: durch Verbesserung der allgemeinen Lebensbedingungen und der Hygiene verlängerte, ja verdoppelte sich die Lebenserwartung im 19. Jahrhundert. Das wiederum bedeutete, dass sich die Generationen nicht ablösten, sondern nebeneinander in einer ‚Gleichzeitigkeit des Ungleichzeitigen' lebten, aus der soziale Irritationen und kulturelle Spannungen entstanden, die wiederum zur Wandlungsbeschleunigung der Kultur beitrugen. Jede neue Generation, die sich als solche aufgrund bestimmter gemeinsamer historischer Erfahrungen, Werte und Ziele erkennt, definiert und thematisiert, birgt einen Impuls zur Dynamisierung der Kultur.

4.1.5 Zeitbeschleunigung

Seit dem letzten Viertel des 18. Jahrhunderts – der vom Historiker Reinhart Koselleck so genannten **‚Sattelzeit'** – sind die westlichen Kulturen in eine noch heißere Phase mit erhöhter Evolutionsbeschleunigung eingetreten. Die Französische Revolution, eine neue Welle der Säkularisierung, die industrielle Revolution, die Neugründung von Universitäten und die Demokratisierung der Kultur durch Ausbreitung von Alphabetisierung und Verbreitung von Schrifttum haben zu diesem Gefühl einer alles durchdringenden und alles erfassenden Zeitbeschleunigung durch Forcierung von Wandel beigetragen.[11]

Im Folgenden wollen wir uns auf einen besonders handgreiflichen Aspekt dieses Beschleunigungsprozesses konzentrieren: auf den Wandel der Verkehrstechnik

10 Emerson (1979), 188 f.

11 Diese Vermehrung entwickelt sich stetig weiter; das Schrifttum, das nach dem 2. Weltkrieg gedruckt wurde, übersteigt die Summe des bis dahin Gedruckten. Vgl. dazu Cavalli (1991), 208.

und seinen Niederschlag in der Literatur. Dabei soll nicht nur auf die Wirkung der grundlegend veränderten Lebensverhältnisse und Wahrnehmungsbedingungen eingegangen werden, für die die Literatur ein reiches Archiv darstellt, sondern auch auf Veränderungen in den Formen des Schreibens.

Die Kulturgeschichte ist eine Geschichte wechselnder Zeitrhythmen. Einen wichtigen Einschnitt in der Zeiterfahrung brachte die **industrielle Revolution** und mit ihr die **Dampfmaschine** und **Eisenbahn** mit sich. Die erste englische Eisenbahnstrecke wurde 1825, zehn Jahre vor der ersten deutschen Strecke, zwischen Stockton und Darlington eingerichtet (fünf Jahre vor der Strecke zwischen Liverpool und Manchester). Auch Henry David Thoreau, der sich Mitte des 19. Jahrhunderts in die Einsamkeit der Wälder Neu-Englands zurückzogen hatte, blieb mit der Gesellschaft durch dieses Schienenband verbunden. Er hat sehr genau beobachtet, wie die Eisenbahn ein neues Zeitdispositiv einführte und den Puls des Lebens, Sprechens und Denkens beschleunigte.

> The startings and arrivals of the cars are now the epochs in the village day. They go and come with such regularity and precision, and their whistle can be heard so far, that the farmers set their clocks by them, and thus one well conducted institution regulates a whole country. Have not men improved somewhat in punctuality since the railroad was invented? Do they not talk and think faster in the depot than they did in the stage-office?[12]

Die Zeitorientierung folgt immer weniger den natürlichen Rhythmen von Tag und Nacht oder den Jahreszeiten und orientiert sich immer mehr an **Uhrzeiten**, die – u. a. in Gestalt der Fahrpläne – die soziale Zeit immer exakter synchronisieren. Bis in den alltäglichen Habitus des Sprechens und Denkens hinein beobachtet Thoreau solche Veränderungen, die er als moderner Amerikaner übrigens keineswegs verteufelt. Freilich ist er ebenso weit entfernt von einer pauschalen Glorifizierung des technischen Fortschritts als eines zivilisatorischen Fortschritts, wie dies in der zweiten Hälfte des 19. Jahrhunderts in den Vereinigten Staaten üblich wurde. Der Historiker Frederick Jackson Turner zum Beispiel feierte das Vordringen der Eisenbahn in die Wildnis und den Ausbau des Streckennetzes als einen Herold des Fortschritts. Die Wildnis, so schrieb er, „has been interpenetrated by lines of civilization growing ever more numerous. It is like the steady growth of a complex nervous system for the originally simple, inert continent."[13]

Heinrich Heine, der 1843 bei der Eröffnung der Linien von Paris nach Orleans und nach Rouen dabei war, hat von einem neuen Abschnitt der Weltgeschichte gesprochen, in dem sich unsere Anschauungsweise und Vorstellungen ändern und „die Elementarbegriffe von Raum und Zeit" ins Wanken geraten. Ähnlich wie wir heute auf die Globalisierung reagieren, deren weitgespanntes Netz der Kommunikations-, Verkehrs- und Transportmedien zu einer überstürzten Schrumpfung der

12 Thoreau (1970), 249.
13 Turner (1963), 37. (Vgl. Kap. 5).

Welt geführt hat, so reagierte damals Heine auf die **neue Geschwindigkeit**, die die Abstände schrumpfen ließ und ein neues Raumgefühl hervorbrachte: „Mir ist als kämen die Berge und Wälder aller Länder auf Paris angerückt. Ich rieche schon den Duft der deutschen Linden; vor meiner Türe brandet die Nordsee."[14] Wo die Bewunderer von Technik und Fortschritt eine zunehmende Herrschaft des Menschen über Raum und Zeit sahen, sahen die Kritiker eine „Vernichtung von Raum und Zeit".[15] Im Blick aus dem „fliegenden Salon", wie der Dichter Joseph von Eichendorff das Eisenbahnabteil nannte, lösten sich die Konturen der vorüberjagenden Landschaften auf.

In der Einleitung ihres Romans *Felix Holt* hat George Eliot in leicht nostalgischem Ton vermerkt, dass der technische Fortschritt der Eisenbahn mit einer Verarmung an sinnlicher Erfahrung und damit auch der Fähigkeit zum Erzählen einherging.

> O youngsters! The elderly man has his enviable memories, and not the least of them is the memory of a long journey in mid-spring or autumn on the outside of a stage-coach. Posterity may be shot, like a bullet through a tube, by atmospheric pressure from Winchester to Newcastle: that is a fine result to have among our hopes; but the slow old- fashioned way of getting from one end of the country to the other is the better thing to have in the memory. The tube-journey can never lend much to picture and narrative; it is as barren as an exclamatory O! Whereas the happy outside passenger seated on the box from the dawn to the gloaming gathered enough stories of English life, enough of English labours in town and country, enough aspects of earth and sky, to make episodes for a modern Odyssey.[16]

Die von Eliot mitgeteilten Zukunfts-Phantasien haben sich noch immer nicht vollständig realisiert; trotz der Entwicklung von Trans-Rapid-Strecken ist unser alltägliches Reiseerlebnis auch anderthalb Jahrhunderte später noch weit entfernt davon, durch atmosphärischen Druck wie ein Projektil durch ein Rohr geschossen zu werden. Die Luftfahrt hat diese Utopie des 19. Jahrhunderts jedoch eingelöst und das Reisen (von spektakulären Blicken abgesehen) zu einer unsinnlichen Erfahrung gemacht, was vielleicht durch die an Bord gezeigten Filme kompensiert werden soll. Wie der Verlust sinnlicher Wahrnehmung, so hat auch der Rückgang der sozialen Kunst des Erzählens mit der Beschleunigung von Zeit zu tun, weil Beobachten und Erzählen Zeit braucht und verbraucht, die im sozialen Raum immer weniger selbstverständlich zur Verfügung steht.

Das **Erzählen**, das unter diesen Bedingungen gefährdet erscheint, ist selbst eine grundlegende Form der kulturellen Konstruktion von Zeit. Geschichten ordnen Ereignisse in einer Weise, die ihnen Zusammenhang und Bedeutung verleiht. Narrative Formung, Zeitkonstruktion und Sinndeutung gehen unmittelbar ineinan-

14 Heine (1981), 449.
15 Schivelbusch (1977) hat die zeitgenössischen Reaktionen auf diese Schwelle der Kulturgeschichte beschrieben, 35 f.
16 G. Eliot (1998), 5.

der über. Die Verarbeitung biographischer Erlebnisse und historischer Erfahrungen „ist ein unverzichtbares Medium der kulturellen Orientierung von Handeln und der Bildung tragfähiger personaler und sozialer Identität."[17] Die Vergangenheit an sich gibt es nicht, sie kann in der Gegenwart nur durch Auswahl, Formung und Sinngebung aufgerufen werden, wobei sie in der Regel so modelliert wird, dass sie eine Stütze für ein Argument oder eine Haltung in der Gegenwart ist. Wie wir in den beiden letzten Kapiteln noch genauer feststellen werden, ist solcher Vergangenheitsgebrauch unverzichtbar für Selbstverständnis und Zukunftsorientierung. Um Vergangenheit zu ‚vergegenwärtigen', bedarf es sowohl einprägsamer Bilder wie anschaulicher Erzählungen. Mit einer narrativen Rahmung durch bestimmte **Erzählschemata** (der Historiker Hayden White spricht hier von ‚emplotment'; Stuart Hall von ‚encoding'[18]) werden wichtige Ereignisse für die Kommunikation so ausgewählt und geordnet, dass sie auf ein Ziel bzw. einen Sinn hin lesbar werden.

Das Verhältnis von **Epochenwandel** und der Veränderung von Lebenswelten und Erfahrungsformen hat Virginia Woolf zum Gegenstand ihres Romans *Orlando* gemacht. In diesem Roman spielt die Zeit auf verschiedenen Ebenen eine wichtige Rolle. Eine dieser Ebenen ist die historische Zeit, die sich von Epoche zu Epoche wandelt und eine jeweils spezifische Eigenart ausprägt. Diese historische Eigenart der Epoche wird von ihr unter dem Stichwort **‚Zeitgeist'** (the spirit of the age) zusammengefasst. Die Darstellung des jeweiligen Zeitgeistes ist ein anspruchsvolles kulturgeschichtliches Projekt, denn Woolf rekonstruiert die Physiognomie der einzelnen Epochen nicht nur aus politischen und geistesgeschichtlichen Faktoren, sondern auch aus Mentalitäten, Gegenständen, Moden, Umgangs- und Lebensformen sowie impliziten Werten und Welthaltungen. Orlando, der Protagonist ihres Romans, ist eine außergewöhnliche Figur – nicht nur, weil er sich nach der ersten Hälfte des Buches in eine Frau verwandelt, sondern auch, weil er vom 16. bis ins 20. Jahrhundert lebt und in dieser über vier Jahrhunderte reichenden Biographie mit unterschiedlichen Zeitgeistern Bekanntschaft macht.[19]

Während sich die vorangegangenen Abenteuer Orlandos außer Hause entweder zu Schiff, in der Kutsche oder zu Pferde abspielten, reist die Protagonistin im letzten Kapitel des Romans mit der Eisenbahn in die viktorianische Epoche und später mit dem Auto in die zwanziger Jahre des zwanzigsten Jahrhunderts. Als sie nach einer Kutsche ruft, teilt man ihr mit, dass sie den 11.45-Uhr-Zug nach London nehmen müsse. Sie setzt sich in ein Abteil, ohne sich dabei große Gedanken

17 Rüsen (1990), 12.
18 White (1973).
19 „The transaction between a writer and the spirit of the age is one of infinite delicacy, and upon a nice arrangement between the two the whole fortune of his work depends. Orlando had so ordered it that she was in an extremely happy position; she need neither fight her age, nor submit to it; she was of it, yet remained herself." Woolf (2008b), 254.

über die neue technische Erfindung zu machen, „without giving a thought to ‚that stupendous invention, which had (the historians say) completely changed the face of Europe in the past twenty years' (as, indeed, happens much more frequently than historians suppose)." (260) Nach Beendigung ihrer viktorianischen Episode bringen zehn Schläge einer Uhr die Heldin unvermittelt in die Gegenwart der Schreibenden: „It was the eleventh of October. It was 1928. It was the present moment." (285) Dieser Moment, an dem sich **erzählte Zeit** und **Erzählzeit** kreuzen, markiert einen prekären Grenzwert zwischen Literatur und Leben.

In der Gegenwart angekommen, setzt sich Orlando in ein Auto und fährt los. Sie muss sich ihren Weg durch dichten Verkehr bahnen, dabei nimmt sie zerstreut isolierte Bilder wahr:

> she noticed sponges, bird-cages, boxes of green American cloth. But she did not allow these sights to sink into her mind even the fraction of an inch as she crossed the narrow plank of the present, lest she should fall into the raging torrent beneath. (285)

Die Gegenstände, die nur für einen flüchtigen Augenblick in ihr Wahrnehmungsfeld treten, sind völlig beziehungslos: Schwämme, Vogelkäfige, grüne Kisten – sie sind so unverbunden wie die ausgestellten Waren in den Schaufenstern. Während sie im Auto die Straße entlang fährt, lernt Orlando instinktiv den Wahrnehmungsmodus des neuen Zeitalters: Sie nimmt die Bilder nur oberflächlich wahr und lässt sie nicht tiefer ins Bewusstsein eindringen. „The eye is not a miner" – das Auge gräbt nicht in die Tiefe, sondern hält sich an die Oberfläche, schreibt Woolf in einer anderen Erzählung.[20] Dieser Zustand entspricht einem Befund, den die Psychologen und Soziologen ihrer Zeit als **„Reizüberflutung"** beschrieben und mit einer neuen Nervenkrankheit, der Neurasthenie in Verbindung gebracht haben. Alles dringt auf Orlando ein, gleichzeitig dringt aber nichts in sie ein. Gegenwart wird so zum schmalen Grat, auf dem man mit leichtem Schwindel über den Abgrund der Zeit balanciert. Vom fahrenden Auto aus fliegt die zerstückelte Welt an Orlando vorbei:

> Here was a market. Here a funeral. Here a procession with banners upon which was written ‚Ra – Un', but what else? (...) Amor Vin- that was over a porch. A woman looked out of a bedroom window, profoundly contemplative, and very still. Applejohn and Applebed, Undert –. (292 f.)

An diese Sequenz von isolierten und fragmentierten Bildern schließt die Erzählerin eine bemerkenswerte Reflexion an, die den Kern moderner Zeiterfahrung zusammenfasst:

> Nothing could be seen whole or read from start to finish. What was seen begun – like two friends starting to meet each other across the street – was never seen ended. After twenty minutes the body and mind were like scraps of torn paper tumbling from a sack, and, indeed, the process of motoring fast out of London so much resembles

20 Woolf (1967), 156. Vgl. dazu das folgende Kapitel ‚Raum'.

the chopping up small of identity which precedes unconsciousness and perhaps death itself that it is an open question in what sense Orlando can be said to have existed at the present moment. (293)

4.2 Literarische Inszenierungen von Gegenwart

Ein uraltes Thema der Dichtung ist die Steigerung, die Preisung, die **Verewigung des Augenblicks**. Ars longa, vita brevis: was im Leben flüchtig ist und vorüber eilt, kann in der Kunst eine Verlängerung und ein bleibendes Denkmal finden. Die Verewigung des Augenblicks ist auch das poetische Programm des viktorianischen Dichters Dante Gabriel Rossetti, der dieses in seinem Einleitungsgedicht des Zyklus *House of Life* explizit ausformuliert hat: „A sonnet is a moment's monument".[21]

Die poetisch unüberhöhte reine Gegenwart wird dagegen in Virginia Woolfs *Orlando* als ein Schock erfahren. In dieser Gegenwart anzukommen, in ihr zu stranden, ist eine tief beunruhigende Erfahrung: „For what more terrifying revelation can there be than that it is the present moment? That we survive the shock at all is only possible because the past shelters us on one side and the future on another." (285) Diese Erfahrung spitzt ein altes Zeitproblem neu zu, das die Philosophen schon lange umgetrieben hatte: Gibt es die Gegenwart überhaupt, löst sie sich nicht infinitesimal in immer kleinere Segmente auf, die letztlich gar nicht mehr wahrnehmbar und erlebbar sind? Augustin hatte sich bereits im elften Buch seiner Bekenntnisse mit diesem Problem auseinander gesetzt und eine Lösung angeboten.[22] Die Zeit in die drei (von der Grammatik der lateinischen Sprache vorgegebenen) Dimensionen von Vergangenheit, Gegenwart und Zukunft einzuteilen hielt er für kurzschlüssig, denn weder zur Vergangenheit noch zur Zukunft haben wir einen sinnlich unmittelbar erfahrbaren Zugang. **Zeitwahrnehmung** findet immer und ausschließlich in der Gegenwart statt, und deshalb gebe es ausschließlich Gegenwart: Eine Gegenwart-in-Bezug-auf-die-Vergangenheit (die Erinnerung oder historische Rekonstruktion, die wir immer in der Gegenwart vollziehen) und eine Gegenwart-in-Bezug auf die Zukunft (die spezifische Erwartung, die wir uns von der Zukunft in der Gegenwart machen). Was aber, wenn sich herausstellt, dass wir ebenso wenig zur Gegenwart einen gesicherten Erfahrungszugang haben? Neurophysiologen und Wahrnehmungspsychologen versichern uns heute, dass das Gehirn kein passiver Behälter minimalistischer Sinneswahrnehmungen ist, die chaotisch in unserem Gehirn herumschwirren, sondern dass unsere Wahrnehmung eine Plattform darstellt, auf der Wahrnehmungsinhalte in ein bewusstseinsfähiges Format gebracht werden. Dieser automatisierte Vorgang allerdings braucht selbst Zeit, und zwar rund 3 Sekunden, weshalb man auch vom **3-Sekunden-Fenster** spricht, in dem ein Wahrnehmungsbild generiert wird.[23] Ob nun allerdings etwas von der Aufmerksamkeit weiter

21 Rossetti (1977), 76. Dieser Zyklus ist besonders in seinem ersten Teil reich an Gedichten, die sich mit der Flüchtigkeit der Lebenszeit auseinandersetzen.

22 Augustinus (1988).

23 Pöppel (1988).

festgehalten, fokussiert und dabei vom Bewusstsein aufgegriffen, elaboriert und ins Gedächtnis vermittelt oder aber gleich wieder fallen gelassen wird, darüber entscheidet nicht mehr die Infra-Struktur unseres Gehirns, sondern die individuelle Interessen-Disposition unserer geistigen Landkarten (‚mental maps').

4.2.1 Fragmentierung der Wahrnehmung

Viele Künstler des frühen 20. Jahrhunderts haben in der neuen Fragmentierung von Erfahrung die Signatur ihrer Epoche erkannt. Sie folgten darin dem französischen Dichter der Großstadt, Charles Baudelaire, der die Erfahrung der Beschleunigung und die damit verbundene Fragmentierung der Wahrnehmung als Kern der modernen Erfahrung bereits im 19. Jahrhundert erkannt hat: „Die Modernität ist das Vergängliche, das Flüchtige, das Zufällige."[24] („La modernité, c'est le transitoire, le fugitif, le contingent.") Die Stadt, so schrieb er weiter, „ändert sich schneller als das Herz eines Menschen".[25] Diese Einsicht hatte unmittelbare Konsequenzen für eine **neue Ästhetik der Moderne**. Der lange Atem des epischen Erzählens galt unter diesen Bedingungen nicht mehr als zeitgemäß. Es wurde mit kurzen und immer kürzeren Formen experimentiert. Die **Short Story** entwickelte sich im 19. Jahrhundert als eine genuin moderne Gattung, der **Imagismus,** eine Bewegung englischer und amerikanischer Lyrikerinnen am Anfang des 20. Jahrhunderts, bestand aus bis zur äußersten Knappheit verdichteten Bildern. An die Stelle langfristiger Entwicklung trat in der Erzählung – wie z. B. in Joyces Kurzgeschichten-Sammlung *Dubliners* – die eindrückliche Schilderung prägnanter unverbundener Episoden. Wo der Roman expandierte und wiederum episches Format gewann, war er zeitlich radikal beschränkt. So erstreckt sich die Handlung im *Ulysses* von Joyce über 16 Stunden eines einzigen Tages und die darauf folgende Nacht, auf den so genannten ‚Bloomsday', den 16. Juni 1904.

Bei Virginia Woolf führte die Zersplitterung der Wahrnehmung in die literarische Technik des Bewusstseinsstroms, der unzusammenhängende Bilder und Assoziationen im Kopf einer Protagonistin auf geschmeidige Weise integriert und den Prozess des Schreibens dem Fließen der Gedanken angleicht. Das führte weiterhin zur Auflösung der Person in eine Vielfalt unterschiedlicher Selbstbilder, worauf wir im Kapitel ‚Identität' noch einmal zurückkommen werden. Am entgegengesetzten Pol der aktiven Ich-Inszenierung steht der Zustand passiver Reizüberflutung, in dem sich das menschliche Bewusstsein in einen reinen Reflektor verwandelt, der sich dem technischen Apparat einer Photo-Kamera annähert. Unbewusstheit und Todesnähe, aber auch eine mystische Form der Selbstentgrenzung sind mit dieser Entgrenzung des Bewusstseins verbunden. Nach Zuständen solcher Selbst-Auflösung ist die Rückholung der Wahrnehmung unter die Kontrolle des Bewusstseins ein Akt mühsamer Anstrengung und Disziplin. Wer aus solcher Auflösung zurückkehrt, behält ein geschärftes Bewusstsein für soziale Konventionen der Wahrnehmung und die Konstruktion von Identitäten.

24 Baudelaire (1996), 21.
25 Vgl. Cavalli (1991), 202.

4.2.2 Apotheosen des Augenblicks

Die Erfahrung der zeitlichen Beschleunigung und Fragmentierung der Welt intensiviert zugleich die Wahrnehmung des einzelnen Augenblicks. Losgelöst von größeren Zusammenhängen verdichtet sich eine **isolierte Erfahrung.** Es sind in der Regel triviale und unscheinbare Phänomene, die eine nachhaltige Wirkung entfalten und eine geradezu unauslotbare Bedeutung annehmen können. Als Beispiel für einen solchen ‚Augen-Blick' soll hier ein Gedicht von Ezra Pound angeführt werden, das unter bemerkenswerten Umständen entstand. Der erste Anstoß zum Gedicht kam Pound, als er an einem Tag im Jahre 1913 die Pariser Metro an der Station La Concorde verließ. Dort traf ihn plötzlich mitten in der Routine des Massenverkehrs und der Personenströme die Wahrnehmung einzelner Gesichter, deren Schönheit er in einem Gedicht festzuhalten suchte. Das Resultat war zunächst ein 30-zeiliges Gedicht, das er nach einem halben Jahr auf die Hälfte kürzte und nach einem weiteren Jahr in die kompakte Form eines Zweizeilers brachte:

IN A STATION OF THE METRO

The apparition of these faces in the crowd;
Petals on a wet, black bough.[26]

Der Schauplatz des Gedichts ist ein unsinnlicher Ort dunkler Schächte und Tunnels, pulsierend vor Geschwindigkeit und Hektik. An einem solchen Ort reduzieren sich die Wahrnehmungsbilder auf flüchtige und zusammenhanglose Erscheinungen. Die charakteristische Großstadterfahrung von Bewegung, Atomisierung und Flüchtigkeit verdichtet sich in der ersten Zeile: „The apparition of these faces in the crowd". Wir erfahren nicht, um was für Gesichter es sich handelt; bevor sie vom Blick fixiert werden konnten, sind sie vorbeigezogen. Das Wort für Erscheinung, „apparition", wird in der Regel auf Geister angewandt, was die Flüchtigkeit und Substanzlosigkeit der Gesichter steigert und den U-Bahn-Schacht mit der Unterwelt in Verbindung bringt. Aber erst das Bild der zweiten Zeile stellt die eigentliche Spannung des Gedichts her: Ein Bild der Natur, das auf das erste Bild aufgestockt wird („superimposed" nennt es Pound), erzeugt eine Überblendung, die für einen blitzartigen Moment eine überraschende Ähnlichkeit zwischen zwei konträren Welten freigibt. Überraschung und **Plötzlichkeit** sind die Schlüsselemotionen dieser ‚imagistischen' Lyrik, deren Wirkung durch die Technik des schnellen Schnitts und der harten Montage von Bildern erreicht wird. Es ist dieselbe Technik, die gleichzeitig im neuen Medium des **Films** entwickelt wurde. Der neue Modus visueller Wahrnehmung wird in der modernen Poesie selbst nachgeahmt und zugleich korrigiert. Ihr Anspruch besteht darin, den abgestumpften Blick herauszureißen aus seiner Lethargie und die sinnliche Wahrnehmung inmitten der großstädtischen Reizüberflutung neu zu schärfen. Imagistische Dichtung versteht sich als eine Wort-Bild-Kunst, die die Sinne schärft und die Wahrnehmung steigert.

26 Pound (1968), 113.

Im Zentrum der Lyrik-Bewegung der Imagisten steht die von T. E. Hulme formulierte These, dass nicht Wort und Klang, sondern allein das Bild das entscheidende Material der Dichtung ist. Die Imagisten verstärkten die visuelle Qualität ihrer Dichtung auf Kosten auditiver Qualitäten wie Reim, Assonanz oder Rhythmus.[27] Es ist leichter zu beschreiben, was dieses Bild, um das es geht, nicht ist; es ist keine Metapher, es hat keinen illustrativen Charakter und ist nicht Träger eines subjektiven Gefühlswerts. Der Weg von der Metapher zum Image und von der Subjektivität zur Objektivität führt über die **Verfremdung**, d. h. über ein Zerbrechen sprachlicher Konventionen und Wahrnehmungsstereotypen. Gesucht wird die sinnliche Wucht des Konkreten, die von allen eingefleischten Konnotationen und Spuren der Expressivität geläutert ist. Es geht um die absolute **Reinheit des Bildes**, seine „reine Sichtbarkeit" (Lambert Wiesing), in vollständiger Emanzipation von der Herrschaft der Sprache. Dieses Ringen um die Reinheit des Bildes verbindet die amerikanischen Lyriker des Imagismus mit anderen Künstlern der Moderne, die auf der Suche nach reiner Form in Malerei und Skulptur oder Musik waren. Ein reines Bild ist für sie eine Form von Energie. Die Spannung eines solchen Bildes darf sich beim Lesen nicht in Erschütterung und Katharsis auflösen, sondern muss durch die Fügung gegensätzlicher Bilder aufrechterhalten werden. Erst dadurch gewinnt das Bild die Qualität objektivierter Gegenständlichkeit; es hört auf zu bedeuten und fängt an zu sein. Ezra Pound, der 1912 in Bezug auf den befreundeten Philosophen und Kunstheoretiker T. E. Hulme den Richtungsbegriff der „Imagisten" prägte, sprach in der Beschreibung seiner neuen Lyrik immer wieder von Härte und Wahrheit auf Kosten von Expressivität und Gefühl: „It will be as much like granite as it can be, its force will lie in its truth".[28]

Pound hat für seinen Zweizeiler nicht nur beim neuen Medium Film Anleihen gemacht, sondern auch bei der chinesischen Schrift, die nicht Sprachlaute durch arbiträre Zeichen (wie es unsere Buchstaben sind), sondern Worte durch stilisierte Bilder (Ideogramme) wiedergibt, sowie bei der japanischen Literatur, wo er die Gattung des Haiku, des auf 17 Silben limitierten Kurzgedichts, kennen gelernt hat. Die Pointe dieser Lyrik besteht darin, dass sie in der **Auslassung** mehr sagt, als in den Zeilen steht. Moderne Montage und alte Haiku-Technik kommen in Pounds poetischer Praxis zusammen, wo das lineare Nacheinander durch ein **synchrones Nebeneinander** ersetzt wird. Die gesteigerte Prägnanz der Bilder geht dabei allerdings immer auf Kosten größerer Zusammenhänge. Die Wahrnehmung zieht sich auf die kürzesten Impulse zurück. Das imagistische Gedicht forciert einen Pointilismus der Aufmerksamkeit. Das ‚image' isoliert einen Augenblick, einen „instant of time" ohne Vorher und Nachher; es zertrümmert die monotone Verkettung der Zeit, ihre lineare Stromförmigkeit, und schneidet einen Moment heraus, in dem die Zeit eingefro-

27 Hulme (1962).
28 Pound (1963), 12. „The first use of the word ‚Imagiste' was in my note to T. E. Hulme's five poems, printed at the end of my Ripostes in the autumn of 1912". (4)

ren, stillgestellt wird. 1913, im selben Jahr, in dem das Metro-Gedicht entstand, hat Pound in der Zeitschrift *Poetry* seine Definition des ‚image' niedergelegt:

> An ‚image' is that which presents an intellectual and emotional complex in an instant of time. I use the term ‚complex' rather in the technical sense employed by the newer psychologists, such as Hart, though we might not agree absolutely in our application.
> It is the presentation of such a ‚complex' instantaneously which gives that sense of sudden liberation; that sense of freedom from time limits and space limits; that sense of sudden growth, which we experience in the presence of the greatest works of art.[29]

Das Stichwort ‚Komplex' ist mit einem technischen, neurowissenschaftlichen Akzent versehen, denn diese Poetik strebt nicht nur an, neue Sprachmuster zu entwerfen, sondern auch die Grenzen der Wahrnehmung zu erweitern. Komplex meint sowohl die Konjunktion von Inkommensurablem (Mensch und Natur, Intellekt und Gefühl), als auch die Überblendung gegenstrebiger Elemente, die eine neue Spannung freisetzen. Die Poetik des Imagismus präsentiert sich als eine Psycho-Energetik. Vor allem aber wird aus dieser Definition die enge Beziehung von Bild und Zeit deutlich. Das Bild, das das Kontinuum der Zeit zerbricht, ermöglicht zugleich einen Ausbruch aus der Zeit und damit jene Zeittranszendenz, welche das Ziel und der Test großer Kunst ist.

4.2.3 Epiphanien

Von Pounds gesteigertem Augenblick ist es nur ein kleiner Schritt zum ‚epiphanen Augenblick'. Im gesteigerten Augenblick wird ein sinnlicher Eindruck gefeiert; im epiphanen Augenblick öffnet sich ein Fenster zur **Transzendenz**. Diese pseudo-religiöse Dimension kommt in der Bezeichnung zum Ausdruck, die James Joyce solchen Momenten gegeben hat: Er sprach von „epiphanies". Das Wort geht auf den Epiphaniastag (6. Januar) zurück, an dem die Heiligen Drei Könige in einem alltäglich-weltlichen Ereignis (der Geburt eines Kindes unter ärmlichen Umständen) eine metaphysische Bedeutung (die Ankunft des Weltenherrschers) erkannten. Epiphane Ereignisse sind **epi-phan**, d. h. ‚nach-scheinend', aber sie sind vor allem auch **dia-phan**, d. h. auf eine unbestimmte tiefere Bedeutungen hin ‚durchscheinend'. Die religiöse Dimension hat sich in den Joyceschen Epiphanien verflüchtigt; übrig geblieben ist jedoch das Moment der ‚Andacht' als eine unbestimmte Disposition der Aufmerksamkeit.

Das Interesse an epiphanen Augenblicken ist nicht nur der streng katholischen Erziehung von Joyce geschuldet und keineswegs auf ihn beschränkt. Wirklichkeit wurde von vielen Autoren um 1900 nicht mehr wie in der realistischen Literatur des 19. Jahrhunderts als das schlechthin Offenbare, sondern umgekehrt als das schlechthin Verborgene verstanden, das sich in unerwarteten Augenblicken selbst

29 Pound (1963), 4.

offenbart. Literatur wurde unter diesen Voraussetzungen zu einem privilegierten Medium der Offenbarungssuche. Das ist der Hintergrund einer Mystik der Moderne, die sich angesichts dieser Verborgenheit der Wirklichkeit auf revelatorische Augenblicke konzentriert, in denen – ähnlich wie bei den Imagisten – punktuell und instantan etwas vom wirklichen Wesen der Dinge freigelegt wird. Diese Essenz, wie wir die verborgene Wirklichkeit bis hin zu Heidegger auch nennen dürfen, ist das Andere der Zeit; um zu ihr zu gelangen, muss das Kontinuum der Zeit gesprengt werden. Ein authentischer Moment, der frei wäre von den Fabrikationen der Narration und Imagination, kann nicht gesucht und gefunden, sondern nur unerwartet und plötzlich erfahren werden. Inbegriff dafür ist Prousts unwillkürliche Erinnerung, die **‚mémoire involontaire'**. Stets ist es eine triviale sinnliche Wahrnehmung, die, so schreibt er, „für die Dauer eines Blitzes (...) ein kleines Quantum zusatzloser Zeit" freisetzt.[30] Bei Proust kann diese Erfahrung durch das Geräusch eines Löffels auf dem Teller, den Anblick eines Kirchturms, den Geschmack eines eingeweichten Teegebäcks oder die Berührung zweier ungleich hoher Pflastersteine ausgelöst werden. In solch unscheinbaren Augenblicken sprengt die unwillkürliche Erinnerung das Subjekt aus der Zeit heraus, indem sie plötzlich zwei verschiedene Zeitmomente, einen vergangenen und einen gegenwärtigen, in eine unvorhersehbare synchrone Verbindung zwingt.

Von der Verborgenheit der Wirklichkeit geht auch James Joyce aus, bei dem der Begriff der Essenz ebenfalls eine zentrale Rolle spielt. Und wie Proust davon überzeugt war, „dass das Kunstwerk das einzige Mittel ist, die verlorene Zeit wieder zu finden",[31] ist es auch für Joyce Sache der Literatur, die verborgene Seite der Wirklichkeit zu offenbaren und das **Wesen der Dinge** freizulegen, das, wenn es überhaupt in Erscheinung tritt, in subjektiven Erfahrungen eingekapselt und nicht mitteilbar ist. Dieser Essenz der Dinge kann sich nur nähern, wer die Dimension der Zeit verlassen hat. Während es bei Proust die kleine Pforte der unwillkürlichen Erinnerung ist, durch die er aus der Zeit herauszutreten vermag, sind es bei Joyce die epiphanen Augenblicke, die das Zeitkontinuum sprengen und plötzlich und unvermittelt die Wirklichkeit zur Erscheinung bringen. Wie bei Proust sind diese Augenblicke auch bei Joyce sinnlich konkret und alltäglich trivial; auch seine Ästhetik beruht auf einer mystischen „Andacht zum Unbedeutenden" (Aby Warburg), die den lieben Gott im Detail entdeckt und das Wesentliche im Beiläufigen entziffert.[32]

Mit „Epiphanies" hat Joyce eine Sammlung von Notizen überschrieben, die zwischen 1900 und 1903 entstanden, aber erst zwischen 1956 und 1965 entdeckt und von den Herausgebern als Textbausteine zu seinem frühen autobiographischen Roman *Stephen Hero* identifiziert wurden. Dabei handelt es sich um kleine Szenen, Erzählfragmente und Gesprächsprotokolle, die aus ihren Kontexten herausgelöst sind und den Charakter spontaner Transkriptionen von Realität haben. For-

30 Proust (1964), 276.
31 Proust (1964), 313.
32 Kany (1987).

muliert sind diese Textstücke in einer Art ‚photographischem Realismus': So unvermittelt, wie sich die Wirklichkeit selbst einschreibt in die Silbersalze der photographischen Platte, so unvermittelt soll sie sich im epiphanen Augenblick manifestieren (vgl. Kapitel 2). In konzentrierter Gestalt hat Joyce die meisten dieser Skizzen in seine Prosa eingearbeitet. Ihre Bedeutung für sein Schaffen verdeutlicht eine Aussage aus Stephen Hero, die vom verborgenen Charakter der Wirklichkeit handelt. Für Joyce sind es nicht nur Gewohnheit und Konvention, sondern vor allem **kulturelle Deutungsmuster**, die die Wirklichkeit verstellen:

> The ancient method investigated law with the lantern of justice, morality with the lantern of revelation, art with the lantern of tradition. But all these lanterns have magical properties: they transform and disfigure. The modern methode examines its territory by the light of day.[33]

Die moderne Methode, von Joyce auch **„Vivisektion"** genannt, verbindet das Ethos der Kunst mit dem der Wissenschaft. Beider Projekt ist es, durch exakte und unbestechliche Verfahren die Welt so unverstellt, und das heißt: so unabhängig wie möglich von menschlichen Projektionen, darzustellen.

Im Rahmen dieses Projekts hat Joyce den religiösen Begriff der Epiphanie säkularisiert und als Pendant zum naturwissenschaftlichen Experiment konzipiert. Entscheidend ist der diskontinuierliche und fragmentarische Charakter der Epiphanie. Durch das Herauslösen aus dem Strom der Zeit gewinnt die triviale Szene die Qualität eines geheimnisvollen Zeichens: einer „Offenbarung", einer „Illumination", einer „spirituellen Manifestation". Das damit verbundene künstlerische Projekt wird von seinem Helden Stephen folgendermaßen entwickelt:

> This triviality made him think of collecting many such moments together in a book of epiphanies. By an epiphany he meant a sudden spiritual manifestation, whether in the vulgarity of speech or of gesture or in a memorable phase of the mind itself. He believed that it ws for the man of letters to record these epiphanies with extreme care, seeing that they themselves are the most delicate and evanescent moments.[34]

Genau wie bei Proust werden von Joyce Flüchtigkeit und Ewigkeit in einer paradoxen Ästhetik zusammengebracht. Joyce spricht in diesem Zusammenhang nicht von Ewigkeit, sondern von ‚Stasis'. Dieser Begriff hat für ihn allerdings nicht die negativen Konnotationen, die er für uns angenommen hat. Die negative Bedeutung von ‚Stillstand' ist für ihn in dem Wort ‚Paralyse' konzentriert. Stasis hat dagegen nichts mit Erstarrung zu tun; der Begriff meint vielmehr jenen produktiven Moment des Stillstands, der dem Fluss der Zeit abgetrotzt und in die Struktur des Kunstwerks überführt worden ist. In dieser ästhetischen Struktur ist die **Gegen-Zeitlichkeit**, die Heterochronie des Kunstwerks begründet. Für seine ästhetische Theorie macht der irische Katholik Joyce Anleihen bei der scholastischen Tradi-

33 Joyce (1969), 190.
34 Joyce (1969), 216.

tion. Wie dort steht auch bei ihm der Zusammenhang von Zeitlosigkeit und Essenz im Zentrum der Reflexionen. In *Stephen Hero* hat er die drei Schritte ästhetischer Wahrnehmung systematisch zusammengefasst:

> Zunächst erkennen wir einen Gegenstand als *einen*, d. h. als ein ganzheitliches Ding, dann erkennen wir seine aus Teilen zusammengesetzte Struktur, das *Ding*, und schließlich, wenn das Verhältnis der Teile zueinander vollkommen ist, wenn sie auf einen bestimmten Punkt hin geordnet sind, erkennen wir, dass es *das* Ding und kein anderes ist. Seine Seele, seine Was-heit, springt uns durch die Hülle seiner Erscheinung an. Wir erfahren die Seele auch des gemeinsten Dings, dessen Struktur entsprechend geordnet ist, als ein Leuchten. Dann ist das Ding zu seiner Epiphanie gelangt.[35]

Der Dreischritt der ästhetischen Wahrnehmung gliedert sich in die Stufen **‚integritas'**, **‚consonantia'** und **‚claritas'**. Auf der dritten und letzten Stufe, wo Ordnung und Leuchten zusammenkommen, tritt die verborgene Essenz der Dinge in Erscheinung; Joyce hat sie mit wechselnden Begriffen wie ‚claritas', ‚quidditas' und ‚epiphany' umschrieben. Immer geht es dabei um ein aus dem Strom der Zeit gehobenes, in plötzlichen, unwillkürlichen Augenblicken offenbartes Wesen, um eine tiefere Wahrnehmung und gültige ästhetische Gestaltung von Wirklichkeit.

4.3 Der Alptraum der Geschichte

Im zweiten Kapitel von James Joyces *Ulysses* erleben wir den Helden Stephen Daedalus beim Unterrichten einer Geschichtsstunde. Er müht sich redlich, seinen Zöglingen einige Namen und Zahlen einzutrichtern, doch die Anstrengungen sind vergeblich, einerseits, weil die Schüler zu dem trockenen Schulbuchwissen keinerlei Beziehung haben, andererseits, und das wiegt noch schwerer, weil der Lehrer selbst nichts von einer Geschichte hält, die nur aus militärischen Siegen und Niederlagen besteht. Im zweiten Teil desselben Kapitels ändert sich die Konstellation der Akteure; der Lehrer steht jetzt nicht mehr den Schülern, sondern seinem Vorgesetzten gegenüber. Nachdem ihm sein Lohn ausbezahlt worden ist, kommt es zu einem Gespräch über Geschichte aus einer anderen Perspektive. Der Anglo-Ire Mr. Deasy entwickelt im Verlauf dieses Gesprächs seine Verschwörungstheorie: Die Juden seien Schuld am Niedergang des britischen Empire. Joyce registriert hier, wie mit dem Niedergang des Empire der Antisemitismus sprunghaft ansteigt. Stephen, der sich in diesem Moment den Jahrtausende währenden Leidensdruck der in der Geschichte unter immer neuen Vorwänden verfolgten Juden vor Augen hält, reagiert mit einer Abwehr. Und nun folgt ein Satz, der im Roman noch öfters wiederholt werden wird: „History, Stephen said, is a nightmare from which I am trying to awake."[36] Ganz im Gegensatz dazu der fanatische Mr. Deasy, der sich am Prozess der Geschichte beteiligen möchte: „I am a struggler now at the end of my days. But I will

35 Joyce (1969), 218. Vgl. auch Joyce (1993).
36 Joyce (1997).

fight for the right till the end." (40 f.) Deasy formuliert hier eine ‚Armageddon-Mentalität', die ihn dazu zwingt, in die Geschichte einzutreten, d. h. zu kämpfen und sich dabei auf der richtigen Seite zu wissen. Dazu muss man seine Erzfeinde benennen und die Schuldigen bestimmen können, für Mr. Deasy sind das die Juden (und in zweiter Linie die Frauen). Geschichte ist für ihn eine religiöse Offenbarung mit einer eschatologischen Dynamik: „The ways of the Creator are not our ways, Mr. Deasy said. All history moves towards one great goal, the manifestation of God." Stephen reagiert auf dieses Bekenntnis in einer zunächst völlig unverständlichen Art und Weise. Statt einer Antwort zeigt er mit dem Finger aufs Fenster; draußen sieht und hört man seine Schüler, die in ihrer Turnstunde gerade Hockey spielen.

> That is God.
> Hooray! Ay! Whrrwhee!
> – What? Mr. Deasy asked.
> – A shout in the street, Stephen answered, shrugging his shoulders. (40)

Im Gegenzug zu der von Deasy unterstellten Manifestation Gottes in der Geschichte (die Amerikaner sprechen in anderem Zusammenhang von **‚manifest destiny'**) erfährt Stephen eine **unerwartbare ‚Epiphanie'** Gottes in den unscheinbaren Dingen der Alltagswelt. Der eine betont die Verfügbarkeit Gottes für die Kalküle politischer Macht, der andere beharrt auf der Unverfügbarkeit solcher Erscheinungen und erkennt die Zeichen Gottes unabhängig von kollektiven Bedürfnissen und individuellen Zielsetzungen.

4.3.1 Zeit-Transzendenz: Eliots Four Quartets

Die Moderne hat Zeiterfahrung nicht nur beschleunigt und in emphatischen Augenblicken gesteigert, sondern immer wieder auch nach Strategien gesucht, Zeit in ihrer Übermacht zu arretieren und zu bannen. Joyce veröffentlichte seinen *Ulysses* im Jahre 1922; sein Geschichtspessimismus steht in unverkennbarem Zusammenhang mit der Erfahrung des Ersten Weltkriegs. Die Aufrüstung nationaler Ideologien war, wie er hellsichtig diagnostizierte, bereits zu diesem Zeitpunkt von einer neuen Welle des Antisemitismus getragen. Erst recht nach dem Zweiten Weltkrieg gab es viele, die wie Stephen fühlten und die Geschichte als einen Alptraum erlebten, aus dem sie zu erwachen suchten. Die Nachkriegszeit nach 1945 ist eine Zeit der **Entschleunigung,** des Aussteigens aus dem immer schnelleren Strom der Zeit, eine Zeit metaphysischer Rückversicherungen. In dieses Klima gehören die Gedichte des späteren T. S. Eliot, der 1948 den Nobelpreis für Literatur erhielt und dessen Gedichtzyklus *Four Quartets* zur bedeutendsten und meistgelesenen Dichtung der 50er-Jahre wurden.[37] Eliot hatte zu diesem Zeitpunkt die experimentelle Phase seiner Jugend hinter sich gelassen; er selbst bezeichnete sich als Royalisten in Bezug auf Politik, als Anglikaner in Bezug auf Religion und als Klassizisten in Bezug auf Kunst. Die vier Gedichte, die den Zyklus der *Four*

37 Eliot (1963).

Quartets ausmachen, sind mit den Namen von Orten überschrieben, die – worauf hier nicht näher eingegangen werden kann – einen jeweils besonderen biographischen oder historischen Bezug haben. Aus unbekannten und unscheinbaren Orten macht Eliot mit seinen Gedichten prägnante **‚lieux de mémoire'** (Pierre Nora) der eigenen und der anglo-amerikanischen Geschichte. In jedem dieser Quartette wird aber nicht nur über einen bestimmten Ort, sondern vor allem auch über Zeit in einer je anderen Tonart reflektiert. Eliots durchgängiges Thema ist dabei die Überwindung der Zeit. Darauf weist bereits der musikalische Titel dieses Gedichts hin: Die **Musik** ist das Vorbild einer Überwindung von Zeit, indem sie dem Strom des Vergehens mithilfe von Melodie, Rhythmus und Modulation einprägsame Gestalten gegenüberstellt. Für Eliot führen die Wege aus der Zeit über solche künstlerische Gestaltgebung, die auch die Strukturierung der eigenen Identität mit einschließt. Während „memory" und „desire" uns in Vergangenheit und Zukunft verstricken und damit immer fester im Netz der Zeit gefangen halten, geht es darum, ein höheres Bewusstsein für **Gleichzeitigkeit** auszubilden. Eingekeilt zwischen Vergangenheit und Zukunft schrumpft das Bewusstsein: „Time past and time future / Allow but a little consciousness" (16) heißt es im ersten Quartett und: „the world moves / In appetency, on its metalled ways / Of time past and time future." (18) Hier wird noch einmal auf die Schienenstränge des Eisenbahnzeitalters angespielt, die zum Rückgrat moderner Zeitrechnung geworden sind. Zeit-Verfallenheit ist aber nicht nur eine Folge der Technik, sondern allem voran eine Bedingung unseres Körpers, der uns im Netz der Zeit gefangen hält: „the enchainment of past and future / Woven in the weakness of the changing body". Ebenso wie von seinen Erinnerungen möchte sich Eliot von dieser Bedingung so weit wie möglich lösen. In seinem Gedicht sondiert er verschiedene Wege einer Überwindung der Zeit: die Wege der Mystik, des Rituals und der Kunst.

Auf dem Weg der Mystik verbindet Eliot christliche und östliche Traditionen, um sich von Illusionen zu lösen und das Bewusstsein zu leeren. Beiden Traditionen geht es um eine Überwindung der Zeit durch Überwindung des Körpers in einem spirituellen Schwebezustand:

> The inner freedom from the practical desire,
> The release from action and suffering, release from the inner
> And outer compulsion, yet surrounded
> By a grace of sense, a white light still and moving,
> Erhebung without motion, concentration
> Without elimination. (Burnt Norton 2, 16)

Der dritte Satz des ersten Quartetts liest sich wie die konkrete Anweisung zu einer Yoga-Übung: „Emptying the sensual with deprivation / Cleansing affection from the temporal" (17). Der hohe Anteil an lateinischen, technischen Ausdrücken trägt mit zur Entsinnlichung der Sprache bei:

> Descend lower, descend only
> Into the world of perpetual solitude,
> World not world, but that which is not world,
> Internal darkness, deprivation
> And destitution of all property,
> Desiccation of the world of sense,
> Evacuation of the world of fancy,
> Inoperancy of the world of spirit. (Burnt Norton, 3, 18)

Das, wovon das Bewusstsein (ähnlich wie Hamlets Gedächtnistafeln, vgl. Kapitel 6) entleert werden soll, sind chaotische Sinneseindrücke, Bilderfetzen und Erinnerungssplitter, die das Material der imagistischen Lyrik und des literarischen Bewusstseinsstromes waren. Die ephemeren Wahrnehmungsbilder, aus denen Pound und Woolf eine Poetik der Großstadt schufen, verkommen beim weltflüchtigen Eliot zu Abfall. Man vergleiche nur einmal die Zartheit der Gesichter in Pounds Metro-Vision mit den folgenden Zeilen aus den *Four Quartets*:

> Only a flicker
> Over the strained time-ridden faces
> Distracted from distraction by distraction
> Filled with fancies and empty of meaning
> Tumid apathy with no concentration
> Men and bits of paper, whirled by the cold wind
> That blows before and after time,
> Wind in and out of unwholesome lungs
> Time before and time after. (Burnt Norton, 99–107)

Eliot diagnostiziert Zerstreuung und Fragmentierung als eine Krankheit der Kultur, der er **Konzentration** und **Sammlung** als eine Therapie empfiehlt. Sammlung wird für ihn u. a. möglich im Ritual des christlichen Sakraments und im Gebet, „and prayer is more / Than an order of words, the conscious occupation / Of the praying mind, or the sound of the voice praying" (51). Konzentration und Sammlung sind aber auch Gaben der Kunst und ein Effekt der Ordnung von Worten. Eliots verbale Ordnung und Neuordnung der Zeitbegriffe durchzieht alle vier Quartette:

> Time present and time past
> Are both perhaps present in time future,
> And time future contained in time past. (13)

> Or say that the end precedes the beginning,
> And the end and the beginning were always there
> Before the beginning and after the end.
> And all is always now. (19)

> In my beginning is my end. (23)
> In my end is my beginning. (32)
> What we call the beginning is often the end
> And to make an end is to make a beginning. (58)

Man kann sich vorstellen, dass nach dem Alptraum der Geschichte des Zweiten Weltkrieges solche Verse auf die benommenen Leser wie eine Droge gewirkt haben. In ihrer syntaktischen Schlichtheit und litaneiartigen Redundanz elementarer Grundworte entwickeln sie eine beinahe hypnotische Sprachmagie und wiegen die erschütterte Seele zur Ruhe. Eliots Verse zielen das **Überzeitliche** an und vollziehen einen Ausstieg aus der linearen Geschichte. Die wichtigste künstlerische Strategie gegen die lineare Zeit ist für ihn die Ordnung, um nicht zu sagen: das Ornament. Dichtung ist ebenso wie Musik eine Zeitkunst, und beide verfolgen dasselbe Ziel der Aufhebung von Zeit in der künstlerischen Gestalt.

> Words move, music moves
> Only in time; but that which is only living
> Can only die. Words, after speech, reach
> Into the silence. Only by the form, the pattern,
> Can words or music reach
> The stillness, as a Chinese jar still
> Moves perpetually in its stillness. (19)

Eliots Begriff der **‚stillness'** erinnert an Joyces Begriff der ‚stasis', von dem wir festgestellt haben, dass er nichts mit Statik zu tun hat. Worte wie „form", „pattern" und „stillness" umspielen diese Gestaltqualität einer zeittranszendenten klassischen Kunst, die nicht das Gegenteil von Bewegung ist, sondern Bewegung in sich aufgenommen und zur Ruhe gebracht hat: „at the still point, there the dance is, / But neither arrest nor movement" (15); oder auch: „The detail of the pattern is movement" (19).

Aus der linearen Zeit auszusteigen bedeutet auch, eine neue Demut zu erlernen und einzusehen, dass man immer wieder von vorne anfangen muss: „And so each venture / Is a new beginning, a raid on the inarticulate". (30 f.) „There is only the fight to recover what has been lost / And found and lost again and again." In diesem Zeithorizont gibt es keinen Fortschritt, keine stabilen Leistungen und Errungenschaften mehr, sondern nur den wiederholten Versuch. Dieser Versuch hat wenig mit spielerischem Experiment zu tun; er ist von Bitterkeit, Disziplin und vor allem von Anstrengung gekennzeichnet, worauf nicht zuletzt die gewalthaltige Metaphorik hindeutet, in der diese Kunsttheorie artikuliert ist (‚raid' heißt bewaffneter Überfall).

4.3.2 Im Zug der Zeit

In der Mitte des dritten Quartetts hat Eliot eine Bahnreise beschrieben, die gleichzeitig auf die **Zeitreise** des menschlichen Lebens aus der Vergangenheit in die Zukunft durchsichtig wird. Dieses Bild untergräbt allerdings nahe liegende Gemeinplätze eines allgemein verbreiteten Zeitmodells: Die Vergangenheit liegt gerade nicht abgeschlossen hinter den Reisenden wie der Ausgangsbahnhof, noch liegt die Zukunft vor ihnen wie der Zielbahnhof. Die triviale Vorstellung, die Zeitdimensionen eins zu eins als Raumdimensionen abzubilden, wird hier durchkreuzt.

Das Eisenbahnabteil steht bei Eliot für einen Ort außerhalb von Zeit und Raum, an dem sich fixierte Identitäten auflösen und der Blick für eine neue Balance zwischen Vergangenheit und Zukunft frei werden kann. Es geht um den Moment des Innehaltens, der dem Fluxus und der einsinnigen Pfeilrichtung des Zeitstroms abzutrotzen ist, und damit um den Moment, in dem sich Vergangenheit und Zukunft auf eine neue und überraschende Weise kreuzen. Das Paradoxe an Eliots Bild ist, dass er das in rasender Geschwindigkeit bewegte Eisenbahnabteil als einen Ort der Ruhe, der Besinnung und des Innehaltens konzipiert. Mehr als hundert Jahre nach ihrer Erfindung ist die Eisenbahnfahrt ein Teil des Alltags geworden. Im Zug herrscht längst keine Übererregung mehr, sondern im Gegenteil breitet sich mit dem einlullenden Rhythmus der Fahrgeräusche eine wohltuende Ruhe aus. Das Abteil ist ein **Nicht-Ort**, ein Zwischenraum in der Zeit, der die räumlichen und zeitlichen Fixierungen und Bindungen lockert, die an den Abfahrts- und Ankunftsort, aber auch an die Vergangenheit und Zukunft geknüpft sind. An diesem Nicht-Ort und in dieser **Nicht-Zeit** wird das Netz solcher Bezüge, in die das Leben eingespannt ist, für eine begrenzte Zeitspanne entkoppelt. Damit bietet sich die Chance einer neuen Konfiguration von Vergangenheit und Zukunft im Moment der Erleuchtung, der Stasis. Und es entbehrt nicht der Ironie, dass Eliot die Chance für einen solchen Moment der Stasis in den fliegenden Salon des Eisenbahnabteils verlegt hat.

> When the train starts, and the passengers are settled
> To fruit, periodicals and business letters
> (And those who saw them off have left the platform)
> Their faces relax from grief into relief,
> To the sleepy rhythm of a hundred hours.
> Fare forward, travellers! not escaping from the past
> Into different lives, or into any future;
> You are not the same people who left that station
> Or who will arrive at any terminus (...)
> You shall not think ‚the past is finished'
> Or ‚the future is before us'. (...)
> ‚Fare forward, you who think that you are voyaging;
> You are not those who saw the harbour
> Receding, or those who will disembark.
> Here between the hither and the farther shore
> While time is withdrawn, consider the future
> And the past with an equal mind.' (Dry Salvages, 3, 41 f.)

Zusammenfassung

Zeit hat in vielen unscheinbaren Formen Einfluss auf das menschliche Leben. Raum und Zeit sind aus kulturwissenschaftlicher Perspektive kulturelle Konstrukte, die als Orientierungsgrößen und Sinnträger dienen.

Die (mechanische) Uhr, die die Grundlage für das Zeitregime der Moderne darstellt, ist das Gegenstück zur allegorischen Verkörperung der Zeit; sie ist ein reines Messinstrument, das die Zeit in exakt gleiche Teile teilt und damit alle bildlichen Assoziationen der Vergänglichkeitstopik abgestreift hat.

Die Puritaner des 17. Jahrhunderts sahen die Zeit als die zentrale religiöse Rahmenbedingung menschlichen Lebens und Erlebens. Das moderne Zeitregime der effektiven Nutzung von Zeit geht auf diese Puritaner zurück, die am wirtschaftlichen Erfolg ihres Lebens das Maß der göttlichen Gnade ablasen. Ihre wichtigsten Steuerungsinstrumente, mit denen sie die Herrschaft über die Zeit gewannen, waren – wie für Robinson Crusoe – das Tagebuch und der Kalender. Während das Tagebuch der Ort ist, an dem der Sinn des eigenen Lebens in einer transzendenten Perspektive entziffert wird, hat der Kalender die Aufgabe, den Menschen an identitätsstiftende Ereignisse und religiöse Feste periodisch zu erinnern.

Ob historischer Wandel als positiv oder negativ bewertet wird, ist eine Frage kultureller Rahmungen. Während sog. ‚kalte' Kulturen den Zeitstrom auf Wiederholung und Konstanz ausrichten, sind ‚heiße' Kulturen auf Innovation und Wandel gegründet. Seit der frühen Neuzeit wurden westeuropäische Nationen, die auf technischen Wandel und Evolution umstellten, von kalten zu immer heißeren Kulturen. Ein Motor für kulturellen Wandel ist neben der Nutzung von Schrift und neuer Technologie (wie Uhr, Kompass und Schießpulver) auch der Wechsel der Generationen. Indem die Kinder mit den Eltern brechen, treten sie aus der Kontinuität der Tradition heraus und eröffnen der Kultur neue Möglichkeiten der Zukunftsgestaltung. Die Französische Revolution sowie die industrielle Revolution führten zu einer alles erfassenden Zeitbeschleunigung durch immer schnellere Wandlungen innerhalb der Lebenswelt. Insbesondere die Eisenbahn mit ihrer neuen Erfahrung von Geschwindigkeit brachte ein neues Zeitdispositiv und Raumgefühl mit sich.

Das in der Moderne vorherrschende Gefühl einer zerstückelten Zeiterfahrung führte auch zu einer künstlerischen Auseinandersetzung mit der Fragmentierung der Wahrnehmung. Eine neue ‚Ästhetik des Augenblicks' trat in den Mittelpunkt künstlerischen Schaffens, wozu auch die Photographie und das neue Medium des Films beitragen. Das auf einen sinnlichen Eindruck verdichtete Bild (‚Image') wurde zum Grundelement poetischen Schaffens. In den Romanen von Proust und Joyce spielen die sogenannten ‚epiphanen Augenblicke' eine wichtige Rolle, die die Trivialität des Alltags auf transzendente Erfahrungen durchsichtig machen. Nach dem Zweiten Weltkrieg hatte man genug von Revolutionen und historischem Wandel. Es folgte eine Zeit der Restauration, in der ein Dichter wie T. S. Eliot neue Zugänge zur Zeit erprobte. Es ging dabei um einen Ausstieg aus der linearen Geschichte und den Versuch, die Dimensionen der Vergangenheit, Gegenwart und Zukunft neu zu verknüpfen.

Auswalbibliographie:

Fröhlich, Melanie (2008) Zeitkonzeptionen in Erzähltheorie und Kulturwissenschaft. Ein kritischer Vergleich. Saarbrücken: VDM.

Kaschuba, Wolfgang (2004) Die Überwindung der Distanz. Zeit und Raum in der europäischen Moderne. Frankfurt a. M.: Fischer.

Kern, Stephen (2003) The Culture of Time and Space. 1880-1918. London: Harvard UP.

King, Vera / Gerisch, Benigna, Hgg., (2009) Zeitgewinn und Selbstverlust. Folgen und Grenzen der Beschleunigung. Frankfurt a. M.: Campus.

Koselleck, Reinhart (2000) Zeitschichten. Studien zur Historik. Frankfurt a. M.: Suhrkamp.

Ricoeur, Paul (1991) Zeit und Erzählung. München: Fink.

Whitrow, G. J. (1991) Die Erfindung der Zeit. Hamburg: Junius.

5. RAUM

In Studien der letzten zehn Jahre ist wiederholt festgestellt worden, dass die Zeit einen Überschuss an Aufmerksamkeit auf sich gezogen habe, der Raum demgegenüber jedoch vernachlässigt worden sei. Während die Moderne die Zeit privilegiert habe, interessiere sich die **Post-Moderne** eher für den **Raum**. Nachdem die ‚großen Erzählungen' (Jean Francois Lyotard) mit ihren langfristigen Geschichts- und Zukunftsvisionen an Überzeugungskraft verloren haben, ist Zeit vorrangig nur noch als eine Größe von Interesse, die es beständig zu verkleinern gilt: durch schnellere Verkehrstechnik und durch noch schnellere Informations-Übertragungsgeschwindigkeiten in Nano-Sekunden.

Das neue Interesse am Raum ist durch verschiedene Impulse angestoßen worden; dazu gehört die wirtschaftliche Relevanz des ‚Standortfaktors' ebenso wie die zunehmende touristische Bedeutung kultureller Orte und historischer Stätten (lieux de mémoire), aber auch das Bewusstsein ökologischer Gefahren. Jenseits geographischer Räume tun sich obendrein die virtuellen Räume auf, in die immer mehr Interaktionen, Ereignisse und Erfahrungen ausgelagert werden.[1] Während sich in virtuellen Räumen neue Welten auftun, gewinnen zugleich gelebte Milieus mit ihrer spezifischen, sinnlichen Qualität an Bedeutung. Ähnliches gilt für die fortschreitende Globalisierung: In dem Maße, wie sich gleichartige Konsum-Muster auf dem Erdball ausdehnen, gewinnt die Unverwechselbarkeit des Lokalen an Bedeutung, eine Dialektik, die im Begriff **‚glocalization'** zusammengefasst ist. Mit Blick auf diese Entwicklungen spricht man gern von einem **‚spatial turn'**, der nach einer langen Konzentration auf Geschichte und Erzählungen überfällig sei.[2] Ganz so sauber lassen sich Raum und Zeit als die beiden Dimensionen menschlichen Lebens, Erfahrens und Handelns jedoch selten trennen. Die Erfindung neuer Verkehrstechniken wie Eisenbahn und Flugzeug zum Beispiel hat eine ebenso große Bedeutung für die Veränderung unseres Zeit- wie Raumerlebens gehabt. Um die Verschränkung beider Dimensionen zu betonen, hat der russische Literaturwissenschaftler Michail Bachtin den Begriff ‚Chronotopos' geprägt.[3]

---

1 Vgl. Nowotny (1996).

2 Weigel (2004). Dieser Essay ist als einführender Überblick über das breite internationale Spektrum kulturwissenschaftlicher Raumtheorien zu empfehlen. Edward W. Soja (1989) forderte bereits vor 15 Jahren eine „Verräumlichung der historischen Erzählungen" und eine kulturgeographische Untersuchung aus nicht-westlicher Perspektive. Vgl. Bachmann-Medick (2006), Kapitel über Spatial Turns, 284 ff.

3 Bachtin (2008).

Für Zeit und Raum gilt: Die grundsätzlichen Kategorien der Wahrnehmung sind anthropologische und gehen von der Vergänglichkeit und Dreidimensionalität des menschlichen Körpers aus. Beispiele für die körperliche Erfahrung von Zeit sind die biologische Lebenszeit mit ihren Eckdaten von Geburt und Tod, Wachsen und Altern, Geschlechtsreife, Mensturation und Menopause, der Wechsel der Generationen, aber auch die biologische Uhr mit ihrem Wechsel von Wachen und Schlafen, die knappe Wahrnehmungs- und Aufmerksamkeitsspanne und der Bedarf an Wiederholung und Erneuerung, die unser Zeiterleben strukturieren. In Bezug auf den Raum sind es die Grundlagen der Orientierung nach vorn (bedingt durch die Frontalität unseres Gesichts) zusammen mit der Blindheit und Unsicherheit nach hinten, das Ausgreifen nach rechts und links (räumliche Begriffe, die auch politische und wertende Konnotationen angenommen haben), die Standpunktbindung für die Perspektive, die Entzogenheit des Horizonts, der überlegene Blick von oben, sowie der ehrfürchtige oder ängstliche Blick von unten, die geschlossene Gestalt von Oberflächen und das erschwerte Eindringen in Tiefen.

Solche Fragen spielen u. a. in *anthropologischen* Raum-Diskursen eine Rolle. Menschen orientieren sich primär im Raum, sie entwickeln nicht nur ihr Sensorium, sondern auch ihre Imagination, ihr Gedächtnis, ihre Sozialisierung innerhalb grundlegender räumlicher Strukturen. In einer *soziologischen* Perspektive ist Raum vorrangig sozialer Handlungsraum, der durch Kommunikation und alltägliche Praktiken sowie Repräsentationen des Raums und im Raum allererst hervorgebracht wird. Raum wird in dieser Perspektive als dreidimensionale Bühne sozialen Lebens und Handelns verstanden.[4] Oberhalb solcher gleichzeitiger und gleichräumiger Interaktionen, die vorwiegend auf dem Prinzip der Gegenseitigkeit beruhen, tut sich der *politische* Handlungsraum auf, in dem es vorrangig um nationale Selbstbestimmung bzw. um Eroberung und Beherrschung geht. Im politischen Kontext erscheint Raum als ein Territorium, das es zu verteidigen, bzw. zu entdecken, zu durchqueren, zu kolonisieren, zu vermessen, zu kartographieren, zu besetzen gilt. Raum ist der zentrale Gegenstand kolonialer Umformung und Machtausübung. In *historischer* Perspektive wird die Topographie konkreter Orte untersucht, die als geronnene Speicher verdichteter Zeit Zeichen und Spuren aufweisen, die gesichert und entziffert werden können.[5] Dieser Zugang fragt nach der **Lesbarkeit** von Landschaften, Städten und Orten, an denen (nach einer Formulierung Walter Benjamins) Geschichte in den Schauplatz eingewandert ist. Von solchen mit Geschichte gesättigten Orten unterscheiden sich die **Nicht-Orte,** die wie Parkhäuser oder Flughäfen rein funktional strukturiert sind und jeglicher historisch-spezifischer Physiognomie entbehren.[6]

4 de Certeau (1988); Lefèbvre (1991).
5 Bachelard (1975); Miller (1995); Schlögel (2003).
6 Augé (1994).

Zu den weiteren kulturwissenschaftlichen Raum-Begriffen gehört der **Zwischenraum** (‚interstitial space', ‚space-in-between', ‚contact zone'), der in den post-kolonialen Studien eine wichtige strategische Rolle spielt, um die hegemoniale Raumordnung der Kolonisatoren aus einer minoritären Perspektive zu unterlaufen. Der Zwischenraum als ein nicht kolonisierter und nicht kolonisierbarer Raum wird in postkolonialen Zeiten, die auch Zeiten der erzwungenen und freiwilligen Migration sind, zur wesentlichen geistigen Ressource der Umperspektivierung von kolonialen zu nationalen und transnationalen Diskursen. Im Zwischenraum lösen sich die überkommenen polarisierenden Kategorien des (kolonialen) territorialen Nationalstaats auf und geben den Blick auf (diskursive) Praktiken einer Neubestimmung des Raumes frei.[7] Kulturwissenschaftliche Raumforschung beschäftigt sich auch mit den imaginären **Psycho-Räumen** der Alpträume und des Horror-Romans.[8] Sie hinterfragt die in der Imagination konstruierten Ethno-Räume,[9] sowie das neue Gebiet der **virtuellen Räume** des Cyber-Space und der elektronischen Medien.[10] Im Zuge der Globalisierung weicht der statische Raumbegriff immer mehr einem dynamischen Raumbegriff: „[It] entails a deterritorialisation of culture and its subsequent reterritorialisation, and challenges culture's equation with location or place".[11]

Die Bedeutung des geographischen Raumes samt seinem Klima für menschliches Leben und Erleben, Denken und Vorstellen, Handeln und Schaffen ist von Gertrude Stein nachdrücklich betont worden. Die amerikanische Autorin aus einer deutsch-jüdischen Familie, die im Wien der K.-u.K.-Monarchie mit einem tschechischen Tutor und einer ungarischen Gouvernante aufwuchs und in späteren Jahren nach Paris übersiedelte, hat die Kreuzung geographischer und kultureller Räume von früh an am eigenen Leibe erfahren: „After all anybody is as their land and air is. Anybody is as the sky is low or high, the air heavy or clear and anybody is as there is wind or no wind there. It is that which makes them and the arts they make and the work they do and the way they eat."[12]

7 Clifford (1997); Pratt (1986); Bhabha (2000). Der Zwischenraum spielt auch als Denkraum eine wichtige Rolle, in dem all das stattfindet, was Gegensätze unterläuft und Sinnstiftung erschwert oder verhindert: Ambivalenz, Unbestimmtheit, Offenheit, Polysemie. „Der Zwischenraum", schreibt Ruth Mayer, „Ort der Subversion und Ausgangspunkt für alternative Sinnfindungsversuche und Lebensmodelle, ist längst zum privilegierten Ort und zur vielbevölkerten Zone geworden." Mayer (1999), 239.

8 Vidler (1992).

9 Mayer (2002).

10 Von ganz anderer Qualität sind demgegenüber die *geistigen Räume* im Sinne von Wissensspeichern und Denkräumen, zu denen auch die sog. ‚Topoi' (Örter) und Gemeinplätze gehören, mit deren Hilfe wir denken und uns verständigen.

11 Grossberg (1996), 169.

12 Stein (1968), 419.

Im Folgenden sollen drei unterschiedliche Raum-Konzepte und Raum-Erfahrungen ausführlicher diskutiert werden: die Metropole London als Rahmen für individuelles Erleben und soziales Handeln, der koloniale Raum mit seinen Kategorien von Zentrum, Peripherie, Grenze und Schwelle, sowie der indianische Kulturraum jenseits der Sphäre westlicher Imagination, wenn auch nicht jenseits westlicher Einbrüche und Einflüsse.

5.1 London – Das Labyrinth der Großstadt

Die moderne Großstadt, die im letzten Kapitel als Kristallisationspunkt und zugleich Bedingung der veränderten Zeitwahrnehmung angeführt wurde, ist ebenso einschlägig für ein neues Raumerleben. Dies zeigen drei literarische Texte, die die Stadt London als Erlebnis-, Handlungs- und Wahrnehmungsraum beschreiben. Als Gewährsmann für London als **Erlebnisraum** soll hier der englische Romantiker Thomas De Quincey (1785–1859) zur Sprache kommen, der durch seine Bekenntnisse als „English Opium Eater" europäische Berühmtheit erlangt hat. Für London als **Handlungsraum** können wir auf einen satirischen Text John Gays aus dem 18. Jahrhundert zurückgreifen, und London als **Wahrnehmungsraum** kann uns von Virginia Woolf, Autorin der experimentellen Moderne vom Anfang des 20. Jahrhunderts aufgeschlossen werden.

5.1.1 London als Erlebnisraum – Thomas De Quincey

In De Quinceys Autobiographie spielt die Großstadt London eine wichtige Rolle. 1802 brach der 17-Jährige aus einer Internats-Schule aus und wanderte durch Wales, anschließend hielt er sich versteckt in London auf. Diese Zeit dauerte vom Winter 1802 bis zum Frühling 1804 und war alles andere als ein goldenes Abenteuer der Freiheit. Eine durch chronischen Geldmangel bedingte Unterernährung führte z. B. zu einer Gastritis mit Beschwerden, die den Grundstein zu seiner späteren Opiumsucht legten.

In einem kurzen Kapitel seiner Bekenntnisse handelt De Quincey von den „Pleasures of Opium", ehe er sich anschließend sehr viel länger über die „Pains of Opium" auslässt.[13] Die „Pleasures of Opium" handeln von Erfahrungen in der Großstadt London. In den ersten acht Jahren der geschilderten Suchtkarriere setzte De Quincey das Opium gezielt zur **Erlebnissteigerung** ein. Zwei genussvolle Erlebnisse in der Großstadt werden beschrieben, die er sich regelmäßig gönnte, und in die er jeweils mit einem warmen Laudanum-Trank ohne Zucker einzusteigen pflegte. Bei jeder dieser Gelegenheiten hatte er, wie wir heute sagen würden, ein typisches Flow-Erlebnis. Das eine war die Oper. Für 5 Schillinge erwarb er sich einen Platz auf der Galerie und ließ sich von der Stimme einer Sängerin namens Guiseppina Grassini berauschen, von der man munkelte, dass sie die Mätresse sowohl von Napoleon als auch von Wellington war. Der Höhepunkt für den

13 de Quincey (2008).

Opernfan war in dem Moment erreicht, indem sie als Andromache am Grabe Hectors ihren Schmerz aushauchte.

Er entdeckte für sich eine zweite Großstadt-Attraktion, die ebenfalls ein Opium-gestütztes Flow-Erlebnis versprach. Samstags mischte er sich unter die Ärmsten der Bevölkerung, die Gruppe der Lohnarbeiter, die an diesem Abend von ihrer Plackerei befreit wurden und nun noch zwei Abende und eine Nacht von der Fron der kommenden Woche getrennt waren. An ihrer kurzen euphorischen Befreiung vom schweren Joch der Arbeit nahm De Quincey sozusagen als Parasit teil. Er betont mit Ironie, dass er sich darin von dem Reformer unterscheide, dass er statt mit der Mühsal der Arbeiter mit ihren Freuden sympathisiere. Am Wochenende beobachtete und begleitete er diese Menschen, imaginierte sich in sie hinein und nahm an ihren Freuden und Sorgen teil, wenn sie auf den Märkten ihre Einkäufe machten. Er fühlte sich in ihre Situation ein wie ein empfindsamer Leser in die Personen eines Romans. Das Opium half ihm nicht nur, den Unterschied zwischen Wirklichkeit und Fiktion zu verschleiern, sondern auch die depressiven Seiten dieser Eindrücke auszublenden und den Grundton des Genießens zu verstärken.

Mit einer ähnlichen Erwartungshaltung wie fürs Theater suchte De Quincey die vielen weit verstreuten Märkte der Stadt auf. Auf Entfernungen kam es ihm unter dem Einfluss der Droge nicht an. Er legte weite Strecken quer durch London zurück und überließ sich dabei ganz dem Zufall und seinen Stimmungen. Schwieriger gestaltete sich indessen der Rückweg. Mit nautischen Tricks orientierte er sich am Polarstern und suchte nach einer Nord-West-Passage, doch gelang ihm nur in den seltensten Fällen die direkte Heimkehr. Oft geriet er in Gegenden, die ihm durch und durch verschlossen und rätselhaft waren. Die Stadt verwandelte sich in solchen Momenten in ein **Labyrinth**, in dem er sich heillos zu verlieren drohte: „I came suddenly upon such knotty problems of alleys, such enigmatical entries, and such sphinx's riddles of streets without thoroughfares." (47)

Die Sprache überblendet hier den Stadtplan Londons mit den Strukturen des Verstandes. Unter dem Einfluss des Opiums gleichen sich Außenwelt und Innenwelt immer mehr aneinander an. Das Labyrinth der Großstadt changiert in das Labyrinth des menschlichen Geistes. Hier sei ein kleiner Seitenblick in eine literarische Nebenstraße gestattet. Ähnlich wie De Quincey hat T. S. Eliot in einem seiner frühen Gedichte die Unwegsamkeit der Bostoner oder Londoner Straßen mit der Unwegsamkeit des Geistes parallelisiert.

> Let us go, through certain half-deserted streets, (...)
> Streets that follow like a tedious argument
> Of insidious intent
> To lead you to an overwhelming question ...
> Oh, do not ask, ‚What is it?'
> Let us go and make our visit.[14]

---

14 Eliot (1967), 11.

Das zweite Bild, das De Quincey an dieser Stelle für seine Irrwege findet, ist das vom neuen Land, als dessen Entdecker er sich wähnt.

> I could almost have believed, at times, that I must be the first discoverer of some of these *terrae incognitae*, and doubted, whether they had yet been laid down in the modern charts of London. (47 f.)

Mit dem Stichwort der **modernen Stadtpläne** („modern charts") werden Assoziationen von Rationalität, Ordnung und Kontrollierbarkeit der Stadt aufgerufen. Quer zu diesen modernen Ordnungssystemen steht die Erfahrung der Wildnis im Herzen der Großstadt, der terra incognita inmitten der Zivilisation.[15] Über die Korrespondenz von Stadt und menschlichem Geist entsteht der Eindruck, als wandere der nächtliche Abenteurer entlang der Linien seines Unbewussten, als durchstreife er die Regionen seines ihm unbekannten Ichs. Diese Erfahrungen hat De Quincey nicht ungestraft gemacht. Die Bilder der Stadtwanderungen kamen zurück und drangen nun in seine Alpträume ein. Die Freuden des Opiums wurden nachträglich koloriert von den Schmerzen des Opiums.

> The perplexities of my steps in London came back and haunted my sleep, with the feeling of perplexities moral or intellectual that brought confusion to the reason, or anguish and remorse to the conscience. (48)

Hinter diesen Zeilen steht eine biographische Episode, die hinter der geistigen Verwirrung auch die Konturen einer moralischen **Verfehlung** und biographischen **Schuld** andeutet. In seiner Londoner Zeit war De Quincey mit einer 15-jährigen Prostituierten verbunden. Die Beziehung zu dem jungen Mädchen namens Ann war für ihn keineswegs ein Grund zur Scham (das viktorianische Zeitalter hatte noch nicht begonnen). Vielmehr erklärt er, dass ein Philosoph wie er, ein Peripatetiker und Straßenwanderer, eine natürliche Beziehung zu jenen weiblichen Peripatetikerinnen habe, die das Straßenwandern zu ihrem Gewerbe machen.[16] Der Prostituierten Ann, die ein Waisenkind und obendrein Opfer eines kriminellen Verwandten war, der sie um ihre geringe Habe gebracht hatte, verdankte De Quincey Schutz und Fürsorge in den Monaten seiner äußersten Mittellosigkeit; mit ihr ist er Nacht für Nacht die Oxford Street herauf und herunter gewandert. Er, der neben materieller Not unter Schwächeanfällen litt, verdankte dieser Ann sogar sein Leben, weil sie dem Halbverhungerten bei einem Zusammenbruch spontan erste Hilfe leistete, indem sie mit ihrem wenigen Geld ein Glas Portwein und Gewürze kaufte, mit denen sie ihn wieder zum Leben erweckte. Den Dank dafür ist er ihr ewig schuldig geblieben, denn er hat sie im anonymen Labyrinth der Londoner Großstadt buchstäblich aus den Augen verloren. Diese abgebrochene

15 Die Idee vom Stadtplan Londons als einer Topographie der menschlichen Seele mit ihren dunklen Ronen wird wiederaufgenommen von Robert L. Stevenson (2008) in seinem frühen Kriminalroman *Dr Jekyll and Mr Hyde* und von Peter Ackroyd (1993) in *Hawksmoor.*

16 de Quincey (2008).

Beziehung sollte für ihn zu einer dauerhaften seelischen Wunde werden. Sein anhaltendes ‚Dankesschuld-Gefühl' artikuliert er in einem langen, verschlungenen Satz, der mit der pathetischen Anrede „Oh! youthful benefactress!" beginnt und in den Wunsch mündet, es möge doch mit derselben ehernen Logik, mit der der Fluch des Vaters den Sohn treffe, ausnahmsweise auch einmal der Segen eines dankbaren Herzens die Kraft haben, die Wohltäterin ausfindig zu machen und für ihre Wohltaten zu belohnen:

> I wished that ... the benediction of a heart oppressed with gratitude ... might have power given to it from above to chase – to haunt – to way-lay – to over-take – to pursue thee into the central darkness of a London brothel, or (if it were possible) into the darkness of the grave – there to awaken thee with an authentic message of peace and forgiveness, and of final reconciliation! (22)

Die Syntax dieses Satzes mit seinen Aufzählungen, Parenthesen, Ersetzungen und Einschüben drückt etwas von der **Hoffnungslosigkeit** der Suchbewegung aus. De Quinceys Dankbarkeit gelangt eben *nicht* zur Adressatin, denn er weiß ja nicht einmal, wohin er seinen Dank richten soll, an eine Lebende oder eine Tote, ins Bordell oder ins Grab. Der Wunsch nach Versöhnung und Wiederherstellung ist ebenso groß wie der Schmerz über den Verlust der Gefährtin. Dieser Schmerz besteht vor allem darin, dass sich im Leben anders als im Roman die Wege trennen und verlieren, dass im Labyrinth der Großstadt keine Kohärenz und Logik waltet, sondern der Zufall, die Sinnlosigkeit und das Gesetz der „perplexities".

Wie kam es zu diesem Verlust? Als Geldnöte De Quincey zwangen, von London aus eine Reise nach Eton zu unternehmen, musste er sich für eine Woche von Ann verabschieden. Dieser Abschied war auf seiner Seite reich an Versprechungen, auf ihrer reich an Tränen; sie machten einen Treffpunkt für die Rückkehr aus: Um 6 Uhr abends nach dem fünften Tag der Trennung und an den darauf folgenden wollten sie sich am Ende von Great Titchfield-Street einfinden, um, wie es heißt, „The great Mediterranean of Oxford-street" zu umgehen. (27) Eines allerdings hat er versäumt, nämlich sich nach dem Nachnamen seiner Gefährtin zu erkundigen. Nach seiner Rückkehr fand er sie nicht mehr wieder; sie erschien nicht am Treffpunkt und seine über Wochen und Monate ausgedehnte Suche verlief ergebnislos. Er musste feststellen, dass eine Person **ohne Namen und Adresse** in der Großstadt ebenso verloren ist wie eine Nadel im Heuhaufen. Er stellte sich vor, dass er ihr manchmal bei seiner Suche im Labyrinth Londons möglicherweise ganz nahe gekommen sein könnte:

> If she lived, doubtless we must have been sometimes in search of each other, at the very same moment, through the mighty labyrinths of London; perhaps even within a few feet of each other – a barrier no wider in a London street, often amounting in the end to a separation for eternity! (34)[17]

17 Zur Bedeutung des Gesichts in der Literatur vgl. von Matt (1983).

Den zweiten Teil seiner *Confessions* hat De Quincey mit einem pathetischen Abschied von London eingeleitet: „So then, Oxford-street, stony-hearted stepmother! thou that listenest to the sighs of orphans, and drinkest the tears of children, at length I was dismissed from thee." (34)

Ähnlich wie später Yeats, der mitten im Trubel der modernen Großstadt London die Epiphanie eines ganz anderen, pastoralen Lebens auf den irischen Aran Isles hatte – „I will arise and go now, and go to Innisfree" lautet die erste Zeile seines berühmten Gedichts[18] –, hatte auch De Quincey mitten in London die **Vision eines ländlichen Lebens** im Norden. Die Nord-West-Passage, auf der er bei seinen nächtlichen Wanderungen zurückkehrte, war zugleich der Kompass seiner Sehnsucht. Von Oxford-Street, aus dem Herzen der Steinwüste, pflegte er nachts seine Augen aus den Häuserfluchten zu erheben, nordwärts zu richten und sich im Tone des Psalmisten zu versprechen: „that is the road to the north, and therefore to – (zu ergänzen ist Grasmere, der Wohnsitz von Wordsworth, A. A.). And if I had the wings of a dove, *that* way I would fly for comfort." (35)

Mit einer Bauerntochter, die er dann geheiratet hat, verbrachte De Quincey den Rest seines Lebens in der Nähe der Freunde Wordsworth und Coleridge. Die dunklen Bilder der Großstadt und die mit ihnen verbundene unbewältigte Episode haben ihn jedoch zeit seines Lebens nicht verlassen. Als er viele Jahre später auf der Reise nach London in einem Hotel übernachtete, holte ihn die Stadt, noch ehe er in ihr angekommen war, als eine drohende Kulisse seiner Alpträume ein: „now rose London – sole, dark, infinite – brooding over the whole capacities of my heart." London nahm in seinem Traum die Gestalt eines Schrecken erregenden Abgrunds an, vor dem er in Grauen zurückschreckte und in den er sich doch willentlich hineinstürzte: „that unfathomed abyss (...) into which I was now so wilfully precipitating myself." London, der Ort seiner jugendlichen Eskapaden, Verirrungen, Entbehrungen, verfolgte ihn bis ins hohe Alter. Im Zentrum der Alpträume stand das verlorene Gesicht der Prostituierten Ann, das ihm den fragmentarischen, flüchtigen und vergeblichen Charakter seines Lebens vor Augen führte, und in dem wir wohl einen wichtigen Motor für die Niederschrift seiner Bekenntnisse erkennen dürfen.

5.1.2 Die anonyme Masse der Großstadt – John Gay, Edgar Allan Poe und Virginia Woolf

Der spezifisch romantische Charakter von De Quinceys London wird erst sichtbar, wenn man seine Stadt-Beschreibungen gegen frühere und spätere Beispiele abgrenzt. Reichlich hundert Jahre vor ihm, im Jahre 1716, hat der englische Dichter John Gay, der es in Deutschland als Vorbild von Brechts Dreigroschenoper zu einiger Bekanntheit gebracht hat, ein London-Gedicht geschrieben. Es heißt „Trivia; or, The Art of Walking the Streets of London". Trivia ist der Name der Göttin, die zu Be-

18 Yeats (1966a).

ginn dieses komischen Epos als Muse des Gedichts angerufen wird. Trivia ist wohl am besten mit **„Alltäglichkeit"** zu übersetzen und kennzeichnet die unheroische Verfassung der modernen Alltagswelt des 18. Jahrhunderts. Der für die Gattung verbindliche Musenanruf ist ein deutliches Gegenbild zur Anrufung der himmlischen Muse Urania am Anfang des siebten Buches in John Miltons *Paradise Lost*, die den blinden Dichter durch Hölle, Himmel und Erde auf Pfaden leiten sollte, die keines Menschen Fuß je betreten hat. Bei Gay klingt der Musenanruf so:

> Thou, Trivia, Goddess, aid my song,
> Thro' spacious streets conduct thy bard along;
> By thee transported, I securely stray
> Where winding alleys lead a doubtful way.
> The silent court, and op'ning square explore,
> And long perplexing lanes untrod before.[19]

Die verwirrende Unerschlossenheit der großstädtischen Topographie wird hier bereits in Worten beschrieben, die wir später bei De Quincey wieder finden. Es geht beim Straßenwandern um die Erforschung unbekannter Gegenden („explore") und das Wagnis labyrinthischer Straßenzüge („perplexing lanes"). Aber Milton ist nicht der einzige Prätext für dieses Werk, das sich als ein Lehrgedicht nach dem Vorbild von Vergils *Georgica* präsentiert. Nur ist die Kunst, die hier erlernt werden soll, nicht der Landbau, sondern das Wandern durch die Straßen der Großstadt. Diese Kunst, die in drei epischen Büchern beschrieben wird, beginnt mit Anweisungen, die die richtige Ausrüstung betreffen (geeignetes Schuhwerk, Mantel und Stock) und hält für vielfältige Probleme handfeste Verhaltensregeln bereit. So erfährt man, wie man sich bei einem Regenguss zu verhalten hat, worauf bei Tage in der Stadt zu achten ist und worauf bei Nacht, welchen Personen es auszuweichen gilt und vor welchen man sich in Acht nehmen muss, welchen Fahrzeugen, welchen Gewerben man begegnet und mit welchen Schreien sie sich ankündigen, welche Zonen der Stadt zu empfehlen und welche zu meiden sind. Der Reiz des Gedichts besteht sicherlich darin, dass hier alltäglich triviale Ereignisse wahrgenommen, beschrieben und obendrein mit einer episch-mythologischen Armatur komisch verfremdet werden. Es zeigt aber auch, dass die Großstadt als **„soziales Laboratorium"** eine neue soziale Formation hervorgebracht hat, nämlich die Adressaten des Gedichts, die **anonyme Masse**, die als „O ye associate walkers" (157, II, 501) angesprochen werden. Die unzähligen Menschen, die auf engem Raum beständig in Bewegung sind, müssen im geschäftigen Treiben der Großstadt lernen, ohne Reibungen aneinander vorbeizukommen, wobei elementare Regeln der Höflichkeit ebenso wichtig sind wie gewisse Techniken des Selbstschutzes.

London ist ebenfalls der Schauplatz von Edgar Allan Poes Kurzgeschichte *The Man of the Crowd*.[20] In dieser Erzählung wird das Leben der Großstadt aus der Per-

19 Gay (1974), 135 (Book I, 5–10).
20 Poe (1984).

spektive eines **Beobachters** wahrgenommen, der am Fenster eines Kaffeehauses den Strom der Passanten an sich vorüberziehen sieht. Dieser Menschenstrom ist ungeordnet; hier vermengen sich auf engstem Raum die unterschiedlichen sozialen Klassen und Professionen; das ganze Spektrum der Gesellschaft vom Bettler bis zum Millionär, vom Bürger bis zum Verbrecher zieht auf der belebten Straße an ihm vorüber. Die Geschichte besteht aus zwei Teilen. In der ersten Hälfte ist der Betrachterstandpunkt fixiert. Der Beobachter versucht von seinem Aussichtsplatz den Strom der anonymen Masse ‚zu lesen'. Das gelingt ihm ein Stück weit mithilfe eines Kataloges von Typen, die er entlang den Klassengrenzen und der sozialen Hierarchie entwickelt. Die Menschen, die als Passanten unterwegs sind, interessieren ihn nicht als Individuen, sondern als Exemplare spezifischer Gruppen und Berufsstände. Hier ist die Beschreibung der gehobenen Klasse der Büroangestellten (upper clerks):

> These were known by their coats and pantaloons of black or brown, made to sit comfortably, with white cravats and waistcoats, broad solid-looking shoes, and thick hose or gaiters. – They had all slightly bald heads, from which the right ears, long used to pen-holding, had an odd habit of standing off on end. I observed that they always removed or settled their hats with both hands, and wore watches, with short gold chains of a substantial and ancient pattern. (216)

Im zweiten Teil der Erzählung verlässt der Erzähler seinen festen Beobachterstandpunkt und wird selbst Teil des anonymen Stroms und dessen Dynamik. Sein Motiv hat sich dabei geändert: Nun ist es ein bestimmtes Gesicht, das ihm ein tiefes Rätsel aufgibt, das er zu entziffern sucht. Er folgt einem alten, abgerissenen und scheinbar orientierungslos durch die Straßen irrenden Unbekannten in der Hoffnung, auf dieser Fährte einige Hinweise auf dessen Person und Geschichte zu gewinnen. Doch die Vermutungen und Projektionen, die seine Neugier antreiben, werden weder bestätigt noch korrigiert; nach einer durchwanderten Nacht auf den Spuren des Fremden muss er sich erschöpft eingestehen, dass er keine heiße Spur, kein unscheinbares Indiz hat einfangen können, aus dem er die Geschichte eines Charakters oder eines Verbrechen hätte rekonstruieren können. In der Mikroanalyse bleiben die Großstadt und ihre Passanten opak; sie hüten ihr Geheimnis und lassen sich nicht lesen.

Poes Erzähler gehört selbst einem Typus an, der es im 19. und beginnenden 20. Jahrhundert zu einiger Berühmtheit brachte, dem **Flaneur.** Die Großstadt hat den Flaneur hervorgebracht als ihren Beobachter, der in den Strom der Passanten eintaucht. Er ist ein Müßiggänger, der von keinen pragmatischen Zielen und Bedürfnissen gesteuert ist und dessen Aufmerksamkeit deshalb freigestellt ist, sich auf die Großstadt selbst und ihre neuen Lebensformen zu konzentrieren. Der Flaneur ist die Figur, in der das Leben der Großstadt **selbstreflexiv** wird. Die Figur gibt es nicht nur in männlicher, sondern auch in weiblicher Ausprägung. Eine Beispiel für eine Flaneuse finden wir in einer short story von Virginia Woolf mit dem Titel „Street Haunting: A London Adventure" (1927). In dieser Skizze schließt sich die Erzählerin der „vast republican army of anonymous trampers" an, die Tag und

Nacht durch die Londoner Straßen ziehen.[21] Die Erzählerin verspürt den dringenden Wunsch, sich dieser Armee anzuschließen und für eine Weile ihrem Zimmer zu entkommen. Während das Zimmer ein Gehäuse ist, das durch seine Geschlossenheit, seine Utensilien und seine Erinnerungen die Bewohnerin auf ein bestimmtes Selbst festlegt, löst der anonyme Strom der Fußgänger diese fixierte Identität für eine Weile auf: „As we step out of the house on a fine evening between four and six we shed the self our friends know us by." (481) Woolfs Bild dafür ist die Austernschale der Identitäts-Konventionen, die für eine Weile aufgebrochen wird und den Menschen zurückverwandelt in einen reinen Beobachter: „The shell-like covering which our souls have excreted to house themselves, to make for themselves a shape distinct from others, is broken, and there is left of all these wrinkles and roughness a central oyster of perceptiveness, an enormous eye." (481)

Für Virginia Woolf, die Erzählerin des Bewusstseinsstroms, ist das Flanieren, das Schweifen durch die Straßen Londons eine kongeniale Existenzform. Die Straße ist für sie ein Bild des modernen Lebens in der verwirrenden Vielfalt heterogener Sinneseindrücke, die vom Betrachter als ein fortlaufendes Band wahrgenommen werden. Die Passivität des Betrachters erinnert dabei an die Situation des Kinos. Zeitgleich mit Walter Benjamin und Franz Hessel[22] hat Woolf die Bedingungen des Flanierens, auf die im Kapitel ‚Zeit' bereits hingewiesen wurde, präzise beschrieben:

> We are only gliding smoothly on the surface. The eye is not a miner, not a diver, not a seeker after buried treasure. It floats us smoothly down a stream, resting, pausing, the brain sleeps perhaps as it looks. (482)

Es folgt eine Reihung von **visuellen Impressionen**, die nach Lichtwerten und Schatten, sowie nach Formen und Farbfeldern sortiert sind. Dieser ästhetische Blick, der sich einem ekstatischen Aus-sich-Heraustreten verdankt, verwandelt die Großstadt in ein impressionistisches Gemälde. Der Blick ist aber auch ein neugieriger, der angezogen wird von den Curiosa und Mirabilia der Großstadt, Absonderlichkeiten und Deformitäten, die in kleinen Erzähl-Vignetten eingefangen werden. In der Armee der Fußgänger kann sich das Ich aus den Zwängen seiner Wirklichkeit lösen und einen Augenblick lang imaginativ in eine Vielzahl widersprüchlicher Gestalten schlüpfen. Indem die eigene Identität vorübergehend aufgegeben ist, können andere Identitäten ausprobiert werden. Denn beim Beobachten in der Großstadt lassen sich ähnliche Erfahrungen machen wie bei der Lektüre eines Romans, wobei es Woolf anders als Poe nicht um analytische Entzifferung geht, sondern um **empathisches Miterleben**:

21 Woolf (1994). Vgl. auch Woolf, (1993). Der Text „Oxford Street Tide" von Virginia Woolf ist 1931 in der Zeitschrift Good Housekeeping erschienen und ist eines von fünf kurzen Prosastücken, die unter dem Titel „The London Scene" zusammengefasst sind.

22 Benjamin (1982); Hessel (1984).

> Into each of these lives one could penetrate a little way, far enough to give oneself the illusion that one is not tethered to a single mind but can put on briefly for a few minutes the bodies and minds of others. One could become a washerwoman, a publican, a street singer. And what greater delight and wonder can there be than to leave the straight lines of personality and deviate into those footpaths that lead beneath brambles and thick tree trunks into the heart of the forest where live those wild beasts, our fellow men?[23]

Wie De Quincey fühlt sich die Erzählerin in die Fremden der Großstadt ein, teilt ihre Freuden und Sorgen, als handele es sich um Figuren eines Romans. Aber all das dauert nicht länger als ein paar Augenblicke, denn Erfahrungen in der Stadt sind nicht nur anonym, sondern auch **flüchtig**. Die Fußgängerin als Flaneuse darf an nichts festhalten, sie muss ihre Phantasie zügeln, die stets in die Tiefe gehen will. Dies sind Verhaltensregeln von einer ganz anderen Art als bei John Gay, der die Großstadt als einen neuen Sozialraum entdeckte und dafür die Regeln des zwischenmenschlichen Verkehrs formulierte. In De Quinceys Großstadt ist der kollektive Sozialraum bereits gänzlich mit der Biographie eines einzelnen Ich überschrieben worden, das die ganze Stadt ausfüllt und als Spiegel seines Geistes und seiner Seele entdeckt. Virginia Woolf radikalisiert diese **Subjektivierung** noch weiter, jedoch kappt sie dabei bewusst die biographischen Fäden der Identität und konzentriert sich auf das Ich als reine Beobachter-Instanz. Die Differenz der hier vorgestellten Großstadt-Texte lässt sich in folgender knapper Form zusammenfassen: John Gay beschreibt die Großstadt als einen neuen anonymen Sozialraum, in dem man lernen muss, aufeinander Rücksicht zu nehmen und ungehindert aneinander vorbei zu kommen; in De Quinceys Text erscheint die Großstadt als Kulisse einer nachhaltig prägenden autobiographischen Episode; bei Poe und Woolf hat die Stadt ihre Qualität als romantischer Erlebnisraum verloren und ist zu einem weitgehend intransparenten modernen Wahrnehmungsraum geworden.

5.2 Zentrum und Peripherie – Frederick Jackson Turner und Joseph Conrad

5.2.1 Kolonisierung, Eroberung, Kolonialismus

Zentrum und Peripherie sind **relationale Begriffe**. Der eine bleibt unverständlich ohne den anderen. Jeder ist vom Pole des anderen her definiert und verändert seine Bedeutung mit dessen Veränderung oder Verlagerung. Die Bedeutung dieser Begriffe ändert sich je nachdem, ob wir von Kolonisierung, von Eroberung oder von Kolonialismus sprechen.

Im Kontext von **Kolonisierung** ist Peripherie etwas, das zunächst außerhalb der Reichweite liegt, aber durch bestimmte Kulturtechniken in den Herrschaftsbereich

23 Woolf (1994), 690 f.

des Zentrums gebracht wird. Mit Kolonisierung haben wir es da zu tun, wo unbewohnte und unbewohnbare Regionen durch Trockenlegung von Sümpfen, durch Bewässerung von Wüste oder durch Bebauung von Steppenregionen bewohnbar gemacht werden. Von Kolonisierung kann überall dort die Rede sein, wo die Ausdehnung eines Herrschaftsbereichs mit dem **Spaten** (und nicht mit dem Schwert) erfolgt, wo also die Landnahme und Landgewinnung nicht mit der Vertreibung einer Urbevölkerung einhergeht. Um periphere Zonen als menschlichen Lebensraum zu gestalten und erhalten, bedarf es einer beständigen Arbeit und Pflege.

Das weitaus häufigere Mittel der Besetzung und Hinzugewinnung peripherer Räume ist das **Schwert**. **Eroberung** ist der gewaltsame Kampf gegen eine Urbevölkerung, die aus ihrem Land vertrieben, ausgerottet oder in entmachteter Form in das eroberte Land aufgenommen wird. Die Geschichte Europas und Nordamerikas ist eine Geschichte der gewaltsamen Expansion von Stärkeren auf Kosten von Schwächeren. Imperialismus kann definiert werden als eine Mischung aus Kolonisierung und Eroberung. Dafür ist die von Siedlern mit Spaten und Gewehren durchgeführte Grenzverschiebung ein Beispiel, die vom 17. bis zum Ende des 19. Jahrhunderts das Territorium des US-amerikanischen Herrschaftsbereichs stetig vom Osten nach Westen ausdehnte. An dieser Erschließungsgrenze (‚**frontier**') wird die Umwandlung von Wildheit in Zivilisation vollzogen. Damit löst sich der ursprüngliche Gegensatz von Zentrum und Peripherie auf. Die imperiale territoriale Ausdehnung durch Eroberung führt bis in die Gegenwart zu einer fortschreitenden Aneignung durch Einverleibung von Randzonen, die damit Teil eines homogenen Herrschaftsbereichs werden. Nach Eingliederung in eine großräumige politische Organisation und Verwaltung ist die anfängliche Differenz zwischen Zentrum und Peripherie aufgehoben.

Absolut grundlegend und dauerhaft ist dagegen die hierarchische Struktur von Zentrum und Peripherie für den **Kolonialismus**, wo vom Zentrum eines Mutterlands aus in räumlicher Ferne Kolonien gegründet werden, in denen ein Staat Besitz- und Herrschaftsansprüche über Völker einer anderen Sprache und Kultur geltend macht. Das Verhältnis von Herren und Knechten nimmt dabei die spezifische Qualität an, dass „eine gesamte Gesellschaft ihrer historischen Eigenentwicklung beraubt, fremdgesteuert und auf die – vornehmlich wirtschaftlichen – Bedürfnisse und Interessen der Kolonialherren umgepolt wird".[24] Der geographische Abstand zwischen Zentrum und Peripherie bleibt strukturbildend erhalten und wird als ein **kulturelles Gefälle** bewertet. Das Zentrum legitimiert seine Macht über die Peripherie mit kultureller Höherwertigkeit sowie der Rückständigkeit der Beherrschten und entwickelt dafür eine zivilisatorische Mission bzw. „sendungsideologische Rechtfertigungsdoktrinen".[25]

24 Osterhammel (2003), 19.

25 Osterhammel (2003), 21. Nach Osterhammel charakterisiert den kolonialen Staat u. a., „dass sich zwischen Herrschern und Beherrschten in der Regel eine unüberbrückbare kulturelle Kluft öffnete." (64)

Die koloniale Relation der Begriffe von Zentrum und Peripherie entsteht durch die Verschränkung zweier aufeinander eingestellter Perspektiven. Sie funktioniert ähnlich wie die Verschränkung von Herr und Knecht: Ohne die gegenseitige Anerkennung der konträren Macht-Positionen kann sinnvoll weder vom einen noch vom anderen die Rede sein. Herren müssen durch Knechte, Zentren durch ihre Peripherie, der Machtmittelpunkt muss von außen her bestätigt werden. Zentren, die keine Chance auf symbolische Anerkennung, normative Ausstrahlung oder Bereitschaft anderer zum Gehorsam haben, sind ausgehöhlt und können sich nicht lange halten. Damit ist schon angedeutet, dass es immer mehrere und zum Teil sehr unterschiedliche Aspekte sind, die Zentren zu Zentren und Peripherien zu Peripherien machen. Das Kapital von Zentren steckt vorrangig in vier Aspekten, die in der Regel eng miteinander verschränkt sind: physische Gewalt, ökonomische Überlegenheit, normative Kraft und symbolisches Kapital. Die Entkoppelung dieser Dimensionen führt zu Legitimationskrisen und einer Aufweichung der relationalen Struktur.

Die historische Forschung zeigt, dass es in der Geschichte keine Zentren gibt, die ihre Position auf Dauer unangefochten behaupten konnten. Ein wesentlicher Motor der Geschichte besteht gerade darin, dass durch Umsturz und Wandel aus Zentren Peripherien werden und umgekehrt. Ein Beispiel dafür ist die geo-kulturelle Mittellage Europas mit seinem symbolischen Zentrum eines ersten und zweiten Roms. Die Existenz des zweiten, östlichen Roms mit Namen Byzanz und später Konstantinopel beweist bereits, dass jegliches Zentrum mit seinen Ansprüchen auf Macht und Dauer immer schon umstritten und durch gegenteilige Ansprüche begrenzt ist. Das dauerhafte Zentrum, den Nabel (omphalos) der Welt, gibt es nur als ein mythisches **Phantasma**, das allen Ansprüchen auf dauerhafte Zentralität innewohnt. Die beiden Texte, auf die hier eingegangen wird, illustrieren das Thema Macht und Raum unter dem Aspekt der Mythisierung und der Demythisierung. Zunächst soll F. J. Turner als der Erfinder des amerikanischen Raum-Mythos zu Wort kommen, anschließend daran Joseph Conrad mit seiner kritischen Analyse des Britischen Empire.

5.2.2 Grenze und Schwelle – Frederick Jackson Turners Mythos der ‚Frontier'

Schöpfer des **amerikanischen Mythos** der Grenze ist der Historiker Frederick Jackson Turner. Als dieser seine einflussreiche Studie schrieb, war das Phänomen, das er in den Blick nahm, gerade zu seinem Abschluss gekommen. Im Jahre 1890 war die offizielle Erklärung der amerikanischen Zensus-Behörde veröffentlicht worden, dass die Vereinigten Staaten seit dem Jahre 1880 keine geschlossene Grenzlinie („frontier line") mehr besaßen, die durch Kolonisierung und Besiedlung weiter von Osten nach Westen geschoben werden könnte („Westward movement").[26] In dieser bürokratischen Verlautbarung erkannte Turner ein Eckdatum der US-

26 Turner (1963), 27.

amerikanischen Geschichte. Von diesem Datum aus blickte er nicht nur, wie man bei einem Historiker hätte erwarten können, auf die 300-jährige und nunmehr abgeschlossene amerikanische Siedlungsgeschichte als ‚Vor-Geschichte' einer neuen Phase zurück, sondern verwandelte diese abgeschlossene Vorgeschichte zugleich in einen nationalen Mythos von überzeitlicher Bedeutung. Mythos bedeutet hier, dass man das, was in der Geschichte abgeschlossen ist, nicht hinter sich lässt, sondern ihm eine **identitätsprägende Bedeutung** für die Zukunft zuschreibt. Auf welche Weise hat Turner ein Kapitel amerikanischer Geschichte in einen Mythos verwandelt?

Die Antwort lautet: Indem er die Grenze selbst in einen Akteur verwandelte, der wiederum die Pioniere verwandelte und aus ihnen paradigmatische Amerikaner machte. Die umkämpfte, der Wildnis und den Indianern abgetrotzte bewegliche Westgrenze erklärte er zum **Schmelztiegel** (‚crucible'), in dem sich die vielen heterogenen Einwanderer zu Mitgliedern einer einheitlichen Nation verwandelten. An der Westgrenze, so philosophierte Turner, stießen Zivilisation und Wildnis hart aufeinander; an dieser Grenze vollziehe sich eine kontinuierliche Überwindung von Wildnis und indianischem Widerstand, der das Wesen amerikanischer Geschichte und damit der Nation ausmache:

> „Up to our own day American history has been in a large degree the history of colonization of the Great West. The existence of an area of free land, its continuous recession, and the advance of American settlement westward, explain American development." (27)

Nicht die Kriege um Unabhängigkeit und Sklavenbefreiung, sondern das sich über dreihundert Jahre erstreckende Projekt der West-Kolonisierung steht für ihn im Zentrum amerikanischer Geschichte und macht das Wesen der Nation aus. „The frontier is the line of most rapid and effective Americanization" heißt es bei Turner (29). Die Stadien dieser **nationalen Metamorphose** werden von ihm genau beschrieben. Der Kolonisator ist zunächst ein Mensch in europäischer Kleidung, ausgerüstet mit europäischen Instrumenten, Waffen, Fahrzeugen und Gedanken. An der Grenze der Zivilisation verwandelt sich dieser Europäer dann in einen Indianer, dessen Kleidung, Geräte und Überlebenswissen er umgebungsbedingt kopiert. Nachdem er sich ein Stück weit von der Wildnis hat formen lassen, ist dieser Alt-Europäer in der Lage, ihr seinen Stempel aufzudrücken. An diesem Punkt kehrt der ehemalige Einwanderer nicht zu seinem früheren europäischen Zustand zurück, denn was er schafft, ist das neue Amerika, und mit dem neuen Amerika mutiert der Kolonisator zum Amerikaner. „Little by little he transforms the wilderness, but the outcome is not the old Europe (...). The fact is that here is a new product that is American." (29) Turner geht es um die Affirmation einer nationalen Erfahrung, mit der sich Amerika von seinen europäischen Wurzeln lösen und von ihnen abgrenzen kann. Mit Verlagerung der territorialen Westgrenze vertieft sich zugleich die kulturelle Grenze im Osten zwischen den USA und Europa. Nicht nur in der Landgewinnung, sondern auch in der Gewinnung eines Abstands von Europa sieht Turner „the really American part of our history". Er fügt hinzu: „Thus the advance of the frontier has meant a steady movement away from the influence of Europe, a steady growth of independence on American lines." (30) Nach der politisch erkämpften Unabhängigkeit der Nation müssen weitere Selbst-Befreiungen folgen. Aus der Expansion nach Westen entsteht für Turner das **‚amerikanische Wesen'**. „To the frontier", schreibt Turner, „the American intellect owes its striking characteristics." (57) Damit ‚essentialisiert' und mythisiert er einmalige und kontingente historische Erfahrungen zu dauerhaften nationalen Eigenschaften.

Entscheidend für Turners Begriff der Grenze ist, dass sie keine feste Begrenzung darstellt, sondern eine Schwelle ist, die dazu da ist, überschritten zu werden. Es ist eben diese **Überschreitung von Grenzen**, die von Turner zur Signatur des amerikanischen Wesens erklärt wird. Dieses Weiterschieben mobilisiert spezifisch amerikanische Energie-Reserven. Im geo-politischen Raum ist die koloniale Expansion zwar an eine feste Grenze gestoßen, doch das erworbene Wesensmerkmal des Amerikaners, der Gestus des Überschreitens, lässt sich leicht aus dem Raum in die Zeit und in die Zukunft verlängern. „He would be a rash prophet who should assert that the expansive character of American life has now entirely ceased. Movement has been its dominant fact, and (...) the American energy will continually demand a wider field for its exercise." (57) Das Raumfahrtprogramm der NASA in den 50er und 60er-Jahren, Wissenschaft und Technik allgemein, aber auch die Ausdehnung wirtschaftlich politischer Hegemonie in einer globalisierten Welt sind Formen, in denen sich der von Turner erfundene und von den Amerikanern so effektiv angeeignete Nationalcharakter des ausgehenden 19. Jahrhunderts auch im 21. Jahrhundert weiterhin manifestiert.[27]

Zu dieser nationalen Haltung, wie Turner sie stilisierte, gehört zusammen mit der emphatischen Zukunftsorientierung die Abwertung der Vergangenheit: „Each frontier did indeed furnish a new field of opportunity, a gate of escape from the bondage of the past." (57) **Vergessen** werden soll die europäische Vorgeschichte der Siedler, nicht jedoch das abgeschlossene Kapitel der Kolonisierung in der Geschichte Amerikas, das den Einwohnern in Fleisch und Blut übergegangen ist, ihren Nationalcharakter geprägt hat und ihnen ihre Orientierung vorgibt. Vergessen werden sollen darüber hinaus bestimmte Aspekte dieser Geschichte, die man mit dem amerikanischen Philosophen Ralph Waldo Emerson als **‚black events'** bezeichnen kann[28]: die Vertreibung und Ausrottung der Indianer. Die Indianer, die Turner erwähnt, sind mit modernen Waffen ausgerüstet, was einen gleichen und fairen Kampf suggeriert.[29] Das militärische Projekt der Ausdehnung wird als eines

27 Turner selbst geht in einem anderen Aufsatz auf weitere Expansionsfelder ein: „In place of old frontiers of wilderness, there are new frontiers of unknown fields of science, fruitful for the needs of the race; there are frontiers of better social domains yet unexplored". Turner (1962).

28 Emerson (1979).

29 Turner (1963).

des Selbst-Schutzes und der Verteidigung beschrieben („keeping alive the power of resistance to aggression", 38). Die Aspekte Konfrontation, Eroberung und Gewalt werden ausgespart und durch das Bild eines **organischen Wachstums** ersetzt, durch das das Land erst seine wirkliche Belebung erfährt.

> Thus civilization in America has followed the arteries made by geology, pouring an ever richer tide through them, until at last the tender paths of aboriginal intercourse have been broadened and interwoven into the complex mazes of modern commercial lines; the wilderness has been interpenetrated by lines of civilization growing ever more numerous. It is like the steady growth of a complex nervous system for the originally simple, inert continent. (37)

Der Mythos der Grenze, wie Turner ihn konstruiert, macht aus einer Vielfalt von Einwanderern und einer Ansammlung von Staaten eine vereinte, sich als **Einheit** begreifende und fühlende Nation. „If one would understand why we are to-day one nation, rather than a collection of isolated states, he must study this economic and social consolidation of the country." (37) Es ist das Selbstbild eines Amerikas der Modernisierung, der weißen männlichen Vorherrschaft und des *melting pot*, das erst in den 1970er-Jahren kritisch befragt zu werden begann. Es entstand letztlich aus einem nostalgischen Impuls. Eine neue Welle der Immigration sowie ökonomische und soziale Umwälzungen kennzeichnen die Jahre zwischen 1880 und 1920. Angesichts einer zunehmend heterogenen und fragmentierten modernen Gesellschaft entstand das starke Bedürfnis nach nationaler Einheit und kultureller Gleichförmigkeit. Was in der Wirklichkeit immer weniger der Fall war, sollte der Mythos korrigieren.[30]

Mehr als hundert Jahre später ist Salman Rushdie noch einmal auf den berühmten Text von Turner zurückgekommen. Rushdie, der die Grenzüberschreitung zu seiner Lebens- und Schreibform gemacht hat, denkt in seinem Essay „Step Across this Line" grundsätzlich über die Funktion und Bedeutung der Grenze nach. Ausgehend von anthropologischen Aussagen weist er auf die fundamentale Bedeutung der Grenzüberschreitung für menschliches Leben und Erzählen hin: „In our deepest natures, we are frontier-crossing beings. We know this by the stories we tell ourselves". (350) Er selbst bezeichnet sich als „migrant, the man without frontiers" (356), den er als Archetypus unseres Zeitalters beschreibt. Deshalb stellt er Turner seine eigene These entgegen: „the emergence, in the age of mass migration, mass displacement, globalized finances and industries, of this new, permeable **post-frontier** is the distinguishing feature of our times, and, to use Turner's phrase, explains our development as nothing else can." (365) Rushdie lässt sich von seinem ‚post-frontier'-Credo auch dadurch nicht abbringen, dass in vielen Teilen der Welt das Überschreiten von Staatsgrenzen weiterhin eine schweißtreibende und ungewisse Angelegenheit ist.[31]

30 Binder (1993); Goldberg (1994); Ostendorf (1983); Sollers (1986).
31 Rushdie (2002).

5.2.3 Die Krise des Empire – Joseph Conrads *Heart of Darkness* (1902)

Eroberungen, die das hierarchische Feld der Kräfte neu ordnen, sind eine entscheidende Voraussetzung für die geopolitische Konstellation von Zentrum und Peripherie. Aber nicht nur die militärische Auseinandersetzung führt zur Erosion dieses Verhältnisses, auch eine **Legitimations- und Wertkrise**, die vom Zentrum selbst ausgeht, kann zu einem Umschwung führen. Das britische Imperium hat seine koloniale Politik innerhalb wie außerhalb Europas verfolgt. Zu den kolonialisierten Ländern Europas gehört zum Beispiel Irland, dessen katholischer Süden 1922 seine politische Unabhängigkeit erreichte. Der anglo-irische Dramatiker Brian Friel hat ein Stück mit dem Titel *Translations* (1980) geschrieben, in dem er auf eindringliche Weise britische koloniale Praktiken anhand von Landkarten- und Sprach-Politik darstellt. Der Text, an dem hier das koloniale Verhältnis von Zentrum und Peripherie illustriert werden soll, schildert jedoch die außereuropäische Situation der Kolonialisierung. Joseph Conrads Roman *Heart of Darkness* (geschrieben 1899, publiziert 1902) ist als ein Schwellentext der Jahrhundertwende von weltliterarischer Bedeutung eingestuft worden und wie kaum ein anderer geeignet, Grundfragen des Verhältnisses von Zentrum und Peripherie zu diskutieren.

Der Autor stammt aus einer polnischen Familie in der russisch dominierten Ukraine. Seine Eltern waren erklärte polnische Patrioten, die von den russischen Besatzern in die nördlichste Provinz Vologda ins Exil geschickt wurden. Dort sind beide aufgrund der Anstrengungen und Entbehrungen früh verstorben und ließen den 11-jährigen Sohn als Waisen zurück. Von dieser kolonisierten Peripherie aus arbeitete sich der Junge allmählich zurück in ein neues Zentrum. Er fuhr viele Jahre zur See und machte in der britischen Handelsmarine Karriere. Als er 1886 mit knapp 30 Jahren als britischer Staatsbürger naturalisiert wurde, war er im Zentrum der weltumspannenden Kolonialmacht des British Empire angekommen. Seine Bücher reflektieren den Glanz dieses Imperiums ebenso wie dessen **Legitimitätsverlust**, verbunden mit tiefem Selbstzweifel und Identitätskrisen, aus der Perspektive des **Grenzgängers** Józef Teodor Konrad Korzeniowski.

Heart of Darkness beginnt mit der Beschreibung eines Sonnenuntergangs auf einem vor Anker gegangenen Schiff. An Bord befindet sich eine kleine Besatzung von Männern, unter denen sich eine melancholisch-meditative Stimmung ausbreitet, in die hinein einer von ihnen eine lange Erzählung – den Inhalt des Buches – hineinspricht. Der Schauplatz dieser Erzählung ist die Themse, die als „Anfang einer unendlichen Wasserstraße" beschrieben wird, die bis zu den „äußersten Enden der Erde reicht".[32] Die **Themse** als Portal einer weltumspannenden Wasserstraße wird in der Perspektive der meditierenden Seeleute zum zentralen Symbol des kolonialen Projekts, das mit den ‚merchant adventurers' des 16. und 17. Jahrhunderts

32 Conrad (1997).

begann. Die nationalen Helden werden als ‚Ritter des Meeres' zusammen mit den Namen ihrer Schiffe in eine heroische Erinnerung zurückgerufen:

> Hunters for gold or pursuers of fame, they all had gone out on that stream, bearing the sword, and often the torch, messengers of the might within the land, bearers of a spark from the sacred fire. What greatness had not floated on the ebb of that river into the mystery of an unknown earth! ... The dreams of men, the seed of commonwealths, the germs of empires. (19)

Mitten in diese ehrfurchtsvolle heroische Erinnerung bricht der Erzähler mit einem Satz ein, der die Koordinaten der Geschichte und Geographie plötzlich grundlegend in Frage stellt: „‚And this also,' said Marlow suddenly, ‚has been one of the dark places of the earth.'" (19)

Marlow, dem keiner widerspricht, weil man von ihm Paradoxien gewohnt ist, erläutert den schweigenden Anwesenden seine Perspektive. Er macht ihnen klar, dass kein historischer Moment in sich das Potential zur Dauer hat, und dass auch alle historischen Errungenschaften nicht mehr Bestand haben als die Blitze am Gewitterhimmel. „We live in a flicker – may it last as long as the old earth keeps rolling! But darkness was here yesterday." (20) In dieser die Jahrtausende überspannenden Sicht treffen die Extreme aufeinander. Die Fackel des britischen Kolonialismus hat nicht immer geleuchtet und, so dürfen wir mit Marlow in dieser melancholischen Stunde des Sonnenuntergangs vermuten, sie wird nicht immer leuchten. In seiner Imagination stellt er sich den römischen Befehlshaber vor, der einst in die finstere nördliche Provinz beordert worden ist. Das, was heute Zentrum ist, war damals äußerste Peripherie:

> The very end of the world, a sea the colour of lead, a sky the colour of smoke (...) precious little to eat fit for a civilized man, nothing but Thames water to drink. (...) Here and there a military camp lost in a wilderness, like a needle in a bundle of hay – cold, fog, tempests, disease, exile, death – death skulking in the air, in the water, in the bush. (20)

Unvermittelt neben die heroische Erinnerung mit ihren leuchtenden Namen und ihrer Sprache der Ehre und des Ruhms tritt plötzlich der Blick in eine andere Geschichte. Es wird die andere, die **Nachtseite** des **kolonialen Projekts** beschworen, die Marlow mit Begriffen wie Dunkelheit, Tod, Wildnis, Wildheit, Geheimnis, Abscheu und Faszination andeutet. Es ist die Seite, die der Sprache und dem Bewusstsein entzogen bleibt. So, wie man den in den Krieg ziehenden Soldaten nicht die körperlichen Qualen, die Wahrscheinlichkeit ihres eigenen Sterbens und die Vergeblichkeit des ganzen Unternehmens vor Augen stellen darf, wenn man ihre Kampfmoral erhalten möchte, so darf man den am kolonialen Projekt Beteiligten auch nicht dessen demoralisierende Abgründe zu Bewusstsein bringen, wenn diese ihre Mission aufrechterhalten sollen. Genau das aber tut Marlow an diesem Abend mit seiner Erzählung auf der Höhe von ‚Gravesend'; Autor und Erzähler schaffen eine Fermate, in der unter geschützten Bedingungen ausnahmsweise zur Sprache kommen darf, was in den sozialen Rahmen der Kommunikation normalerweise ausgeblendet bleiben muss. Genau darin besteht die privilegierte Rolle der Literatur: Räume zu schaffen für die Versprachlichung dessen, was sonst unterhalb der Schwelle des Bewusstseins und jenseits der sozialen Kommunizierbarkeit verbleibt.

In Marlows Gedankenexperiment tauschen Zentrum und Peripherie ihre Plätze; das Schiff auf der Themse, wo sich eine Gruppe von Männern nach Sonnenuntergang auf das Abenteuer einer Erzählung einlässt, wird als Zentrum der Welt beschrieben, von wo aus seit der Neuzeit alle Wasserwege bis zu den Enden der Welt ihren Anfang nahmen und wohin die Erträge zurückflossen. Dieses Zentrum jedoch war selbst einmal die äußerste Peripherie, auf die sich wenige Wagemutige einst mit ähnlichen Zweifeln und Gefahren eingelassen haben müssen, wie sie die heutigen Seefahrer bedrängen. Das koloniale Projekt der Briten unterscheidet sich jedoch in einem Punkt ganz wesentlich von dem Eroberungsprojekt der Römer: Während die Römer nur das Schwert brachten, bringen die Briten **Schwert** und **Fackel**.

> The conquest of the earth, which mostly means the taking it away from those who have a different complexion or slightly flatter noses than ourselves, is not a pretty thing when you look into it too much. What redeems it is the idea only. An idea at the back of it; not a sentimental pretence but an idea; and an unselfish belief in the idea – something you can set up, and bow down before, and offer a sacrifice to ... (21)

Genau genommen sind es zwei Dinge, die die Briten vor den Römern auszeichnen: die Hingabe an das ‚Prinzip der Effektivität' und an eine sinngebende Idee, die das Projekt heiligt und den höchsten Einsatz bis hin zum eigenen Leben rechtfertigt.

Marlows Unterscheidung zwischen (römischer) Eroberung und (britischem) Kolonialismus kann auch als Kritik des belgischen Kolonialregimes, wie es im Kongo praktiziert wurde, und als Verteidigung des britischen Systems gelesen werden. Diese Verteidigung überschreitet in ihrer Explizitheit allerdings alles, was einer Legitimation dienlich ist. Die auf reine Machtexpansion angelegte Gewaltherrschaft des Schwertes muss, wie schon seit der Zeit der Kreuzzüge, durch die Fackel einer lichtbringenden religiösen oder zivilisatorischen Mission ergänzt werden, um sich vor sich selbst und anderen rechtfertigen zu können. Dieses Muster der **Legitimationsrhetorik** bloßzulegen ist der erste Schritt der Aushöhlung des tragenden Fundaments; der zweite Schritt wird im Nachweis der Nicht-Umsetzbarkeit, Vergeblichkeit und Absurdität des kolonialen Projekts bestehen. Conrad stattet seinen Erzähler nämlich mit einem zynischen Blick auf die Welt aus, der von jeglicher Rhetorik der Ehre und des Sinns geläutert ist. Diesen Blick, den er an der Peripherie des Imperiums gewonnen hat, bringt er – an Stelle des Rückflusses materieller Güter – als eine zersetzende Einsicht zum Zentrum zurück. Unter der Hand verwandelt sich so der Funke des missionarischen Lichts in eine depressive Dunkelheit, die sich mit fortschreitender Erzählung immer mehr ausbreitet.

Die Frage nach Zentrum und Peripherie kommt auch in der Beschreibung der eigenen Ziele zur Sprache, in der Conrad seinem Erzähler deutlich autobiographische Züge verliehen hat. Er spricht davon, dass er als Junge stundenlang über

Landkarten träumte, auf denen noch viele **weiße Flecken** verzeichnet waren. Südamerika, Afrika und Australien wiesen solche Regionen auf, die ihn mit einer unwiderstehlichen Magie anzogen. Sie alle enthielten das glanzvolle Versprechen einer heroischen Exploration des Unbekannten und stellten einen möglichen Beitrag zum Fortschritt menschheitlichen Wissens in Aussicht. Als er älter wurde, verschwanden einer nach dem anderen die weißen Flecken auf der Landkarte und wurden mit einem Netz von Flüssen und Ortsnamen überschrieben. Das galt auch für das Gebiet des Belgischen Kongo, den letzten und größten weißen Flecken. Damit war das Geheimnis dieses Ortes für den Erzähler jedoch keineswegs verschwunden, es hatte nur seine Qualität verändert: Der weiße Fleck der Unbekanntheit verwandelt sich bei Conrad allmählich in den schwarzen Fleck der Nicht-Kolonisierbarkeit, des Scheiterns westlicher Rationalität, des Triumphs der Wildnis über den Willen.

Die Reise vom Zentrum zur äußersten Peripherie, die Conrads Roman nachzeichnet, ist nicht allein in räumlichen Koordinaten messbar. Es ist auch eine Reise auf der Achse der Zeit von der Gegenwart zurück in eine unbekannte prähistorische Welt. Die Evolutionstheorie Darwins hatte in der Mitte des 19. Jahrhunderts den selbstgefälligen Fortschrittsmythos des modernen Menschen unterwandert und ihm das Bild eines Menschen gegenübergestellt, der genetisch nicht nur mit dem Affen verwandt ist, sondern diese Verwandtschaft in Form von rudimentären Merkmalen nach wie vor in sich trägt. Von hier aus war es nur ein Schritt zu einer Theorie des **Atavismus**, die erklärte, dass die prä-zivilisatorischen Anfänge des Menschen nicht ein und für alle Mal überwunden waren, sondern dass der Weg zurück zu diesem Ursprung immer offen war. Der Erzähler Marlow beschreibt seine Expedition nicht nur als eine Raum- sondern auch als eine Zeitreise zurück in die Dunkelheit der Urzeit:

> Going up that river was like travelling back to the earliest beginnings of the world, when vegetation rioted on the earth and the big trees were kings. An empty stream, a great silence, an impenetrable forest. (49) We penetrated deeper and deeper into the heart of darkness. (51) We were wanderers on prehistoric earth, on an earth that wore the aspect of an unknown planet. (...) The prehistoric man was cursing us, praying to us, welcoming us – who could tell? We were cut off from the comprehension of our surroundings (...) We could not understand because we were too far and could not remember, because we were travelling in the night of first ages, of those ages that are gone, leaving hardly a sign – and no memories. (51)

Die schwarzen Eingeborenen sind hier gerade nicht Inbegriff des kulturell Fremden, sondern in Marlows (und Conrads) Projektion **Verkörperung** einer **früheren Menschheitsstufe**, Urahnen seiner eigenen Entwicklung und eines früheren Zustands, von dem der Erzähler ahnt, dass er niemals vollständig überwunden werden kann. Sein tiefer Schock rührt daher, dass er die Eingeborenen nicht als Vertreter einer fremden Spezies abtun kann. In ihrer wilden Fremdheit sind sie eines gerade nicht: unmenschlich. „Well, you know, that was the worst of it – this suspicion of their not being inhuman. (...) They howled and leaped, and spun, and made horrid faces; but what thrilled you was just the thought of their humanity –

like yours – the thought of your remote kinship with this wild and passionate uproar." (51) Ihre unverständliche Sprache ist für den modernen Reisenden unverständlich, nicht weil sie exotisch und kulturell fremd ist, sondern weil sie eine verschollene und vorbewusste Vorstufe des Eigenen darstellt. Schockierend ist dabei vor allem, dass hier keine Grenze zum Schutz der eigenen Identität gezogen werden kann, sondern dieses Fremde als integraler Bestandteil der eigenen Identität anerkannt werden muss, zu dem es allerdings keinen direkten kommunikativen Zugang gibt. Keine Erinnerungen reichen an diese Vorzeit heran. Es ist das Innerste des kolonisierenden Menschen selbst, sein eigener Urspung, der im Dunkeln liegt und Gegenstand eines uneinholbaren Mysteriums bleibt.

Die Raum- und Zeitreise ins Herz der Finsternis ist also vordringlich eine Erkundungsreise in die menschliche Kollektiv-Seele und in die dort lauernden dunklen Regionen. Diese Selbst-Exploration und Selbst-Begegnung kann auch als ein **Projekt** der **inneren Kolonisierung** beschrieben werden, wo es – ähnlich wie bei Conrads Zeitgenossen Sigmund Freud – darum geht, das Periphere aus dem Schatten des Vergessens und Verdrängens herauszuholen und es dem Zentrum des Bewusstseins zuzuführen. Freud sah darin ein Aufklärungsprojekt; er sprach von einem „Fortschritt in der Geistigkeit" und hat es mit Landgewinnung (am Beispiel der Trockenlegung des niederländischen Zuider-Sees) verglichen. Bei Conrad gibt es keine vergleichbare aufklärerische Perspektive. Die Stimmung des Erzählers ist nicht von Heroismus, sondern von Entzauberung, Desillusionierung und zynischer ‚Ent-Selbsttäuschung' geprägt. Das fremde Eigene, das der mythische Kolonisator Englands (oder Russlands), der Heilige Georg, in Gestalt des Drachens bezwungen hatte, lässt sich im Menschenbild Conrads nicht mehr abspalten, externalisieren und dämonisieren. Diese alten Mythen gewinnen für den modernen Menschen eine neue, aktuelle Dimension: „We are accustomed to look upon the shackled form of a conquered monster, but there – there you could look at a thing monstrous and free." (51) Das Projekt der inneren Kolonisierung besteht darin, dieses undomestizierbare Fremde als Teil des Eigenen anzuerkennen und damit Peripherie und Zentrum in ein neues Verhältnis zu setzen. Die rückhaltlose Forderung des ‚Erkenne dich selbst!' mündet bei Conrad in die wenig schmeichelhafte Einsicht, dass es in der menschlichen Seele Regionen gibt, die auf die Urschreie, die Marlow um sich herum hört, antworten. Zwar gibt es, wie bereits betont, zu diesen Grundschichten menschlicher Existenz keine Brücke der Kommunikation und Erinnerung, aber es gibt unheimliche Reflexe und Resonanzen, rudimentäre Spuren, die sich am Bewusstsein und am normativen Selbstbild vorbei zur Geltung bringen:

> If you were man enough you would admit to yourself that there was in you just the faintest trace of a response to the terrible frankness of that noise, a dim suspicion of there being a meaning in it which you – so remote from the night of first ages – could comprehend. And why not? The mind of man is capable of anything – because everything is in it, all the past as well as all the future. (51 f.)

„Der Zerfall der großen Ordnungen hat nicht nur zur Folge, dass die Ränder sich beleben und andere Welten hereinschauen, er impliziert auch, dass alteingesessene Formen von innen her zerspringen", schreibt Bernhard Waldenfels in seinem Buch *Der Stachel des Fremden.*[33] Diese Beschreibung deckt sehr gut die Entwicklung ab, die zwischen Conrad und unserer post-kolonialen Gegenwart liegt. „Things Fall Apart, the Centre cannot hold" heißt es in einem berühmten Gedicht eines Zeitgenossen von Conrad, des irischen Dichters W. B. Yeats.[34] Die ersten drei Worte dieses Verses wurden von dem nigerianischen Schriftsteller Chinua Achebe als Titel eines seiner Romane gewählt.[35] Der Vers von Yeats beschreibt aus der Perspektive des Zentrums den Zerfall einer metaphysischen Ordnung und die Bedrohung durch Chaos und Anarchie. Aus der Perspektive des afrikanischen Gegenwartsschriftstellers dagegen gewinnt der Vers eine positive Bedeutung und verweist auf den Prozess der **Dekolonisierung**, der mit der Abkoppelung vom Mutterland den ehemaligen britischen Kolonien in der Folge des Zweiten Weltkriegs die ersehnte politische Unabhängigkeit und kulturelle Selbstbestimmung gebracht hat. Achebe ist zugleich der Autor, der aus der Perspektive der ehemals Kolonisierten eine vernichtende Kritik von Conrads *Heart of Darkness* geschrieben hat, in der er Conrad des Rassismus bezichtigt und den literarischen Wert des Romans in Abrede stellt. „**The Empire writes back** with a vengeance" – dieser Slogan von Rushdie trifft zugleich den Tenor von Achebes Abrechnung mit dem kanonischen Autor.[36]

„Things Fall Apart, the Centre cannot hold" – diese Worten lassen sich freilich bereits auf Conrads schonungslose Diagnose des britischen Imperiums an der Schwelle des 20. Jahrhunderts beziehen. Sein Roman ist eine unbestechliche Analyse der Erosion des britischen Kolonialreichs von seinen Rändern her. In einer groß angelegten Anamnese überblickt er noch einmal Geschichte und Vision des kolonialen Projekts und lässt sie in das Fazit der Vergeblichkeit und tiefen Desillusionierung münden. Die Peripherie übt auf den Erzähler eine tiefe Faszination aus, die jedoch in diesem Anti-Bildungs-Roman im Laufe seiner Initiationsreise in die Abgründe der menschlichen Seele vollständig ausgehöhlt und dementiert wird. Die Peripherie wird umgewertet von einer der Entdeckung harrenden und ein Geheimnis bergenden Zone in eine Region der menschlichen Seele, die zu konfrontieren und anzuerkennen eine tiefgreifende Desillusionierung bedeutet und zu einer schweren Antriebshemmung führt.

5.3 Mythische Landschaft – Leslie Marmon Silkos *Ceremony* (1977)

Das Wort **Raum** haben wir hier auf geographische und politische Bereiche angewandt, die durch natürliche und künstliche Grenzen markiert und in ihrer Ausdehnung durch Landkarten repräsentiert werden. Raum als Territorium ist Gegenstand nationaler, kolonialer und geo-politischer Diskurse. **Orte** sind demge-

33 Waldenfels (1990), 257.
34 Yeats (1966b).
35 Achebe (1973).
36 Achebe (1988); Rushdie (1982).

genüber immer schon durch Namen und Geschichten konkretisiert. Das Wort Raum spielt eine Rolle in Diskursen des Kriegführens, Planens, Konstruierens, Verwaltens, Verhandelns. Das Wort Ort dagegen bezieht sich auf gelebte Erfahrung, auf die Sinne und die Erinnerung. Diese Gegenüberstellung soll im Folgenden durch einen dritten Begriff erweitert werden, der für einen interkulturellen Vergleich wichtig wird. Neben Raum und Ort wird im Folgenden von **‚Land'** die Rede sein. Das literarische Beispiel zu diesem Leitbegriff führt aus dem westlichen Kulturkreis heraus. Es geht um den Roman *Ceremony* der indianisch-amerikanischen Autorin Leslie Marmon Silko.[37] Der Roman repräsentiert eine kulturelle Bewegung in den USA, die in der postindustriellen Gesellschaft eine neue Einstellung zum Raum entwickelt und ihren Impuls dafür ganz wesentlich aus der spirituellen Dimension des Landes in der indianischen Überlieferung bezieht.[38] Stimmen, die über eine lange Zeit zum Schweigen verurteilt waren, artikulieren hier neue Sichtweisen und Werte. Die indianisch-amerikanische Literatur hat Elemente der mit der weißen Besiedlung zerbrochenen und verdrängten Stammeskulturen aufgenommen, von denen F.J. Turner nichts wusste. Die Tatsache, dass die Pioniere der Western Frontier das Land den Eingeborenen weggenommen hatten, war lange Zeit einer kollektiven Amnesie zum Opfer gefallen und tauchte erst allmählich im kulturellen Gedächtnis Amerikas wieder auf. Durch die Tabula rasa eines Mythos der Wildnis, mit deren Bezwingung der Anfang amerikanischer Kultur verbunden war, scheinen inzwischen die Traditionen älterer lokaler Kulturen wieder hindurch. Durch Aufnahme der **Stimmen der Opfer** in den Raum-Diskurs hat sich in den letzten Jahrzehnten ein tiefgreifender Wandel der amerikanischen Identität und ihrer kulturellen Werte vollzogen. Dieser Prozess ist einer der wachsenden Aufmerksamkeit, der Erweiterung des Gedächtnisses und der neuen Sensibilität für ‚Peripherien'.

An diesem Bewusstseinswandel hat auch der Roman *Ceremony* von Silko einen wichtigen Anteil, dessen Schlüsselwort weder Raum noch Ort, sondern ‚Land' ist. Die spezifische Bedeutung dieses Wortes erschließt sich den westlich sozialisierten Lesern nicht auf Anhieb, sondern bedarf eines langsamen und behutsamen Eindringens in indigene Mythen, Riten und Bilderwelten. Im Idiom westlicher Kultur werden Länder regiert, gekauft, entwickelt; in Silkos Roman lebt man nicht

---

37 Silko (1986).

38 Die dialektische Beziehung zwischen Ausgrenzung und dem „Zurück zur Natur" wurde untersucht von Heinz Tschachler (1990). Aufschlussreich ist ein Vergleich der Raumthematik bei den amerikanischen und kanadischen Autoren, die Tschachler zusammen mit dem Roman Silkos bespricht, der ebenfalls aus den 70ern stammt. In der Tradition des Weißen Amerika, die Charles Reich in *The Greening of America* (1995) repräsentiert, wird Raum mit Natur und Natur mit Utopie assoziiert, da aber die Utopie in der Postmoderne kaum noch eine Rolle spielt, wird der Weg frei für einen neuen Hedonismus. Vgl. Schmitt (1969), Turner (1963).

nur auf dem Land, sondern auch aus dem Land und mit dem Land; das Land ist in gewissem Sinne der wichtigste Protagonist des Romans.[39] Es wird evoziert in sinnlichen Bildern, mythischen Erzählungen und kosmischen Meditationen. In schriftlosen Kulturen kommt dem Land die Bedeutung eines ‚heiligen Textes' oder, besser gesagt, einer **‚mythischen Matrix'** zu. Es ist bewohnt von Göttern, Geistern, Ahnen bzw. durchzogen von den bleibenden Spuren ihrer Erscheinungen, Kräfte, Handlungen und Geschichten.[40]

Der Roman beschreibt den schwierigen und umwegigen seelischen Heilungsprozess eines traumatisierten Veteranen des Zweiten Weltkriegs. Der Protagonist Tayo ist Mischling einer Mutter aus dem Stamm der Navaho und eines weißen unehelichen Vaters. Die wichtigste Station in diesem Heilungsprozess ist die Rückbindung Tayos an das Land. In diesem zugleich therapeutischen, erzieherischen und initiatorischen Prozess geht es um Identitätssuche und -findung, um die Suche nach **Wurzeln** und verschütteten traditionalen Bindungen. An diese Wurzeln wieder anzuschließen erfordert eine grundsätzliche Umwertung der Werte, eine entschiedene Distanzierung von jenen weißen Werten, die sich seine Kumpanen, ebenfalls junge Soldaten aus dem Navaho-Reservat, zu Eigen gemacht haben. Deren angestautes Ressentiment wird vom Alkohol weiter verstärkt:

> „You know," he said, slurring the words, „us Indians deserve something better than this goddam dried-up country around here. Blowing away, every day. (...) What we need is what they got. I'll take San Diego. (...) We fought their war for them. (...) But they've got everything. And we don't got shit, do we? Huh? (...) They took our land, they took everything! So let's get our hands on white women!"[41]

Während ihm die betrunkene Gruppe begeistert Beifall spendet, fällt der Blick Tayos auf das Etikett einer Bierflasche, das eine sprudelnde Quelle zeigt mit der Unterschrift: „COORS BEER brewed from pure Rocky Mountain spring water, Adolph Coors, Co., Golden, Colorado" (55 f.). Er hatte noch nie eine so große Quelle gesehen und fragte sich dabei, ob es in Colorado auch Dürre gebe. „Maybe Emo

39 Nelson (1993), der drei Native American novels analysiert, kommt zu dem Schluss, dass die geophysischen Landschaften „serve not only as the ‚settings' of these fictions but also as principal ‚characters' in them". (8) Garcia (1983), schreibt: „In *Ceremony* the feeling of being at home and of belonging to the land realized by Tayo derives from a special sense of place that is also participation in culture and community". (40) Silko hat ihren Laguna Roman – wie Joyce seine *Dubliners* – weit entfernt von diesem Ort geschrieben und hat sich – wie jener – mit ihrem Text den Ort herbeigeschrieben: „When I was writing *Ceremony* I was so terribly devastated by being away from the Laguna country that the writing was my way of re-making that place, the Laguna country, for myself." Silko/Wright (1986), 27 f.

40 Die enge Verbindung von Land und Mythos besteht in vielen mündlichen Kulturen. Australien aus der Perspektive der Ureinwohner als eine mythische Landschaft und kultureller Text wird beschrieben von Bruce Chatwin in *Songlines* (1988).

41 Silko (1977), 55.

was wrong: maybe white people didn't have everything. Only Indians had droughts." (56)

Laguna, das Land des Reservats an der mexikanischen Grenze Arizonas, ist beständig von Dürre heimgesucht. In der Tat ist die Verteilung zwischen fruchtbarem Land der Weißen und ausgedorrtem Land der Indianer massiv ungerecht. Der Roman zeigt jedoch, dass diese Sichtweise des Problems nicht zu seiner Überwindung führen kann, weil sie von jener weißen Gier genährt ist, die eine echte Wertschätzung des Landes verunmöglicht. Silko baut Schritt für Schritt das polare Denken ab, das zwischen weiß und indianisch, alt und neu, Tradition und Moderne, ‚uns' und ‚ihnen' unüberbrückbare Gegensätze voraussetzt. **Dichotomisches Denken** führt notwendigerweise zur Verschärfung von Gegensätzen, Hass und Aggression; es ist Teil eines malignen Prozesses, der im Roman mit dem Begriff ‚witchery' (Hexerei) belegt wird, worunter ein Mechanismus verstanden wird, der zur universalen Zerstörung führt.

Aus solch destruktiven Gegensätzen wird der Protagonist von Trickster-Figuren herausgeführt. Sie sind **Grenzgänger** zwischen den Ethnien, Kulturen, Seinsbereichen, die das Prinzip des Sowohl-als-auch verkörpern. Der Auftrag, eine Herde besonders widerstandsfähiger gefleckter Rinder wieder zurückzuführen, die Trockenzeiten zu überstehen vermögen und sich in Missachtung von Zäunen und Absperrungen nach ihrem Instinkt bewegen, gewinnt für Tayo symbolische Bedeutung. Seine Aufgabe führt ihn auf einen Berg im Norden des Reservats „where there was no sign the white people had ever come to this land". (184) Dort entdeckt er eine andere Qualität des Landes jenseits von Trockenheit und Fruchtbarkeit, und das ist dessen Lebendigkeit – lebendig mit Tieren, Gefühlen und vor allem Geschichten. Das Land wiederzugewinnen ist kein politisches oder ökonomisches, sondern vorrangig ein **mythisches Projekt**. Für Tayo wie für die Leser geht es darum, die indianischen Geschichten wiederzugewinnen, die im Land wurzeln, und zu erkennen, dass das individuelle Leben Teil jener mythischen Erzählungen und Lieder ist, die das Buch durchziehen. Das spiegelt sich in der Form des Buches, das keiner üblichen Kapiteleinteilung folgt, sondern durch ein Gewebe eingestreuter indianischer Überlieferungen zusammengehalten wird.

Aber nicht nur an einsamen und von Weißen unberührten Orten kann der kulturelle Kontakt zum Land wieder aufgenommen werden. Das beweist eine der Trickster-Figuren, der Medizinmann Old Betonie, der ausgerechnet am Rande einer trostlosen Stadt mit Blick auf Müllkippen seinem schamanistischen Beruf nachgeht.

> „People ask me why I live here," he said, in good English, „I tell them I want to keep track of the people. (...) They keep us on the north side of the railroad tracks, next to the river and their dump. Where none of them want to live. (...) It strikes me funny," the medicine man said, shaking his head, „people wondering why I live so close to this filthy town. But see, this hogan was here first. Built long before the white people ever came. It is that town down there which is out of place. Not this old medicine man." (117 f.)

Es geht im Roman nicht nur um Praktiken – das Zurückführen der Herde an Stelle des Kriegshandwerks und die rituell eingeleitete Zeremonie mit ihrem offenen Ende –, sondern auch um Umperspektivierung. Die neue Perspektive wächst in dem Maße, wie die vom Kriegstrauma belastete Seele allmählich mit dem **kulturellen Gedächtnis** der Navaho überschrieben wird. Rückbindung an das Land, das von mythischen Geschichten durchzogen ist, bedeutet zugleich Aufbau einer Identität durch Rückbindung an ein kulturelles Gedächtnis. Damit weichen die alten selbstdestruktiven, aus Unterlegenheitsgefühlen gespeisten Ressentiments einer neuen oder besser: alten Überlegenheit. Betonie, der alte Medizinmann, hat gut Lachen:

> „They don't understand. We know these hills, and we are comfortable here." There was something about the way the old man said the word „comfortable." It had a different meaning – not the comfort of big houses or rich food or even clean streets, but the comfort of belonging with the land, and the peace of being with these hills. (117)

Das Thema des Romans ist aber nicht nur die Umperspektivierung, sondern die Erweiterung der Perspektive. Das wichtigste Gebot ist die Überschreitung von Grenzen, die menschliches Leben einschränken, seien sie räumlich, ethnisch, kulturell oder sprachlich. Wie die Autorin Silko ist auch Tayo ein Mischling indianischer, mexikanischer und weißer Vorfahren. Es sind diese Grenzgänger, denen eine besondere Befähigung zur Erweiterung der Perspektive zugesprochen wird. Ihr Überschreiten von Grenzen erschließt neue Kontexte und Zusammenhänge. Deshalb kann das individuelle Kriegstrauma Tayos auch nicht therapiert werden ohne Bezug zu weiteren **Traumata**: familiären, historischen und nicht zuletzt kosmischen. Dieser Letzthorizont ist durch die Zündung der ersten Atombombe markiert, die ebenfalls in dieser Region entwickelt worden ist. Der helle Blitz des ersten Atomtests sitzt den indianischen Anwohnern noch in den Knochen. Im Zeichen der Bombe war die gesamte Zerstörung der Erde und ihrer Bewohner plötzlich eine reale technische Möglichkeit geworden. Auf dem Höhepunkt dieser destruktiven Gewalt wurden die kulturübergreifenden Konturen der **Menschheitsfamilie** als eine insgesamt gefährdete Spezies wieder sichtbar. So zerstörerisch die expansive Maschinerie der ‚witchery' ist, so inklusiv und umspannend muss deshalb die Therapie der ‚ceremony' sein. Ich beende dieses Kapitel mit einem längeren Zitat aus Silkos Roman, das diese inklusive Perspektive, die die Gegensätze überbrückt und die Menschheitsfamilie im Zeichen ihrer Zerstörbarkeit neu entdeckt, eindringlich zum Ausdruck bringt:

> Trinity Site, where they exploded the first atomic bomb, was only three hundred miles to the southeast, at White Sands. And the top-secret laboratories where the bomb had been created were deep in the Jemez Mountains, on land the Government took from Cochiti Pueblo: Los Alamos, only a hundred miles northeast of him now, still surrounded by electric fences and the ponderosa pine and tawny sandrock of the Jemez mountain canyon where the shrine of the twin mountain lions had always been. There was no end to it; it knew no boundaries; and he had arrived at the point of convergence where the fate of all living things, and even the earth, had been laid. (...) From that time on, human beings were one clan again, united by the fate the de-

stroyers planned for all of them, for all living things; united by a circle of death that devoured people in cities twelve thousand miles away, victims who had never known these mesas, who had never seen the delicate colors of the rocks which boiled up their slaughter. (...) He cried (with?) the relief he felt at finally seeing the pattern, the way all the stories fit together – the old stories, the war stories, their stories – to become the story that was still being told." (246)

Zusammenfassung

Im „spatial turn" der Post-Moderne gelangt der Raum zu ähnlicher Bedeutung wie die Zeit in der Moderne. Im Zeichen der Globalisierung gewinnt die Unverwechselbarkeit von Orten an Bedeutung (‚glocalisation'), gleichzeitig sind neben den geographischen Räumen neue virtuelle Räume erschlossen worden.

Die grundsätzlichen Kategorien für die Wahrnehmung des Raumes sind anthropologisch und gehen vom Körper aus. Oben und unten, vorne und hinten, rechts und links sind zugleich universale räumliche Metaphern, die das menschliche Denken strukturieren. Raum ist ebenso wenig wie die Zeit eine rein mentale Koordinate, sondern zugleich Voraussetzung und Produkt sozialen, politischen, kulturellen Handelns. Neben der Unterscheidung von ‚Raum' (als Gegenstand von Eroberung, Planung, Kolonisierung), ‚Ort' (als Kristallisation von Geschichte und Gedächtnis) und ‚Land' (als Lebensgrundlage mit mythischer Bedeutung) ist der ‚Zwischenraum' zu nennen, in dem sich feste Zuschreibungen überkreuzen und auflösen.

Anhand von Text-Lektüren werden exemplarische literarische Orte dargestellt. London, die größte Metropole des 19. Jahrhunderts und Zentrum des Britischen Imperiums, wird mit seiner labyrinthischen Topographie vom romantischen Straßenwanderer De Quincey als ‚Wildnis' und ‚terra incognita' beschrieben. De Quinceys Darstellung grenzt sich von früheren und späteren Stadt-Beschreibungen ab: John Gay beschreibt die Großstadt als einen neuen anonymen Sozialraum, in dem man lernen muss, aufeinander Rücksicht zu nehmen und ungehindert aneinander vorbei zu kommen; bei Poe und Woolf hat die Stadt ihre Qualität als romantischer Erlebnisraum verloren und ist zu einem streckenweise intransparenten modernen Wahrnehmungsraum geworden. Die Dialektik von Zentrum und Peripherie steht im Mittelpunkt von zwei weiteren Texten. Im einen Fall geht es um das Vorrücken der amerikanischen Erschließungsgrenze nach Westen. In diesem Prozess, in dem Wildnis in Zivilisation umgewandelt wird, werden zugleich auch die heterogenen Einwanderer in einheitliche Amerikaner verwandelt. Die Reise vom Zentrum der Themse zur Peripherie des afrikanischen Urwalds, die Joseph Conrads Roman *Heart of Darkness* nachzeichnet, ist nicht nur in räumlichen Koordinaten messbar, sondern bedeutet auch eine Zeitreise in die Vorvergangenheit der menschliche-Seele.

In schriftlosen Gedächtnis-Kulturen gewinnt das Land die Bedeutung eines ‚heiligen Textes'; Berge, Flüsse, Quellen oder Bäume sind Kristallisationspunkte, ‚landmarks' von mythischen Erzählungen, die die Bewohner mit ihren Göttern in Beziehung setzen und die zu festen Bezugspunkten der Überlieferung werden. Kulturelle Identität ist nur möglich in der Übernahme und Aneignung dieser meist weiblich vermittelten Erzähltradition. In Silkos Roman ist die Suche nach individueller Identität zugleich die Suche nach dem Land und den Wurzeln verschütteter und vergessener Traditionen.

Auswalbibliographie:

Bachtin, Michail (2008) Chronotopos. (Übers. v. M. Dewey, mit einem Nachwort v. Michael C. Frank und Kirsten Mahlke) Frankfurt a. M.: Suhrkamp.

Baucom, Ian (2005) Specters of the Atlantic. Durham/London: Duke UP.

Döring, Jörg / Thielmann, Tristan et al., Hgg., (2008) Spatial Turn. Das Raumparadigma in den Kultur- und Sozialwissenschaften. Bielefeld: transcript.

Ette, Ottmar (2005) Zwischen Welten Schreiben. Literaturen Ohne Festen Wohnsitz. Berlin: Kulturverlag Kadmos.

Günzel, Stephan, Hg., (2009) Raumwissenschaften. Frankfurt a. M.: Suhrkamp.

Hallet, Wolfgang / Neumann, Birgit, Hgg., (2009) Raum und Bewegung in der Literatur. Die Literaturwissenschaften und der Spatial Turn. Bielefeld: transcript.

Schlögel, Karl (2003) Im Raume lesen wir die Zeit. Über Zivilisationsgeschichte und Geopolitik. München: Hanser.

6. GEDÄCHTNIS

Das Gedächtnis ist im Laufe des letzten Jahrzehnts zu einem Leitbegriff kulturwissenschaftlicher Neuorientierung und darüber hinaus zu einem **transdisziplinär** anschlussfähigen **Paradigma** geworden. Gedächtnis ist ein Forschungsgegenstand, der von ganz unterschiedlichen Disziplinen ins Visier genommen und von diesen Disziplinen jeweils ganz anders bestimmt wird. Die *Neurologen* erforschen die neuronalen Grundlagen und damit sozusagen die hardware des Gedächtnisses im Kontext des lebenden Organismus. Die *Psychologen* erforschen kognitive und emotionale Gedächtnis-Prozesse an Individuen in konkreten lebensweltlichen Situationen; *Psychoanalytiker* und *Psychotherapeuten* stoßen Erinnerungsprozesse anlässlich von Lebenskrisen an. Die *Soziologen* interessieren sich für Erinnerungs- und Erzählgemeinschaften in sozialen Kontexten, wie sie in Gruppen mit einem ähnlichen Erfahrungshintergrund oder im intergenerationellen Austausch von Familien entstehen. *Historiker* erforschen die Zuverlässigkeit oder Unzuverlässigkeit menschlichen Gedächtnisses im Verhältnis zu schriftlichen Quellen und, im Verbund mit den *Politologen*, neuerdings zunehmend auch die Art und Weise, wie Gesellschaften ihre Vergangenheit in symbolischen Formen wie Monumenten und Jahrestagen nach den Bedürfnissen ihrer Gegenwart und abgestimmt auf aktuelle Zukunftsorientierungen (re-)konstruieren. *Literatur-* und *Kunstwissenschaftler* haben sich inzwischen auch dem Gedächtnis-Diskurs angeschlossen; sie untersuchen das **‚kulturelle Gedächtnis'**, das sich langfristig in Texten und Bildern, Vorstellungen und Praktiken als ein kulturelles Erbe aufbaut.

Die Liste der Aktivitäten auf der wissenschaftlichen Gedächtnis-Baustelle ließe sich leicht verlängern. Wichtig ist festzuhalten, dass jede Disziplin ihren Gegenstand anders zurichtet und damit einem großen Mosaik einen jeweils neuen Stein hinzufügt. Das Gedächtnis-Thema ist also transdisziplinär in dem exakten Sinne, dass es alle disziplinären Einzelzugänge übersteigt und nur in einer arbeitsteiligen Form zu erforschen ist. Die Arbeitsteilung an sich klappt immer sehr gut, weniger leicht zu bewerkstelligen ist der produktive Austausch von Wissen über die Fächergrenzen hinweg. Dieser beginnt mit der Anerkennung, dass von jedem partikularen Standpunkt aus jeweils nur ein Teil des komplexen Themas erfasst werden kann und jede Disziplin damit auch einen Sinn entwickeln muss für das, was aus ihrem jeweiligen Fokus herausfällt und wofür Anleihen bei anderen Fächern nötig werden.

Einleitend soll mit einigen grundlegenden begrifflichen Unterscheidungen ein erster Überblick über das weite Feld der kulturellen Gedächtnisforschung vermittelt werden, bevor anhand eines literarischen Textes, Shakespeares *Hamlet*, auf unterschiedliche Gedächtnissysteme und Praxisformen des Erinnerns eingegangen wird.

6.1 Grundbegriffe der Gedächtnisforschung

6.1.1 Gedächtnis und Erinnerung

Die deutsche Sprache bietet uns zwei Worte an, die oft synonym auftreten, aber gelegentlich auch als Begriffe mit geradezu gegensätzlicher Wertigkeit verwendet werden.[1] Während das Substantiv **‚Erinnerung'** von dem Verb ‚erinnern' abgeleitet ist, sind bei dem Wort **‚Gedächtnis'** die Ausgangsverben ‚denken' und ‚gedenken' nicht mehr ganz so deutlich herauszuhören. In der Gegenüberstellung der beiden Begriffe steht ‚Erinnern' in der Regel für die Tätigkeit des Zurückblickens auf vergangene Ereignisse, ‚Gedächtnis' hingegen für die Voraussetzung dieser Tätigkeit, verankert im biologischen Organ des Gehirns und dem neuronalen Netzwerk. Ohne ein organisches Gedächtnis kann sich niemand erinnern; Gedächtnis steht demnach für die allgemeine Anlage und Disposition zum Erinnern (wie in der Wendung: ich habe ein gutes oder schlechtes Gedächtnis), Erinnern bezieht sich demgegenüber auf die konkreten und diskontinuierlichen Akte des Erinnerns (wie in der Aussage: ich habe eine deutliche oder undeutliche Erinnerung an dieses oder jenes Ereignis).

Gedächtnis ist jedoch nicht nur Voraussetzung des Erinnerns, sondern auch Produkt und Sammelbegriff für Erinnerungen, die in dieser Weise zusammengefasst und objektiviert werden. In dieser Bedeutung kann Gedächtnis metaphorisch mit einem externen Daten-Speicher gleichgesetzt werden, der Informationen aus ihrer Zeitlichkeit herausholt und auf Dauer stellt. Erinnern ist dagegen immer verkörpert und an ein lebendiges Bewusstsein gebunden; es findet ausschließlich in der Gegenwart statt und zerfällt in diskontinuierliche Akte. Hier kann gerade nichts auf Dauer gestellt werden, sondern muss durch Wiederholungen immer wieder neu hergestellt werden. Insofern unterscheiden sich Gedächtnis und Erinnern auch in ihrer Zeitstruktur. Diesen Punkt hat insbesondere der Philosoph G. F. W. Hegel betont, der das Gedächtnis als Summe des einmal Gedachten, Veräußerten und Toten (er sprach in einem drastischen Bild von ‚der Schädelstätte des Geistes') von der Lebendigkeit, Authentizität und Inwendigkeit der Erinnerung absetzte.

Im Englischen steht dem Wort **‚memory'** kein gleichwertiger Partner zur Seite; hinter diesem Wort tut sich allerdings ein ganzes Spektrum von Begriffen auf: remembrance, recall, recollection, reminiscence, souvenir, commemoration, memorization. Bei diesen Worten handelt es sich keinesfalls um Synonyme. Die Bedeutungsvariationen beziehen sich zum Teil auf Unterschiede zwischen individuellen und kollektiven bzw. zwischen informellen und formellen Erinnerungsakten; auf einige dieser Unterschiede werden wir zurückkommen. Das Wortfeld des Erinnerns ist nicht stabil, sondern gerade auch literarische Neuschöpfungen erweitern es immer wieder. Dazu zwei Beispiele: In einem langen Gedicht des irischen

1 Pethes / Ruchatz (2001). Zur Begrifflichkeit von Erinnern und Vergessen vgl. auch Weinrich (1998).

Dichters Austin Clarke mit dem Titel ‚Mnemosyne Lay in the Dust' heißt es zum Beispiel in der letzten Strophe:

> Rememorized, Maurice Devane
> Went out, his future in every vein,
> The Gate had opened.[2]

Das Tor, das sich hier geöffnet hat, ist das einer psychiatrischen Anstalt, in der der fiktive Protagonist des Gedichts (wie auch der Autor) nach einem schweren psychischen Zusammenbruch ein Jahr verbracht hat. Er hatte dabei sein Gedächtnis, seine Identität und seine vitalen Regungen verloren, die er in einem mühsamen Prozess, den er als ‚Wiedergeburt' beschreibt, Schritt für Schritt wiedergewinnen musste. ‚Rememorized', d. h. in diesem Fall: erneut mit Gedächtnis und Identität ausgestattet, kann er sich nun wieder seinem Leben und damit auch der Zukunft stellen. Eine andere Neuschöpfung ist das Wort ‚Rememory' im Roman *Beloved* der afro-amerikanischen Autorin Toni Morrison, die damit sowohl den statischen Wiederholungscharakter traumatischer Bilder, als auch die Notwendigkeit anzeigt, diese Bilder im Prozess des Tradierens zu erneuern. Für Morrison gibt es nicht nur den Gegensatz von ‚remembering' und ‚forgetting', sondern auch noch etwas dazwischen, das den **Status des Traumas** bezeichnet: „Disremembered and unaccounted for".[3]

6.1.2 Aktives und passives Gedächtnis

Unsere Erinnerungen, so versichern uns die Psychologen, sind alles andere als zuverlässig. Sie sind kein exakter Spiegel eines vormaligen Geschehens, sondern immer schon gebrochen durch die Beschränkung unserer Perspektive, unserer Wahrnehmung, unserer Bedürfnisse und Emotionen. Damit nicht genug: sie verändern sich im Laufe der Zeit durch immer neue **Rekonstruktionen**, die die Erinnerungen an das Selbstbild in der jeweiligen Gegenwart anpassen. „Meine Kinder haben sich nie gezankt!", sagte meine Großmutter, wenn sie früher bei uns fünf Kindern zu Besuch war, wo es öfters hoch herging. Zu unserem Trost wusste meine Mutter es anders. Ihre Kindheitserinnerung bewahrte jene Ereignisse, die aus dem harmonisierenden Gedächtnis meiner Großmutter längst getilgt waren.

Auf Englisch sagen wir ‚I remember something', was den Gegenstand des Erinnerten in eine transitive Beziehung zum grammatikalischen Subjekt bringt. Auf Deutsch sagen wir ‚ich erinnere mich', was eine reflexive Affizierung des Subjekts einschließt, das in dieser Handlung zugleich Sender und Empfänger von Botschaften ist. Auf Französich heißt es ‚je me souviens', was an die Stelle des älteren ‚il me souvient' (es kommt mir unter) getreten ist. Diese sprachlichen Befunde deuten bereits darauf hin, dass es **‚Ich-Erinnerungen'** gibt, in denen wir als Subjekte auftreten, und **‚Mich-Erinnerungen'**, die uns zu Objekten machen. „Ich erinnere mich", so beginnt ein Text von Günter Grass, der mit folgenden Worten fortfährt:

2 Clarke (1977), 351.
3 Morrison (1988), 274; van Alphen (1997).

> ... oder werde erinnert durch etwas, das mir quersteht, seinen Geruch hinterlassen hat oder in verjährten Briefen mit tückischen Stichworten darauf wartete, erinnert zu werden. Diese und weitere Fallstricke bringen uns ins Stolpern. Aus dem Abseits taucht etwas auf, das nicht sogleich zu benennen ist. Sprachlose Gegenstände stoßen uns an, Dinge, die uns seit Jahren, so meinten wir, teilnahmslos umgaben, plaudern Geheimnisse aus: peinlich, peinlich![4]

Das Ich-Gedächtnis ist das Produkt einer bewussten und intentionalen (Re-)Konstruktion der Vergangenheit, die mit dem jeweiligen Selbstbild einer Person in Übereinstimmung gebracht wird. Das Mich-Gedächtnis ist dagegen das Gedächtnis in seiner Unverfügbarkeit, Unstrukturiertheit, Unkontrollierbarkeit, das in seiner Gesamtheit nie voll zugänglich und in seiner Dynamik gerade nicht steuerbar ist. Das bewusste Gedächtnis des Willens, der Sinn- und Identitätsstifung ist hinterfangen von diesem immer nur schwach ausgeleuchteten unbewussten Gedächtnis, das sich durch überraschende Signale bemerkbar macht. In der Regel sind es Gegenstände, von denen sinnliche Erinnerungsimpulse ausgehen. Proust war der große Entdecker und Erzähler des passiven Mich-Gedächtnisses, das weniger im Kopf konzentriert als diffus im Körper verteilt ist. Seine Madeleine-Episode in *A La Recherche du Temps Perdu* ist zum Inbegriff für die **mémoire involontaire** im Gegensatz zur (selbst-)betrügerischen *mémoire volontaire* geworden. Diese Episode handelt von der Erfahrung eines in Lindenblütentee eingetauchten Teegebäcks, dessen Geschmack plötzlich einen Erinnerungsstrom freisetzt, der dem intentionalen Erinnern im Sinne einer bewussten Rekonstruktion gänzlich verschlossen blieb.

6.1.3 Episodisches und semantisches Gedächtnis

Die Erinnerungen, von denen bislang die Rede war, betreffen **das autobiographische Gedächtnis**, in dem eigene vergangene Erlebnisse mehr oder weniger zuverlässig aufbewahrt werden. Entgegen den Vorstellungen, die wir uns von der Genauigkeit dieser Erinnerungen zu machen pflegen, versichern uns die Neurowissenschaftler, dass das, was in diesem Gedächtnis abgespeichert ist und aufgerufen wird, keineswegs stabil ist, sondern großen Schwankungen, Variationen und Umdeutungen unterliegt. Diese wissenschaftliche Einsicht hat längst auf die Kunst abgefärbt; in Literatur und Film spielen seit den 1990er-Jahren solche Umfälschungen in Erinnerungen und Rückblenden eine immer größere Rolle. An die Stelle des ‚unzuverlässigen Erzählers' ist, so darf man wohl sagen, der ‚unzuverlässige Erinnerer' getreten.[5] Salman Rushdie und Julian Barnes bieten interessante Beispiele für diese psychologisch-künstlerische Prämisse. Margaret Atwood zitiert eine Passage aus einem Roman von Javier Marías, die dieses Prinzip auf den Punkt bringt (übrigens nicht ohne gleichzeitig ihre eigene Kritik an der Verallgemeinerung dieses postmodernen **Unzuverlässigkeitspostulats** anzubringen):

---

4 Grass (2001), 27.

5 Barnes (2000), Rushdie (1991a).

> I don't believe that the faculty of memory is any guarantee that a person remains the same in different times and different places. The person recounting here and now what he saw and what happened to him is not the same person who saw those things and to whom those things happened; neither is he a prolongation of that person, his shadow, his heir or his usurper.[6]

Die autobiographischen Erinnerungen machen jedoch nicht den ganzen Inhalt unseres Gedächtnisses aus. Zum **‚episodischen Gedächtnis'**, wie die Psychologen unseren im individuellen Leben erworbenen Erinnerungsschatz nennen, kommt hinzu, was sie das **‚semantische Gedächtnis'** nennen. Damit ist die Summe dessen gemeint, was wir nicht durch persönliche Erfahrung, sondern durch gezieltes Lernen in uns aufnehmen. Auf das, was wir als Lernstoff im Gedächtnis festhalten, ist das psychologische Prinzip der Unzuverlässigkeit und der permanenten Rekonstruktion nicht anwendbar. Wer in der Grundschule einmal gelernt hat, dass 7 x 8 die Summe 56 ergibt, wird nicht im Laufe seines Lebens je nach lebensgeschichtlichem Kontext diese Zahl bald durch 55 oder 57 ersetzen. Kognitives Wissen, das in unserem semantischen Gedächtnis ein für alle Mal gespeichert ist, bleibt dort, sofern es sich nicht teilweise oder ganz verflüchtigt, in der Regel veränderungsbeständig erhalten. Wenn dieser Grad von Zuverlässigkeit nicht erreichbar wäre, müssten wir Schulen und Universitäten schließen, denn wir könnten keine Prüfungen mehr abnehmen. Der landläufige Gegensatz zwischen unzuverlässig wandelbarem menschlichen Gedächtnis einerseits und dem stabilen Wissensspeicher des Computers andererseits, greift deshalb zu kurz. Im menschlichen Gehirn hat beides Platz, das dynamische Erinnern im episodischen Gedächtnis und das zuverlässige Speichern von (auswendig) Gelerntem im semantischen Gedächtnis.

Wie zuverlässig oder unzuverlässig es auch immer sein mag, das episodische Gedächtnis ist der Rückhalt für eine **gelebte Identität**. Alzheimer-Patienten, die an Erinnerungsschwund (retrograder Amnesie) leiden, verlieren zusammen mit ihrem Gedächtnis auch ihr Selbstbild als individuelle Person mit einer unverwechselbaren Geschichte. Sie leben ausschließlich auf der Basis ihres Kurzzeitgedächtnisses in der Gegenwart, „kurz angebunden", wie Nietzsche es ausgedrückt hat, „an den Pflock des Augenblicks".[7] Die Einsicht in den engen Zusammenhang von (episodischer) Lebens-Erinnerung und Identität geht auf den englischen Philosophen John Locke zurück, der im selbst bewussten Bezug auf frühere biographische Erlebnisse und Erfahrungen das Rückgrat der Person erkannte. Nur wer sich erinnern kann, folgerte er, kann auch Verantwortung übernehmen und ist eine Person im sozialen und juristischen Sinne.[8] Somit ist Identität, von der im folgenden Kapitel noch ausführlicher die Rede sein wird, nichts, das wir vorfinden oder das uns übertragen wird, sondern etwas, das wir uns selbst aufbauen müssen. Die Möglichkeit einer Identitätskonstruktion kann gestört sein, wenn bestimmte Erinnerungen

6 Atwood (1997), 12 f.
7 Nietzsche (1962), 211.
8 Locke (1972); zur moralischen Person vgl. auch Nietzsche (1963).

den Entwicklungsgang einer Person verformen oder blockieren. ‚Wir sind die Geschichten, die wir über uns erzählen können', ist das Motto einer Therapie-Form, die das Verhältnis zwischen Identität und Erinnerung zur ihrer Grundlage macht und dabei hilft, gestörte Identitätskonstruktionen durch Erzählen von Verdrängtem und Umwerten von Ausgeschlossenem zu überwinden.[9]

Während das episodische Gedächtnis notwendig begrenzt ist, lässt sich das semantische Gedächtnis systematisch erweitern: Es kann wie ein Muskel trainiert werden. Das war bereits das Ziel der römischen **Mnemotechnik,** die bis heute viele Neuauflagen erfahren hat.[10] Da Wissen Macht ist, war es schon immer der Traum der Menschen, die Kapazität ihres Gedächtnisses zu steigern. Die empirische psychologische Gedächtnisforschung von Hermann Ebbinghaus begann im 19. Jahrhundert mit Untersuchungen zur Gedächtnis-Kapazität; in Selbstversuchen prüfte Ebbinghaus, wie viele sinnlose Silben er wie lange in seinem Gedächtnis speichern konnte. Hochleistungen im Bereich des semantischen Gedächtnisses werden nicht selten von Psychopathen erreicht; im Film *Rainman* kann sich der Autist die astronomischen Zahlenkombinationen des Blackjack-Spiels merken; von J. L. Borges gibt es eine berühmte Erzählung über „das unerbittliche Gedächtnis" eines ‚Mnemopathen'.[11] Das semantische Gedächtnis wird in unterschiedlichen Kulturen unterschiedlich trainiert; in Kulturen, die keine Schrift verwenden, kommt es zu eindrucksvollen Gedächtnisleistungen der so genannten Rhapsoden, Barden, Schamanen und Griots, oder wie immer die **Gedächtnisspezialisten** heißen mögen, die die Überlieferung des Stammes verbindlich verkörpern und weitergeben. Ihre Aufgabe besteht darin, das kulturelle Gedächtnis der Gruppe, d. h. die wichtigen Ursprungs-Mythen und Epen im Gedächtnis zu behalten und anlässlich von Riten und Festen wirkungsvoll öffentlich aufzuführen. In Kulturen dagegen, die Schrift verwenden und obendrein eine Pädagogik der individuellen Inspiration verfolgen, steht das Auswendiglernen nicht gerade hoch im Kurs. Das Memorieren von Wortlauten ist jedoch eine professionelle Voraussetzung für Schauspieler, das Memorieren von Fakten und Daten, Zahlen und Formeln, Regeln und Paragraphen ist eine selbstverständliche Grundlage von Schule und Ausbildung. Lernen beruht eben nicht allein auf Erfahrung und Einsicht, sondern auch auf Memorieren. Dieser allgemeine Wissensschatz, der das semantische Gedächtnis ausmacht, ergänzt unser biographisch grundiertes episodisches Gedächtnis.

6.1.4 Verkörpertes und ausgelagertes Gedächtnis

Neben episodischem und semantischem Gedächtnis unterscheiden die Psychologen als ein drittes Gedächtnissystem das **‚prozedurale Gedächtnis'**. Darunter versteht man ein Gedächtnis, das in den Körper eingelassen ist. Beispiele für dieses

9 Randall (1995); vgl. auch Naumann (2000).
10 Yates (2001); Herrmann (2000).
11 Borges (1970); dazu: Haverkamp (1991).

‚verkörperte' Gedächtnis sind Radfahren, Schwimmen und, auf einer anderen Ebene, Klavierspielen. Das prozedurale Gedächtnis umfasst Aktivitäten, die wir als ein für alle Mal erlernte Fähigkeiten (skills) beherrschen und in relativer Unabhängigkeit vom Bewusstsein vollziehen. Auch alltägliche Handlungen, wie Frühstück machen oder den Hund ausführen, können durch permanente Wiederholung so automatisiert werden, dass ihr Vollzug unter die Bewusstseinsschwelle absinkt. In diesem Falle spricht man von ‚habitualisierten' Handlungen, die ebenfalls eine Form des verkörperten Gedächtnisses sind. An solche Handlungen, die keinen Ereigniswert haben, kann man sich später nur schwer erinnern.

Da das prozedurale Gedächtnis niemals vollständig in bewusste Akte aufgegliedert und in kognitives Wissen übersetzt werden kann, ist es auch nicht auslagerbar. Einträge des semantischen und episodischen Gedächtnisses sind dagegen durchaus **auslagerbar**. Dazu bedarf es der Übersetzung in semiotische Codes wie Sprache oder Bilder. In dem Film *Memento* versucht der Protagonist, der nach einem Unfall sein Kurzzeitgedächtnis verloren hat (‚I can't make new memories'), das Verlorene durch ein externes semantisches Gedächtnis mittels Schrift zu ersetzen, indem er in seiner Wohnung überall Schilder aufstellt und sich sogar seine wichtigen Handlungsorientierungen auf den Körper tätowieren lässt. Diese Wohnungs- und Körperschriften sollen das fehlende inwendige Gedächtnis durch ein äußeres ersetzen, was natürlich ein hoffnungsloses Unterfangen ist.

Durch Fixierung von Sprache in **Schrift** kann das menschliche Gedächtnis nicht ersetzt, wohl aber in seinem Umfang erheblich erweitert werden. Auf diese Weise erweitern Kulturen die Reichweite menschlichen Merkvermögens. Der externe Speicher der Aufzeichnung dehnt das Gedächtnis und entlastet es zugleich, wodurch eine unausweichlich wachsende Diskrepanz zwischen dem verkörperten Gedächtnis und dem **externen Archiv** entsteht. Auf dieses Problem hat bereits Platon aufmerksam gemacht, der einen skeptischen Blick auf die frühe Schriftkultur geworfen hat. Von dieser nahm er an, dass sie das menschliche Gedächtnis nicht stärkt, sondern im Gegenteil verkümmern lässt. Schrift ist nach Platon kein Heilmittel, sondern Gift für das Gedächtnis.[12] Bibliotheken und Archive sind gigantische Datenspeicher, aus denen man schöpfen kann, aber sie garantieren nicht den Fortbestand lebendig verkörperten Wissens, das in einer Schriftkultur und erst recht in einer elektronischen Medienkultur immer mehr auf dem Spiel steht. Heute verlassen wir uns auf unser Google-Gedächtnis; in einer Welt des beschleunigten Veraltens von Information ist der gezielte und immer schnellere Zugriff auf Daten wichtiger geworden als der Besitz von Wissen.

Auf der Grundlage des bisher Gesagten könnte es so scheinen, als sei der Weg vom verkörperten zum ausgelagerten Wissen eine Einbahnstraße. Das ist natürlich nicht der Fall, weil Ausgelagertes ja immer wieder gelernt, memoriert, subjektiv angeeignet und somit auch wieder verkörpert werden kann (und muss). Selbst die

12 Platon (2001).

westliche Schrift- und Medienkultur, die es so weit gebracht hat in der Kunst des Auslagerns und Abspeicherns auf immer schnellere Datenträger, kann auf die Dimension des verkörperten Wissens nicht ganz verzichten. Deshalb gliedert sich das kulturelle Gedächtnis der Gesellschaft in zwei Bereiche, die sich wie Hinter- und Vordergrund zueinander verhalten: ein **Speichergedächtnis** und ein **Funktionsgedächtnis**. Im Speichergedächtnis werden Quellen, Objekte und Daten gesammelt und bewahrt, unabhängig davon, ob sie von der Gegenwart gerade gebraucht werden; wir können hier von einem passiven Gedächtnis der Gesellschaft sprechen. Das Funktionsgedächtnis ist demgegenüber das aktive Gedächtnis einer Wir-Gruppe. So wie das autobiographische Gedächtnis die Identität eines Individuums stützt, stützt das kulturelle Funktionsgedächtnis die Identität eines Kollektivs. Es enthält eine kleine Auswahl aus der Fülle der überlieferten Bestände, die für die Identität dieser Gruppe relevant ist. Darüber hinaus bedarf es der Anlässe und Anstöße, um dieses Wissen durch Aktualisierung, Teilnahme, Auseinandersetzung und Aneignung in eine Form von kollektiv geteiltem Gedächtnis zu verwandeln. Diesen verkörperten und identitätsrelevanten Schatz kulturellen Wissens nennen wir Bildung. Sie beruht auf der Institution der Kanonisierung, die ehemals religiöse Texte und vorbildliche Personen heilig sprach. Seit der Neuzeit wurde diese wertsteigernde Form der Auswahl auch auf künstlerische Artefakte ausgedehnt. Werke, die durch Kanonisierung den Status eines Klassikers erwerben, sind Bücher, Bilder, Filme oder Musikstücke, die sich von der Fülle des in Bibliotheken und Archiven Erhaltenen durch den Anspruch unterscheiden, immer wieder gelesen, gesehen, gehört, wiedererkannt, angeeignet, auswendig gelernt, kurz: wiederverkörpert zu werden (vgl. Kapitel ‚Medien').

6.1.5 Individuelles und kollektives Gedächtnis

Während keiner je daran gezweifelt hat, dass es ein individuelles Gedächtnis gibt, gibt es viele, die den Begriff **‚kollektives Gedächtnis'** für eine reine Mystifikation halten. Susan Sontag schreibt in ihrem Buch *Regarding the Pain of Others*:

> Photographs that everyone recognizes are now a constituent part of what a society chooses to think about, or declares that it has chosen to think about. It calls these ideas „memories," and that is, over the long run, a fiction. Strictly speaking, there is no such thing as collective memory – part of the same family of spurious notions as collective guilt. But there is collective instruction. All memory is individual, unreproducible – it dies with each person. What is called collective memory is not a remembering but a stipulating: that *this* is important, and this is the story about how it happened, with the pictures that lock the story in our minds. Ideologies create substantiating archives of images, representative images, which encapsulate common ideas of significance and trigger predictable thoughts, feelings.[13]

Susan Sontag geht davon aus, dass eine Gesellschaft wählen, denken und sprechen kann, nur zu einem ist sie nicht imstande: sich zu erinnern. Sie kann sich of-

13 Sontag (2003), 85 f.

fensichtlich entscheiden ohne einen Willen, sie kann denken ohne einen Geist, sie kann sprechen ohne Zunge, aber sie kann sich nicht erinnern ohne ein Gedächtnis. Beim Begriff Gedächtnis hören die Freiheiten der bildlichen Rede, die Sontag sich gestattet, auf. Für sie ist es unmöglich, Gedächtnis ohne eine organische Basis zu denken. Diese Argumentation ist ebenso schlüssig wie kurzschlüssig. Sie lässt die Tatsache außer Acht, dass Menschen anders als Tiere in der Lage sind, ihr Gedächtnis auch auf das auszudehnen, was sie nicht selbst erlebt und sich nachträglich angeeignet haben.

Bereits Maurice Halbwachs, der Pionier der sozialen Gedächtnisforschung, stieß auf Skepsis und Kritik, als er diesen Begriff 1925 einführte.[14] Er untersuchte Formen eines **sozialen Gruppengedächtnisses**, an dem jene teilhaben, welche auf einen gemeinsamen Erfahrungsschatz zurückgreifen können. Dieses gemeinsam geteilte Gedächnis wird durch kommunikativen Austausch stabilisiert, wie zum Beispiel bei Mitgliedern von Familien, Schulklassen, Soldatenregimentern oder Reisegruppen. Halbwachs konnte ferner zeigen, dass Erinnerungen von Haus aus sozial verankert sind und den kommunikativen und emotionalen Kitt einer Gruppe bilden. Seine radikale These war, dass Menschen kein individuelles Gedächtnis ausbilden, sondern immer schon in Gedächtnisgemeinschaften eingeschlossen sind. Das Gedächtnis bildet sich – ähnlich wie die Sprache – in kommunikativen Prozessen aus, d. h. im Erzählen, Aufnehmen und Aneignen von Erinnerungen. Ein vollständig einsamer Mensch könnte nach Halbwachs deshalb überhaupt kein Gedächtnis ausbilden.

Inzwischen wird der Begriff ‚kollektives Gedächtnis' nicht nur auf soziale Kleingruppen angewandt, wo einer den anderen kennt, sondern immer öfter auch auf Großgruppen wie Ethnien, Nationen und Staaten. Hier muss jedoch mit Nachdruck klargestellt werden, dass solche Einheiten kein kollektives Gedächtnis *haben*, sondern sich eines *machen* mithilfe unterschiedlicher **symbolischer Medien** wie Texten, Bildern, Denkmälern, Jahrestagen, und Kommemorationsriten. Mit der Hilfe von gemeinsamen, für ihre jeweilige Bevölkerung verbindlichen Bezugspunkten in der kulturellen Überlieferung machen sich solche Kollektive damit zugleich eine **Wir-Identität**, die nicht Sache der individuellen Herkunft und Abstammung ist, sondern in Form von Lernen, Teilnahme an Riten, Identifikation und anderen Formen praktizierter Zugehörigkeit erworben wird. Bis vor kurzem folgten die Regeln der Auswahl von Bezugspunkten in der Vergangenheit weitgehend dem, was Nietzsche als ‚monumentalische Geschichtsschreibung' definiert hat;[15] es ging darum, ein heroisches Selbstbild der politischen Wir-Gruppe zu konstruieren und es mithilfe von Feindbildern mythisch zu überhöhen. Eine entscheidende Wende vollzog sich in der Vergangenheitspolitik seit den 1990er-Jahren, als verschiedene Staaten damit begannen, auch ihre historische Schuld zu reflektieren und in der Form öffentlicher Bekenntnisse als ein **‚negatives Gedächtnis'** in ihr Selbstbild aufzunehmen.

14 Halbwachs (1985).
15 Nietzsche (1962).

6.1.6 Trauma

Ich habe mit der Unterscheidung zwischen aktivem und passivem Gedächtnis begonnen und möchte meinen Überblick über Erscheinungsformen des Gedächtnisses mit einigen Bemerkungen zum Begriff Trauma beschließen. Anders als das vor-bewusste aber bewusstseinsfähige passive Gedächtnis bezieht sich Trauma auf ein Erlebnis, das so unverständlich, demütigend, schmerzhaft und lebensbedrohend ist, dass sich die Pforten der Wahrnehmung vor dieser Wucht automatisch schließen. Als etwas, das zum Selbstschutz vom Bewusstsein **abgespalten** und **eingekapselt** wurde, weil es den Rahmen der Identitätskonstruktion einer Person zerstört, kann dieses Erlebnis später nur schwer erinnert und erzählt werden. Was in der Kapsel oder Krypta verschlossen ist, wird aber nicht etwa vergessen, sondern im Abseits konserviert und macht sich nach einem gewissen zeitlichen Intervall durch eine bestimmte Symptomatik bemerkbar. Die Therapie zielt darauf, das abgespaltene Trauma in bewusste Erinnerung zu transformieren und mit der Identität der Person zu vermitteln. Dadurch kann es zwar nicht geheilt, aber in seiner destruktiven Kraft entschärft werden.

Die Anfänge der Traumaforschung gehen zurück bis an den Anfang des 20. Jahrhunderts, aber als anerkannte Diagnose wurde der Begriff erst 1980 unter dem Eindruck des Vietnamkriegs ins Handbuch der Amerikanischen Psychiatrie eingetragen. Das Spezifische am Trauma sind die Langzeitfolgen wie bei Opfern von sexuellem Missbrauch oder Folter, weshalb für solche Vergehen inzwischen die Verjährungsfrist aufgehoben wurde. Auch beim kollektiven Geschichts-Trauma des **Holocaust** spielt die **Nachträglichkeit** eine entscheidende Rolle; es hat bis in die 1980er-Jahre gedauert, bis die schmerzhaften und entwürdigenden Erfahrungen der Opfer erzählbar wurden und ihnen allgemein Gehör geschenkt wurde. Der neue ethische Begriff des **‚moralischen Zeugen‘**, der den ermordeten Opfern eine Stimme gibt, gehört in diesen Zusammenhang der sozialen Anerkennung historischer Traumata.[16] Inzwischen sind neben dem Holocaust andere Genozide ins Weltbewusstsein getreten, die symbolische Anerkennung und – in gewissem Umfang – materielle Restitution einfordern. Dazu gehört u. a. der Genozid an den Ureinwohnern verschiedener Kontinente im Zuge der Kolonialisierung, die so genannte ‚Middle Passage‘ der aus Afrika deportierten Sklaven, der Genozid an den Armeniern im Ersten Weltkrieg und die Genozide auf dem Balkan und in Ruanda im letzten Jahrzehnt des gewalttätigen 20. Jahrhunderts. Zur Nachträglichkeit historischer Traumata gehört auch, dass sie von einer Generation zur anderen unbewusst ‚vererbt‘ werden. Mit Blick auf den Holocaust spricht man inzwischen von der zweiten und dritten Generation, auf die sich – im Falle der Täter – die Spätfolgen der Schuld ihrer Eltern und Großelten in Form psychischer Störungen übertragen haben, bzw. die sich – im Falle der Opfer – bewusst mit diesen Familien-Schicksalen im Sinne einer familiären oder ethnischen ‚Leidgenossenschaft‘ identifizieren.

16 Felman/Laub (1992); Margalit (2003); Caruth (1996).

Aber nicht nur in der Psychologie und der Geschichte hat der Traumabegriff in den letzten 20 Jahren eine wachsende Bedeutung erlangt, sondern auch in der Literatur und ebenso im Film. In beiden Medien wurden neue experimentelle Darstellungsformen entwickelt, die die deformierende Wucht von Traumata sinnfällig und damit ein Stück weit auch aus einer Innenperspektive erlebbar machen. Ein Beispiel dafür ist der Roman *Beloved* von Toni Morrison, dessen innovatives Erzählverfahren nicht mehr mit der Kategorie des ‚unzuverlässigen Erzählers' erfassbar ist. **Trauma-Romane** werden inzwischen als eine neue Gattung geführt[17], was allerdings nicht suggerieren sollte, dass es sich dabei um ein einheitliches oder gänzlich neuartiges Phänomen handelt. Wichtige Trauma-Romane entstanden vor 1980 und kamen dabei ohne neue Begrifflichkeit und Theorie aus: Silkos *Ceremony* (1977) und Kurt Vonneguts *Slaughterhouse Five* (1969), die beide im pazifistischen Milieu des Vietnamkriegs Traumata aus dem Zweiten Weltkrieg behandeln, aber auch Virginia Woolfs Roman *Mrs. Dalloway* (1923), der einen im Ersten Weltkrieg traumatisierten Protagonisten einschließt.

Um diese einleitenden Bemerkungen zusammenzufassen: Das Gedächtnis entwickelt sich nicht in Isolation, sondern ist immer schon sozial auf andere Individuen und, im politischen Kontext, auf andere Gruppen bezogen, wo es auf andere Kollektiv-Gedächtnisse reagiert und Bezug nimmt. Die Nachträglichkeit der Erinnerung, die beim Trauma so extrem ist, gilt für das Gedächtnis überhaupt. Deshalb richtet sich das, was wir erinnern, nicht nach dem, was eigentlich gewesen ist, sondern danach, wovon wir später eine Geschichte erzählen können (und wollen). Was aus der Vergangenheit erinnert wird und was nicht, hängt deshalb nicht zuletzt davon ab, von wem und wozu diese Geschichte in welcher Situation *gebraucht* wird.

6.2 Gedächtnisformen in Shakespeares *Hamlet*

Ein Stück, in dem das Gedächtnis eine Hauptrolle spielt, ist Shakespeares *Hamlet*. In diesem Drama werden unterschiedliche Formen des Gedächtnisses in Szene gesetzt. Auf sie richtet sich der Fokus der folgenden Interpretation. Anhand dieses Stückes lassen sich grundsätzliche Gedächtnis-Formen identifizieren, deren allgemeine Bedeutung weit über Shakespeares Zeit bis in unsere Gegenwart reicht. Es wird hier also nicht um eine historisierende Lektüre gehen, sondern um die Herausarbeitung unterschiedlicher Gedächtnisformen von allgemeiner Relevanz und überzeitlicher Geltung.

Wenn das Gedächtnis in Shakespeares *Hamlet* eine Hauptrolle spielt, so ist diese Rolle doch in keiner Weise einförmig. Sehen wir uns verschiedene Szenen unter diesem Aspekt genauer an, könnte so etwas wie eine Phänomenologie unterschiedlicher Gedächtnisformen das Resultat sein. Formen und Funktionen des Gedächtnisses sollen hier in der Reihenfolge identifiziert und beschrieben werden, in der sie im Stück vorkommen:

17 Granofsky (1995); Erll (2005).

1. das **historische Gedächtnis**, das eine öffentliche Darstellung der Vergangenheit umfasst
2. das melancholische **Gegen-Gedächtnis,** das Hamlet dem am Hofe gängigen Drang zum Vergessen entgegenstellt
3. das **traumatische Gedächtnis**, von dem Hamlet in der Begegnung mit dem Geist seines toten Vaters getroffen wird
4. die Mnemotechnik des **semantischen Gedächtnisses** und die Un-/Ordnung von Hamlets Wissensvorrat
5. das **episodische Gedächtnis,** das spontane Kindheitserinnerungen freigibt
6. das Gedächtnis des Todes als **Memento Mori**
7. das **Zeugen-Gedächtnis**, das öffentliche Kommemoration und den Appell an zukünftige Generationen einschließt.

6.2.1 Historisches Gedächtnis – das (unvollständige) Wissen von der Vergangenheit

Jede Dramenhandlung (story) hat eine **Vorgeschichte**, die in dem verkürzten Ausschnitt des Bühnengeschehens (plot) nicht gezeigt werden kann. Was dem ersten Akt vorausgeht und für den Ablauf der Ereignisse wichtig ist, muss deshalb von den Haupt- oder Nebenfiguren in den ersten Szenen mitgeteilt werden, um die Zuschauer auf den nötigen Wissensstand zu bringen. In Shakespeares *Hamlet* wird diese Vorgeschichte – die Exposition des Stücks – nicht vollständig bekannt gegeben. Darin ähnelt das Stück einer Detektivgeschichte, in der die Hintergründe des Geschehens weitgehend im Dunkel bleiben. Von einer Detektivgeschichte unterscheidet sich *Hamlet* jedoch darin, dass der vollständig ausgebreitete Plot am Ende die vielen Rätsel und Geheimnisse der Tragödie nicht wirklich beseitigt. In diesem Stück gibt es gleich zwei Vor-Geschichten; eine, die die **rezente Vergangenheit** (den Tod Hamlets Senior) und eine, die die **entfernte Vergangenheit** (den Tod Fortinbras' Senior 30 Jahre zuvor) betrifft. Beide kreuzen sich in der schaurigen Erscheinung des Geistes und bleiben zu einem gewissen Grade enigmatisch.[18]

Das Publikum wird am Anfang des Stücks Zeuge, wie der Geist zum dritten Mal erscheint. Es sieht ihn zunächst mit den Augen des skeptischen Horatio, was die Glaubwürdigkeit der Szene unterstreicht. Nach dem Verschwinden der Erscheinung beschreibt Horatio die Rüstung des Geistes, die in ihm eine historische Erinnerung auslöst.

18 Die Qualität von *Hamlet* als Geheimnis und Mysterium ist ein Topos, der sich durch die Literatur zieht. Hamlet gilt als ‚Mona Lisa' oder ‚die Sphinx' unter den Stücken Shakespeares. Die unerschöpfliche Lesbarkeit dieses Textes oder ‚Poem Unlimited' (um Harold Blooms Titel zu zitieren) geht einerseits auf dessen Überdeterminiertheit und Bedeutungüberfülle und andererseits auf seine Unterdeterminiertheit und damit einen Mangel an Information zurück.

Such was the very armour he had on
When he the ambitious Norway combated.
So frowned he once when, in an angry parle,
He smote the sledded Polacks on the ice. [19]

An diese Mitteilung schließt eine der Wachen eine Fülle von Fragen an, was Horatio die Gelegenheit zu einer ausführlicheren Darstellung der angesprochenen Episode gibt. Die Worte der Wache: „Good now, sit down, and tell me he that knows" (I, 1, 69) bereiten uns auf eine epische Situation vor, in der das historische Gedächtnis spricht und die Dramenhandlung für einen Moment ruht. Was hier weitergegeben wird, ist allerdings kein autorisierter Bericht, sondern unscharfe und inoffizielle ‚oral history' auf der Basis von Vermutung und Geflüster („whisper" I, 1, 79): die Geschichte eines Duells zwischen dem ermordeten König von Dänemark und Fortinbras, dem König von Norwegen, in dem dieser sein Leben und seine Ländereien verlor. Außerdem erfahren wir, dass nunmehr nach 30 Jahren der Sohn des gefallenen Königs zu einem neuen Kampf rüstet, um die verlorenen Gebiete zurückzuerobern.

Die Geistererscheinung verweist die entsetzten Zeugen jedoch nicht nur auf die Vergangenheit, sondern auch auf die Zukunft. Man spricht von dem Geist als einer ominösen Gestalt, „a portentous figure", die ein düsteres Vorzeichen für die unmittelbare Zukunft darstellt. Die Vergangenheit, so viel wird am Beginn des Stücks deutlich, ist offensichtlich nicht abgeschlossen, sondern wirft einen langen Schatten unbewältigter Ereignisse auf Gegenwart und Zukunft.

6.2.2 Erinnern wider das Vergessen – Trauer und Melancholie

Bevor auch Hamlet mit dem Geist seines Vaters in Berührung kommt, lernen ihn die Zuschauer in einer Szene am Hofe des Nachfolgers Claudius kennen. Dort erscheint er als trauernder Sohn, dessen Sinn ausschließlich der Vergangenheit zugekehrt ist und der sich ganz der Trauer um den Verlust des Vaters hingibt. In der Mitte seines ersten Monologs bricht er in die verzweifelt Frage aus: „Heaven and earth, must I remember?" (I, 2, 142 f.). Ja, er muss erinnern bzw. trauernd seines Vaters gedenken, während um ihn herum die Gesellschaft des Hofs den Toten aus ihrem Gedächtnis verbannt hat und ganz zu den Tagesgeschäften einer neuen Ära übergegangen ist. Er besteht auf seinem Menschenrecht zu trauern inmitten eines Hofs, der soeben eine festliche Hochzeit gefeiert hat. Schwarze Kleidung und Abseitsstehen weisen auf Hamlets **melancholische Disposition** hin, die in der Renaissance als Überschuss von schwarzer Galle und als eine pathologische Form von Ungeselligkeit aufgefasst wurde. Was ihn von allen anderen Figuren des Stücks unterscheidet, ist sein hartnäckiges Festhalten an einer Vergangenheit, die die anderen so gerne vergessen würden. Er ist keineswegs bereit, sich auf die neue Gegenwart einzustellen und das Bild seines toten Vaters durch das Bild des lebenden Claudius zu ersetzen. Die Entschlossenheit, mit der sich Hamlet an den Vater er-

19 Shakespeare, *Hamlet,* I, 1, 59-62.

innert, steht in umgekehrtem Verhältnis zur Geschwindigkeit, mit der die anderen ihn vergessen wollen. Die Trauer des neuen Königs Claudius ist dagegen höchst ephemer; in ein und demselben Atemzug geht er vom toten Hamlet zu seinen eigenen Bedürfnissen über:

> Yet so far hath discretion fought with nature
> That we with wisest sorrow think on him,
> Together with remembrance of ourselves. (I, 2, 5–7)

Hamlets Trauer entspricht in vielem der Beschreibung, die Sigmund Freud von der Melancholie gegeben hat.[20] Es ist eine Trauer, die nicht loslassen kann und nicht Abschied nehmen will, sondern sich trotzig an das verlorene Objekt klammert. Während Trauer ein aktueller Affekt ist, ist Melancholie ein Zustand und eine Haltung. Hamlet trauert auch nicht auf der Bühne, er hält vielmehr einen elaborierten Vortrag über die Undarstellbarkeit wahrer Trauer, der als frühes Dokument eines neuen **Authentizitäts-Diskurses** gelten kann.[21] In einer Welt, in der alles simulierbar ist, ist wahre Trauer ein im Inneren verschlossenes Geschehen, von dem keine äußeren Zeichen Kunde geben können. Hamlet stellt deshalb keine Gefühle zur Schau, sondern ausschließlich Worte, mit denen er seinen Protest und Widerstand gegen das familiäre und soziale Umfeld artikuliert.

In der ersten Szene am Hof steht Hamlets Erinnern in scharfem Kontrast zum Wunsch der anderen zu vergessen. Vergessen bedeutet in ihrem Fall, sich an die Gesetze der Natur anzupassen. Diese Gesetze besiegeln das allgemeine und monotone Schicksal individuellen Todes und generationellen Wandels. Ein Abgrund tut sich auf zwischen ihrer Hinnahme von Sterblichkeit als allgemeines Schicksal und seiner hartnäckigen Verlängerung von Trauer und Melancholie. Hier prallen zwei Sichten des Todes aufeinander: die Sicht der Natur und die Sicht der Kultur. Hamlets Trauer um den Vater kann als Sohnes-Pietät beschrieben werden. Trauerzeiten einzuhalten und die angemessenen Riten zu vollziehen sind Ausdrucksformen solcher Pietät. Sie ist nicht nur eine Sache der Gefühle, sondern Teil eines **intergenerationellen Vertrags**, welcher den Zusammenhang zwischen Vergangenheit und Zukunft sichert sowie Tradition und kulturelle Kontinuität verbürgt. Umgekehrt kann die Missachtung solcher Pietät schlimme Folgen haben; die nicht angemessen betrauerten und verabschiedeten Toten werden zu Wiedergängern, die die Ruhe der Lebenden stören und ihr Leben heimsuchen.

Hamlets Trauer hat aber auch eine tiefere **ethische** Dimension. Sie zeigt sich in der Fähigkeit, ein **Gegen-Gedächnis** aufzubauen, mit dem verpflichtende Werte der Vergangenheit gegen die Forderungen der Gegenwart aufrecht erhalten werden. Die Wertorientierung des Gegen-Gedächtnisses verhindert opportunistische Anpassung an die wechselnden Umstände der jeweiligen Gegenwart. Diese Form des Gedächtnisses unterminiert die Herrschaft der Gegenwart, indem sie ihr ein

20 Freud (1969).
21 Trilling (1972).

Gegenbild vorhält. Mit diesem Gegen-Gedächtnis wird Hamlet zum notorischen Spielverderber, der nicht in die Feste und Fröhlichkeiten einstimmen kann. Er trägt schwarz und wird so zum Mahner in einer Welt, die sich von der Bürde der Vergangenheit lösen möchte. In der folgenden Szene, in der Hamlet dem Geist seines Vaters begegnet und in der die Trauer zum Trauma gesteigert wird, kehrt sich diese seine subversive Kraft gegen den jungen Hamlet selbst.

6.2.3 Traumatisches Gedächtnis – die verwirrenden Botschaften des Geistes

Der Geist von Hamlets Vater verkörpert die ungewisse Vor-Geschichte des Dramas, von der bereits unter dem Stichwort ‚historisches Gedächtnis' die Rede war. Mit diesem Geist vollzieht sich der abrupte Einbruch der Vor-Geschichte in die Gegenwart und damit die **Wiederkehr der Vergangenheit**, die offensichtlich nicht vergangen ist, sondern sich als unerledigte bzw. als ‚unfinished business' erweist. Auf diese Weise bleiben die Schicksale des alten und jungen Hamlet unentwirrbar miteinander verflochten; das Duell vor 30 Jahren, als Hamlet geboren wurde, kehrt noch einmal zurück und sucht die zweite Generation der Söhne heim. Die Handlung des Stücks beginnt also keinesfalls voraussetzungslos auf jungfräulichem Boden, sondern entfaltet sich unter dem Schatten einer Vergangenheit mit ihren noch offenen Wunden und unbezahlten Rechnungen. Anders als bei einer regulären Vor-Geschichte, die in der Exposition abgehandelt wird, liegt diese Vergangenheit nicht im Rücken der Protagonisten, sondern ist gewissermaßen unter ihren Füßen begraben, wo sie sich mit tief verunsichernden Zeichen bemerkbar macht. So übt diese überwältigende Vergangenheit über die Generationen und Lebensgrenzen hinweg eine gefährlich destruktive Wirkung aus.

Die pathologische Zeitstruktur, die das Stück charakterisiert, lässt sich in noch expliziteren psychoanalytischen Begriffen beschreiben. Das hat zum Beispiel der Psychoanalytiker Nicholas Abraham getan, der die verunsichernde und schädigende Wirkung der Vergangenheit auf einen malignen Komplex von Schuld, Verheimlichung und Nicht-Wissen zurückführte, der sich mit Ableben des Täters nicht auflöst, sondern unbewusst über die Generationengrenzen hinweg weitergegeben wird. Dieser Komplex erscheint als eine Lücke im Wissen der Nachgeborenen, in die diese ihre Phantasmata hineinprojizieren. Abraham hat für diese Leerstelle den metaphorischen Begriff der **‚Krypta'** angeboten, der eine unter dem Altarraum mittelalterlicher Kirchen verborgene und verschlossene Grabkammer bezeichnet. Ein weiterer Begriff, den er für die unbewusste Übertragung von Traumata eingeführt hat, ist das **‚Phantom'**.[22] Abrahams These ist, dass wir es hier mit einem Familiengeheimnis unbesprochener und belastender Erfahrungen zu tun haben, das durch Beschweigen an die jüngere Generation weitergereicht wird und deren Identitätsbildung verhindert. Für Abraham ist die Erscheinung des Geistes von Ham-

22 Abraham (1991); Rand (1991).

lets Vater ein geradezu paradigmatisches literarisches Beispiel für die transgenerationelle Übertragung eines Traumas. Es geht dabei um das Verhältnis zwischen einem Vater, dessen Biographie Episoden einer langfristig belastenden Schuld enthält, von der der Sohn kein explizites Wissen hat. Der Sohn hat nichts als die **Lücke**, in die er seine eigenen Phantasien hineinprojiziert, darunter die von der mythischen Größe seines Vaters. Macht und Ohnmacht gehen hier nahtlos ineinander über. Es ist eben dieses Nicht-Wissen oder Halbwissen, das das Trauma vom Vater auf den Sohn übergehen lässt und beide zu einer Einheit zusammenzieht, die eine Individuation des Sohnes im Sinne einer eigenständigen Entwicklung vereitelt.[23]

So kann man zum Beispiel fragen, ob wir in der Geisterszene wirklich die väterliche Stimme hören, die von außen kommt, oder nicht vielmehr eine innere Stimme Hamlets, die seine eigenen dunklen Ahnungen und Zweifel artikuliert. Was in dieser Begegnung Vater, was Sohn ist, lässt sich in dieser psychedelischen Szene nicht mit letzter Sicherheit ausmachen. Eines ist allerdings klar: Der Sohn wird zum Mitwisser des Vaters, womit eine starke Bindung des Lebenden an den Toten besiegelt wird.

Das transgenerationelle Trauma ist auch als eine **‚memoria negativa'** bezeichnet worden. Das negative Gedächtnis des Traumas entsteht in den Kindern durch das, was die Eltern in der Form der Verschwiegenheit auf sie übertragen. Nicholas Abraham deutet Shakespeares Rachetragödie in eine Rätseltragödie um und löst das Rätsel durch einen sechsten Akt, in dem es das Stück weiterschreibt und den Knoten der dunklen Vorgeschichte des Stücks auflöst. Am Beispiel des Geistes von Hamlets Vater erläutert er sein Konzept des ‚Phantoms': „nicht die Gestorbenen sind es, die uns heimsuchen, sondern die Lücken, die aufgrund von Geheimnissen anderer in uns zurückgeblieben sind."[24] Es geht hier nicht darum, die literarische Szene auf eine moderne psychoanalytische Lesart festzulegen und mit dieser Deutung zu vergewaltigen. Vielmehr sollen bestimmte Handlungszusammenhänge auf sehr viel allgemeinere Erfahrungen hin durchsichtig gemacht werden. Nicht eine fixierende und einengende Lektüre ist hier das Ziel, sondern umge-

23 Nicholas Abraham konnte als professioneller Analytiker und Löser von Knoten und Rätseln die vielen Unklarheiten nicht stehen lassen, die das Drama bis zum Ende bewahrt. Um sich selbst und die Zuschauer von dieser ‚traumatisierenden' Wirkung zu befreien, schrieb er kurzerhand ein weiteres Ende, das er als 6. Akt (in iambischem Pentameter) dem Drama folgen ließ, und in dem er das Rätsel der Vor-Geschichte auflöst und Hamlet zwingt, sich mit den Phantomen seiner eigenen Seele auseinanderzusetzen. Das Material zu seinem 6. Akt bezieht er ausschließlich aus Details des Shakespeareschen Stücks, die er wie ein Kriminalist in ein neues Licht rückt. Abraham behandelt das Stück dabei wie einen Patienten, dem er unbewusst verdrängte Informationen abzugewinnen hat. Indem der Psychoanalytiker die verknotete Handlung des Dramas begradigt hat, hat er nicht nur alle Probleme gelöst, sondern auch das Stück selbst mit aufgelöst.

24 Abraham (1991), 692; zur ‚memoria negativa': Rand (1991), 689 f.

kehrt das Aufzeigen möglicher Anschließbarkeiten eines historischen Textes an hochaktuelle Probleme der menschlichen Psyche.

Es gibt mindestens drei Elemente in der Botschaft des Geistes, die sie für ein modernes Trauma-Konzept anschlussfähig machen. Zunächst ist der widersprüchliche Charakter der Botschaft zu nennen. Sie ist durch und durch **ambivalent**. Die Quelle dieser Botschaft ist zu mysteriös, um ihr direkten Glauben schenken zu können. Während Hamlet sie auf ihre Glaubwürdigkeit prüft, schwankt er zwischen den äußersten Extremen:

> Be thou a spirit of health or goblin damned,
> Bring with thee airs from heaven or blasts from hell,
> Be thy intents wicked or charitable (I, 4, 21–23)

In der Begegnung mit dem Geist verwandelt sich der überidealisierte Vater zunächst in das unschuldige Opfer eines mörderischen Anschlags und dann in eine schuldbeladene Seele, die sich nach Entlastung und Reinigung von ihren Sünden sehnt. Als unschuldiges Opfer fordert der Geist das Einschreiten seines Sohnes „to revenge this foul and most unnatural murder". Als Sünder dagegen, der aus den Flammen des Purgatorium kommt, erbittet er sich die Unterstützung seines Sohnes für die Reinigung seiner belasteten Seele. Als Shakespeare das Stück schrieb, waren beide Handlungsformen bereits überholt. Die Institution der feudalen Rache wurde als kriminell betrachtet und die Institution des Purgatoriums war eine Generation zuvor in England abgeschafft worden.[25] Für Hamlet, von vielen als ein emphatisch moderner Protagonist charakterisiert, ist es nicht einfach, diese archaischen und obsoleten Forderungen zu beantworten. Im Verlauf seiner Rede verwandelt sich die Forderung des Geistes von einem Aufruf zur Rache in einen Appell zur Erinnerung. Auch dieser Widerspruch der Imperative macht die Situation für Hamlet nicht leichter. Wenn die Möglichkeit zu handeln eine klare und eindeutige Situationsdefinition zur Voraussetzung hat, dann hat Hamlet wirklich keine einfache Aufgabe.

Der zweite Aspekt ist der **geheime** Charakter der Botschaft. Sie ist nicht nur verschwiegen, sondern auch unzugänglich und nicht kommunizierbar. Der Geist teilt sich ausschließlich seinem Sohn mit, der das Gehörte nicht einmal mit seinem besten Freund teilen darf. Kommunikation wird weiter blockiert durch verschiedene Eide, die der unterirdische Geist schwören lässt, womit er erreicht, dass seine Worte in der Brust des Sohnes fest verschlossen sind. Um dieses Geheimnis bei sich zu behalten, muss Hamlet in verschiedene Rollen fliehen. Er wird dabei zu einem Trickster, der sich permanent verstellen muss.

Neben Widersprüchlichkeit und Geheimnis ist der **emotionale** Überschuss eine dritte Eigenschaft des Traumas. Es schlägt mit einer Wucht ein, die die psychischen und kognitiven Möglichkeiten einer Person übersteigt und die Struktur der Identität verformt. Hamlet bezeugt diese Wucht, die die Worte des Geistes auf ihn haben; er fürchtet um seinen Verstand. Sie setzt nicht nur „thoughts beyond the

25 Greenblatt (2001).

reaches of our souls" (I, 4, 37) frei, sie kann auch, wie Horatio andeutet, in den Wahnsinn führen. Die Offenbarung des Geistes bedeutet eine Gefahr für Leib und Seele des Hörers. Kein Wunder, dass Hamlet jun. nach dieser Begegnung kaum noch wiederzuerkennen ist. Mit dem Trauma ist ein Keil in seine Seele getrieben, der sein Selbst zersplittert; er, der sich zuvor von den anderen distanzierte, wird fremd nicht nur für seinen besten Freund, sondern auch für sich selbst.

6.2.4 Semantisches Gedächtnis – Mnemotechnik

Was mit einem Überschuss an Emotion gemeint ist, wird in der letzten Phase der Begegnung zwischen Hamlet und dem Geist anschaulich in Szene gesetzt. Nach der letzten Rede des Geistes verabschiedet sich dieser mit den Worten: „Adieu. Adieu. Adieu. Remember me." (I, 5, 91). Für Hamlet ist dies ein Augenblick äußerster Verwirrung und Ohnmacht; er weiß nicht, ob er sich Hilfe vom Himmel oder von der Hölle erbitten soll:

> O all you host of heaven! O earth! What else?
> And shall I couple hell? O, fie! Hold, hold, my heart,
> And you, my sinews, grow not instant old,
> But bear me stiffly up. (I, 5, 92–95)

In seinem ersten Monolog hatte er sich noch gewünscht, dass sein allzu festes Fleisch schmelzen möge („O that this too too sallied flesh would melt") (I, 2, 129); jetzt betet er, dass sein Herz stark genug sein möge, um die soeben empfangene Botschaft zu (be-)halten. Im Herzen bewahren ist eine andere Wendung für in Erinnerung behalten, und das ist ein Problem, das Hamlet, dem unter dem Eindruck der Begegnung die Sinne zu schwinden drohen, mit Hilfe einer **zuverlässigen Mnemotechnik** lösen möchte.

> Remember thee?
> Ay, thou poor ghost, whiles memory holds a seat
> In this distracted globe. Remember thee?
> Yea, from the table of my memory
> I'll wipe away all trivial fond records,
> All saws of books, all forms, all pressures past
> That youth and observation copied there,
> And thy commandment all alone shall live
> Within the book and volume of my brain,
> Unmixed with baser matter. (I, 5, 95–104)

Der Student aus Wittenberg greift nicht auf die Regeln der mündlichen Gedächtniskunst zurück, sondern zieht ein Notizbuch aus der Tasche (‚my tables'), in dem er die Worte des eben abgetretenen Geistes festhalten will. Das Gedächtnis wird dabei als eine Schreibfläche beschrieben, die bereits über und über beschrieben ist. Um der Wucht und Wichtigkeit des väterlichen Worts zu genügen, glaubt Hamlet, eine **Tabula rasa** herstellen und alles, was sich im Laufe der Zeit in seinem Gedächtnis festgesetzt hat, auswischen zu müssen. Wie viel muss er vergessen, um das eine Vordringliche erinnern zu können! Keine Frage, dass dieser Reaktion etwas Zwanghaftes anhaftet. Während Hamlet mit der Niederschrift des Erinnerungsauftrags (Adieu, adieu. Remember me) beschäftigt ist, zeigt er Spuren von Verwirrung und Zerstreuung. Die Schrift soll ordnen und befestigen, was sich in seinem Kopf zu drehen beginnt. Die Schreibszene, die Shakespeare an diesem wichtigen Punkt einsetzt, beschreibt nicht nur eine **Externalisierung** seines **Gedächtnisses**, sondern ist auch eine symbolische Darstellung des gestörten Vorgangs des Memorierens selbst. Ihm kommen dabei nämlich ständig andere Gedanken in die Quere wie: „O most pernicious woman! / O villain, villain, smiling, damned villain!" Oder: „That one may smile, and smile, and be a villain." (I, 5, 105–108) Auf der einen Seite steht die übertriebene Emphase, mit der Hamlet die Aufgabe des Memorierens angeht, auf der anderen Seite zeigt sich, dass der entschlossene Wille des Erinnerns schon im Ansatz unterlaufen wird. Denn während Hamlet in absurder Wortwörtlichkeit die Worte ‚Adieu, adieu. Remember me' niederschreibt, ist sein Geist bereits von anderen Assoziationen abgelenkt. Der Psychologe Daniel Schacter hat diesen Zustand Geistesabwesenheit genannt und als eine von „Sieben Sünden des Gedächtnisses" klassifiziert.[26]

Während Hamlet als Student aus Wittenberg die Schrift als Gedächtnisstütze einsetzt, verlassen sich andere Figuren im Stück auf ihr mündliches Gedächtnis. Dem ersten Akt des Dramas ist eine Szene eingefügt, in der sich Laertes, der nach Paris reisen will, von seiner Familie verabschiedet. Bei dieser Gelegenheit kommt es zu mahnenden Worten, die erst Laertes an Ophelia und später Polonius an Laertes richtet. Die gestrenge Rede des Bruders, der der Schwester Verhaltensregeln im Umgang mit Hamlet auferlegt, mündet in die Worte: „Farewell, Ophelia, and remember well / What I have said to you." (I, 3, 83 f.) Worauf sie antwortet: „'Tis in my memory locked and you yourself / Shall keep the key of it." (85 f.) Im zweiten Teil der Szene werden die Rollen getauscht; jetzt ist Laertes der Empfänger väterlicher Instruktionen, die er auf seiner Reise zu beherzigen hat. Die väterliche Lektion beginnt mit den Worten: „my blessing with thee / And these few precepts in thy memory." (I, 3, 57 f.) Sowohl des Vaters wie des Bruders Worte sind in ihrer prägnanten Formung auf Einprägung ausgerichtet. Shakespeare stellt im ersten Akt damit nicht nur **schriftliche und mündliche Mnemotechnik**, sondern auch zwei unterschiedliche Formen väterlicher Instruktion gegenüber. Die handfesten Imperative des Polonius sind auf ein gelingendes Leben gerichtet, während die widersprüchliche Botschaft des Geistes Hamlets Wirklichkeitssinn, seine sozialen Beziehungen und schließlich sein Leben zerstört.

6.2.5 Episodisches Gedächtnis – Aufblitzen einer Kindheitserinnerung

Ein Beispiel für die Aktivierung des **episodischen Gedächtnisses** ist die Friedhofszene im letzten Akt, wo Hamlet über menschliches Schicksal, Ruhm, Tod und Sterben meditiert. Er entdeckt dort das zyklische Gesetz der Natur und die Uni-

26 Schacter (2001).

versalität des Todes, die bereits im ersten Akt Gegenstand einer Rede seiner Mutter waren: „Thou know'st 'tis common – all that lives must die / Passing through nature to eternity." (I, 2, 72 f.) Im ersten Akt hatte er dieser alles nivellierenden Denkweise noch mit der rebellischen Kraft seines melancholischen Gedächtnisses widerstanden. Am Ende des Stücks entdeckt er selbst, was er „a fine revolution" (V, 1, 82 f.) nennt, und womit die Umwandlung alles menschlichen Lebens, allen Geists, allen Ruhms in ewigen Staub gemeint ist.

Im Laufe seiner Unterredung mit den Totengräbern greift Hamlet einen Schädel auf, der 23 Jahre in der Erde gelegen hat. Er erfährt, dass es der Schädel eines gewissen Yorick ist, der als Narr am Hofe seines Vaters angestellt war und manches Mal den kleinen Hamlet auf seinem Rücken getragen hat.[27] Hier stoßen wir noch einmal im Stück auf einen Moment von Vor-Geschichte. Dieses Mal geht es jedoch nicht um eine öffentliche und kollektive Geschichte, sondern um eine ganz **private Reminiszenz**. Was hier in die Erinnerung zurückgeholt wird, hat rein persönlichen Charakter und für den Fortgang der Handlung keinerlei Bedeutung. Dieses Fragment einer plötzlichen und kontingenten Erinnerung fällt aus der Logik des Handlungsgefüges heraus. Es verleiht durch seine schiere Kontingenz der Figur des Hamlet eine eigentümliche psychische Tiefe, wenn dieser plötzlich dem Kinde wiederbegegnet, das er einst gewesen ist. Das Bild von dem Unterhalter Yorick, das in ihm aufsteigt, hat die typischen Qualitäten einer episodischen Mich-Erinnerung; es ist lebhaft und sinnlich, es bezieht sich auf eine isolierte Szene ohne narrativen Zusammenhang und ist von nostalgischen Gefühlen durchdrungen. Es ist nicht das Produkt einer bewussten Reflektion, sondern wird als passive Erinnerung **unwillkürlich** durch einen Gegenstand angestoßen. Dieses Aufblitzen einer persönlichen Erinnerung hat für den Plot des Dramas keinerlei Bedeutung; es ist in seiner Kontingenz und Bruchstückhaftigkeit jedoch ein Element, das die Atmosphäre des Stücks verdichtet, indem es noch eine andere ‚Vater-Bindung' für Hamlet andeutet.[28] Diese Erinnerung hat lange Zeit verschlossen in seinem Gedächtnis gelegen, bis sie durch einen Zufall angerührt und noch einmal zu einem sinnlichen Nacherleben in der Gegenwart geführt hat.

6.2.6 Memento Mori – die emblematische Erinnerung des Todes

Das Gespräch mit dem Totengräber auf dem Friedhof gibt Hamlet Gelegenheit zu zwei ganz unterschiedlichen Erinnerungen: einer autobiographischen Reminiszenz und einer Meditation über das Leben nach dem Tode. Der persönlich sinnlichen Erinnerung folgt eine Reflexion über die allgemeine Nichtigkeit menschli-

---

27 Harold Bloom kommentiert diese Szene so: „Hamlet always has had nothing in common with his father, his mother, and his uncle. He is a kind of changeling, nurtured by Yorick, yet fathered by himself." (2003), 9.

28 Bloom (1999), 279, 313 f. hebt Falstaff und Hamlet als Ausnahme-Erscheinungen literarischer Figuren hervor, die die Illusion wirklicher Personen erwecken, weil ihr besonderes Charisma den Rahmen der vorgegebenen Rollen sprengt.

chen Lebens, die in eine moralische Einsicht mündet. Noch bevor der Tumult um Ophelias Begräbnis mit dem grotesken Trauer-Wettstreit zwischen Hamlet und Laertes ausbricht, stehen in der Friedhofsszene so ungleiche Regungen nebeneinander wie die sinnliche Kraft eines persönlichen Erinnerungsblitzes und die universale Einsicht in die Vergeblichkeit menschlichen Strebens. Auch hier geht es um eine Form der Erinnerung, die eher eine abstrakte **Mahnung** ist; in einer aufs himmlische Jenseits ausgerichteten Welt gilt es sich daran zu erinnern, dass wir hier keine bleibende Stadt haben und alle irdischen Wünsche und Ambitionen sich vor dem Auge Gottes relativieren.

Shakespeare hat als Erster auf die Bühne gebracht, was gleichzeitig in Medien wie Buch, Bild und Skulptur allgemeiner Gegenstand frommer Anschauung gewesen ist: die **Schädel-Meditation.** Insbesondere die so genannten Emblembücher, die ein Bild mit einer (frommen) Belehrung verknüpften, boten den Totenschädel als einen festen Topos zur Betrachtung an und formulierten auch gleich vor, woran man sich bei diesem Anblick zu erinnern hatte: an die eigene Sterblichkeit und die Vergeblichkeit allen irdischen Tuns. Von diesen sehr allgemeinen Bildern unterscheidet sich der Schädel, den Hamlet in die Hand nimmt, durch seine Konkretheit. Wir erfahren, wie lange er unter der Erde gelegen hat und wem er gehört hat. Ebenso unterscheidet sich die Lehre von Hamlets Schädelmeditation.

Skelett und Schädel sind Überreste des Menschen, an denen (mit Ausnahme für Gerichtsmediziner) alles Individuelle und Besondere der Person getilgt ist. Übrig bleibt ein universales Schema, das die Differenzen, die im Diesseits so sichtbar sind, gelöscht hat. Der Tod wird deshalb im Mittelalter und in der Frühen Neuzeit auch als der große Gleichmacher bezeichnet, als eine demokratisierende Kraft, die allerdings erst nach dem Tode eintritt. Zuerst befremdet Hamlet die Fröhlichkeit des Totengräbers, die er für eine Form der Pietätlosigkeit hält:

> HAMLET: Has this fellow no feeling of his business, that 'a sings in grave-making?
> HORATIO. Custom hath made it in him a property of easiness. (V, 1, 61 f.)

Dann folgt eine traditionelle Meditation über körperlichen Verfall und Verwesung. Die Endstation, der Friedhof, reduziert auch das ehrgeizigste und nobelste Leben auf wertlose Materie. Hamlet, der sich mit großer Phantasie im Konditional verschiedene Personen zu den Knochen hinzudenkt, verändert seine Haltung grundsätzlich, als er erfährt, wem der Schädel einst gehört hat. Doch der Moment einer persönlichen Betroffenheit geht rasch vorüber und macht der traditionellen **Memento Mori**-Meditation Platz. Die Frauen sollen sich diesen Schädel vor Augen halten, wenn sie vor dem Spiegel ihre Schminke auftragen, aber auch die großen Männer, die die Welt beherrschen wollen. Mit diesem plötzlichen Stimmungswandel von der persönlichen Reminiszenz zur emblematischen Meditation wandelt sich abrupt die Qualität des Schädels. Was eben noch Gegenstand nostalgischer Erinnerung war, wird nun zum verabscheuten Objekt: Hamlet wirft den Schädel zu Boden. Hinter dieser theatralischen Geste steht die traditionelle biblische Einsicht der **Vanitas**, der Vergeblichkeit menschlichen Lebens und Strebens, die von Hamlet allerdings auf eine makabre Spitze getrieben wird. Der Schädel, eben noch ein überlebenszeitliches Bild der Person und ein Ehrfurcht gebietendes Denkbild für den Menschen, ist plötzlich nur noch Materie, die in Staub zerfällt. An die Stelle des spirituellen Kreislaufs der Seele oder des Geschöpfs, das zu seinem Schöpfer zurückkehrt, tritt der materielle Kreislauf der Gebrauchsgüter: Mit dem Staub, der einst Alexander der Große hieß, kann man noch ein Bierfass stopfen.

6.2.7 Das Gedächtnis des Zeugen – Ethik und Therapie der Erinnerung

Während Hamlet in der Friedhofszene die Möglichkeit von Name und Ruhm als menschliche Illusion verhöhnt, beansprucht er doch für sich selbst in der letzten Szene des Dramas durchaus ein prospektives, in die Zukunft gerichtetes Gedenken. Die erste hier vorgestellte Gedächtnisform, das historische Gedächtnis, betraf ein Wissen von der Vergangenheit. Die letzte Gedächtnisform, die hier vorgestellt wird, das **Gedächtnis des Zeugen**, betrifft ein in die Zukunft gerichtetes Wissen. Horatio, der am Anfang des Stücks der Träger des in die Vergangenheit gerichteten historischen Gedächtnisses war, ist am Ende des Dramas auch der Träger des in die Zukunft gerichteten Zeugen-Gedächtnisses. Das Verhältnis zwischen Hamlet und Horatio entspricht dem Renaissance-Ideal von Freundschaft, wie Francis Bacon es in einem seiner Essays beschrieben hat. Dort heißt es: „A principal fruit of friendship is the ease and discharge of the fullness and swellings of the heart, which passions of all kinds do cause and induce."[29] Nachdem Hamlet sich in den ersten vier Akten des Dramas hatte sein Herz versiegeln müssen, kann er endlich am Ende dem Druck nachgeben und sein Inneres – auch wenn er darin vom Tode unterbrochen wird – dem Freunde überantworten. Eine weitere ‚Frucht der Freundschaft', und für das Verhältnis zwischen Horatio und Hamlet fast noch wichtiger, ist nach Bacon die Hilfestellung: „aid and bearing a part in all actions and occasions." (117) Den Freund braucht man nicht nur, um Unterstützung für eine Handlung zu finden, sondern auch, um eine abgebrochene Handlung wieder aufzunehmen und zu Ende zu führen. Aus diesem Grund hält Hamlet, nachdem er selbst das tödliche Gift in sich hat, Horatio davon ab, ihm durch einen Trunk aus demselben Becher in den Tod zu folgen. Der Freund darf keineswegs sterben, weil er noch eine wichtige Aufgabe zu erfüllen hat: Er muss Hamlets Geschichte erzählen.

> O God, Horatio, what a wounded name,
> Things standing thus unknown, shall live behind me! (V, 2, 286 f.)

Mit dem Erzählen von Hamlets Geschichte leistet Horatio für den Freund mehr als ein rituelles Totengedenken: Er schafft ihm eine Erinnerung in der Nachwelt. Horatio übernimmt im Stück gewissermaßen die Aufgabe einer ‚truth and reconciliation commission'. Wie 1994 in Südafrika geht es dabei weniger um Schuld und Strafe als um **Erzählen und Erinnern**. Das Unrecht, das Hamlet widerfahren ist, die verwirrenden Rätsel und ungelösten Knoten – all das soll nach den tragischen Er-

29 Bacon (1942), 110.

eignissen seine Anerkennung und Auflösung in einer klärenden Erzählung finden. Das Stück, das selbst keinen metaphysischen Trost angesichts der schrecklichen Verkettung von Chaos und Zerstörung spendet, hält für Hamlet immerhin die säkulare Kompensation eines Zeugen-Gedächtnisses bereit. In dem Moment, in dem Hamlets Stimme verstummt, hebt die des Horatio an, um seine Geschichte zu erzählen und dessen verletzten Namen wiederherzustellen. Testimonium (Zeugnis) nähert sich hier dem Testament an. In Ermangelung eines Nachfahren und Erben muss Horatios Zeugnis Namen und Gedächtnis des Freundes bewahren. Aber nicht nur für Hamlet muss Horatio Zeugnis ablegen, sondern auch für die, an denen er sich verschuldet hat: in erster Linie Ophelia, aber auch für deren Vater Polonius. Hamlets Aufgabe an ihn lautet: „report me and my cause aright / To the unsatisfied". (V, 2, 281 f.) Während das monumentale Gedächtnis auf die Verewigung des Namens durch Ruhm ausgerichtet ist, befasst sich das Zeugengedächtnis mit **Schuld**, deren Anerkennung und Wiedergutmachung. In dem Maße, wie es Bekenntnis und die Anerkennung von Opfern einschließt, soll es helfen zu verhindern, dass die Toten abermals aus ihren Gräbern steigen und die Lebenden mit ihren Forderungen verwirren und schädigen. Horatios Zeugen-Gedächtnis ist notwendig, um Hamlet jun. davon abzuhalten, zum Wiedergänger zu werden wie sein Vater.

Damit schließt sich der Erinnerungskreis des Dramas. Der Befehl „Remember me!" wird am Schluss noch einmal wiederholt. Im ersten Akt war es der Geist des Vaters, der ihn an seinen Sohn richtete, im letzten Akt ist es Hamlet, der ihn an seinen Freund richtet. Der Unterschied zwischen diesen beiden Befehlen ist allerdings nicht zu übersehen: Der erste injizierte in Hamlet ein Trauma, das ihn zum Behälter des Geheimnisses einer anderen Person machte. Die Krypta führte – psychoanalytisch gesprochen – zu einer Persönlichkeits-Dissoziation und der Unfähigkeit, als integriertes Selbst zu denken und zu handeln. Der letzte Befehl hat umgekehrt die Aufgabe, das Rätsel von Hamlets Leben in die Form einer Geschichte zu übersetzen, die der Freund als Überlebender und Zeuge an die Nachwelt vermittelt. Dieses Zeugen-Gedächtnis hat eine **juridische** und eine **therapeutische** Seite. Indem der Zeuge nicht nur davon spricht, wie Hamlet Ungerechtigkeit widerfahren ist, sondern auch, wie Hamlet anderen Schaden zugefügt hat, kann er den Teufelskreis von Gewalt und Rache aufsprengen, der im dänischen Königreich alle in ihren tödlichen Sog zog. Am Ende des Stücks wird die destruktive Energie des Traumas in die soziale Erzählung des Zeugen-Gedächtnisses überführt. So ist es am Ende Horatio, dem das Projekt überantwortet wird, an dem Hamlet gescheitert ist: den zwiespältigen Aufruf zur Rache in den Auftrag einer befriedenden Erinnerung umzuwandeln.

Am Ende des Stücks verspricht Horatio eine vollständige Aufklärung der verworrenen Ereignisse; er sei in der Lage to „truly deliver" „how these things came about" (V, 2, 371, 365). Das Stück selbst löst dieses Versprechen allerdings nicht ein. Statt mit dieser in Aussicht gestellten Rede endet es mit einem chaotischen Showdown, in dem sich Zufall, Gift und Gewalt verschränken (V, 2, 324–329).

Während im Stück die Erzählung zurückgestellt wird, findet zum Schluss etwas anderes statt, und das sind die Bestattungsriten, die der Sieger Fortinbras für den gefallenen Hamlet ausrichtet. Sie dienen der Legitimation seiner Usurpation bzw. seiner wiederhergestellten Herrschaft. Wie sein Name, der ‚starker Arm' bedeutet, bereits anzeigt, steht er für eine skrupellose Übernahme von Macht, für die er „some rights of memory in this kingdom" geltend macht. (V, 2, 333). Die einzige Sprache, die er spricht und versteht, ist die der militärischen Aktion. So sind es Soldatenmusik, martialische Symbole und Kanonenschüsse, die Hamlets Begräbnis festlich begleiten. Am Ende des Stückes steht somit der rituelle Pomp und nicht die Erzählung, die Horatio Hamlet und uns versprochen hat.

Das bedeutet aber, dass die Geheimnisse vom Anfang am Ende nicht gelöst sind – trotz der vielen Leichen, die auf der Bühne herumliegen. Die Unklarheiten und Rätsel bleiben bestehen. Die Frage: ‚Was geschieht in Hamlet?', bleibt ein Mysterium und fährt fort, Zuschauer, Leser und Kritiker zu beschäftigen.[30]

Zusammenfassung

Das menschliche Gedächtnis ist ein unerschöpfliches Thema, das von keiner Einzeldisziplin aus angemessen bearbeitet werden kann. Im Laufe des letzten Jahrzehnts hat sich der Gedächtnisdiskurs als ein transdisziplinär anschließbares Paradigma der Kulturwissenschaften entwickelt. Neben Neurowissenschaftlern, Psychologen und Historikern haben auch die Literatur- und Kulturwissenschaftler dazu einen wichtigen Beitrag zu leisten. Sie untersuchen nicht nur die Thematisierung und Reflexion über Erinnern und Vergessen in Werken der Kunst, sie fragen auch nach den Mechanismen und Strukturen eines ‚Kulturellen Gedächtnisses', das sich langfristig im Medium von Texten und Bildern, Monumenten und Orten, festlichen Zeremonien und alltäglichen Praktiken aufbaut.

Unsere Erinnerungen verändern sich im Laufe der Zeit durch immer neue Rekonstruktionen. Sie lassen sich in „Ich-Erinnerungen", in denen wir als Subjekt auftreten, und „Mich-Erinnerungen", die uns zu Objekten machen, aufteilen. Das Ich-Gedächtnis ist das Produkt einer bewussten und intentionalen Konstruktion der Vergangenheit, wohingegen das Mich-Gedächtnis im neuronalen Assoziations-Kortex diffus verteilt und in seiner Dynamik nicht steuerbar ist.

Es gibt eine Vielzahl von Gedächtnissystemen. Das episodische Gedächtnis umfasst den im individuellen Leben erworbenen Erinnerungsschatz und ist der Rückhalt für eine gelebte Identität. Das semantische Gedächtnis ist die Summe dessen, was wir durch gezieltes Lernen in uns aufnehmen. Das prozedurale Gedächtnis ist ein Körper-Gedächtnis, in dem habitualisierte Handlungen und an-

30 Wilson (1966).

trainierte Fertigkeiten gespeichert sind. Solche Fähigkeiten wie Fahrradfahren oder Klavierspielen kann man nicht weitergeben wie sprachliche Botschaften. Bilder und Texte dagegen lassen sich aufzeichnen und auslagern. Der externe Speicher der Aufzeichnung ermöglicht uns, das Gedächtnis zu entlasten, auszudehnen und über Generationen hinweg zu verlängern, was aber auch zu einer wachsenden Diskrepanz führt zwischen dem verkörperten Gedächtnis und dem externen Archiv.

Das kulturelle Gedächtnis gliedert sich in zwei Bereiche: ein Speichergedächtnis und ein Funktionsgedächtnis. Im Speichergedächtnis werden Informationen gesammelt und bewahrt, die ihre unmittelbare Bedeutung verloren haben. Hier kann von einem passiven Gedächtnis der Gesellschaft gesprochen werden. Das Funktionsgedächtnis ist dagegen das aktive Gedächtnis einer Wir-Gruppe. Es stützt die Identität eines Kollektivs von sozialen Kleingruppen bis zu Großgruppen wie Nationen und Staaten. Es wird mit Hilfe unterschiedlicher symbolischer Medien (z.B. Texte, Bilder, Bauten, Riten) erschaffen. Durch gemeinsame Bezugspunkte in der Vergangenheit und einen gemeinsamen Fundus kultureller Überlieferung erschaffen sich solche Kollektive damit zugleich eine Wir-Identität.

Besondere Aufmerksamkeit hat im letzten Jahrzehnt das individuelle und kollektive Trauma auf sich gezogen, das zwischen Erinnern und Vergessen anzusetzen ist. Es bezieht sich auf ein Erlebnis, dessen schmerzhafte Wucht die psychischen Verarbeitungsmöglichkeiten übersteigt und zum Selbstschutz vom Bewusstsein abgespalten und eingekapselt wird. Die Therapie zielt darauf, dieses abgespaltene und z. T. über Jahrzehnte und Jahrhunderte konservierte Trauma in bewusste Erinnerungen zu transformieren. Die Nachträglichkeit historischer Traumata entsteht dadurch, dass schädigende Erfahrungen von einer Generation zur anderen unbewusst weitergegeben werden können. In Literatur und Film werden gegenwärtig neue experimentelle Darstellungsformen entwickelt, die Traumata aus einer Innenperspektive imaginativ erlebbar machen.

In Shakespeares Hamlet finden sich unterschiedliche Formen des Gedächtnisses in Szene gesetzt. Diese werden hier im Zusammenhang des Dramas erläutert und in einer grundsätzlicheren theoretischen Perspektive thematisiert als historisches Gedächtnis, Trauer und Melancholie, Trauma, semantisches Gedächtnis, episodisches Gedächtnis, Memento Mori und das Gedächtnis des

Auswalbibliographie:

Bal, Mieke / Crewe, Jonathan / Spitzer, Leo, Hgg., (1999) Acts of Memory. Cultural Recall in the Present. Hanover: University Press of New England.
Erll, Astrid / Nünning, Ansgar, Hgg., (2005) Gedächtniskonzepte der Literaturwissenschaft. Theoretische Grundlegung und Anwendungsperspektiven. Berlin: de Gruyter.
Erll, Astrid / Nünning, Ansgar, Hgg., (2008) Cultural Memory Studies. An International and Interdisciplinary Handbook. Berlin/New York: de Gruyter.
Gudehus, Christian / Eichenberg, Ariane / Welzer, Harald, Hgg., (2010) Gedächtnis und Erinnerung. Ein interdisziplinäres Handbuch. Stuttgart, Weimar: Metzler.
Landsberg, Alison (2004) Prosthetic Memory. The Transformation of American Remembrance in the Age of Mass Culture. New York: Columbia UP.
Radstone, Susannah / Schwarz, Bill, Hgg., (2010) Memory. Histories, Theories, Debates. New York: Fordham UP.

7. IDENTITÄT

Von Natur aus sind wir alle Individuen. Nur die Maschine und das Klonen bringen identische Kopien hervor. ‚Individuum' bezeichnet den einzelnen Menschen unter dem Gesichtspunkt seiner Differenz gegenüber allen anderen Menschen. Das Interesse an individueller Identität entwickelte sich in der frühen Neuzeit von zwei Seiten aus: von außen durch Formen staatlicher **Kontrolle** und **Überwachung** sowie von innen durch Techniken der **Selbsterforschung**. Detaillierte, von außen kommende kulturelle Praktiken der Feststellung von Differenz begannen erst mit der Entstehung des Polizeiwesens im Rahmen des neuzeitlichen Staates und dessen Interesse an der Festlegung individueller Identität. Davor wurde individuelle Identität mit Geburts- und Todesdaten in Kirchenbüchern registriert. Bis ins 16. und 17. Jahrhundert war die Sicherung von Lebensdaten – eine erste Objektivierung individueller Identität – noch eher die Ausnahme als die Regel. Die Staaten erfanden immer präzisere Parameter zur Erfassung ihrer Bürger und stellten deren Unverwechselbarkeit durch Ausweisdokumente sicher; im Falle eines Delikts, der Einziehung zum Militärdienst oder der Überschreitung von Grenzen wird man rechtlich und politisch identitätspflichtig. Zur individuellen Identitätsmarkierung dienen Zahlen (Geburtsdatum, Passnummer), Bilder, Adressen sowie unveränderliche körperliche Merkmale wie die Augenfarbe. Diese können in Zukunft weiter verfeinert werden durch Fingerabdruck und DNA. All diese Informationen dienen der Erfassung individueller Personen im Rahmen einer staatlichen Identitätsbürokratie.[1] Solche externe Erfassung und Registrierung gewährt der individuellen Person auch Schutz und Bürgerrechte. Wer keine gültigen Ausweispapiere hat, kann weder reisen noch wählen. Vor dem Hintergrund globaler Migrationen durch Kriege und Armut sowie der damit verbundenen Zunahme von Asylanten gewinnt diese Problematik an Brisanz, dabei stellt sich auch die neue Frage nach ‚global citizenship'.[2]

Individuelle Identität wird jedoch nicht nur von außen festgestellt, sondern auch von innen hervorgebracht; dann ist sie Teil einer individuellen Identitätsarbeit, die Formen der Selbsterforschung, Selbsterkenntnis und Selbstinszenierung einschließt.[3] Im Gegensatz zur deskriptiven staatlichen oder polizeilichen Identität ist die **soziale Identität** mit der Internalisierung von Werten verbunden. Unverwechselbarkeit bedeutet dann nicht mehr statistische sondern qualitative Einmaligkeit. Ein inneres Bewusstsein von individueller Differenz wurde, wie wir gesehen haben, bereits von der protestantischen Tagebuchpraxis der Selbsterforschung und Selbstver-

1 Groebner (2004).
2 Benhabib (2002).
3 Vgl. dazu Greenblatt (1980).

schriftlichung genährt. Die rückhaltlose Offenheit sich selbst und einem persönlichen Gott gegenüber, dem man nichts vormachen kann, hat zu einer Kolonisierung von seelischen Innenräumen geführt, die die Entwicklung abendländischer Geschichte nicht weniger stark beeinflusst hat als die Kolonisierung in Übersee.[4]

Die zugeschriebene oder selbst gewählte Identität einer Person ist eine Voraussetzung menschlichen Zusammenlebens, wo es um zuverlässige **Wiedererkennbarkeit** geht. Im Folgenden sollen Aspekte individueller und kollektiver Identität und die dazugehörige Begrifflichkeit in Ansätzen vorgestellt werden. Auch bei diesem Thema werden die theoretischen Vorgaben wieder an literarischen Beispielen belegt und weiterentwickelt.

7.1 Individuelle Identität

7.1.1 Person

Individuelle Identität lässt sich anhand von vier Kategorien erläutern, die gleichzeitig die historische Entwicklung von Identitätskonzepten illustrieren. Wir beginnen mit dem Begriff der Person, der historisch die größte Reichweite hat und bis in die frühen Stammeskulturen zurückreicht. Der französische Soziologe Marcel Mauss hat eine Theorie der Person vorgelegt, die noch immer von Bedeutung ist, wenn es gilt, vor-neuzeitliche Konzepte von individueller Identität zu beschreiben.[5] Nach Mauss verfügt eine Gruppe über einen überschaubaren Bestand von Namen, der konstant bleibt, während die einzelnen Namensträger über die Generationen wechseln. Die Mitglieder archaischer Gesellschaften sind als Personen nicht nur Namens- sondern auch **Rollen-** und **Statusträger**. Sie gewinnen einen Ort in der Gesellschaft in dem Maße, wie sie den für sie bereitgehaltenen und vorgegebenen Platz einnehmen. Personwerdung bedeutet Inklusion, Aufnahme und Einbindung in die Gruppe, was durch entsprechende Riten, allen voran die Initiationsriten, befördert wird. Das Wort Person geht auf das lateinische Verb ‚personare' zurück und bezieht sich auf die Maske, durch die die lebendige Stimme des Schauspielers durchtönt. In diesem Sinne sind die einzelnen Mitglieder vormoderner Gesellschaften Personen, die als immer neue Menschen durch Übernahme von Verhaltensmodi und Verkörperung von Rollen ihre individuelle Identität finden. Eine mögliche Distanz zur Maske und Rolle, wie sie die Schauspieler-Metapher nahe legt, ist in diesem System jedoch ausgeschlossen. Personwerdung bedeutet in solchen kulturellen Kontexten immer zugleich Verkörperung vorgegebener Rollen und Eingliederung in ein hierarchisches soziales Beziehungsgefüge.

Shakespeare schrieb vor dem Zeitalter bürgerlicher Identitätskonstruktionen. Seine dramatischen Personen handeln auf einer Bühne, auf der hierarchische Bin-

4 In der Tradition der Selbsterforschungs-Literatur stehen die Bekenntnisse des Augustin, ferner die von Rousseau und de Quincey (2008).

5 Mauss (1979).

dungen und soziale Rollenmodelle die entscheidenden Verhaltensnormen vorgeben, so dass Handeln und Identität stets in klarer Korrespondenz zueinander stehen (bzw. stehen sollten). Die konkrete dramatische Handlung freilich beginnt immer da, wo die Personen aus ihren Rollen fallen und an Stelle der sozialen Handlungsmuster die asozialen Antriebskräfte der Laster und Leidenschaften die Oberhand gewinnen. Das Individuelle ist der Abfall vom Allgemeinen, und damit wird es dramatisch ebenso interessant wie moralisch verdammenswert. Die Identität der Personen bestimmt sich in Shakespeares Dramen nach ihrem **Stand**, ihrem **Geschlecht** und ihrem **Alter**. Für jede dieser Kategorien existieren klare Vorschriften, gegen die auf der Bühne durch die Freiheiten des Plot ein Stück weit verstoßen werden darf und muss, damit überhaupt etwas Dramatisches passiert. Die Frauen z. B. dürfen gelegentlich Männerkleider anziehen, um eine kleine Weile den engen Radius überspringen zu können, den ihnen ihr Geschlecht vorgibt. Männer legen dagegen auf der Bühne so gut wie nie Frauenkleider an. Dazu muss man wissen, dass im Elisabethanischen Theater sämtliche Frauenrollen von Männern verkörpert wurden, sodass das Spiel der Überkreuzung der Geschlechter immer auch homoerotische Assoziationen weckte. Dargestellte Verkleidungen und Verstellungen produzieren ein Meta-Theater auf der Bühne, sie intensivieren den theatralischen Genuss, dienen aber natürlich auch den bösen Strategen (villains) dazu, ihre finsteren Pläne durchzuführen (wie Richard III.), oder den Guten, ihre Integrität in einer korrupten Welt zu bewahren (wie Edgar in *King Lear*). Dem Spiel mit den Identitäten sind in Shakespeares Dramen jedoch immer klare Grenzen gesetzt: Am Schluss werden die sozialen Rollen und die mit ihnen verbundenen Verhaltensnormen wiederhergestellt und bestätigt.

Die wichtigste Qualität der bürgerlichen Identitätsbildung, die **Autonomie des Individuums**, ist bei Shakespeare noch eindeutig negativ besetzt. In einer vormodernen Welt der ‚vertikalen Solidarität' (Jan Assmann), wo Standesunterschiede bejaht und gleichzeitig durch soziale Verpflichtungen der Stärkeren für die Schwächeren in Schach gehalten werden, ist sie kein positiver Wert. Das Konzept der ‚Autonomie', das in der Moderne die positive Bedeutung von unabhängig und selbstbestimmt angenommen hat, war vorher mit negativen Werten wie zügellosem Egoismus und skrupelloser Machtgier verbunden. Autonom sind bei Shakespeare die so genannten Machiavellisten, die (wie Edmund in *King Lear*) ausschließlich auf den eigenen Vorteil bedacht sind und sich über alle Rücksichten, Werte und Pflichten anderen gegenüber hinwegsetzen. Kulturelle Konzepte wie das selbstbestimmte Subjekt oder Autonomie als kritische Distanz zu sozialen Normen sind in Shakespeares Welt noch nicht vorgesehen.

Als eine Ausnahme oder eher ein Grenzfall wäre hier noch einmal auf Hamlet zu verweisen.[6] Vom ersten Satz an befindet sich der Protagonist dieses Stücks auf

6 Belsey (1985) schreibt über Hamlet: He „has begun to define an interiority as the origin of meaning and action, a human subject as agent" (67), unterstreicht jedoch an anderer Stelle: „Hamlet is precisely not a unified subject" (42).

der **Flucht vor Identitäts-Fixierungen**. Zu den Identitäten, auf die ihn der neue Vater festlegen will, treten die des toten Vaters, der den Sohn auf seine traditionelle Rolle als Rächer und Wiederhersteller seiner Ehre verpflichtet. Die Vielfalt der ihm zugeschriebenen Identitäten (courtier, soldier, scholar; III, 1, 153) wird ergänzt durch eine Vielfalt theatralischer Rollen wie die des liebeskranken Melancholikers, Narren und Wahnsinnigen,[7] in die Hamlet aus Selbstschutz schlüpft, um im Verwirrspiel des Hofes agieren zu können, ohne sich in den fein gesponnenen Netzen der Intrigen zu verstricken.[8] Wer aber ist Hamlet in diesem Kaleidoskop fremder Zuschreibungen und selbst gewählter Rollen? Diese Frage, die er sich in diversen Monologen immer wieder selber stellt, wird im Stück nirgendwo schlüssig beantwortet. Was er in diesen Monologen erkennt, sind die Dissonanzen, die Unvereinbarkeiten von Werten und Tugenden, über die sich das heroische Handeln seiner Gegenspieler bedenkenlos hinwegsetzt. Laertes und Fortinbras sind musterhafte Söhne, die unangefochten von Widersprüchen ihre sozialen Identitäten voll verkörpern und ihr Handeln in den Dienst einer einzigen Sache stellen. In der dramatischen Figur des Hamlet dagegen kommt zum ersten Mal in der Literatur der Zumutungscharakter solcher Identitäten, ihre Blindheit, ihre Beschränktheit und der damit verbundene Entzug persönlicher Freiheit zum Vorschein, der allen sozialen Rollen innewohnt. Hamlet, der aus einer Rolle in die andere fällt, steht zugleich neben sich und den anderen Figuren mit der Unter- und Überlegenheit seines distanzierten und skeptischen Blicks.

7.1.2 Subjekt

Als ein emphatisch modernes Konzept von Person kann das selbstbestimmte und von inneren Impulsen im Gegensatz zu ausschließlich äußeren Normen geleitete **‚Subjekt'** bezeichnet werden. Von Subjekt wollen wir dort sprechen, wo die Frage nach der sozialen Identität nicht eine Sache äußerer Zuschreibung, sondern der Wahl und innerer Anstrengung ist. Dieses besonders erfolgreiche soziale Rollenmuster in der Geschichte der Identitätskonstruktionen geht auf eine kulturelle Schöpfung des bürgerlichen Liberalismus zurück. Bereits ein Jahrhundert vor dem wichtigen Beitrag des deutschen Idealismus zu dieser Konstruktion (durch Autoren wie Kant, Fichte, Hegel und Schelling)[9] wurden die Grundlagen dazu in England gelegt. Die Anfänge des bürgerlichen Subjekts fallen dort mit dem Aufstieg der bürgerlichen Gesellschaft um 1700 und dem wachsenden Einfluss des Bürgertums auf politische, wirtschaftliche und kulturelle Entwicklungen zusammen. Nachdem in der so genannten ‚glorreichen', weil unblutigen, Revolution von 1689 die bis heute geltenden Regeln der parlamentarischen Monarchie durchgesetzt wurden, war nicht nur ein stabiler politischer Kompromiss zwischen Adel und Bürgertum gefunden, sondern auch das Ende des religiösen Bürgerkriegs und

7 Das skandinavische Wort ‚Amleth' bedeutet Narr. Vgl. dazu Barrie (1994).
8 Archer (1993); Assmann, A. (1999b).
9 Frank (1991, 1986, 1977).

der Beginn einer säkular-zivilen Gesellschaft ein für alle Mal besiegelt. Zur Geistesgeschichte dieser Epochenschwelle der Moderne gehört auch der Beginn der Naturwissenschaften mit Isaac Newton sowie der Aufschwung jener literarischen Gattung, die aufs Engste mit der Erfindung des Konzepts eines zentrierten bürgerlichen Subjekts zu tun hat: der **Roman**. Dass Identität keine durch Herkunft oder Klasse definierte Größe mehr ist, sondern eine konstruktive Aufgabe der Einzelnen geworden ist, wird von Daniel Defoes *Robinson Crusoe* paradigmatisch vorgeführt. Mit dem Roman entwickelt sich ein literarischer Identitätsdiskurs, der in einer säkularen und zunehmend unübersichtlichen Welt das Muster der individuellen Selbstvergewisserung und Selbstorientierung variiert.

Hinter dem Konzept des modernen Subjekts stehen in England zwei Theorietraditionen, die um 1700 dafür die Grundlagen gelegt haben: die aufklärerische Philosophie eines John Locke und die zivile Verhaltenslehre eines Shaftesbury. Lockes Identitätskonzept, das „die Auseinandersetzung mit dem Personbegriff bis auf den heutigen Tag" bestimmt,[10] wäre kaum denkbar ohne den Vorlauf der kulturellen Praxis puritanischer Autobiographien im 16. und 17. Jahrhundert, und sie wäre ohne breite kulturelle Resonanz geblieben ohne die Vermittlung durch die produktive Gattung des bürgerlichen Romans des 18. und 19. Jahrhunderts. In seinen *Essay Concerning Human Understanding* hat Locke ein Kapitel eingefügt, das mit ‚Of Identity and Diversity' überschrieben ist.[11] Locke fasste den Begriff der ‚Identität' wesentlich weiter, als das bislang üblich gewesen war, indem er – um mit dem französischen Philosophen Ricoeur (1996) zu sprechen – zur **‚idem-Identität'**, der Identität der substantiellen Gleichheit, die **‚ipse-Identität'**, die Identität der Selbigkeit in der Zeit, hinzuerfand. Idem-Identität besitzen zwei Gegenstände, die einander völlig gleich sind, wie z. B. zwei Exemplare desselben Buches. Der Begriff der ipse-Identität dagegen kann nicht auf Gegenstände, sondern nur auf Menschen mit Bewusstsein angewendet werden. Diese Form von Identität setzt die Fähigkeit zu Selbstbezug und Selbstbewusstsein voraus. Der Name Locke steht für diesen neuen Identitätsdiskurs. Er stellte fest, dass Individuen über die Zeit hinweg zwar höchst unterschiedlich sind, sich trotz dieser manifesten Diversität jedoch als selbig erkennen können. Locke stellte einen Zusammenhang her zwischen dem manifesten Wandel der Person und der sozialen Aufgabe einer kontinuierlichen Selbstvergewisserung. Seine Frage lautete: Wie können Menschen zu verantwortlichen und erwartbaren Bürgern erzogen werden, worin lässt sich die innere Einheit der Person verankern?

Personale Identität definiert Locke als ein **reflexives Selbstverhältnis**, das der Mensch selbst herstellen und verantworten muss. Bewusstsein ist in erster Linie

10 Teichert (2000), 152.
11 Locke (1972). Lockes Essay erschien 1689; das Identitätskapitel wurde in die zweite Auflage von 1694 eingefügt. Vgl. zu diesem Text die ausgezeichnete Erläuterung von Teichert (2000).

ein Bewusstsein von sich selbst; dieses gehört nicht nur der Gegenwart und Zukunft an, sondern kann auch in die Vergangenheit hinein ausgedehnt werden im Sinne einer retrospektiven Projektion. Personale Identität entsteht dadurch, dass sich eine Person als ein Selbst im Wandel der Zeit erkennt. Der Begriff Person steht bei Locke für

> a thinking intelligent Being, that has reason and reflection, and can consider it self as it self, the same thinking thing in different times and places; which it does only by that consciousness, which is inseparable from thinking, and as it seems to me essential to it. (...)
> And as far as this consciousness can be extended backwards to any past Action or Thought, so far reaches the Identity of that *Person*; it is the same *self* now it was then; and ,tis by the same *self* with this present one that now reflects on it, that that Action was done. (§9, 335)

Person versteht Locke als einen ‚forensischen Begriff' (im Umfeld des Rechts), der sich auf Ziele und Wirkungen von Handlungen bezieht. Menschen definiert er als „intelligent Agents capable of Law, and Happiness and Misery". (§25, 346) Voraussetzung des Menschen als Bürger ist somit seine rechtliche Zurechnungsfähigkeit. In dieser werden das menschliche Glücksstreben und Erfolgsdenken begründet. Denn nur wer schuldfähig ist, kann auch Gewinne verbuchen, und nur wer zur Leiderfahrung fähig ist, kann auch nach Glück streben. Zu all dem braucht man, wie Locke betont, vor allem eins: ein verlässliches Gedächtnis. **Bewusstsein** und **Gedächtnis** treten bei ihm an die Stelle, die vorher von äußeren Normen und Mächten besetzt war; dem Ich wird nunmehr die volle Verfügungskraft und Verantwortung über sein Leben eingeräumt. Fortan müssen alle Rechnungen im Diesseits und in der eigenen biographischen Lebensspanne aufgehen und ausschließlich vor den Instanzen des Gewissens, des Gerichts und des öffentlichen Ansehens verantwortet werden.

Wenn Locke als Theoretiker einer modernen personalen Identität gelten darf, die das Individuum zum **Bürger** im Sinne einer rechtlichen und moralischen Instanz macht, dann darf sein Zeitgenosse Shaftesbury als ein Theoretiker des modernen Subjekts im Sinne eines **sozialen Wesens** gelten. Seine Grundfrage nach der sozialen Identität betrifft ebenfalls das Problem der Dauer im Wandel und lautete: „'tis to gain him a Will, and ensure him a certain resolution, own meaning and design; and as to all his desires, opinions, and inclinations, be warranted one and the same person to-day as yesterday, and to-morrow as to-day."[12] Diese Frage betrifft die Psychologie und Soziologie des urbanen Menschen, der seine Identität nicht in schroffer Abgrenzung gegen die Gesellschaft behauptet, sondern sie innerhalb dieser Gesellschaft entwickelt. Der dritte Earl of Shaftesbury spricht nicht wie etwa Defoe für das aus dem puritanischen Dissens entstandene aufstrebende Bürgertum, sondern für die ökonomisch und politisch herrschende gentry, die nach

12 Shaftesbury (1964a), 123.

whigscher Manier Freiheit mit Liberalismus gleichsetzt. Sein Bild für die immer komplexer werdende Gesellschaft ist der Hafen als Knotenpunkt eines weitgespannten Handelsnetzes. In einer auf freie Selbstentfaltung der Kräfte angelegten Situation ist nichts so schädlich wie eine rigide Außensteuerung, und das gilt für den Handel ebenso wie für die Menschenbildung: „The only danger is, the laying an embargo. The same happens here, as in the case of trade. Impositions and restrictions reduce it to a low ebb. Nothing is so advantageous to it as a free port."[13]

Alle Formen des autoritären Eingreifens sollten deshalb zugunsten eines sich selbst regulierenden Verkehrs zurückgestellt werden. Shaftesbury hat das ökonomische Prinzip liberaler Selbstregulation auf alle anderen Bereiche gesellschaftlicher Kommunikation ausgedehnt. Das gilt nicht zuletzt für menschliche Verhaltensformen. Höflichkeit zum Beispiel stellt sich im freien Austausch von ganz alleine her:

> All politeness is owing to liberty. We polish one another, rub off our corners and rough sides by a sort of amicable collision. To restrain this, is inevitably to bring a rust upon men's understandings. 'Tis a destroying of civility, good breeding, and even charity itself, under pretence of maintaining it. (46)

Was Shaftesbury „freundliche Reibung" nennt, ist das Prinzip einer weichen sozialen Kontrolle. Die Norm, die die Kontrolle kontrolliert, ist die der Höflichkeit und Zivilität. Nach der traumatischen Erfahrung einer puritanischen Theokratie entdeckt Shaftesbury den ‚Selbstwert der Sozialität' (Niklas Luhmann). Die zentrale Norm heißt nicht mehr gut versus böse, sondern **zivil versus roh**. Zivilität (civility) steht für den dialogischen Menschen, der die soziale Norm verinnerlicht und alles von sich abgeschliffen hat, was nicht verallgemeinerungsfähig ist, kurz: der ein **generalisiertes Ich** ausgebildet hat. Rohheit (crudity) steht für den monologischen Menschen, der sich den Stimmen der anderen verschließt und seine Besonderheit schroff zur Schau stellt. Der monologische Typus erscheint bei Shaftesbury in verschiedenen Rollen als Diktator, Fanatiker, Sektierer, Dogmatiker, Lehrer, Pedant und Idiosynkrat. Ihnen allen ist gemeinsam, dass sie sich der sozialen Norm nicht beugen und unfähig sind, zur Sprache zu bringen oder ins Werk zu setzen, was verallgemeinerungsfähig ist. Mit Shaftesburys Votum für Sozialität ist zugleich ein „Abschied vom Prinzipiellen" verbunden.[14]

Shaftesbury ist der Philosoph eines säkularen Liberalismus, der den konsequenten Abbau hierarchischer Strukturen betreibt. Die Norm der Sozialität, die er von außen in den Menschen hineinverlegt, verwirklicht sich in seinem Ideal-Typus des dialogischen Subjekts. Während Lockes Subjekt seine Identität durch die Reflexivität seines Bewusstseins gewinnt, gewinnt Shaftesburys Subjekt seine Identität durch ein dialogisches Selbstverhältnis mit den Normen der Gesellschaft. Wer gelernt hat sich zu verdoppeln und mit sich selbst zu unterhalten, wer Differenzen

13 Shaftesbury (1964b).
14 Der Begriff stammt von Marquard (1981).

auf diese Weise in sich selber auszutragen in der Lage ist, wird der Gesellschaft nicht zur Last fallen und ihre demokratische Vielstimmigkeit nicht länger durch autoritäre Gesten bedrohen. Als vollkommene literarische Form preist Shaftesbury deshalb den platonischen Dialog, eine Form, die er auch selbst praktiziert hat.

Die kulturelle Norm des bürgerlichen Subjekts als eines handlungsmächtigen, selbstbestimmten, selbstbewussten und sich selbst schaffenden Individuums mag in der Praxis weiterhin bestehen; im Diskurs der Literaturtheorien wurden ihre Grundlagen seit den 1970er-Jahren allerdings **stark erschüttert**. Marxistische Stimmen entlarvten das bürgerliche Subjekt als eine ideologische Formation,[15] psychoanalytische Stimmen führten den Nachweis von der Brüchigkeit eines Ego, das nicht Herr ist im eigenen Hause, postkoloniale Stimmen entwickelten aus der Perspektive der Ausgegrenzten, Beherrschten und Subalternen neue Fragen zum Problem der Handlungsmacht (agency). Hinzu kamen dekonstruktive Impulse, die mit der Anti-Norm der fragmentierten Persönlichkeit und der Gegen-Ästhetik des schizophrenen Textes alle Ideale der Einheit und Ganzheit nachhaltig in Frage stellten.

7.1.3 Geschlecht

Ein wichtiger Einspruch gegen die bürgerliche Subjektkonstruktion kam bereits im 19. und frühen 20. Jahrhundert von Frauen, die am eigenen Leibe erfuhren, dass das in der Glorious Revolution entdeckte und in der Französischen Revolution befreite bürgerliche Subjekt rein **männlich** konzipiert war. Auf die Emanzipation des Bürgers musste erst noch die Emanzipation der Frauen (und später in der Bürgerrechtsbewegung die der Schwarzen) folgen. Sie hatten nach wie vor gegen die patriarchalische (bzw. weiße) Grundstruktur der modernen Gesellschaft anzukämpfen.

Die Unterdrückung der Frauen hat auch eine literarische Seite, die nicht zu unterschätzen ist. Literarische Vorbilder, in denen die **Normen der Geschlechtsidentitäten** verbindlich festgelegt sind, werden im latenten Erziehungsprozess der Lektüre von den Leserinnen samt ihren Werten und ihrer Hierarchie mehr oder weniger bewusst angeeignet. Das Epos des puritanischen Dichters John Milton, *Paradise Lost* (1667–1672), wurde im viktorianischen Zeitalter kanonisiert und

15 Als ein Beispiel für viele: Jameson (1981), 153 f.: „The concept of reification which has been developed in these pages conveys the historical situation in which the emergence of the ego or centered subject can be understood; the dissolution of the older organic or hierarchical social groups, the universal commodification of the labor-power of individuals and their confrontation as equivalent units within the framework of the market, the anomie of these now ‚free' and isolated individual subjects to which the protective development of a monadic armature alone comes as something of a compensation."

damit zur obligatorischen Lektüre der Jugend. Generationen von Leserinnen und Lesern wurden an den mythischen Gestalten Adams und Evas die verbindlichen Muster der Geschlechtsrollen eingeprägt. Die folgende Textpassage aus dem vierten epischen Buch von *Paradise Lost* markiert anschaulich die äußerliche und innerliche Differenz zwischen den Geschlechtern. Dieser erste Blick auf das Menschenpaar im Paradies geschieht durch die Augen des beeindruckten Satan:

> (...) though both
> Not equal, as their sex not equal seemed;
> For contemplation he and valour formed,
> For softness she and sweet attractive grace;
> He for God only, she for God in him.
> His fair large front and eye sublime declared
> Absolute rule; and hyacinthine locks
> Round from his parted forelock manly hung
> Clustering, but not beneath his shoulders broad:
> She, as a veil down to the slender waist,
> Her unadorned golden tresses wore
> Dishevelled, but in wanton ringlets waved
> As the vine curls her tendrils, which implied
> Subjection, but required with gentle sway,
> And by her yielded, by him best received,
> Yielded with coy submission, modest pride,
> And sweet, reluctant, amorous delay. (IV, 295–331)

Das weibliche und männliche Rollenmodell ist hier bis in allen Einzelheiten ausgearbeitet, von der geistigen Bestimmung über die äußere Erscheinung bis hin zur Dynamik der sexuellen Beziehung. Besonders detailliert fällt die Beschreibung der Haare aus, die bei Adam bis auf die Schultern, bei Eva bis zur Taille reichen. Die Locken, die beide gemeinsam haben, erinnern im Falle Adams an Adonis, der nach seinem Tod in eine Hyazinthe verwandelt wurde, im Falle Evas an das Gerank von Weinreben. Der Vergleich mit der Weinrebe enthält eine weitere genderspezifische Botschaft. In den Emblembüchern des 16. und 17. Jahrhunderts, in denen Szenen aus Natur und Mythologie abgebildet und mit einer moralischen Deutung verbunden waren, findet sich wiederholt das Bild von der Ulme, um die sich eine Weinrebe rankt. Der Wein steht dabei für das weibliche Geschlecht, das auf männlichen Halt und Stütze angewiesen ist. Wie der Rebe ist es auch der Frau nicht möglich, eine selbständig aufrechte Position zu erreichen. Miltons Beschreibung des Geschlechterverhältnisses ist von zwei einander entgegengesetzten **Hierarchien** bestimmt; der geistigen und körperlichen Macht des Mannes über die Frau (absolute rule – subjection) steht die erotische Macht der Frau über den Mann gegenüber, hier angedeutet durch Evas verführerische Ausstrahlung (Yielded ... with sweet, reluctant, amorous delay).

Man muss hier betonen, dass Miltons Eva nicht nur als ein Idealbild weiblicher Tugenden gestaltet ist; die literarische Figur schließt auch negative Eigenschaften ein wie Eitelkeit, Selbstbezogenheit und Herrschsucht, die dann zu ihrem Fall führen. Die negativen Seiten Evas sind ein über die Jahrhunderte weitergereichter, fester Bestandteil **christlich misogyner** (frauenfeindlicher) **Tradition**. Ein uneingeschränkt positives Frauenbild hat dagegen der viktorianische Dichter Coventry Patmore produziert, der mit seinem Gedichtband *The Angel in the House* ein lyrisches Porträt seiner Gattin gezeichnet hat, in dem er zugleich das Wunschbild des viktorianischen Ehemanns zusammengefasst hat:

> Man must be pleased: but him to please
> Is woman's pleasure.[16]

Erstes Gebot und höchste Qualität der Frau ist in dieser Sicht ihre Selbstlosigkeit; was die Entwicklung einer eigenständigen Identität offensichtlich von vornherein in Frage stellt. Aus männlicher Perspektive ist die vollkommene Frau die tote Frau, insbesondere dann, wenn es sich um eine schöne Leiche handelt.[17] Kein Selbst, kein eigenes Projekt und keine Geschichte zu haben ist Bestimmung der Frau, was viele Frauen des 19. Jahrhunderts als schmerzhafte und unerträgliche Einschränkung ihrer Wünsche und Fähigkeiten erfahren haben. Das Frauenbild wurde in der Geschichte in dem Maße differenzierter, und weibliche Wünsche und Frustrationen wurden in dem Maße expliziter, in dem es Frauen gelang, sich öffentlich zu artikulieren und sich an dem **Diskurs über Weiblichkeit** selbst zu beteiligen, statt ihn ausschließlich den Männern zu überlassen. In diesem Sinne haben Frauen wie die politische Aktivistin Mary Woolstonecraft oder die Romanschriftstellerin George Eliot das Bild der Frau im 19. Jahrhundert bereits ganz wesentlich modifiziert und die Grundlagen für die moderne Frauenbewegung gelegt. Ein Markstein dieser Bewegung ist Virginia Woolfs fiktionaler Essay *A Room of One's Own*,[18] ein Text, in dem sie über die ökonomischen, sozialen und historischen Voraussetzungen weiblicher Kreativität nachdenkt. Ein gesichertes Einkommen, ein eigenes Zimmer und eine Ahnengalerie von literarischen Vorbildern sind für sie Bedingungen, die dazu beitragen können, die Kreativität der Frau aus ihren patriarchalischen Fesseln zu befreien.

Seit den 1970er-Jahren hat sich der **Feminismus** als ein eigener Zweig literaturwissenschaftlicher Forschung mit einer eigenen Methodologie etabliert. Dabei ging es zunächst darum, sich von der Vorherrschaft des männlichen Blicks zu befreien und vernachlässigte und vergessene Autorinnen wieder zu entdecken und zu rehabilitieren.[19] Die Diskussionen um ein neues Bild der Frau führten zu neuen Normen und Idealen, die ihrerseits weibliche Handlungsmuster, Lebensentwürfe und Imaginationsfreiräume festzulegen drohten. Jede Antwort auf die Frage, was Weiblichkeit oder weibliche Identität ist, birgt immer die Gefahr bestimmter unausgesprochener (‚essentialisierender') Wesens-Annahmen in sich. Aus dem pro-

16 Patmore (1884), 73.
17 Bronfen (1994).
18 Woolf (2008a).
19 Gilbert/Gubar (1979); Mergenthal (1997); Rippl (1993); Weigel (1990).

blematischen Spannungsfeld weiblicher Identität zwischen normativer Bestimmung und anarchischer Unbestimmtheit haben dekonstruktive und performative Diskurse herausgeführt, die Weiblichkeit nicht mehr über Merkmale und Begriffe thematisieren, sondern immer konsequenter über performative Strategien und immer neue Grenzüberschreitungen.[20]

7.1.4 Inklusions-Identität und Exklusions-Identität

Individuelle Identität entsteht sowohl auf dem Wege einer Inklusions-Identität wie einer Exklusions-Identität. Die **Inklusions-Identität** ist auf die Übereinstimmung mit bzw. Überbietung von Rollen ausgerichtet, die bestimmte Verhaltensnormen und Erwartungshaltungen vorgeben. Diese Rollen dienen als Orientierung für individuelle Lebensentwürfe und Selbstbilder und legen zugleich Handlungsspielräume fest. Was einer oder eine ist und werden kann oder nicht, wird weitgehend durch solche sozialen Rollenmuster festgelegt. Die **Exklusions-Identität** dagegen besteht vorwiegend in dem, was den einzelnen Menschen von allen anderen unterscheidet. Ressourcen der Differenz sind Werte wie Authentizität und Autonomie; das Individuum entdeckt, dass es von anderen nicht nur unterschieden, sondern auch in einem gewissen Grade unabhängig ist und sich gegen sie behaupten muss.

Inklusions-Identität entsteht somit durch **opting in**, d. h. durch Übernahme einer sozialen Rolle und Erwerb von Identität durch Zugehörigkeit; Exklusions- Identität dagegen entsteht durch **opting out**, d. h. durch Markierung einer Differenz zwischen dem eigenen Ich und allen vorformulierten sozialen Rollen.[21] Die Exklusions-Identität ist nicht das Andere einer sozialen Rolle, sondern eine neue soziale Rolle, die an der Schwelle der Neuzeit erprobt wird und die Einzigartigkeit des Individuums affirmiert. In der Exklusionsidentität wird die (triviale, natürliche) Unverwechselbarkeit des Individuums zur (kulturellen) Einzigartigkeit gesteigert. Diese Einzigartigkeit verbindet sich mit dem neuen kulturellen Wert der Authentizität.

Im *Hamlet* gibt es eine berühmte Szene, in der der Begriff der Authentizität avant la lettre entwickelt wird. Es ist zugleich Hamlets erster Auftritt auf der Bühne und es sind die ersten zusammenhängenden Worte, mit denen er sich den Zuschauern vorstellt. Gemeint ist die bereits im vorangehenden Kapitel erwähnte Szene, in der ihn seine Mutter bittet, die schwarze Trauerkleidung abzulegen, und dadurch zugleich auffordert, sich von seiner melancholischen Bindung an die Vergangenheit zu lösen und wieder an der Gegenwart des höfischen Lebens teilzunehmen. Wie kann ihm der Tod als etwas so Besonderes erscheinen, will sie wissen: „Why seems it so particular to thee?" (I, 2, 75) Wie so oft im Stück beißt Hamlet sich mit seiner Antwort an einem bestimmten Wort des an ihn gerichteten Satzes fest.

20 Vinken (1992); Butler (1990, 1993).
21 Von Moos (2004); Assmann, A./Friese (1998); Assmann, A. (1986).

„Seems, madam? Nay, it is. I know not ‚seems'." (I, 2, 76) Seine Trauer, so versichert er, sei ein Gefühl, über das er keine Macht hat. Die Echtheit dieses Gefühls verteidigt er mit der Negation aller seiner äußeren Erscheinungsweisen. Unecht, scheinhaft und rein äußerlich seien in der Tat seine schwarzen Kleider, sein Stöhnen, seine Tränen und sein niedergeschlagener Ausdruck.

> These indeed seem,
> For they are actions that a man might play,
> But I have that within which passes show (I, 2, 83–85)

Was wir für Symptome und damit für das äußere Unterpfand der Trauer halten könnten, so die Argumentation dieser berühmten Rede über Schein und Sein, sind in Wirklichkeit nur Darstellungsmodi, Gesten, Inszenierungen. Im 18. Jahrhundert, dem Zeitalter der Authentizität, waren solche Zweifel an der Tagesordnung.[22] Jedoch bestanden unterschiedliche Annahmen über das, was spielbar ist, und was es nicht ist. Kleider kann man wechseln, Gesten kann man einstudieren, aber wie steht es mit körperlichen Reflexen wie Tränen und Erröten? Solche unwillkürlichen somatischen Regungen avancierten im 18. Jahrhundert zu Authentizitätsmarkern und standen hoch im Kurs. Für Hamlet dagegen sind Tränen – the fruitful river in the eye – noch keine Authentizitätsmarker, sondern der Ausweis eines großen Schauspielers. Wer den Monolog der Hecuba mit dem angemessenen Pathos verkörpern will, muss in der Lage sein, echte Tränen hervorzubringen. Er stellt den Schauspieler seiner Truppe auf die Probe und winkt das casting ab, sowie die ersten Tränen sichtbar werden. Diesen Schauspieler kann man engagieren; er ist in der Kunst der Gefühlserregung bewandert, denn er kann, wie es die römische Rhetorik empfiehlt, sich selbst als ersten affizieren. Hamlets Zeichenkritik ist deshalb viel radikaler als die des 18. Jahrhunderts. Er kennt keine positiven Zeichen der **Authentizität**, denn Authentizität ist das schlechthin Andere *aller* Zeichen. Alles ist Schauspiel. Zwischen der Echtheit eines Gefühls und seinem Ausdruck besteht kein notwendiger Zusammenhang. Das Außen spiegelt nicht das Innen, es gibt keinen einzigen sicheren Beweis für die Echtheit eines Gefühls, weil alle seine äußeren Manifestationen spielbar und somit auch manipulierbar und fälschbar sind. Hamlet besteht darauf, dass das echte Gefühl, der innere Kern dem Willen entzogen bleibt; dieser Kern wird jedoch nicht positiv greifbar, sondern ausschließlich negativ definiert als das gänzlich Unspielbare und Undarstellbare.

Der kulturelle Wert der Authentizität, der in der zweiten Hälfte des 18. Jahrhunderts eine beispielhafte Karriere hat, basiert u. a. auf eben dieser Prämisse der Unübersetzbarkeit innerer Seelenvorgänge. Kommunikation und Sozialität werden – wie schon in dem berühmten Gespräch zwischen Hamlet und seiner Mutter über die Darstellbarkeit der Trauer – klein geschrieben, wo die Unverwechselbarkeit und das ‚Je ne sais quoi' eines genuinen und unauslotbaren Seelenlebens im Mittelpunkt stehen. Das Genie ist der Prototyp dieser Exklusionsidentität. Eine Kul-

22 Trilling (1972).

tur, die emphatisch auf das Neue setzt, privilegiert auch Differenz und Non-Konformität. Im ausgehenden 18. und 19. Jahrhundert, als sich durch erhebliche Vermehrung und Verbreitung des gedruckten Schrifttums die Kultur allmählich in eine Massenkultur verwandelte, stieg die Exklusionsidentität im Kurs. Jetzt kam es plötzlich darauf an, keine Kopie sondern ein Original zu sein.

7.1.5 Doppelgänger und multiple Identitäten

Dass Identität nicht vorgegeben, sondern eine kulturelle Konstruktion und ein biographisches Projekt ist, wird in nichts so deutlich wie in ihrem Scheitern. Von besonders dramatischen und handgreiflichen Fällen dieses Scheiterns erzählen die Doppelgänger-Geschichten. Im **Doppelgänger** spaltet sich eine Person in zwei Teile auf. Das hatte bereits Shaftesbury mit seiner Erziehung zum demokratisch-dialogischen Menschen gefordert. Beim Doppelgänger trägt die Selbstspaltung und -verdoppelung jedoch nicht zur inneren Komplexität und Elastizität bei, sondern fällt die Person in zwei miteinander gänzlich unvereinbare Teile auseinander. Das Entscheidende beim Doppelgänger ist, dass die gespaltenen Hälften gerade *nicht* miteinander kommunizieren, dass es keine Spur eines Ansatzes gibt für eine Überbrückung der im Inneren aufeinander prallenden gegensätzlichen Welten. Ebenso abrupt und unverständlich vollzieht sich der Wechsel von der einen zur anderen Erscheinungsform der Person. Im Falle der von R. L. Stevenson geschaffenen literarischen Doppel-Figur des Dr. Jekyll / Mr. Hyde geschieht dies durch ein chemisches Elixier, zunächst noch willentlich, entgleitet aber zunehmend der Kontrolle des rationalen Teils der Doppelperson. Der Doppelgänger ist eine **Figur der Spaltung,** die die großen Dichotomien der abendländischen kulturellen Semantik wie Geist und Körper, gut und böse, Vernunft und Triebhaftigkeit, Bewusstes und Unbewusstes in sich verkörpert. Diese binären Dichotomien markieren die Pole der Doppelgänger-Existenz und damit zugleich das Spannungsfeld, in dem sich der Umschlag vom einen zum anderen Extrem vollzieht. Mit seinem Oszillieren zwischen den Gegensätzen lebt der Doppelgänger die Logik des Entweder-Oder und legt die fundierenden Grenzen der jeweiligen Gesellschaft und Kultur bloß.

In Mary Shelleys Roman *Frankenstein* ist dies die Grenze zwischen Rationalität und Emotionalität, die Anfang des 19. Jahrhunderts im Zeitalter der Naturwissenschaften neu gezogen wurde. Mit der Forcierung und Vereinseitigung der technisch-szientifischen Vernunft entsteht als ihr Abfallprodukt die rohe Gewalt einer entschränkten Aggression, die durch keine psychische Erziehung und kulturelle Bildung domestiziert ist. Der Sündenfall der Spaltung geschieht in dieser Doppelgänger-Geschichte durch die Nichtanerkennung und Bezugslosigkeit zwischen dem wissenschaftlichen Schöpfer und seiner Kopfgeburt. Mit der Erschaffung des Monsters hat der Forscher Victor Frankenstein blasphemisch eine Tabu-Grenze überschritten und in die Hoheitsrechte der allein Leben spendenden Natur eingegriffen. An dieser Fabel wird aber nicht nur die Grenze zwischen Mensch und Natur (bzw. Gott), sondern auch die zwischen den Geschlechtern thematisiert. Der männliche Wissenschaftler kann Gedanken und Produkte in die Welt setzen, aber es fehlt ihm die weiblich-mütterliche Seite, um sie auch angemessen zu betreuen, sozial zu vermitteln und moralisch zu begleiten. Damit lösen sich diese von ihrem Schöpfer ab und entfalten ein zerstörerisches Eigenleben, das nicht mehr gebändigt werden kann. Handelt Shelleys Doppelgänger-Roman von der Wiederkehr des abgespaltenen und verdrängten Teils in der verengten Vernunft des männlichen Wissenschaftlers, geht es bei Stevensons Dr Jekyll und Mr Hyde eher um gesellschaftlich-moralische Fragen. Hier ist es das repressive Anstandskorsett des viktorianischen Bürgers, dem Dr Jekyll zu entkommen sucht. Er sucht nach Freiräumen, in denen er seine Triebe, die er zu verstecken hat (‚to hide'), ausgiebig und ohne alle Rücksichten auszuleben vermag. Den Überdruck seiner aufgestauten Triebenergie möchte er frei von der Kontrolle eines Gewissens oder Über-Ichs periodisch abführen können. In dieser schottisch-calvinistisch geprägten Fabel spielt der unüberwindliche Gegensatz von gut und böse die Hauptrolle. Die viktorianische Doppelmoral, die nach außen die Normen des gesellschaftlichen Anstands und Ansehens predigt und dahinter – in gewissen Grenzen – den Männern ein Leben der Ausschreitungen und Exzesse genehmigt, wird hier auf ihre Lügenhaftigkeit hin durchleuchtet und auseinander gebrochen.

In Stevensons Erzählung stoßen wir auf eine wichtige Reflexion, die das Motiv des Doppelgängers bei weitem überschreitet. Das ist die Überlegung, dass Menschen nicht auf eine einzige Identität festzunageln sind, sondern derer immer mehrere haben:

> Man is not truly one, but truly two. I say two, because the state of my own knowledge does not pass beyond that point. Others will follow, others will outstrip me on the same lines; and I hazard the guess that man will be ultimately known for a mere polity of multifarious, incongruous and independent citizens.[23]

Auf genau dieser Spur ist Stevenson zwei Generationen später Virginia Woolf gefolgt, die den Begriff einer einheitlich konsistenten Identität endgültig verabschiedet und an ihre Stelle das Konzept einer **multiplen Identität** gesetzt hat. Sie benutzt dafür das Bild eines großen Stapels von Tellern, von denen ein jeder eine andere Manifestation des Selbst darstellt und nur unter ganz bestimmten Bedingungen an die Oberfläche der Erscheinung gebracht werden kann. Je mehr sich das kontrollierende Bewusstsein eines Menschen auflöst und die Fassade seiner Selbst-Inszenierung brüchig wird, desto mehr Raum wird geschaffen für die Erfahrung von Alterität und Nicht-Identität.

> For if there are (at a venture) seventy-six different times all ticking in the mind at once, how many different people are there not – Heaven help us – all having lodgement at one time or another in the human spirit? Some say two thousand and fifty-two.[24]

23 Stevenson (2008), 52 f.
24 Woolf (2008b), 293 f.

Von hier aus ist es nicht mehr weit zu gegenwärtigen Diskursen über Identität, in denen der Begriff mit Vorliebe in den Plural versetzt wird, um deren Plastizität und Vielfältigkeit hervorzuheben.[25]

7.2 Kollektive Identität – Ethnie, Nation, Kultur

Während in der westlichen Welt die zentrale Identitätsfrage lange Zeit: ‚Wer bin ich?', lautete, ist die Frage: ‚Wer sind wir?', inzwischen – vor allem im außereuropäischen Raum – ungleich wichtiger geworden. So plausibel die Frage nach der personalen Identität ist, so problematisch erscheint die nach einer kollektiven Identität, die ungleich schwerer zu greifen ist. Vom 18. bis ins 20. Jahrhundert hinein machte man **kollektive Identität** an Merkmalen wie Territorium, Rasse, Sprache, Religion oder einem numinosen ‚Volksgeist' fest, der nach Herder für die Ausprägung von Nationalcharakteren verantwortlich sei.[26] Heute werden kollektive Identitäten von allen substantiellen Merkmalen freigehalten (sie werden ‚ent-essentialisiert') und als Diskursformationen beschrieben. Sie gelten als kulturelle Konstrukte und Vorstellungen, die nie vorgegeben sind, sondern durch entsprechende Symbolsysteme und Wertorientierungen hergestellt werden. Kulturen stellen **Identitätsofferten** dar, die auf Zustimmung angelegt sind; sie entwickeln Programme, die es Individuen erlauben, sich als Zugehörige einer bestimmten Gruppe zu fühlen und dies auch nach außen hin erkennbar werden zu lassen.[27]

Bei solchen ‚Programmen' braucht man nicht gleich an Orwells *1984* und die Homogenisierungszwänge totalitärer Staaten zu denken. **Homogenisierung** vollzieht sich bereits bei der Übernahme weitgehend unbewusster Verhaltensmuster. Oberhalb dieser Ebene setzen die diskursiven Formationen an, die durch Symbolisierung vermittelt werden und eine Sache bewusster Prägung und Aneignung sind. Auch hier

25 Hier ist freilich unbedingt zwischen postmodern liberalen Lizenzen einerseits und einem handfesten psycho-pathologischen Befund andererseits zu unterscheiden. Das Stichwort der sogenannten ‚multiplen Persönlichkeit' verweist auf eine neue Diagnose, die als Spätfolge einer kindlichen Traumatisierung durch sexuellen Missbrauch entsteht. In dieser Symptomatik teilt sich die Person in mehrere Ichs, die jeweils auf einer bestimmten Entwicklungsstufe stehen geblieben sind und dadurch die Integrität der Person zerstören, die nicht mehr in einer einheitlichen Lebensgeschichte zusammengefasst werden kann.

26 Vgl. dazu Assmann, A. (1993a).

27 Niethammer (2000) registriert in seinem Buch, dass sich der Identitätsdiskurs mit Verlagerung von der individuellen auf die kollektive Identität in seiner Ausdehnung mehr als verdoppelt hat. Er ist und bleibt jedoch ein Kritiker des Identitätsbegriffs, dem er, zumal in der kollektiven Dimension, seine Berechtigung abspricht. Damit artikuliert er ein typisch deutsches Bewusstsein, nach dem man kollektive Identitäten nicht braucht und diese pauschal als gefährliche Ideologien verdammt. Angesichts der neuen und steigenden Aktualität der Frage nach kollektiven Identitäten außerhalb und inzwischen auch in Europa greift eine solche Haltung freilich zu kurz.

können wir Inklusions- und Exklusions-Identitäten unterscheiden; im Falle einer Inklusionsidentität ist die symbolische Prägung eher schwach ausgebildet und allgemein genug gehalten, um Heterogenes in sich aufzunehmen; der Zugang zum symbolischen Kapital einer solchen Kultur ist hierarchisch strukturiert, enthält jedoch grundsätzlich Aufstiegschancen und Teilnahmemöglichkeiten für die weniger Privilegierten. Eine Exklusionsidentität ist dagegen typisch für Gruppen, die ihre Identität vorwiegend durch Abgrenzung von anderen Kollektiven beziehen und deshalb wenig Platz für innere Vielfalt bieten. Ihre Stärke ist nicht die Integrationsfähigkeit sondern die scharfe Kontur, die Widerstand gegen Assimilation und Überlebensfähigkeit auch unter Exil- und Diaspora-Bedingungen ermöglicht.

Im 19. und 20. Jahrhundert wurden **nationale Identitäten** auf kulturelle Eigenart gegründet; die **mythisierte Geschichte** (man denke an Frederick Jackson Turners Mythos der ‚frontier') war ein wichtiges Prägewerk nationaler Identität. Amerika ist ein Land, das seine nationale Identität im 20. Jahrhundert jedoch weniger aus seiner (mythisierten) Geschichte als aus seiner Vision bezog. Teilnahme an der nationalen Identität wurde durch Teilhabe am ‚amerikanischen Traum' erworben, der allen Individuen, gleich welcher Abstammung und Herkunft, die Chance eines sozialen und materiellen Aufstiegs an den Himmel malte. Dieser Traum gleicher Zukunfts-Chancen verdeckte nicht nur die Unterschiedlichkeit der Herkunftsgeschichten sondern auch die an die **Hautfarbe** gebundene tiefgreifende Ungleichheit. Seit den 1940er Jahren gab es weiße und afro-amerikanische Stimmen, die feststellten, dass die amerikanische Nation noch immer in unterschiedliche Bevölkerungsgruppen gespalten sei, die noch nicht zu einem gemeinsamen ‚Wir' gefunden hätten. Den Anspruch der schwarzen Bevölkerung auf Repräsentation der nationalen Identität hat der afro-amerikanische Autor Richard Wright in folgenden Worten artikuliert, in denen er das Identitätsproblem in einer Verschränkung der Pronomina ‚you' und ‚we' zum Ausdruck brachte:

> We black folk, our history and our present being, are a mirror of all the manifold experiences of America. What we want, what we represent, what we endure is what America is. If we black folk perish, America will perish. If America has forgotten her past, then let her look into the mirror of our consciousness and she will see the living past living in the present, for our memories go back, through our black folk of today, through the recollections of our black parents, and through the tales of slavery told by our black grandparents, to the time when none of us, black or white, lived in this fertile land. The differences between black folk and white folk are not blood or color, and the ties that bind us are stronger than those that separate us. The common road of hope which we all have travelled has brought us into a stronger kinship than any words, laws, or legal claims. Look at us and know us and you will know yourselves, for we are you, looking back at you from the dark mirror of our lives! [28]

28 Wright/Rosskam (1988), 146. Den Hinweis auf Wright und Baldwin verdanke ich Barbara Röckl (2006).

Die weißen Amerikaner werden hier beschworen, ihr alter ego nicht zu verleugnen, ohne das sie ihre Identität verlieren. Dazu müssen sie ihrer Geschichte ins Auge sehen und sich erinnern an die andere, die verdrängte Seite ihres Ich. Beide Seiten sind in einer Identität miteinander verschränkt, die das Schicksal der einen unvermeidlich an das der anderen bindet. Der Weg zur inneren Integration und zu einem gemeinsamen nationalen ‚Wir' ist auch für James Baldwin durch die weiße Verdrängung der Geschichte der Schwarzen versperrt. Er spricht in diesem Zusammenhang von einer „nachklingenden Stille":

> It is only in his music, which Americans are able to admire because a protective sentimentality limits their understanding of it, that the Negro in America has been able to tell his story. It is a story which otherwise has yet to be told and which no American is prepared to hear. As is the inevitable result of things unsaid, we find ourselves until today oppressed with a dangerous and reverberating silence.[29]

Nach Baldwin hängen die unterdrückte Geschichte und die Unterdrückung der farbigen Bevölkerung unmittelbar zusammen. Dieses Schweigen wirft einen Schatten auf das Land, der einem wirklichen Zusammenschluss zu einer nationalen Identität im Wege steht. Auch Ralph Ellison, der dritte der großen afro-amerikanischen Autoren der Nachkriegszeit, hat sich zum Problem der amerikanischen Identität geäußert. In seinem Roman *Invisible Man* schlägt er eine Brücke zu James Joyce und dessen Bildungsroman *The Portrait of the Artist as a Young Man*. Im Rückgang auf ein berühmtes Zitat aus dem Roman nimmt er eine interessante Verschiebung von ‚race' zu ‚face' vor, die zeigt, daß Ellison Identität nur auf der Basis des Individuums zu denken bereit ist.

> Stephen's problem, like ours, was not actually one of creating the uncreated conscience of his race, but of creating the *uncreated features of his face*. Our task is that of making ourselves individuals. The conscience of a race is the gift of its individuals who see, evaluate, record (...) We create the race by creating ourselves and then to our great astonishment we will have created something far more important: We will have created a culture. Why waste time creating a conscience for something that doesn't exist? For you see, blood and skin do not think.[30]

Ellison schrieb diese Zeilen Ende der 1940er Jahre im individualistischen Zeitalter. Individuen sind voneinander allein durch ihre Gesichter getrennt: jedes unterscheidet sich vom anderen. Jenseits dieser Unterschiede gibt es, oder besser: darf es nichts Trennendes geben. An Stelle der Rasse wünscht er sich eine demokratische nationale Kultur, deren einigendes Band die unterschiedlichen Individuen zusammenschließen soll.

„Blood and skin do not think." Diesem Credo von Ellison ist in den letzten beiden Jahrzehnten massenhaft widersprochen worden. An die Stelle von Individuum und Nation trat die Zwischengröße der **ethnischen Identität,** die ein fulminantes

29 Baldwin (1998), 19.
30 Ellison (1994), 347.

come back feierte. Im Gegensatz zur biologischen Rasse ist die ethnische Identität immer schon kulturell grundiert. Mit der Aufwertung der ethnischen Identität ging deshalb die emphatische Wiederaneignung jener verdrängten Traditionen einher, die bereits Wright und Baldwin ins öffentliche Bewusstsein der weißen Amerikaner hatten zurückholen wollen.

An dieser Stelle komme ich nochmals auf den Slogan: „Cross the Border – Close the Gap!", von Leslie Fiedler zurück.[31] Sein in den späten 70ern gezeichnetes, euphorisches Bild multikultureller Vielfalt und fröhlichen Miteinanders überdeckte eine tiefe nationale Krise, die den demokratischen Konsens brüchig werden ließ und die Grundwerte der amerikanischen Gesellschaft erschütterte. Der Einheits-Mythos ‚E Pluribus Unum', der auf dem Dollar-Schein prangt, und das Bild des Schmelztiegels, der aus Einwanderern spätestens nach der dritten Generation unauffällig konforme Amerikaner unterschiedlicher Hautfarbe und Herkunft zu machen verspricht, erwies sich in der zweiten Hälfte des 20. Jahrhunderts als ein hohles Versprechen und verlor an Überzeugungskraft. Gleichzeitig hielten die Einwanderer stärker an ihren eigenen Traditionen fest und entdeckten Minoritäten (wie die Afro-Amerikaner und die Amerikaner indianischer Herkunft, aber auch jüdische oder chinesische Amerikaner) ihre kulturellen Wurzeln neu. Diejenigen, die aus der Sicht dieser Minoritäten das kulturelle Kapital für sich gepachtet hatten, waren die so genannten WASPs (white anglo-saxon protestants). An der **Identitätspolitik**, die seit den 1980er-Jahren die Institutionen und Werte der Vereinigten Staaten grundlegend in Frage gestellt und umgeformt hat, haben die cultural studies einen wichtigen Anteil. Sie sind die diskursive Plattform, auf der neue Konzepte, Werte und Strategien ausgebildet wurden. Die Entstehung neuer Forschungsrichtungen innerhalb der Literaturwissenschaft wie Gender Studies, African-American Studies, Native-American Studies oder Jewish-American Studies ist symptomatisch für die Vervielfältigung und Neuordnung so genannter Bindestrich-Identitäten (hyphenated identities).

7.3 Der Kampf um den Kanon – Identitätspolitik im Medium der Literatur

In den amerikanischen Universitäten hat sich die Identitätspolitik besonders handgreiflich im Kampf um den literarischen **Kanon** vollzogen. Unter einem literarischen Kanon verstehen wir eine Liste von Texten, die individuelle Bildung und kulturelle Identität begründet, und die durch drei Merkmale ausgezeichnet ist: **Auswahl, Wert** und **Dauer**. Auswahl setzt Weglassen voraus; was nicht für die Erinnerung verbindlich gemacht wird, darf vergessen werden.[32] Das zweite Merkmal ist die Wertzuschreibung; Kanonisierung bedeutet **‚Heiligung'**, ob es dabei um religiöse Texte, Personen oder Kunstwerke geht. Kanon bedeutet drittens:

31 Fiedler (1988).
32 Assmann, A. / Frank (2004).

dauerhafter Bestand. Die Persistenz des Kanons ist vielleicht sein wichtigstes Merkmal; er ist keine Hitliste, die sich von heute auf morgen mit den Konjunkturen des Geschmackswandels ändert. Man baut ihn nicht in jeder Generation nach den herrschenden Geschmackskriterien auf, sondern findet ihn immer schon vor und arbeitet sich an ihm ab. Solange es einen Kanon und damit eine kulturelle Vorauswahl verbindlicher Texte gibt, gibt es auch deren normative Geltung. Der Anspruch eines kanonischen Textes gegenüber einem anderen Text besteht darin, dass er von der Gesellschaft dazu bestimmt ist, die historische Erfahrung bzw. die Werte einer kulturellen Gruppe zu repräsentieren und mit jeder einzelnen Lektüre auch einzuüben. Der literarische Kanon ist deshalb ebenso wie Geschichte und Mythos ein wichtiges Prägewerk kultureller Identität.

Die Kanonfrage wird heute vorwiegend von denen angestoßen, die entdeckt haben, dass sie aus ihm ausgeschlossen sind. Das ist weniger eine Frage des Zugangs zum Kanon als eine Frage der Repräsentation durch den Kanon. Viele finden sich in ihm nicht wieder: Allen voran Frauen und Angehörige sozialer und kultureller Minderheiten. Die Kanondebatte hat sich damit grundsätzlich dezentriert; sie wird zunehmend von Standpunkten aus diskutiert, die außerhalb der europäischen Mitte und jenseits des Zentrums dominanter Kulturen und Gesellschaftsschichten liegen. Diese Dezentrierung der Kanondebatte hat zu einem „clash of cultures" geführt.

Das Problem der Traditionsbildung mit seinen komplementären Aspekten der Eingrenzung und Ausgrenzung stellt sich neu, seitdem sich drei Einsichten durchzusetzen begannen:

1. die in den lebenswichtigen Zusammenhang von kultureller Überlieferung und kollektiver Identität,
2. die in die Vielheit, Verschiedenheit und gegenseitige Ausschließlichkeit kultureller Identitäten,
3. die in die Entwertung weiblicher Kulturpotentiale durch männliche Dominanz sowie die Zerstörung indigener Traditionen durch koloniale Herrschaft.

Unter diesen Voraussetzungen hat sich die Kanonproblematik in eine vitale und weltweite Auseinandersetzung um kulturelle Selbstbestimmung verwandelt. Als Beispiel dafür sollen hier zwei Romane einer Autorin aus der Karibik herangezogen werden, in denen die kulturelle Sozialisation in einer Kolonie des Britischen Imperiums aus der Perspektive einer indigenen Schülerin dargestellt wird.

7.3.1 Karibische Erfahrungen mit dem westlichen Kanon – Jamaica Kincaid

Die Schriftstellerin Jamaica Kincaid ist in der Karibik auf der Insel Antigua aufgewachsen. In ihrem autobiographischen Roman *Annie John* (1983) schildert sie Kindheit und Jugend auf der kleinen Insel, in *Lucy* (1990) das erste Jahr im selbstgewählten US-amerikanischen Exil. In diesen Büchern geht es um Identitätsfindung auf zwei Ebenen: einer familialen und einer kulturellen. Auf der familialen Ebene, auf die hier nur kurz eingegangen wird, stellt sich das Problem als eine symbiotische Mutter-Tochter-Beziehung dar, in der die Grenzen der individuellen Identität verschwimmen. Es bedarf äußerster Anstrengungen, damit sich die Protagonistin aus der Einheitsidentität mit ihrer Mutter („I was not like my mother – I was my mother"[33]) befreien kann: „I had come to feel that my mother's love for me was designed solely to make me into an echo of her, and I didn't know why, but I felt that I would rather be dead than just an echo of someone." (36)

Das Bewusstsein für Identität beginnt in der Familie wie in der Kultur mit einem Bewusstsein für Differenz. In *Annie John* werden die Erfahrungen der Protagonistin in einer englischen Kolonialschule erzählt. Das Prinzip der britischen Kolonialerziehung hat Kincaid an anderer Stelle mit folgenden knappen Worten auf den Punkt gebracht: „You (gemeint sind die Engländer) distorted or erased my history and glorified your own."[34] Das Schlüsselerlebnis in der Kolonial-Schule füllt das fünfte Kapitel des Romans, das mit „Columbus in Chains" überschrieben ist. Diese Formel entspricht der Legende eines farbigen Bildes im Geschichtsbuch der Heldin, auf dem der Eroberer zu sehen ist, wie er an Händen und Füßen in seinem Schiff angekettet nach Spanien zurückbeordert wird. Die Betrachtung des Bildes absorbiert die Heldin vollständig und zieht ihre Aufmerksamkeit vom Unterricht ab. Sie erfährt beim Anblick des Bildes ein ähnliches Triumphgefühl wie es ihre Mutter hatte, als sie von der zunehmenden Unbeweglichkeit ihres alternden tyrannischen Vaters erfuhr. Damals war die Reaktion der Mutter gewesen: „So the great man can no longer just get up and go."[35] Dieselben Worte drängen sich der Heldin bei ihrer Bildbetrachtung auf und sie kann nicht widerstehen, diese mit Tinte in dicken Lettern unter den gefesselten Columbus in ihr Buch zu schreiben. Diese Tat verfehlt nicht ihre Wirkung auf die Lehrerin:

> I had gone too far this time, defaming one of the great men in history, Christopher Columbus, discoverer of the island that was my home. And now look at me. I was not even hanging my head in remorse. Had my peers ever seen anyone so arrogant, so blasphemous?
> I was sent to the headmistress, Miss Moore. As punishment, I was removed from my position as prefect, and my place was taken by the odious Hilarene. As an added punishment, I was ordered to copy Books I and II of Paradise Lost, by John Milton, and to have it done a week from that day. (82)

Die ersten beiden Bücher von *Paradise Lost*, die durchgängig von Schuld und Strafe handeln, bieten sich für eine Strafarbeit geradezu an. Mit der aufwendigen Abschreibarbeit von insgesamt 1855 archaischen Versen wird zugleich die puritanische Schuldkultur des 17. Jahrhunderts in die entfernte britische Kolonie verpflanzt. Was sich in diesem Klassenzimmer abspielt, ist ein Kampf, der nicht mit

33 Kincaid (1991), 90.
34 Kincaid (1988).
35 Kincaid (1986), 78.

Waffen, sondern mit kulturellen **Symbolen** ausgetragen wird. Die Verunglimpfung der kolonialen Symbolfigur Columbus wird im Gegenzug mit der Fron am hegemonialen Text geahndet. Doch der Fall liegt komplexer, als es der schlichte Mechanismus von Vergehen und Vergeltung vermuten lässt. Denn der als disziplinarische Maßnahme eingesetzte kanonische Text handelt selbst nicht nur von Hierarchie, Autorität und Insubordination, er bietet auch ein Modell für Revolte an. „And now look at me. I was not even hanging my head in remorse. Had my peers ever seen anyone so arrogant, so blasphemous?" Diese Pose will selbst gelernt sein, und für deren Erwerb gibt es kein besseres Handbuch als die beiden ersten epischen Bücher von Miltons *Paradise Lost.* Kanonische Texte sind in der Regel komplex strukturiert und bieten mehrere **Deutungsmöglichkeiten**; in diesem Falle schließt der koloniale Kanon einen republikanischen in sich ein, der (am Beispiel Satans) von Befreiung, Autonomie und Selbstbestimmung kündet.

Miltons Satan wurde für die Protagonistin noch auf andere Weise zu einer Identifikationsfigur. Wiederum war es ein Bild, das dazu den Anstoß gab, diesmal eine Illustration der ersten beiden Bücher von Miltons Epos.

> Altogether, I looked old and miserable. Not long before, I had seen a picture of a painting entitled The Young Lucifer. It showed Satan just recently cast out of heaven for all his bad deeds, and he was standing on a black rock all alone and naked. Everything around him was charred and black, as if a great fire had just roared through. (...) Satan was wearing a smile, but it was one of those smiles that you could see through, one of those smiles that make you know the person is just putting up a good front. At heart, you could see, he was really lonely and miserable at the way things had turned out. (94 f.)

Diesmal ist es nicht der heroische Trotz und auch nicht die mythische Schuld, die der gefallene Erzengel auf sich geladen hat,[36] sondern die heroische Einsamkeit Luzifers, die der Betrachterin Anlass zur Identifikation bietet. Die verbrannte Welt um ihn herum bebildert ihr den noch unbekannten bzw. unverständlichen Hohlraum ihrer einsamen adoleszenten Seele.

In dem Roman *Lucy* prägt sich die notorische Ungewissheit und Uneinheitlichkeit der Identität der Icherzählerin in ihren verschiedenen **Namen** aus. Die Namen „Lucy Josephine Potter" stehen im Pass; Josephine bezieht sich auf den Onkel Joseph, der reich geworden war und von dem man sich eine Erbschaft versprach, Potter ist der Name des englischen Sklavenbesitzers, dem die Vorfahren gehörten. Zu diesen amtlichen Namen kommen die selbstgewählten, die auf literarische Vorbilder verweisen: Emily, Charlotte, Jane, Enid. (149) Den Namen Lucy hat sie von ihrer Mutter bekommen. Auf die Frage, wie sie zu diesem Namen gekommen sei, erhielt die Erzählerin die Antwort: „I named you after Satan himself. Lucy,

36 Kincaid (1991), 139: „I felt like Lucifer, doomed to build wrong upon wrong."

short for Lucifer. What a botheration from the moment you were conceived." (152) Diese Antwort trifft die Protagonistin wie eine Erleuchtung.

> I was transformed from failure to triumph. It was the moment I knew who I was. When I was quite young and just being taught to read, the books I was taught to read from were the Bible, Paradise Lost, and some plays by William Shakespeare. I knew well the Book of Genesis, and from time to time I had been made to memorize parts of Paradise Lost. The stories of the fallen angel were well known to me, but I had not known that my own situation could even distantly be related to them. Lucy, a girl's name for Lucifer. That my mother would have found me devil-like did not surprise me, for I often thought of her as god-like, and are not the children of gods devils? (152 f.)

Die Teufel in Miltons Mythologie haben wenig gemeinsam mit dem Teufel, der im karibischen Volksglauben beschworen und ausgetrieben wird. Wer in Antigua vom Teufel besessen ist, muss zum Beispiel über See fahren, um ihn loszuwerden, „because the Devil cannot walk over water". (21) Im Gegensatz zum Teufel des Volksglaubens, der eine reale, latente Gefährdung des täglichen Lebens bedeutet, ist der Teufel aus dem englischen Epos eine hoch literarische Figur mit einer Geschichte und einem reichen Innenleben. Für die Leserin Lucy, die den kolonialen literarischen Kanon absorbiert hat, wird er zu einer Identifikationsfigur, mit der sie sich von den engen Bindungen und Zuschreibungen ihrer Herkunftswelt distanziert. Durch die kanonischen Texte im Schulunterricht wird das karibische Mädchen in eine koloniale kulturelle Identität hinein sozialisiert, die keinerlei Rücksicht auf die lokalen Lebensumstände und indigenen Traditionen des Landes nimmt. Die Auseinandersetzung mit diesen kulturellen Texten aber bedeutet in den Romanen Kincaids immer beides zugleich: Instrument der Herrschaft und Disziplinierung sowie Medium der Selbsterforschung und Selbsterfindung.

7.4 Wanderer zwischen den Kulturen

7.4.1 Mary Antin

Kincaid hat die Herkunftswelt ihrer karibischen Insel mit 17 Jahren für immer verlassen. Im Europa des 19. und 20. Jahrhunderts haben Kriege, Pogrome und wirtschaftliche Not dazu beigetragen, dass Millionen Menschen zu **Migranten** wurden und einen tief greifenden Umbruch ihrer Lebensverhältnisse verkraften mussten. Ein Beispiel dafür ist die 1881 im weißrussischen Polock geborene Mary Antin, die mit ihrer jüdischen Familie in die USA immigrierte und in Boston im Alter von 28 Jahren ihre Memoiren schrieb. Mit dieser Autobiographie verabschiedete sich die Verfasserin von ihrem früheren Selbst. Über die Protagonistin ihres Textes schreibt sie: „her life ended when mine began."[37] Den dramatischen Kulturwechsel von dem weißrussischen Shetl zu den Slums einer modernen amerikanischen Großstadt

37 Antin (1942), xi.

stilisiert Antin zur Wiedergeburt. Der Titel ihres Buches, *The Promised Land*, hat einen doppelten Klang; er changiert zwischen dem puritanisch-amerikanischen Mythos, nach dem die Menschheit auf diesem Kontinent die Chance eines radikalen Neubeginns erhält, und der jüdischen Überlieferung, die das Gelobte Land mit dem Ausgang aus dem Exil gleichsetzt. Antins ‚Exil' wird damit programmatisch zur Heimat umkodiert. Die neue Kultur forderte eine neue Identität, die alte sollte im Akt des Schreibens nieder- und abgelegt werden. Antin ist das Musterbeispiel der enthusiastischen Immigrantin, die mit ihrer Autobiographie eine **Identitätskonversion** inszeniert. Dass auch diese Konversion nicht ohne tiefere Spannungen und Konflikte abging, davon zeugen in ihrer Autobiographie die folgenden Sätze:

> It is painful to be consciously of two worlds. The Wandering Jew in me seeks forgetfulness. I am not afraid to live on and on, if only I do not have to remember too much. (xiv)

Die Gefahr für die Wanderer zwischen den Kulturen liegt für die assimilationsbereite Antin darin, dass die Last ihres Gedächtnisses unerträglich wird. Übersteigen zwei kulturelle Welten das Fassungsvermögen eines Gedächtnisses, wird ein überfülltes Gedächtnis problematisch für eine klar definierte Identität. War Identität für Locke die Sache des Erinnerns früherer Lebensphasen, so kommt sie für Antin eher durch **Vergessen** zustande. Sie hat sich mit diesem Problem im Medium ihrer Autobiographie auseinander gesetzt. Da willentliches Vergessen nicht so leicht möglich ist, hat Antin ihr Gedächtnis durch verschriftlichende Entkörperung entlastet. Mit der Niederschrift jener Lebenserinnerungen, die ihrer Immigration voraus liegen, hat sie ihr früheres Gedächtnis aus sich herausgeschrieben. Die jüdische Herkunftswelt hat sie abgelegt, indem sie sie in Buchform vorgelegt hat.

7.4.2 Joseph Conrad

Etwa zeitgleich hat ein englischer Autor aus der polnischen Ukraine einem polnischen Freund in polnischer Sprache folgendes bekannt:

> Both at sea and on land my point of view is English, from which the conclusion should not be drawn that I have become an Englishman. That is not the case. Homo duplex has in my case more than one meaning.[38]

Es handelt sich um den im Kapitel ‚Raum' mit seinem Roman *Heart of Darkness* bereits vorgestellten Jozéf Teodor Konrad Korzeniowski, der 1895 mit 38 Jahren seinen Namen in Joseph Conrad übersetzte. Anders als Mary Antin schrieb er Romane und keine Autobiographie; er selbst erklärte: „I am not a personage for an orderly biography, either auto or otherwise". Seine Biographen haben beklagt, dass er die Spuren seines Lebens sorgsam verwischte und sie zum Teil auf falsche Fährten gesetzt habe. Die Offenherzigkeit von Antin steht in einem deutlichen Kont-

38 Najder (1964), 240.

rast zur Kunst der Verstellung, die Conrad ein Leben lang praktizierte, und auf die er in der vertraulichen Mitteilung anspielt. In dieser Selbstaussage dementiert er, der ebenfalls die Grenze von Osten nach Westen überschritt, für sich die Möglichkeit einer integralen Identität. Ein Immigrant wird automatisch zum **homo duplex**. Während Antin das Problem ihrer Doppelidentität chronologisch zu bewältigen versuchte, indem sie ihr zweites Leben als Wiedergeburt inszenierte und dabei ihr vorangegangenes Leben durch Verschriftlichung abstreifte wie eine Schlange ihre Haut, nahm bei Conrad die Überschreitung der Kulturgrenze die Form der konstitutionellen Verstellung an. Die von ihm praktizierte Form ist nicht die schlichte Entflechtung der Person in ein Vorher und Nachher, sondern die zwielichtige Verdoppelung in Schein und Sein, die keine zuverlässigen Rückschlüsse auf eine wahre Identität zulässt. In einem Interview wurde er von der polnischen Reporterin auf die Unsterblichkeit Polens angesprochen: „I would like to find in the English writer the immortality of Poland." Seine Antwort darauf klingt etwas zerstreut und halbherzig:

> The immortality of Poland? You – we. No one doubts it. English critics – and after all I am an English writer – whenever they speak of me they add that there is in me something incomprehensible, inconceivable, elusive. Only you can grasp this elusiveness, and comprehend what is incomprehensible. That is Polishness. Polishness which I took from Mickiewicz and Slowacki. (...)
> Nach einer Pause geht seine Zigarette aus. „What the devil's the matter with this cigarette? Because, you see, strictly speaking I'm a sailor. C'est mon métier."[39]

Weil es für den Wanderer zwischen den Kulturen keine vollständige Konversion der Identität geben kann, bleibt ihm nur die Verstellung und Maskierung des jeweils inneren Anderen, wenn er als Engländer oder Pole unter Zuhilfenahme französischer Redewendungen spricht. Conrads Formel für diese Zwitteridentität, homo duplex, knüpft an das romantische Motiv des Doppelgängers an, das er in seinem Roman thematisiert hat.[40]

7.4.3 Salman Rushdie

Am Anfang seines Romans *The Satanic Verses* lässt Rushdie seinen vom Himmel fallenden Helden den Schlager aus einem populären Film singen. Der Text dieses Liedes lautet:

> O, my shoes are Japanese, [...]
> These trousers English, if you please.
> On my head, red Russian hat;
> My heart's Indian for all that.[41]

39 Najder (1983), 199.
40 Conrad (1995a).
41 Rushdie (1992), 5.

Salman Rushdie hat mit Antin und Conrad gemein, dass er zur Gemeinde der **displaced writers** gehört, die ihre Herkunftswelt verlassen haben und in einer anderen als ihrer Muttersprache schreiben. Das Problem **interkultureller Identität** stellt sich bei ihm jedoch auf eine ganz andere Art und Weise. Statt wie Antin auf dieses Problem mit Konversion oder wie Conrad mit Verstellung zu reagieren, wird es von Rushdie spielerisch zur Schau gestellt. Der spielerische Zug wird möglich, seit nationale Identitäten nicht mehr, wie noch zu Conrads Zeiten, mit metaphysischen Wesensqualitäten gleichgesetzt, sondern zunehmend über ökonomische Konsumgüter definiert werden. Damit hat sich das Problem von der Ebene der Essenzen auf die Ebene der **Lebensstile** verlagert. Während die Merkmale eines Nationalcharakters den Romantikern als unveräußerlich und unverfügbar galten, sind Lebensstile nicht nur individuell wählbar und auswechselbar, sondern auch wie Schuhe, Hose und Hut nahezu unbegrenzt kombinierbar. In Kontrast zu diesen veränderbaren und äußerlichen Attributen steht in dem Popsong freilich das indische Herz als unveränderliches Innen und authentischer Wesenskern der Person.

Rushdies Situation ist aber noch komplizierter, denn sein Herz ist selbst gespalten. Als Muslim mit einer tiefen Verehrung für die Hindu-Kultur balanciert er bereits zwei Seelen in seiner Brust, die sich gegenseitig relativieren. Was für Rushdie im Kleinen zutrifft, gilt, so vermutet er, im Großen für seine Geburtsstadt, die Metropole Bombay, in der das räumliche Nebeneinander einer Vielheit verschiedener Glaubensrichtungen und Kulturen einen säkularisierenden Effekt produziert. Er legt Zeugnis ab von einer interkulturellen Identität, deren Komplexität sich durch Migration gesteigert hat. Dass dabei mehr im Spiele ist als postmoderne Vielfalt, Relativismus und Eklektizismus, deutet das folgende Bekenntnis an:

> I am speaking now of those of us who emigrated ... and I suspect that there are times when the move seems wrong to us all, when we seem, to ourselves, post-lapsarian men and women. We are Hindus who have crossed the black water; we are Muslims who eat pork. And as a result – as my use of the Christian notion of the Fall indicates – we are now partly of the West.[42]

Emigration wird von Rushdie nicht nur als eine befreiende **Grenzüberschreitung**, sondern auch als **Verrat** empfunden und mit einer Urschuld in Verbindung gebracht. Diese Beschreibung enthält wenig von der postmodernen Euphorie über die Vermischung von allem mit allem, es sei denn, man geht noch einen Schritt weiter und begreift den Sündenfall nach christlichem Muster nicht nur als Katastrophe, sondern auch als Glücksfall, als felix culpa. Melancholie und Euphorie bedingen einander. „Wenn wir Orientalier, Griechen, Römer auf einmal sein wollen, sind wir zuverlässig nichts", hatte Ende des 18. Jahrhunderts Johann Gottfried Herder geschrieben, der den Mythos des Nationalcharakters erfunden hat.[43] Rushdie würde ihm heute darauf erwidern: Aber wir sind ja längst Araber, Juden, Hindus

42 Rushdie (1991b).
43 Herder (1984), 655.

auf einmal! Die Rassen und Kulturen gehen durch uns hindurch, wir alle sind immer schon Produkte und Verkörperungen von Interkulturalität. An diesem Punkt wird die Botschaft des Romans *Satanic Verses* doch wieder hymnisch:

> [It] celebrates hybridity, impurity, intermingling, the transformation that comes of new and unexpected combinations of human beings, cultures, ideas, politics, movies, songs. It rejoices in mongrelization and fears the absolutism of the Pure. *Mélange*, hotchpotch, a bit of this and a bit of that is *how newness enters the world*. It is the great possibility that mass migration gives the world, and I have tried to embrace it. The *Satanic Verses* is for change-by-fusion, change-by-conjoining. It is a love-song to our mongrel selves.[44]

Es gehört zur Komplexität unserer globalen Weltunordung, dass die *Satanischen Verse*, ein Liebeslied auf **Hybridität** und **Vermischung**, den Hass der Wächter des Reinen hervorgerufen und Rushdie über Jahre hinweg in akute Lebensgefahr gebracht haben. Wieviel Eigenes, wie viel Fremdes braucht der Mensch? Wir hören heute nicht nur die Stimmen *postmoderner* Autoren, die eine neue Epoche der **Transkulturalität** ausrufen, in der eine globale Durchmischung der Rassen, Kulturen, Medien und Lebensformen herrscht und in der es „kein strikt Fremdes und auch kein strikt Eigenes mehr gibt".[45] Wir hören auch die Stimmen der Fundamentalisten. Und wir hören die Stimmen *postkolonialer* Autoren, die sich nach einer langen Geschichte der Unterdrückung und Vernichtung auf die Suche nach ihren eigenen Kulturen begeben und an die Erfindung eigener Traditionen machen. Unsere Welt nimmt weiterhin an **Homogenisierung** wie an **Differenzierung** zu: Grenzen werden permanent durchlässig und abgebaut, aber woanders auch neu aufgerichtet. In der britischen Gegenwartsliteratur spielt das Thema Migration eine wichtige Rolle und nimmt dabei sehr unterschiedliche Formen an. Während die erste Generation sich hauptsächlich mit Problemen der sozialen Zugehörigkeit auseinandersetzte (Sam Selvon, *The Lonely Londoners*, 1956; Joan Riley, *The Unbelonging*, 1985), regen die in England geborenen Autoren und Autorinnen der zweiten und dritten Generation zu einer Neudefinition von ‚Englishness' an. In den 1990er Jahren war das Thema Islam in der westlichen Kultur durch die gegen Salman Rushdie gerichtete Fatwa und die Verbrennung seiner *Satanic Verses* (1988) in Bradford im Jahre 1989 stark politisiert. Daneben gab es in der polpulären Kultur aber auch weniger belastete Darstellungen mit multikultureller Thematik, wie die beliebten Filme *East is East* (1999) oder *Bend it like Beckham* (2002) bezeugen. Der vielzitierte Romananfang von Hanif Kureishis Debüt *The Buddha of Suburbia*[46] – „I am an Englishman born and bred, almost." – deutet auf die Identitätsproblematik der zweiten Generation in der multikulturellen Gesellschaft hin, die im experimentellen Ausprobieren verschiedener Möglichkeiten und im Wandern zwischen den Kulturen neue Ausdrucksformen sucht. Seit 2000 hat sich,

44 Rushdie (1991b).
45 Welsch (1994), 158.
46 Kureishi (2007).

langfristig gesehen, das Verhältnis zwischen Migranten und Aufnahmegesellschaft in Film und Literatur durch eine stärkere Thematisierung der Herkunftswelten noch einmal signifikant verändert. Zadie Smith markiert in *White Teeth* (2000) einen Übergang, in dem sie einerseits in humorvoll-ironischem Ton ein buntes Bild des multikulturen London entwirft, gleichzeitig aber hinter der Komik auch die Aushöhlung des Begriffs ‚Multikulti' aufzeigt. Filme wie *Yasmin* (2004) problematisieren das Thema der sozialen und kulturellen Integration, und Romane aus der Sicht der Migranten stellen zunehmend Familienkonstellationen in den Mittelpunkt, die die lange und gewalttätige Kolonialgeschichte als ein noch immer gegenwärtiges, in die Körper der Familiengenerationen eingeschriebenes Trauma aufzeigen (Nadeem Aslam, *Maps for Lost Lovers,* 2004).[47]

In dieser Situation, die uns immer wieder mit **Grenzverschiebungen** konfrontiert, lohnt es, an die Erfahrungen der Grenzgänger und an die Sensibilität der Künstler anzuknüpfen. Die Erfahrung des Grenzgängers, der zum Fremden wird, ist aufs Engste verbunden mit der Kompetenz des Künstlers, der das Eigene als Fremdes darstellt. Diejenigen, die die Grenzen von Staaten, Gesellschaften und Kulturen überschreiten, haben viel gemein mit denen, die die Grenzen der Gewohnheit, der Tradition, der Wahrnehmung überschreiten. Neue Durchblicke, die quer stehen zu kulturellen Traditionen, vermitteln uns heute vor allem solche Künstler, die die Migrationserfahrung gemacht haben oder eine bewusste Archäologie der komplexen Schichtungen ihres kulturellen Gedächtnisses betreiben. Anders als Antin oder Conrad vergraben sie ihre interkulturellen Talente nicht mehr, sondern wuchern mit ihnen. Sie schreiben ungleich freier über ihre kulturellen Erbschaften, nachdem sich die normativen Grenzen zwischen den Nationalstaaten und -kulturen aufgelöst haben. Im Zeichen der Globalisierung hat sich der Welthandel von den materiellen Waren auch auf Personen und Kulturgüter ausgedehnt. Rushdie verbindet ganz bewusst die Perspektive des Grenzgängers mit der ‚stereoscopic vision' des Künstlers:

> Indian writers in these islands, like others who have migrated into the north from the south, are capable of writing from a double perspective: because they, we, are at one and the same time insiders and outsiders in this society. This stereoscopic vision is perhaps what we can offer in place of ‚whole sight'. (19)
>
> Our identity is plural and partial. Sometimes we feel that we straddle two cultures; at other times, that we fall between two stools. But however ambiguous and shifting this ground may be, it is not an infertile territory for a writer to occupy. If literature is in part the business of finding new angles at which to enter reality, then once again our distance, our long geographical perspective, may provide us with such angles. (15)

Was solche Grenzgänger anderen voraushaben, hat Henry James bereits gegen Ende des 19. Jahrhunderts in seinem Roman *The Ambassadors* auf den Punkt gebracht. Dort wird über den Protagonisten gesagt:

47 Vgl. dazu Kastendiek/Sturm (2007).

> He was burdened, poor Strether, with the oddity of a double consciousness. There was detachment in his zeal and curiosity in his indifference.[48]

Eifer durch Distanz gebunden und Fremdheit durch Neugier überwunden – dieser Gedanke lässt sich verallgemeinern: Für das Einüben des Umgangs mit Grenzen und das Erproben von Identitäten bietet die ästhetische Erfahrung der Literatur ein wichtiges Trainingsfeld und keinen schlechten Ansatzpunkt für das Erlernen intersubjektiver und interkultureller Kompetenz.

Zusammenfassung

Jeder Mensch ist von Natur aus ein Individuum, das sich von allen anderen Individuen der Gesellschaft unterscheidet. Das kulturelle Interesse an indivdueller Identität entwickelte sich allerdings erst in der frühen Neuzeit. Entsprechend hat der Begriff der Person im Laufe der Geschichte einen Bedeutungswandel erfahren vom Namens-, Rollen- und Statusträger in vormodernen Gesellschaften hin zum autonomen, selbstbestimmten Individuum der Moderne. Das moderne Subjekt ist eine kulturelle Schöpfung des Bürgertums und versteht sich als eine selbstzentrierte Instanz des Erlebens und Handelns. Dieses Subjekt war jedoch bis zum 19. Jahrhundert noch weitgehend männlich konzipiert. Erst die Emanzipation der Frauen brachte den Aspekt des Geschlechts in das Konzept von Subjekt und Identität ein.

Individuelle Identität entsteht sowohl auf dem Wege einer Inklusions-Identität als auch einer Exklusions-Identität. Die Inklusions-Identität entsteht durch die Übereinstimmung mit sozialen Rollen und das Erfüllen von Erwartungshaltungen an diese Rolle (opting in), die Exklusions-Identität hingegen durch Markierung einer Differenz zwischen dem eigenen Ich und allen vorformulierten sozialen Rollen (opting out).

Das Doppelgänger-Motiv zeigt das Scheitern einheitsstiftender Identitätskonstruktionen an und verweist auf tiefergehende Konflikte in der Sozialstruktur und kulturellen Semantik. Unter postmodernen Bedingungen einer Pluralisierung von Identität entfällt diese Zerreißprobe; Identitäten werden als hybride, gemischt, gebrochen und in sich vielfältig konzipiert. Gleichzeitig entdecken ethnische Minderheiten ihre Wurzeln wieder und stellen den Wert des Individualismus hinter der Frage der Gruppenzugehörigkeit und dem gemeinsamen Leidensschicksal zurück.

An literarischen Texten werden Beispiele für Identitätskonstruktionen von der frühen Neuzeit bis in die Gegenwart untersucht. In Shakespeares *Hamlet* wird der Übergang von einer vormodernen Inklusions-Identität zu einer modernen Exklusions-Identität dramatisiert, die mit dem neuen Wert der ‚Authentizität'

48 James (1964), 18.

verbunden und aus einem protestantischen Ethos gespeist ist, das jegliche Form des ‚self-fashioning' unter Verdacht stellt.

Am Beispiel der Protagonistinnen der Romane von Jamaica Kincaid wird eine weibliche Identitätskonstruktion unter den Bedingungen kolonialer Pädagogik und Kanonpolitik vor Augen gestellt. Dank der Komplexität des kulturellen Texts (es geht um Miltons *Paradise Lost*) erweist sich dieser sowohl als ein Instrument der Macht und Disziplinierung sowie als ein Medium der Gegen-Macht und Selbstfindung.

Weitere literarische Beispiele variieren das Thema der kulturellen Grenzüberschreitung und seine Folgen für die Identitätskonstruktion. Mary Antin steht für eine Migrantenbiographie, in der die jüdische Vorgeschichte in Osteuropa mit der Einwanderung schriftlich niedergelegt, abgeschlossen und abgehakt wurde. Im Falle des Wahl-Briten Joseph Conrad blieb die polnische Grundschicht seiner Biographie ein virulenter, wenn auch zu verschleiernder Anteil der (Doppel-) Identität. Wiederum anders ist der Fall des britischen Muslims Salman Rushdie gelagert, der nicht die Zugehörigkeit zu ethnischen und kulturellen Gruppen, sondern die Grenzüberschreitung selbst zum Prinzip seiner Identitätskonstruktion und zur Inspirationsquelle seines literarischen Schreibens gemacht hat.

Auswalbibliographie:

Assmann, Aleida / Friese, Heidrun (1998) Identitäten. Erinnerung, Geschichte, Identität. Frankfurt a. M.: Suhrkamp.

Burke, Peter (2009) Cultural Hybridity. Cambridge: Polity Press.

Lüsebrink, Hans-Jürgen (2005) Interkulturelle Kommunikation. Interaktion, Fremdwahrnehmung, Kulturtransfer. Stuttgart / Weimar: Metzler.

Stein, Mark (2004) Black British Literature. Novels of Transformation. Columbus: Ohio State UP.

Literaturverzeichnis

Primärliteratur:

Achebe, Chinua (1973) *Things Fall Apart.* (1958) London: Heinemann.

Addison, Joseph (1965) *The Spectator,* Nr. 411 (1711). (D. Bond, Hg.) Oxford: Clarendon, Bd. 3, 535–539.

Alexie, Sherman (2000) *„The Unauthorized Autobiographie of Me"*, in: A. Krupat, B. Swann, Hgg., *Here First. Autobiographical Essays by Native American Writers.* New York: Modern Library, 3–13.

Antin, Mary (1942) *The Promised Land.* (1912) Boston, MA: Mifflin.

Arnold, Matthew (1965) „Culture and Anarchy. An Essay in Political and Social Criticism" (1869), in: ders. (R. Super, Hg.) *The Complete Prose Works of Matthew Arnold in Eleven Volumes.* Bd. 5. Culture and Anarchy with Friendship's Garland and Some Literary Essays. Ann Arbor: The University of Michigan Press.

Atwood, Margaret (1997) *In Search of Alias Grace. On Writing Canadian Historical Fiction.* Ottawa: Ottawa UP.

Augustinus, Aurelius (1988) *Bekenntnisse.* (397) Trier: Johannes-Verlag.

Bacon, Francis (1990) *Neues Organan Teilband 1, Lateinisch-Deutsch.* (1620), Hamburg: Felix Meiner Verlag.

Bacon, Francis (1942) „Of Friendship", in: *Essays and New Atlantis.* (1625) Roslyn, NY: Walter J. Black, 109–118.

Baldwin, James (1998) „Many Thousands Gone" (1955), in: ders. *Collected Essays.* New York: Library of America, 19–34.

Baudelaire, Charles (1996) *Die Schöne, die Mode und das Glück. Constantin Guys, der Maler des modernen Lebens.* (1836), Berlin: Alexander-Verlag.

Beckett, Samuel (1967) *Waiting for Godot. A Tragicomedy in Two Acts.* (1952) London: Faber and Faber.

Borges, Jorge Luis (1970) „Das unerbittliche Gedächtnis", in: ders. *Sämtliche Erzählungen.* München: Hanser, 213–221.

Burton, Robert (1972) *The Anatomy of Melancholy.* (1621) London: Dent .

Byatt, A. S. (1978) *The Virgin in the Garden.* London: Chatto & Windus.

Carlyle, Thomas (1926) *On Heroes, Hero-Worship, and the Heroic in History.* London: Everyman.

Chatwin, Bruce (1988) *Songlines.* London: Picador.

Chaucer, Geoffrey (1969a) „Chaucers Wordes unto Adam", in: ders. (W. Skeat, Hg.) *Complete Works.* London: Oxford UP, 118.

Chaucer, Geoffrey (1969b) „The Canterbury Tales", in: ders. (W. Skeat, Hg.) *Complete Works.* London: Oxford UP, 419–717.

Conrad, Joseph (1995) *The Works of Joseph Conrad. The Secret Agent.* (1907), London: Routledge.

Conrad, Joseph (1997) *Heart of Darkness.* (1899) Boston: Bedford.

Defoe, Daniel (1972) *Robinson Crusoe.* (1719) London: Oxford UP.

Douglas, Alfred (1894) „Two Loves", in: *The Chameleon* 1/11, 25–28.

Earle, John (1899) *Micro-cosmographie: or, A Peece of the World Discovered, In Essays and Characters*. (1628) London: Dent.

Eliot, George (1996) *Adam Bede*. (1859) Oxford/London: Oxford UP.

Eliot, George (1998) *Felix Holt, the Radical*. (1866) Oxford/London: Oxford UP.

Eliot, T. S. (1962) *Notes Towards the Definition of Culture*. London: Faber and Faber.

Eliot, T. S. (1963) *Four Quartets*. (1943) London: Faber and Faber.

Eliot, T. S. (1967) „The Love Song of J. Alfred Prufrock" (1917), in: ders. *Selected Poems*. London: Faber and Faber, 11–16.

Eliot, T. S. (1969) „Tradition and the Individual Talent" (1919), in: *The Sacred Wood. Essays on Poetry and Criticism*. London: Methuen, 47–59.

Ellison, Ralph (1994) Invisible Man. (1952) New York: The Modern Library.

Emerson, Ralph Waldo (1971) „The American Scholar" (1837), in: ders. *Collected Works of Ralph Waldo Emerson*. Bd. 1: Nature, Adresses, and Lectures. Cambridge, MA: Harvard UP, 49–70.

Emerson, Ralph Waldo (1979) „Circles" (1841), in: ders. *Collected Works of Ralph Waldo Emerson*. Bd. 2: Essays: First Series. Cambridge, MA: Harvard UP, 177–190.

Freud, Sigmund (1950) „Entwurf einer Psychologie" (1895), in: ders. *Aus den Anfängen der Psychoanalyse. Briefe an Wilhelm Fliess*, Abhandlungen und Notizen aus den Jahren 1887-1902. London: Imago Publications, 371–466.

Freud, Sigmund (1969) „Trauer und Melancholie" (1917), in: ders. (A. Freud, Hg.) *Sigmund Freud. Gesammelte Werke*. Bd. 10. Frankfurt a. M.: Fischer, 427–446.

Freud, Sigmund (1992) „Das Unbehagen in der Kultur" (1930), in: *Abriss der Psychoanalyse*. Frankfurt a. M.: Fischer, 63–129.

Friel, Brian (1983) *Translations*. London: Faber and Faber.

Gay, John (1974) „Trivia: or, The Art of Walking the Streets of London", in: V. Dearing, Hg., *Poetry and Prose*. Bd. 1 Oxford: Clarendon, 134-181.

Goethe, Johann Wolfgang von (1981) *Anschauendes Denken. Goethes Schriften zur Naturwissenschaft*. (Horst Günther, Hg.) Frankfurt a. M.: Insel.

Goethe, Johann Wolfgang von (1988) „Zahme Xenien" (1827), in: ders. *Sämtliche Werke. Briefe, Tagebücher und Gespräche*. 1. Abteilung: Sämtliche Werke. Bd. 2: Gedichte 1800–1832. Frankfurt a. M.: Klassiker-Verlag, 640–648.

Grass, Günther (2001) „Ich erinnere mich", in: M. Wälde, Hg., *Die Zukunft der Erinnerung*. Göttingen: Steidl, 27-34.

Hartley, L. P. (2002) *The Go-Between*. (1953) New York: Review Books.

Heine, Heinrich (1988) „Lutetia", in ders. (K. Briegleb, Hg.) *Sämtliche Schriften in 12 Bänden*. Bd. 9. Frankfurt a. M.: Ullstein, 217–548.

Herbert, George (2002a) „Iesu" (1667), in: *The Temple. Sacred Poems and Private Ejaculations*. Berlin: Waxmann, 105 ff.

Herbert, George (2002b) „The Temple" (1633), in: *The Temple. Sacred Poems and Private Ejaculations*. Berlin: Waxmann, 2 f.

Herder, Johann Gottfried (1984) „Auch eine Philosophie der Geschichte zur Bildung der Menschheit", in: W. Pross, Hg., *Herder und der Sturm und Drang*. München: Hanser.

Hobbes, Thomas (1997) *Leviathan*. (1651) New York: Norton.

Hofmannsthal, Hugo von (1959) „Ein Brief" (1902), in: ders. (H. Steiner, Hg.) *Gesammelte Werke. Prosa 2*. Frankfurt a. M.: Fischer, 7–20.

Hulme, T. E. (1962) „A Lecture on Modern Poetry“ (1913), in: ders. (S. Hynes, Hg.) *Further Speculations*. Lincoln: Nebraska UP, 67–76.

James, Henry (1946) „The Real Thing“ (1893), in: ders. *Henry James. Fourteen Stories*. London, Rupert Hart-Davis, 181–209.

James, Henry (1964) *The Ambassadors*. (1903) London: Oxford UP.

James, Henry (1986) „The Future of the Novel“ (1899), in: ders. (W. Veeder et al., Hgg.) *Henry James on the Theory and Practice of Fiction*. Chicago: Chicago UP, 242–256.

Johnson, Samuel (1992) *The Letters*. Bd. 1: 1731–1772. Oxford: Clarendon.

Joyce, James (1969) *Stephen Hero*. (1944) London: Cape.

Joyce, James (1993) *A Portrait of the Artist as a Young Man*. (1916) London: Macmillan.

Joyce, James (1997) *Ulysses*. (1922) London: Picador.

Kant, Immanuel (2001) *Kritik der Urteilskraft*. (1790) Hamburg: Meiner.

Kincaid, Jamaica (1986) *Annie John*. New York: Plume.

Kincaid, Jamaica (1988) *A Small Place*. New York: Plume.

Kincaid, Jamaica (1991) *Lucy*. New York: Plume.

Kureishi, Hanif (2007) *The Bhudda of Suburbia*. (1990) London: Faber and Faber.

Lamb, Charles (1964) „Distant Correspondents“ (1822), in: ders. *The Essays of Elia and the last Essay of Ella*. London: Oxford UP, 150–157.

Lawrence, D. H. (1961) *Lady Chatterley's Lover*. Harmondsworth: Penguin.

Lawrence, D. H. (1967) „Walt Whitman“, in: A. Beal, Hg., *Selected Literary Criticism*. London: Heinemann, 392–407.

Lessing, Gottfried Ephraim (2007) *Laokoon*. (1766) Berlin: Klassiker Verlag.

Lévi-Strauss, C. (1973) *Das wilde Denken*. (1962) Frankfurt a. M.: Suhrkamp.

Locke, John (1972) „Of Identity and Diversity“ (1690), in: ders. (J. Yolton, Hg.) *An Essay Concerning Human Understanding*. Bd. 1. London: Dent, 274–293.

Marvell, Andrew (1966) „To His Coy Mistress“ (1650), in: L. Herrig, H. Meller, R. Sühnel, Hgg., *English and American Classical Poems*. Braunschweig: Westermann, 122–123.

Melville, Herman (1968) „Typee. A Peep at Polynesian Life“ (1846), in: ders. *The Writings of Herman Melville*. Bd. 1. Evanston: Northwestern UP.

Melville, Herman (1987) „Bartleby, the Scrivener“ (1856), in: ders. *The Piazza Tales. The Writings of Herman Melville*. Bd. 9. Evanston: Northwestern UP, 13–45.

Melville, Herman (1988) „Moby Dick; or, The Whale.“ (1851), in: ders. *The Writings of Herman Melville*. Scholarly Edition Bd. 6. Evanston: Northwestern UP.

Milton, John (1968) *The English Poems* (H. Beeching, Hg.) London: Oxford UP.

Morrison, Toni (1988) *Beloved*. New York: Plume.

Morrison, Toni (1993) *The Bluest Eye*. (1970) London: Picador.

Morrison, Toni (1998) *Song of Solomon*. (1977) London: Vintage.

Nietzsche, Friedrich (1962) „Vom Nutzen und Nachteil der Historie für das Leben“ (1874), in: ders. (K. Schlechta, Hg.) *Werke in drei Bänden*. Bd. 1. München: Hanser, 209–285.

Nietzsche, Friedrich (1963) "„Schuld, Gewissen und Verwandtes“ (1887), in: ders. (K. Schlechta, Hg.) *Werke in drei Bänden*. Bd. 2. München: Hanser, 799–837.

Orwell, George (1961) *1984*. (1949) New York: Hartcourt.

Patmore, Coventry (1884) *The Angel in the House*. (1854) London: John W. Parker & Son.

Philip, Nourbese M. (1991) „An extract from ‚Discourse on the Logic of Language'", in: S. Nasta, Hg., *Motherlands. Black Women's Writing from Africa, the Caribbean and South Asia*. London: The Women's Press, xi f.

Pinter, Harold (1971) *The Birthday Party.* (1958) London: Methuen & Co.

Platon (2001) *Phaidros.* (ca. 370–360 v. Chr.) Düsseldorf: Artemis & Winkler.

Poe, Edgar Allan (1984) „The Man of the Crowd", in: ders. *Complete Stories and Poems of Edgar Allan Poe.* (1840) New York: Doubleday, 215–221.

Pound, Ezra (1963) *Literary Essays.* (T. S. Eliot, Hg.) London: Faber and Faber.

Pound, Ezra (1968) *Selected Poems.* London: Faber and Faber.

Proust, Marcel (1964) *Auf der Suche nach der verlorenen Zeit. Die wiedergefundene Zeit.* (1913–1927) Bd. 13. (E. Rechel-Mertens Hg.) Frankfurt a. M.: Suhrkamp.

de Quincey, Thomas (2008) *Confessions of an English Opium Eater and Other Writings.* (1821) London: Oxford UP.

Rossetti, Dante Gabriel (1873) *Poems. Leipzig: Bernhard Tauchnitz.*

Rushdie, Salman (1982) „The Empire Writes Back With a Vengeance", in: *London Times*, 03. 07. 1982

Rushdie, Salman (1990) *Haroun and the Sea of Storys.* London: Granta.

Rushdie, Salman (1991a) „‚Errata': Or, Unreliable Narration in *Midnight's Children*" (1983), in: ders. *Imaginary Homelands.* London: Granta Books, 22–25.

Rushdie, Salman (1991b) *Imaginary Homelands: Essays and Criticism 1981–1991.* London: Granta Books.

Rushdie, Salman (1992) *The Satanic Verses.* (1988) Dover: The Consortium.

Rushdie, Salman (2002) *Step Across This Line. Collected Nonfiction 1992-2002.* New York: Random House.

Shaftesbury, Anthony Earl of (1964a) „An Essay on Wit and Humour in a Letter to a Friend" (1709),in: J. M. Robertson, Hg., *Characteristics of Men, Manners, Opinions, Times.* New York: Bobbs-Merill Company, 43–94.

Shaftesbury, Anthony Earl of (1964b) „Soliloquy or Advice to an Author" (1710), in: J. M. Robertson Hg., *Characteristics of Men, Manners, Opinions, Times.* New York: Bobbs-Merrill Company, 103–212.

Shakespeare, William (1997a) „Hamlet" (1601), in: ders. (S. Greenblatt, Hg.) *The Norton Shakespeare. Based on the Oxford Edition.* London/New York: W. W. Norton & Company, 1659–1759.

Shakespeare, William (1997b) „Henry IV Part 1" (1598), in: ders. (S. Greenblatt, Hg.) *The Norton Shakespeare. Based on the Oxford Edition.* London/New York: W. W. Norton & Company, 1147–1224.

Shakespeare, William (1997c) „A Midsummer Night's Dream" (1595–96), in: ders. (S. Greenblatt, Hg.) *The Norton Shakespeare. Based on the Oxford Edition.* London/New York: W. W. Norton & Company, 805–863.

Shakespeare, William (1997d) „Richard II" (1595–99), in: ders. (S. Greenblatt, Hg.) *The Norton Shakespeare. Based on the Oxford Edition.* London/New York: W. W. Norton & Company, 943–1014.

Shakespeare, William (1997e) „Romeo and Juliet" (1595), in: ders. (S. Greenblatt, Hg.) *The Norton Shakespeare. Based on the Oxford Edition.* London/New York: W. W. Norton & Company, 865–941.

Shakespeare, William (1997f) „Sonnet 77", in ders. (S. Greenblatt, Hg.) *The Norton Shakespeare. Based on the Oxford Edition.* London/New York: W. W. Norton & Company, 1949.

Shakespeare, William (1997g) „The Tempest" (1611), in: ders. (S. Greenblatt, Hg.) *The Norton Shakespeare. Based on the Oxford Edition.* London/New York: W. W. Norton & Company, 3047–3107.

Shakespeare, William (1997h) „The Winter's Tale" (1609), in: ders. (S. Greenblatt, Hg.) *The Norton Shakespeare. Based on the Oxford Edition.* London/New York: W. W. Norton & Company, 2873–2953.

Shelley, Mary (1965) *Frankenstein: or, the Modern Prometheus.* (1818) London: Dent.

Shelley, P. B. (1968) „A Defence of Poetry", in: D. J. Enright, E. de Chickera, Hgg., *English Critical Texts.* London: Oxford UP.

Silko, Leslie Marmon (1977) *Ceremony.* New York: Viking Press.

Silko, Leslie Marmon / Wright, James (1986) *The Delicacy and Strength of Lace.* (A. Wright, Hg.) Saint Paul: Gragwolf Press.

Stein, Gertrude (1968) *Geography and Plays.* New York: Haskell House.

Sterne, Laurence (2004) *The Life and Opinions of Tristram Shandy, Gentleman.* (1759–67) New York: Modern Library.

Stevenson, Robert L. (2008) „Strange Case of Dr Jekyll and Mr Hyde" (1886), in: *Strange Case of Dr Jekyll and Mr Hyde and Other Tales.* London: Oxford UP, 1–66.

Swift, Jonathan (1965) *Gulliver's Travels.* (1726) Oxford: Basil Blackwell.

Thoreau, Henry David (1963) „Sounds", in: ders. (P. van Doren Stern, Hg.) *The Annotated Walden.* (1854), New York: Clarkson N. Potter.

Walker, Alice (1982) *The Color Purple.* London/New York: Harcourt Brace Jovanovich.

Whitman, Walt (1958) *Leaves of Grass.* (1855) (G. Allen, Hg.) New York: New American Library.

Wilde, Oscar (2003) *The Picture of Dorian Gray.* (1890) London: CRW.

Wilentz, Gay (1992) „English Is a Foreign Anguish. Caribbean Writers and the Disruption of the Colonial Canon", in: K. Lawrence, Hg., *Decolonizing Tradition. New Views of Twentieth-Century 'British' Literary Canons.* Urbana/Chicago: University of Illinois Press, 261–278.

Woolf, Virginia (1993) „Oxford Street Tide" (1932), in: dies. (S. Clarke, Hg.) *The Essays of Virginia Woolf. 1929-1932.* Bd. 5. London: The Hogarth Press, 283-288.

Woolf, Virginia (1994) „Street Haunting. A London Adventure" (1930), in: dies. (S. Clarke, Hg.) *The Essays of Virginia Woolf. 1925–1928.* Bd. 4. London: The Hogarth Press, 480–491.

Woolf, Virginia (2008a) *A Room of One's Own, and Three Guineas.* (1929) London: Oxford UP.

Woolf, Virginia (2008b) *Orlando. A Biography.* (1928) London: Oxford UP.

Wordsworth, William (1970) *The Prelude or Growth of a Poet's Mind.* (1850) London: Oxford UP.

Yeats, William Butler (1966a) „The Lake Isle of Innisfree" (1892), in: L. Herrig, H. Meller, R. Sühnel, Hgg., *English and American Classical Poems.* Braunschweig: Westermann, 128.

Yeats, William Butler (1966b) „The Second Coming" (1919), in: L. Herrig, H. Meller, R. Sühnel, Hgg., *English and American Classical Poems.* Braunschweig: Westermann, 238.

Sekundärliteratur:

Abel, Günter (1999) *Sprache, Zeichen, Interpretation*. Frankfurt a. M.: Suhrkamp.

Abraham, Nicolas (1991) „Aufzeichnungen über das Phantom. Ergänzungen zu Freuds Metapsychologie", in: *Psyche* 8, 691–698.

Agamben, Giorgio (2002) *Homo sacer. Die souveräne Macht und das nackte Leben*. Frankfurt a. M.: Suhrkamp.

Albers, Irene (2001) „Das Fotografische in der Literatur", in: K. Barck et al., Hgg., *Ästhetische Grundbegriffe. Historisches Wörterbuch in sieben Bänden*. Bd. 2. Stuttgart: Metzler, 534-550.

van Alphen, Ernst (1997) *Caught by History. Holocaust Effects in Contemporary Art, Literature and Theory*. Stanford: UP.

Ariès, Philippe (1975) *Geschichte der Kindheit*. München: Hanser.

Ariès, Philippe (1980) *Geschichte des Todes*. München: Hanser.

Armstrong, Philip (2008) *What Animals Mean in the Fiction of Modernity*. London: Routledge.

Assmann, Aleida (1986) „Opting In und Opting Out. Zum Wandel des Stilbegriffs im England des 18. Jahrhunderts", in: H. Gumbrecht, K. L. Pfeiffer, Hgg., *Stil. Geschichten und Funktionen eines kulturwissenschaftlichen Diskurselementes*. Frankfurt a. M.: Suhrkamp, 127–143.

Assmann, Aleida (1989) „Die Häuslichkeit der Welt. Zu Elaine Scarry's ‚The Body in Pain'", in: *Delfin* 12, 37–46.

Assmann, Aleida (1991a) „Die Weisheit Adams", in: A. Assmann, Hg., *Weisheit*. (Archäologie der literarischen Kommunikation 3) München: Fink, 305–324.

Assmann, Aleida (1991b) „Schriftliche Folklore. Zur Entstehung und Funktion eines Überlieferungstyps", in: A. Assmann, J. Assmann, C. Hardmeier, Hgg., *Schrift und Gedächtnis*. München: Fink, 175–193.

Assmann, Aleida (1993a) „Das Problem der Identität aus kulturwissenschaftlicher Sicht", in: *Leviathan*, 3, 238–253.

Assmann, Aleida (1993b) „Exkarnation. Gedanken zur Grenze zwischen Körper und Schrift", in: J. Huber, A. Müller, Hgg., *Raum und Verfahren. Interventionen*. Frankfurt a. M.: Stroemfeld/Roter Stern, 133–155.

Assmann, Aleida (1995) „Was sind kulturelle Texte?", in: A. Poltermann, Hg., *Literaturkanon – Medienereignis – kultureller Text*. Berlin: Erich Schmidt, 232–244.

Assmann, Aleida (1999a): *Erinnerungsräume. Formen und Wandlungen des kulturellen Gedächtnisses*. München: Beck.

Assmann, Aleida (1999b) „An we had the trick to see't. Geheimnis und Neugierde in Shakespears Hamlet", in: A. Assmann, J. Assmann, Hgg., *Geheimnis und Neugierde*. (Archäologie der literarischen Kommunikation 5) München: Fink, 209–221.

Assmann, Aleida (2004) „Die Unverzichtbarkeit der Kulturwissenschaften", in: *Hildesheimer Universitätsreden*, NF 2, Hildesheim, 29–37.

Assmann, Aleida (2006) *Der lange Schatten der Vergangenheit. Erinnerungskultur und Geschichtspolitik*. München: Beck.

Assmann, Aleida / Assmann, Jan / Hardmeier, Christof, Hgg., (1991) *Schrift und Gedächtnis*. München: Fink.

Assmann, Aleida / Friese, Heidrun, Hgg., (1998) *Identitäten. Erinnerung, Geschichte, Identität*. Frankfurt a. M.: Suhrkamp.

Assmann, Aleida et al., Hgg., (2004) *Positionen der Kulturanthropologie.* Frankfurt a. M.: Suhrkamp.

Assmann, Aleida / Frank, Michael C., Hgg., (2004) *Vergessene Texte.* Konstanz: Universitätsverlag.

Assmann, Jan (1996) *Ägypten. Eine Sinngeschichte.* München: Hanser.

Assmann, Jan (1997) *Das kulturelle Gedächtnis. Schrift, Erinnerung und politische Identität in frühen Hochkulturen.* München: Beck.

Augé, Marc (1994) *Orte und Nicht-Orte. Vorüberlegungen zu einer Ethnologie der Einsamkeit.* Frankfurt a. M.: Fischer.

Austin, John L. (1992) *How to do things with words. The William James Lectures delivered at Harvard University in 1955.* London: Oxford UP.

Bachelard, Gaston (1975) *Poetik des Raumes.* Frankfurt a. M.: Ullstein.

Bachmann-Medick, Doris (2006) *Cultural Turns. Neuorientierungen in den Kulturwissenschaften.* Reinbeck: Rowohlt.

Bachtin, Michail (1990) *Literatur und Karneval. Zur Romantheorie und Lachkultur.* Frankfurt a. M.: Suhrkamp.

Bachtin, Michail (2008) *Chronotopos.* (übers. v. M. Dewey, mit einem Nachwort v. M. C. Frank und K. Mahlke) Frankfurt a. M.: Suhrkamp.

Bal, Mieke / Crewe, Jonathan / Spitzer, Leo, Hgg., (1999) *Acts of Memory. Cultural Recall in the Present.* Hanover: UP of New England.

Balazs, Bela (2001) *Der sichtbare Mensch oder die Kultur des Films.* (1924) Frankfurt a. M.: Suhrkamp.

Barrie, Robert (1994) „Telmahs: Carnival Laughter in Hamlet", in: M. Burnett, J. Manning, Hgg., *New Essays on Hamlet.* New York: AMS Press, 83–100.

Barthes, Roland (1981) *Das Reich der Zeichen.* Frankfurt a. M.: Verlag.

Barthes, Roland (1985) *Die helle Kammer.* Frankfurt a. M.: Suhrkamp.

Barthes, Roland (1986) *Sade, Fourier, Loyola.* (1971) Frankfurt a. M.: Suhrkamp.

Barthes, Roland (2006) „Der Tod des Autors", in: ders. *Das Rauschen der Sprache.* (Kritische Essays 4) Frankfurt a. M.: Suhrkamp, 57–63.

Bataille, Georges (1970) *Histoire de l'œil.* Paris: Gallimard.

Baucom, Ian (2005) *Specters of the Atlantic.* Durham/London: Duke UP.

Baumann, Gerd, Hg., (1986) *The Written Word. Literacy in Transition.* Oxford: Clarendon Press.

Becker, Barbara / Schneider, Irmela, Hgg., (2000) *Was vom Körper übrig bleibt. Körperlichkeit – Identität – Medien.* Frankfurt a. M./New York: Campus.

Becker, Sabina (2007) *Literatur- und Kulturwissenschaften: ihre Methoden und Theorien.* Reinbek: Rowohlt.

Belsey, Catherine (1985) *The Subject of Tragedy. Identity and Difference in Renaissance Drama.* London/New York: Methuen.

Bender, John / Wellbery, David, Hgg., (1991) *Chronotypes. The Construction of Time.* Stanford: Stanford UP.

Benhabib, Seyla (2002) *The Claims of Culture. Equality and Diversity in the Global Era.* Princeton: Princeton UP.

Benjamin, Walter (1963) *Das Kunstwerk im Zeitalter seiner technischen Reproduzierbarkeit.* Frankfurt a. M.: Suhrkamp.

Benjamin, Walter (1980) „Über den Begriff der Geschichte", in: ders. (R. Tiedemann, H. Schweppenhäuser, Hgg.) *Gesammelte Schriften*. Bd. 2. Frankfurt a. M.: Suhrkamp, 691–704.

Benjamin, Walter (1982) „Der Flaneur", in: R. Tiedemann, Hg., *Passagenwerk*. Bd. 5, 2. Frankfurt a. M.: Suhrkamp, 524–569.

Bhabha, Homi K. (2000) *Die Verortung der Kultur*. Tübingen: Stauffenburg.

Bieber, Hans Joachim, Hg., (2002) *Die Zeit im Wandel der Zeit*. Kassel: Kassel UP.

Binder, Wolfgang, Hg., (1993) *Ethnic Cultures in the 1920's in North America*. Frankfurt a. M.: Peter Lang.

Birkenhauer, Theresia, Hg., (1998) *Zeitlichkeiten – zur Realität der Künste. Theater, Film, Photographie, Malerei, Literatur*. Berlin: Vorwerk 8.

Bloom, Harold (1973) *The Anxiety of Influence*. London: Oxford UP.

Bloom, Harold (1999) *Shakespeare. The Invention of the Human*. New York: Riverhead.

Bloom, Harold (2003) *Hamlet. Poem Unlimited*. New York: Riverhead Books.

Blumenberg, Hans (1981) *Wirklichkeiten, in denen wir leben*. Stuttgart: Reclam.

Bogardus, Ralph (1984) *Pictures and Texts. Henry James, A. L. Coburn and New Ways of Seeing in Literary Culture*. Ann Arbor, MI: UMI Research Press.

Bohn, Volker, Hg., (1990) *Bildlichkeit*. Frankfurt a. M.: Suhrkamp.

Bohrer, Karl Heinz (2003) *Ekstasen der Zeit. Augenblick, Gegenwart, Erinnerung*. München/Wien: Hanser.

Bohrer, Karl Heinz (2004) *Plötzlichkeit: zum Augenblick des ästhetischen Scheins*. Frankfurt a. M.: Suhrkamp.

Borsche, Tilman / Stegmeier, Werner, Hgg., (1992) *Zur Philosophie des Zeichens*. Berlin/New York: de Gruyter.

Bosse, Heinrich (1981) *Autorschaft ist Werkherrschaft. Über die Entstehung des Urheberrechts aus dem Geist der Goethezeit*. Paderborn: Schöningh.

Bourdieu, Pierre (1974) „Der Habitus als Vermittlung zwischen Struktur und Praxis", in: ders., *Zur Soziologie der symbolischen Formen*. Frankfurt a. M.: Suhrkamp, 125–158.

Briggs, Asa / Burke, Peter (2009) *A Social History of the Media: from Gutenberg to the Internet*. Cambridge: Polity Press.

Bröck, Sabine (1988) *Der entkolonialisierte Körper. Die Protagonistin in der afroamerikanischen weiblichen Erzähltradition der 30er bis 80er-Jahre*. Frankfurt a. M.: Campus.

Brocker, Manfred / Nau, Heimo Heinrich (1997) *Ethnozentrismus. Möglichkeiten und Grenzen des interkulturellen Dialogs*. Darmstadt: Primus.

Bronfen, Elisabeth (1994) *Nur über ihre Leiche. Tod, Weiblichkeit und Ästhetik*. München: Kunstmann.

Bronfen, Elisabeth / Marius, Benjamin / Steffen, Therese, Hgg., (1997) *Hybride Kulturen. Beiträge zur anglo-amerikanischen Multikulturalismusdebatte*. Tübingen: Stauffenburg.

Buch, Hans Christoph (1972) *Ut Pictura Poesis. Die Beschreibungsliteratur und ihre Kritiker von Lessing bis Lukács*. München: Hanser.

Bühler, Karl (1982) *Sprachtheorie. Die Darstellungsfunktion der Sprache*. (1934) Stuttgart: Fischer.

Burke, Kenneth (1966) „Definition of Man", in: *Language as Symbolic Action. Essays in Life, Literature, and Method*. Berkeley, Los Angeles: California UP., 2-24.

Burke, Peter (2009) *Cultural Hybridity*. Cambridge: Polity Press.

Butler, Judith (1990) *Gender Trouble: Feminism and the Subversion of Identity.* New York: Routledge.

Butler, Judith (1993) *Bodies that Matter. On the Discursive Limits of Sex.* New York: Routledge.

Carlson, Marvin (2003) *Performance. A Critical Introduction.* London/New York: Routledge.

Caruth, Cathy (1996a) *Trauma. Explorations in Memory.* Baltimore: Johns Hopkins UP.

Caruth, Cathy (1996b) *Unclaimed Experience. Trauma, Narrative and History.* Baltimore: Johns Hopkins UP.

Cassirer, Ernst (1983) *Wesen und Wirkung des Symbolbegriffs.* Darmstadt: WBG.

Cassirer, Ernst (1988) *Philosophie der symbolischen Formen. Die Sprache.* (1923) Bd. 1. Darmstadt: WBG.

Cavalli, Alessandro (1991) „Soziale Gedächtnisbildung in der Moderne", in: A. Assmann, D. Harth, Hgg., *Kultur als Lebenswelt und Monument.* Frankfurt a. M.: Fischer, 200-210.

Christ, Susan / Jordan, John, Hgg., (1995) *Victorian Literature and the Victorian Visual Imagination.* Berkeley: California UP.

Clarke, Austin (1977) „Mnemosyne Lay in the Dust", in: ders. (L. Miller, Hg.) *Collected Poems.* Oxford: Oxford UP, 327–352.

Clifford, James T. (1997) *Routes. Travel and Translation in the Late Twentieth Century.* London: Harvard UP.

Collins, Richard et al., Hgg., (1986) *Media, Culture and Society. A Critical Reader.* London: Sage Publications.

Crane, Diana / Kawashima, Nobuko / Kawasaki, Ken'ichi, Hgg., (1992) *The Production of Culture. Media and the Urban Arts.* Newbury Park: Sage Publications.

Curschmann, Michael (1999) „Wort – Schrift – Bild. Zum Verhältnis von volkssprachigem Schrifttum und bildender Kunst vom 12. bis zum 16. Jahrhundert", in: W. Haug, Hg., *Mittelalter und frühe Neuzeit.* Tübingen: Niemeyer, 378–470.

Curschmann, Michael (2007) „Epistemologisches am Schnittpunkt von Wort und Bild", in: ders., *Wort, Bild, Text. Studien zur Medialität des Literarischen in Hochmittelalter und früher Neuzeit.* Bd. 1–2. (Saecula spiritalia 43/44) Baden-Baden: Valentin Koerner, 21–67.

Daniel, Ute (1993) „‚Kultur' und ‚Gesellschaft'. Überlegungen zum Gegenstandsbereich der Sozialgeschichte", in: *Geschichte und Gesellschaft* 19/1, 68–99.

De Certeau, Michel (1988) *Kunst des Handelns.* Berlin: Merve.

Derrida, Jacques (1988) *Limited Inc.* Evanston: North Western UP.

Dohrn van Rossum, Gerhard (1992) *Die Geschichte der Stunde. Uhren und die moderne Zeitordnung.* München/Wien: Hanser.

Döring, Jörg / Thielmann, Tristan et al., Hgg., (2008) *Spatial Turn. Das Raumparadigma in den Kultur- und Sozialwissenschaften.* Bielefeld: transcript.

Douglas, Mary (1974) *Ritual, Tabu und Körpersymbolik. Sozialanthropologische Studien in Industriegesellschaft und Stammeskultur.* Frankfurt a. M.: Fischer.

Duden, Barbara (1991) *Geschichte unter der Haut.* Stuttgart: Klett-Cotta.

During, Simon, Hg., (2005) *Cultural Studies. A Critical Introduction.* London: Routledge.

Dülmen, Richard van (1995) „Historische Kulturforschung zur Frühen Neuzeit. Entwicklung – Probleme – Aufgaben", in: *Geschichte und Gesellschaft* 21, 403–429.

Eagleton, Terry (2001) *Was ist Kultur? Eine Einführung.* München: Beck.

Ecker, Gisela, Hg., (1999) *Trauer tragen, Trauer zeigen. Inszenierungen der Geschlechter.* München: Fink.

Eco, Umberto (1972) *Einführung in die Semiotik.* München: UTB Fink.

Edel, Leon (1974) „Novel and Camera", in: J. Halperin, Hg., *The Theory of the Novel.* New Essays. Oxford: Oxford UP, 177–188.

Edensor, Tim (2002) *National Identity, Popular Culture and Everyday Life.* Oxford: Berg.

Ehlich, Konrad (1983) „Text und sprachliches Handeln. Die Entstehung von Texten aus dem Bedürfnis nach Überlieferung", in: A. Assmann, C. Hardmeier, Hgg., (1993) *Schrift und Gedächtnis. Archäologie der literarischen Kommunikation.* München: Wilhelm Fink, 24--43.

Eisenstein, Elizabeth (1997) *The Printing Press as an Agent of Change. Communications and Cultural Transformations in Early-modern Europe.* Cambridge: Cambridge UP.

Elias, Norbert (1977) *Über den Prozess der Zivilisation. Soziogenetische und psychogenetische Untersuchungen.* Bd. 2: Wandlungen der Gesellschaft: Entwurf zu einer Theorie der Zivilisation. Frankfurt a. M.: Suhrkamp.

Elias, Norbert (1997) *Über den Prozess der Zivilisation. Soziogenetische und psychogenetische Untersuchungen.* Bd. 1: Wandlungen des Verhaltens in den weltlichen Oberschichten des Abendlandes. Frankfurt a. M.: Suhrkamp.

Ellis, Havelock (1918) *The Erotic Rights of Women; and, The Objects of Marriage. Two Essays.* Battersea: Battley Bros.

Erll, Astrid (2005) *Kollektives Gedächtnis und Erinnerungskulturen. Eine Einführung.* Stuttgart/Weimar: Metzler.

Erll, Astrid / Nünning, Ansgar, Hgg., (2005) *Gedächtniskonzepte der Literaturwissenschaft. Theoretische Grundlegung und Anwendungsperspektiven.* Berlin: de Gruyter.

Erll, Astrid und Nünning, Ansgar, Hgg., (2008) *Cultural Memory Studies. An International and Interdisciplinary Handbook.* Berlin/New York: de Gruyter.

Ernst, Wolfgang / Cornelia Vismann, Hgg., (1998) *Geschichtskörper. Zur Aktualität von Ernst Kantorowicz.* München: Fink.

Erzgäber, Willi (1998) *James Joyce. Mündlichkeit und Schriftlichkeit im Spiegel experimenteller Erzählkunst.* Tübingen: Narr.

Ette, Ottmar (2005) *Zwischen Welten schreiben. Literaturen ohne festen Wohnsitz.* Berlin: Kulturverlag Kadmos.

Fahlenbrach, Kathrin, Hg., (2005) *Medien, Macht, Wahrnehmung. Mediale Dispotive des Sehens und Hörens.* Frankfurt a. M.: Lang.

Falk, Julia S. (1995) „Roman Jakobson and North American Linguistics", in: *Historiographia Linguistica,* 23/3, 335–367.

Faulstich, Werner (2000) *Medienkulturen.* München: Fink.

Featherstone, Mike, Hg., (1995) *Global Modernities.* London: Sage Publications.

Felman, Shoshana / Laub, Dori (1992) *Testimony. Crises of Witnessing in Literature, Psychoanalysis and History.* New York: Routledge.

Fiedler, Leslie A. (1988) „Überquert die Grenze, schließt den Graben! Über die Postmoderne", in: W. Welsch, Hg., *Wege aus der Moderne. Schlüsseltexte der Postmoderne-Diskussion.* Weinheim: VHC, 57–74.

Fischer-Lichte, Erika (1983) *Semiotik des Theaters.* Tübingen: Narr.

Fisher, Philip (1997) *The Making and Effacing of Art. Modern American Art in a Culture of Museums.* Cambridge, MA: Harvard UP.

Fisher, Philip (2002) *The Vehement Passions.* Princeton: Princeton UP.

Fiske, John (1989) *Understanding Popular Culture.* Boston: Unwin Hyman.

Flasch, Kurt (1992) „Historische Arbeit an Zeichen", in: T. Borsche, W. Stegmeier, Hgg., *Zur Philosophie des Zeichens.* Berlin/New York: de Gruyter, 136–149.

Flusser, Vilém (1999) *Medienkultur.* Frankfurt a. M.: Fischer.

Foucault, Michel (1973) *Wahnsinn und Geselschaft. Eine Geschichte des Wahns im Zeitalter der Vernunft.* Frankfurt a. M.: Suhrkamp.

Foucault, Michel (1985) „Freiheit und Selbstsorge", in: H. Becker, Hg., *Freiheit und Selbstsorge. Interview 1984 und Vorlesung 1982.* Frankfurt a. M.: Materialis, 7–28.

Foucault, Michel (1988) *Die Geburt der Klinik. Eine Archäologie des ärztlichen Blicks.* Frankfurt a. M.: Fischer.

Foucault, Michel (1991) *Sexualität und Wahrheit.* Frankfurt a. M.: Suhrkamp.

Foucault, Michel (2004) *Überwachen und Strafen. Die Geburt des Gefängnisses.* Frankfurt a. M.: Suhrkamp.

Frisby, David (1985) *Fragments of Modernity. Theories of Modernity in the Work of Simmel, Kracauer, and Benjamin.* Cambridge: Polity.

Fröhlich, Melanie (2008) *Zeitkonzeptionen in Erzähltheorie und Kulturwissenschaft. Ein kritischer Vergleich.* Saarbrücken: VDM.

Frühwald, Wolfgang et al., Hgg., (1991) *Geisteswissenschaften heute.* Frankfurt a. M.: Suhrkamp.

Gallagher, Jane / Greenblatt, Stephen (2000) *Practising New Historicism.* Chicago: Chicago UP.

Garcia, Reyes (1983) „Senses of Place in Ceremony", in: *Melus – The Journal of the Society for the Study of the Multi-Ethnic Literature of the United States* 10, 37–48.

Gates, Henry Louis (1988) *The Signifying Monkey. A Theory of Afro-American Literary Criticism.* London: Oxford UP.

Geertz, Clifford (1999) *Dichte Beschreibung. Beiträge zum Verstehen kultureller Systeme.* Frankfurt a. M.: Suhrkamp.

Giesecke, Michael (1991) *Der Buchdruck in der frühen Neuzeit. Eine historische Fallstudie über die Durchsetzung neuer Informations- und Kommunikationstechnologien.* Frankfurt a. M.: Suhrkamp.

Gilbert, Sandra M. / Gubar, Susan (1979) *The Madwoman in the Attic. The Woman Writer and the Ninetheenth-Century Literary Imagination.* New Haven/London: Yale UP.

Ginzburg, Carlo (1983) *Spurensicherungen. Über verborgene Geschichte, Kunst und soziales Gedächtnis.* Berlin: Wagenbach.

Goldberg, David Theo, Hg., (1994) *Multiculturalism. A Critical Reader.* Oxford: Blackwell.

Granofsky, Ronald (1995) *The Trauma Novel. Contemporary Symbolic Depictions of Collective Disaster.* New York: Lang.

Greenblatt, Stephen (1980) *Renaissance Self-Fashioning: from More to Shakespeare.* Chicago: Chicago UP.

Greenblatt, Stephen (1992) *Learning to Curse. Essays in Early Modern Culture.* New York: Routledge.

Greenblatt, Stephen (2001) *Hamlet in Purgatory.* Princeton: Princeton UP.

Greiner, Walter F. / Kemmler, Fritz, Hgg., (1979) *Realismustheorien in England (1692-1912).* Tübingen: Niemeyer.

Groebner, Valentin (2004) *Der Schein der Person. Steckbrief, Ausweis und Kontrolle im Europa des Mittelalters*. München: Beck.

Grossberg, Lawrence (1996) „The Space of Culture, the Power of Space", in: I. Chambers, L. Curti, Hgg., *The Post-Colonial Question. Common Skies, Divided Horizons*. London/New York: Routledge, 169--188.

Grossberg, Lawrence et al., Hgg., (1998) *Mediamaking. Mass Media in a Popular Culture*. Thousand Oaks, CA: Sage Publications.

Große Kracht, Klaus (2002) „Rezension zu Terry Eagletons ‚Was ist Kultur? Eine Einführung'", in: Arbitrium 19. Tübingen: Niemeyer, 262 f.

Großklaus, Götz (1997) *Medien-Zeit, Medien-Raum. Zum Wandel der raumzeitlichen Wahrnehmung in der Moderne*. Frankfurt a. M.: Suhrkamp.

Großklaus, Götz (2004) *Medien-Bilder. Inszenierung der Sichtbarkeit*. Frankfurt a. M.: Suhrkamp.

Gudehus, Christian / Eichenberg, Ariane / Welzer, Harald, Hgg., (2010) *Gedächtnis und Erinnerung. Ein interdisziplinäres Handbuch*. Stuttgart/Weimar: Metzler.

Günzel, Stephan, Hg., (2009) *Raumwissenschaften*. Frankfurt a. M.: Suhrkamp.

Hagstrum, Jean (1958) *The Sister Arts. The Tradition of Literary Pictorialism and English Poetry from Dryden to Gray*. Chicago: Chicago UP.

Halbwachs, Maurice (1985) *Das Gedächtnis und seine sozialen Bedingungen*. Frankfurt a. M.: Suhrkamp.

Hall, Stuart (1980) „„Encoding/decading'. In Centre for Contemporary Cultural Studies", in: ders. et al., Hgg., *Culture, Media, Language: Working Papers in Cultural Studies, 1972–79*. London: Hutchinson, 128–138.

Hall, Stuart (1986) „Cultural Studies: Two Paradigms", in: R. Collins et al., Hgg., *Media, Culture and Society. A Critical Reader*. London: Sage Publications, 32-48.

Hall, Stuart (1990) „The Emergence of Cultural Studies and the Crisis of the Humanities", in: *October* 53, 11-23.

Hall, Stuart et al., Hgg., (1980) *Culture, Media, Language. Working Papers in Cultural Studies*. London: Hutchinson.

Hallet, Wolfgang / Neumann, Birgit, Hgg., (2009) *Raum und Bewegung in der Literatur. Die Literaturwissenschaften und der Spatial Turn*. Bielefeld: transcript.

Hammersmith, James P. (1978) „Hamlet and the Myth of Memory", in: *English Literary History* 45, 597–605.

Haraway, Donna (1998) *Simians, Cyborgs, and Women*. London: Free Association Books.

Harms, Wolfgang, Hg., (1990) *Text und Bild. Bild und Text* (DFG-Symposium 1988) Stuttgart: Metzler.

Haug, Walter, Hg., (1999) *Mittelalter und frühe Neuzeit. Übergänge, Umbrüche, Neuansätze*. Tübingen: Niemeyer.

Havelock, Eric (1982) *The Literate Revolution in Greece and its Consequences*. Princeton: UP.

Havelock, Eric (1986) *The Muse Learns to Write. Reflections on Orality and Literacy from Antiquity to the Present*. New Haven: Yale UP.

Havelock, Eric (1990) *Die Schriftrevolution im antiken Griechenland*. Weinheim: VCH.

Haverkamp, Anselm (1991) „Auswendigkeit. Das Gedächtnis der Rhetorik", in: ders., R. Lachmann, Hgg., *Gedächtniskunst. Raum – Bild – Schrift: Studien zur Mnemotechnik*. Frankfurt a. M.: Suhrkamp, 25–52.

Hayles, Nancy Katherine (1999) *How We Became Posthuman. Virtual Bodies in Cybernetics, Literature, and Informatics.* Chicago: Chicago UP.

Heger, Klaus (1976) *Monem, Wort, Satz und Text.* Tübingen: Niemeyer.

Helbig, Jörg, Hg., (1998) *Intermedialität. Theorie und Praxis eines interdisziplinären Forschungsgebiets.* Berlin: Erich Schmidt.

Helgerson, Richard (1976) *The Elizabethan Prodigals.* Berkeley: California UP.

Hepp, Andreas, Hg. (1999) *Kultur – Medien – Macht. Cultural Studies und Medienanalyse.* Opladen: Westdeutscher Verlag.

Herrmann, Douglas J. (2000) *Gedächtnis-Training. Über 70 Methoden, das Lernen und Einprägen zu verbessern.* Niedernhausen: BassermannVerlag.

Hess-Lüttich, Ernest W. B. / Müller, Jürgen E. / van Zoest, A. J. A., Hgg., (1998) *Signs & Space.* Tübingen: Narr.

Hessel Franz (1984) *Ein Flaneur in Berlin.* Berlin: Arsenal.

Hill Rigney, Barbara (1978) *Madness and Sexual Politics in the Feminist Novel. Studies in Bronte, Woolf, Lessing and Atwood.* Madison: Wisconsin UP.

Honnefelder, Gottfried, Hg., (1989) *Was also ist die Zeit? Erfahrungen der Zeit.* Frankfurt a. M.: Insel Verlag.

Horn, Eva (1998) *Trauer Schreiben. Die Toten im Text der Goethezeit.* München: Fink.

Hörning, Karl H. / Winter, Rainer, Hgg., (2005) *Widerspenstige Kulturen. Cultural Studies als Herausforderung.* Frankfurt a. M.: Suhrkamp.

Humm, Maggie (2003) *Modernist Women and Visual Cultures. Virginia Woolf, Vanessa Bell, Photography and Cinema.* New Brunswick, NJ: Rutgers UP.

Jaeger, Friedrich et al., Hgg., (2004) *Handbuch der Kulturwissenschaften.* Bd. 1-3. Stuttgart: Metzler.

Jäger, Ludwig (1997) „Die Medialität der Sprachzeichen. Zur Kritik des Repräsentationsbegriffs aus der Sicht des semiologischen Konstruktivismus", in: M. Lieber, W. Hirdt, Hgg., *Kunst und Kommunikation. Betrachtungen zum Medium Sprache in der Romania.* Tübingen: Stauffenburg, 199–220.

Jahraus, Oliver (2003) *Literatur als Medium. Sinnkonstruktion und Subjekterfahrung zwischen Bewusstsein und Kommunikation.* Weilerswist: Vellbrück Verlag.

Jakobson, Roman (1960) „Closing Statement. Linguistics and Poetics", in: T. Sebeok, Hg., *Style in Language.* Cambridge, MA: MIT Press, 350-377.

Jameson, Frederic (1982) *The Political Unconscious. Narrative as a Socilly Symbolic Act.* London: Methuen.

Jochum, Uwe (1999) *Kleine Bibliotheksgeschichte.* Stuttgart: Reclam.

Kablitz, Andreas, Hg., (2003) *Zeit und Text: philosophische, kulturanthropologische, literarhistorische und linguistische Beiträge.* München: Fink.

Kany, Roland (1987) *Mnemosyne als Programm. Geschichte, Erinnerung und die Andacht zum Unbedeutenden im Werk von Usener, Warburg und Benjamin.* Tübingen: Niemeyer.

Kantorowicz, Ernst (1957) *The King's Two Bodies. A Study in Medieval Political Theology.* Princeton: Princeton UP.

Kaschuba, Wolfgang (2004) *Die Überwindung der Distanz. Zeit und Raum in der europäischen Moderne.* Frankfurt a. M.: Fischer.

Kastendiek, Hans / Sturm, Roland, Hgg., (³2007) *Länderbericht Großbritannien* (Schriftenreihe-Band 543 der Bundeszentrale für Politische Bildung/bpb), Bonn.

Kern, Stephen (2003) *The Culture of Time and Space: 1880-1918.* London: Harvard UP.

Kittler, Friedrich / Turk, Horst / Nassen, Ulrich, Hgg., (1980) *Austreibung des Geistes aus den Geisteswissenschaften*. Paderborn: Schoeningh.

Koselleck, Reinhart (2000) *Zeitschichten. Studien zur Historik*. Frankfurt a. M.: Suhrkamp.

Krämer, Sibylle, Hg., (1998) *Medien – Computer – Realität. Wirklichkeitsvorstellungen und Neue Medien*. Frankfurt a. M.: Suhrkamp.

Kripke, Saul (1980) *Naming and Necessity*. Cambridge, MA: Harvard UP.

Kümmel, Albert et al., Hgg., (2004) *Einführung in die Geschichte der Medien*. Paderborn: Fink UTB.

Landsberg, Alison (2004) *Prosthetic Memory. The Transformation of American Remembrance in the Age of Mass Culture*. New York: Columbia UP.

Laurenson, Diana / Swingewood, Alan (1972) *The Sociology of Literature*. London: MacGibbon & Kee.

Leavis, F. R. (1948) *The Great Tradition*. London: Chatto & Windus.

Lefèbvre, Henri (1991) *The Production of Space*. (frz. 1974) Oxford: Blackwell.

Leistyna, Pepi (2005) *Cultural Studies. From Theory to Action*. Malden, MA: Blackwell.

Liebrand, Claudia / Schneider, Irmela, Hgg., (2002) *Medien in Medien*. Mediologie 6. Köln: Dumont.

Lippe, Rudolf zur (1987) *Sinnenbewusstsein. Grundlegung einer anthropologischen Ästhetik*. Reinbek: Rowohlt.

List, Elisabeth / Fiala, Erwin, Hgg., (2004) *Grundlagen der Kulturwissenschaft. Interdisziplinäre Kulturstudien*. Tübingen/Basel: Francke.

Lull, James (2000) *Media, Communication, Culture. A Global Approach*. Cambridge: Polity Press.

Lüsebrink, Hans-Jürgen (2005) *Interkulturelle Kommunikation. Interaktion, Fremdwahrnehmung, Kulturtransfer*. Stuttgart/Weimar: Metzler.

Mainberger, Sabine (1995) *Schriftskepsis: Von Philosophen*, München, Buchhaltern und Kalligraphen. München: Fink.

Marcuse, Herbert (1964) *One-Dimensional Man: Studies in the Ideology of Advanced Industrial Society*. Boston: Beacon.

Margalit, Avishai (2003) *The Ethics of Memory*. Cambridge, MA: Harvard UP.

Marquard, Odo (1981) *Abschied vom Prinzipiellen. Philosophische Stduien*. Stuttgart: Reclam.

Mauss, Marcel (1979) „Body Techniques", in: ders. *Sociology and Psychology. Essays*. (1950), London: Routledge and Kegan Paul, 95–119.

Mayer, Ruth (1999) „Vielbevölkerte Zone", in: J. Engelmann, Hg., *Die kleinen Unterschiede. Der Cultural Studies Reader*. Frankfurt/New York: Campus, 231–243.

Mayer, Ruth (2002) *Artificial Africas. Colonial Images in the Times of Globalization*. Hanover, NH: UP of New England.

McLuhan, Marshall (1962) *The Gutenberg Galaxy. The Making of Typographic Man*. London: Routledge.

Mead, George Herbert (1993) *Geist, Identität und Geselschaft aus der Sicht des Sozialbehaviorismus*. Frankfurt a. M.: Suhrkamp.

Mersch, Dieter, Hg., (1998) *Zeichen über Zeichen. Texte zur Semiotik von Peirce bis Eco und Derrida*. München: dtv.

Middeke, Martin, Hg., (2002) *Zeit und Roman. Zeiterfahrung im historischen Wandel und ästhetischer Paradigmenwechsel vom sechzehnten Jahrhundert bis zur Postmoderne.* Würzburg: Königshausen & Neumann.

Miller, J. Hillis (1995) *Topographies.* Stanford: Stanford UP.

Minnis, Alastair J. (1984) *Medieval Theory of Authorship.* London: Scolar Press.

Mitchell, W. J. T. (1986) *Iconology. Image, Text, Ideology.* Chicago: Chicago UP.

Mitchell, W. J. T. (1994) *Picture Theory.* Chicago/London: Chicago UP.

Mitchell, W. J. T. (2005) *What Do Pictures Want? The Lives and Loves of Images.* Chicago: Chicago UP.

Mitchel, W. J. T. (2008) *Das Leben der Bilder. Eine Theorie der visuellen Kultur.* München: C.H. Beck.

Mittelstraß, Jürgen (1996) „Die unheimlichen Geisteswissenschaften" (Akademievorlesung am 9. Februar 1995) in: *Berlin-Brandenburgische Akademie der Wissenschaften. Berichte und Abhandlungen* Berlin, 215–235.

von Moos, Peter, Hg., (2004) *Unverwechselbarkeit. Persönliche Identität und Identifikation in der vormodernen Gesellschaft.* Köln/Weimar: Böhlau.

Morley, David (1992) *Television, Audiences and Cultural Studies.* London/New York: Routledge.

Müller, Jan-Dirk, Hg., (1996) *‚Aufführung' und ‚Schrift' in Mittelalter und früher Neuzeit.* Stuttgart/Weimar: DFG

Mukařovský, Jan (1967) „Die poetische Benennung und die ästhetische Funktion der Sprache", in: ders.: *Kapitel aus der Poetik.* Frankfurt a. M.: Suhrkamp, 44 f.

Nelson, Robert M. (1993) „Place, Vision, and Identity in Native American Literatures", in: D. Morrison, Hg., (1997) *American Indian Studies.* New York: Peter Lang, 265–283.

Neumann, Gerhard (2000) *Lesbarkeit der Kultur. Literaturwissenschaften zwischen Kulturtechnik und Ethnographie.* München: Fink.

Niethammer, Lutz (2000) *Kollektive Identität. Heimliche Quellen einer unheimlichen Konjunktur.* Reinbek: Rowohlt.

Nowotny, Helga (1996) „Die Erfindung der Zwischenwelt. Zwischenräume, Zwischenzeiten, Zwischen Niemand und Jemand", in: B. Felderer, Hg., *Wunschmaschine Welterfindung. Eine Geschichte der Technikvisionen seit dem 18. Jahrhundert.* Wien/New York: Springer, 8–23.

Nünning, Ansgar, Hg., (1998) *Metzler Lexikon Literatur- und Kultturtheorie.* Stuttgart: Metzler.

Nünning, Ansgar / Nünning, Vera, Hgg., (2003) *Konzepte der Kulturwissenschaften.* Stuttgart: Metzler.

Nünning, Ansgar / Sommer, Roy, Hgg., (2004) *Kulturwissenschaftliche Literaturwissenschaft. Disziplinäre Ansätze – Theoretische Positionen – Transdisziplinäre Perspektiven.* Tübingen: Narr.

Nussbaum, Martha (1999) „‚Secret Sewers of Vice': Disgust, Bodies, and the Law", in: S. Bandes, Hg., *The Passions of Law. Critical America.* New York/London: New York UP, 19–62.

Öhlschläger, Claudia / Wiens, Birgit Hgg., (1997) *Körper – Gedächtnis – Schrift. Der Körper als Medium kultureller Erinnerung.* (Geschlechterdifferenz & Literatur, Bd. 7.) Berlin: Erich Schmidt.

Ong, Walter J. (1982) *Orality and Literacy. The Technologizing of the Word.* London: Methuen.

Ostendorf, Bernd (1983) *Amerikanische Gettoliteratur. Zur Literatur marginaler und unterdrückter Gruppen in Amerika*. Darmstadt: Wissenschaftliche Buchgesellschaft.

Osterhammel, Jürgen (2003) *Kolonialismus: Geschichte – Formen – Folgen*. München: Beck.

Pearsall, Derek (1985) „Middle English Romance and its Audiences", in: Arn, Wirtjes, Jansen, Hgg., *Historical and Editorial Studies in Medieval and Early Modern English for Johan Gerritsen*. Groningen: Welters-Noordhoff, 37–47.

Peirce, Charles Sanders (1983) *Phänomen und Logik der Zeichen*. Frankfurt a. M.: Suhrkamp.

Pethes, Nicholas / Ruchatz, Jens, Hgg., (2001) *Gedächtnis und Erinnerung. Ein interdisziplinäres Lexikon*. Reinbek: Rowohlt.

Pfotenhauer, Helmut (1987) *Literarische Anthropologie. Selbstbiographien und ihre Geschichte – am Leitfaden des Leibes*. Stuttgart: Metzler.

Pias, Claus et al., Hgg., (1999) *Kursbuch Medienkultur. Die maßgeblichen Theorien von Brecht bis Baudrillard*. Stuttgart: DVA.

Pirner, Manfred L., Hg., (2003) *Homo medialis. Perspektiven und Probleme einer Anthropologie der Medien*. München: kopaed-Verlag.

Plessner, Helmuth (1928) „Die Stufen des Organischen und der Mensch. Einleitung in die philosophische Anthropologie", in: G. Dux, O. Marquard, E. Ströker, Hgg., (1981) *Gesammelte Schriften Band IV*. Frankfurt a. M.: Suhrkamp.

Plett, Heinrich F. (1975) *Rhetorik der Affekte. Englische Wirkungsästhetik im Zeitalter der Renaissance*. Tübingen: Niemeyer.

Pöppel, Ernst (1988) *Grenzen des Bewusstseins. Über Wirklichkeit und Welterfahrung*. Stuttgart: DVA.

Poltermann, Andreas, Hg., (1995) *Literaturkanon – Medienereignis – kultureller Text*. Berlin: Erich Schmidt.

Posner, Roland (1997) *Semiotik. Ein Handbuch zu den zeichentheoretischen Grundlagen von Natur und Kultur*. Berlin/New York: de Gruyter.

Pratt, Mary Louise (1986) „Fieldwork in Common Places", in: J. Clifford, G. Marcus, Hgg., *Writing Culture. The Poetics and Politics of Ethnography*. Berkeley: University of California Press, 27–50.

Rabb, Jane M., Hg., (1995) *Literature and Photography. Interactions 1840–1990. A Critical Anthology*. Albuquerque: University of New Mexico Press.

Radstone, Susannah / Schwarz, Bill, Hgg., (2010) *Memory: Histories, Theories, Debates*. New York: Fordham UP.

Rand, Nicholas (1991) „Kann man nach Freud noch Hamlet lesen?", in: *Psyche* 8, 675–690.

Readings, Bill (1997) *The University in Ruins*. Cambridge: Harvard UP.

Reich, Charles A. (1995) *The Greening of America*. New York: Crown Trade.

Renner, Ursula (2005) „Schädel-Meditationen. Zur Kulturgeschichte eines Denkmodells", in: W. Hulk, U. Renner, Hgg., *Biologie, Psychologie, Poetologie*. Würzburg: Königshausen & Neumann, 171-200.

Ricoeur, Paul (1991) *Zeit und Erzählung*. München: Fink.

Ricoeur, Paul (1996) *Das Selbst als Anderer*. München: Fink.

Riedel, Wolfgang (1996) *Homo Natura. Literarische Anthropologie um 1900*. Berlin: de Gruyter.

Rieger, Stefan (1995) „Autorfunktion und Buchmarkt", in: M. Pechlivanos, S. Rieger, W. Struck, M. Weitz, Hgg., *Einführung in die Literaturwissenschaft*. Stuttgart: Metzler, 147-163.

Rippl, Gabriele, Hg., (1993) *Unbeschreiblich weiblich. Texte zur feministischen Anthropologie.* Frankfurt a. M.: Fischer.

Rippl, Gabriele (2005) *Beschreibungs-Kunst. Zur intermedialen Poetik angloamerikanischer Ikontexte (1880-2000)* München: Fink.

Röckl, Barbara (2006) *Through a Glass, Darkly. The Mirror Metaphor in Texts by Richard Wright, James Baldwin and Ralph Ellison.* Dissertation, Konstanz.

Rosenthal (2004) „The Other American Renaissance. Sisam Warmer's ‚The Wide, Wide World'", in: A. Assmann; M. Frank, Hgg., *Vergessene Texte.* Konstanz: Universitätsverlag, 83-104.

Rüsen, Jörn (1990) *Zeit und Sinn. Strategien historischen Denkens.* Frankfurt a. M.: Fischer.

Sartre, Jean-Paul (1964) *Was ist Literatur? Ein Essay.* Hamburg: Rowohlt.

de Saussure, Ferdinand (1916) *Cours de linguistique générale.* (C. Bally, A. Sechehaye, Hgg.) Lausanne/Paris: Payot.

Scarry, Elaine (1985) *The Body in Pain. The Making and Unmaking of the World.* London: Oxford UP.

Schacter, Daniel L. (2001) *Seven Sins of Memory. How the Mind Forgets and Remembers.* Boston: Houghton Mifflin.

Schapiro, Meyer (1996) *Words, Script and Pictures. Semiotics of Visual Language.* New York: George Braziller Inc.

Schenda, Rudolf (1976) *Die Lesestoffe der Kleinen Leute. Studien zur populären Literatur im 19. und 20. Jahrhundert.* München: Beck.

Scherpe, Klaus (1999) „Kanon – Text – Medium. Kulturwissenschaftliche Motivationen für die Literaturwissenschaft", in: W. Schmidt-Dengler, A. Schwob, Hgg., *Germanistik im Spannungsfeld zwischen Philologie und Kulturwissenschaft.* Wien: Edition Praesens, 19–35.

Schivelbusch, Wolfgang (1977) *Geschichte der Eisenbahnreise. Zur Industrialisierung von Raum und Zeit im 19. Jahrhundert.* München: Hanser.

Schlögel, Karl (2003) *Im Raume lesen wir die Zeit. Über Zivilisationsgeschichte und Geopolitik.* München: Hanser.

Schmidt, Siegfried J. (2000) *Kalte Faszination. Medien, Kultur, Wissenschaft in der Mediengesellschaft.* Weilerswist: Velbrück Wissenschaft.

Schmitt, Peter J. (1969) *Back to Nature. The Arcadian Myth in Urban America.* London: Oxford UP.

Schmitz-Emans, Monika / Schmeling, Manfred, Hgg., (1999) *Das visuelle Gedächtnis der Literatur.* Würzburg: Königshausen & Neumann.

Schnell, Ralf, Hg., (2007) *Mediennutzung, Medienwirkung, Medienregulierung.* Stuttgart: Metzler.

Schorske, Carl (1999) „Grace and the Word. Austria's Two Cultures and Their Modern Fate", in: ders. *Thinking with History, Explorations in the Passage to Modernism.* Princeton: Princeton UP, 125–140.

Schwab, Gabriele (1994) *Subjects without Selves. Transitional Texts in Modern Fiction.* Cambridge/London: Harvard UP.

Schweizer, Nikolaus Rudolf (1972) *The Ut Pictura Poesis Controversy in Eighteenth-Century England and Germany.* Bern/Frankfurt a. M.: Lang.

Segeberg, Harro (2003) *Literatur im Medienzeitalter. Literatur, Technik und Medien seit 1914.* Darmstadt: Wissenschaftliche Buchgesellschaft.

Shilling, Chris (1993) *The Body and Social Theory.* London: Sage.

Simon, Josef (1989) *Die Philosophie des Zeichens.* Berlin: de Gruyter.

Simon, Josef (1994) *Zeichen und Interpretation.* Frankfurt a. M.: Suhrkamp.

Simonis, Annette, Hg., (2000) *Zeitwahrnehmung und Zeitbewusstsein der Moderne.* Bielefeld: Aisthesis.

Soja, Edward W. (1989) *Postmodern Geographies. The Reassertion of Space in Critical Social Theory.* London/New York: Verso.

Sollers, Werner (1986) *Beyond Ethnicity. Consent and Descent in American Culture.* London: Oxford UP.

Sontag, Susan (2003) *Regarding the Pain of Others.* New York: Farrar, Strauss and Giroux.

Stafford, Barbara M. (1991) *Body Criticism. Imaging the Unseen in Enlightenment Art and Medicine.* Cambridge, MA.: MIT-Verlag.

Starobinski, Jean (1991) *Kleine Geschichte des Körpergefühls.* Frankfurt a. M.: Fischer.

Stegmeier, Werner (1994) „Weltabkürzungskunst. Orientierung durch Zeichen", in: J. Simon, Hg., *Zeichen und Interpretation.* Frankfurt a. M.: Suhrkamp, 119–141.

Stein, Mark (2004) *Black British Literature. Novels of Transformation.* Columbus, OH: Ohio State UP.

Steiner, George (1997) *Der Garten des Archimedes.* München: Hanser.

Steiner, Uwe C. (1997) „Können die Kulturwissenschaften eine neue moralische Funktion beanspruchen? Eine Bestandsaufnahme", *DVjS* 71/1, März.

Sternberg, Meir (1999) „The Laokoon Today. Interart Relations, Modern Projects and Projections", in: *Poetics Today* 20/2, 291–379.

Stierstorfer, Klaus / Volkmann, Laurenz, Hgg., (2005) *Kulturwissenschaft interdisziplinär.* Tübingen: Narr.

Teichert, Dieter (2000) *Personen und Identitäten.* Berlin: de Gruyter.

Teske, Doris (2002) *Cultural Studies. GB – Anglistik – Amerikanistik.* Berlin: Cornelsen.

Todorov, Tzvetan (1995) *Symboltheorien.* Tübingen: Niemeyer.

Trabant, Jürgen (1996) *Elemente der Semiotik.* Tübingen/Basel: Verlag.

Trabant, Jürgen (1999a) „Zeichen – Sprache", in: H. Bosse, U. Renner, Hgg., *Literaturwissenschaft – Einführung in ein Sprachspiel.* Reihe Grundkurs. Bd. 3. Freiburg: Rombach, 31–47.

Trabant, Jürgen (1999b) „Wo ist eigentlich die Literatursemiotik geblieben?", in: E. Goebel, W. Klein, Hgg., *Literaturforschung heute.* Berlin: Akademie Verlag, 269–275.

Trilling, Lionel (1972) *Sincerity and Authenticity.* London: Oxford UP.

Tschachler, Heinz (1990) *Ökologie und Arkadien. Natur und nordamerikanische Kultur der siebziger Jahre.* Frankfurt a. M./Bern/New York: Lang.

Turner, Frederick Jackson (1963) „The Significance of the Frontier in American History", in: ders. (H. P. Simonson, Hg.) *The Significance of the Frontier in American History.* New York: Ungar 27–58.

Tyler, Edward Burnett (1958) *Primitive Culture.* (1871) New York: Harper & Row.

Uricchio, William / Kinnebrock, Susanne, Hgg., (2006) *Media Cultures.* Heidelberg: Universitätsverlag Winter.

Vidler, Anthony (1992) *The Architectural Uncanny – Essays in the Modern Unhomely.* Cambridge, MA: MIT Press.

Vinken, Barbara, Hg., (1992) *Dekonstruktiver Feminismus. Literaturwissenschaft in Amerika.* Frankfurt a. M.: Suhrkamp.

Waechter, Matthias (1996) *Die Erfindung des amerikanischen Westens. Die Geschichte der Frontier-Debatte.* Freiburg: Rombach.

Waldenfels, Bernhard (1990) *Der Stachel des Fremden.* Frankfurt a. M.: Suhrkamp.

Waldenfels, Bernhard (2000) *Das leibliche Selbst, Vorlesungen zur Phänomenologie des Leibes.* Frankfurt a. M.: Suhrkamp.

Waldenfels, Bernhard (2001) *Verfremdung der Moderne. Phänomenologische Grenzgänge.* Göttingen: Wallenstein-Verlag.

Warburg, Aby M. (1980) *Ausgewählte Schriften und Würdigungen.* (Dieter Wuttke, Hg.) Baden-Baden: Koerner.

Weigel, Sigrid (2004) „Zum ‚topographical turn'. Raumkonzepte in den Cultural Studies und den Kulturwissenschaften", in: dies. *Literatur als Voraussetzung der Kulturgeschichte.* Schauplätze von Shakespeare bis Benjamin. München: Fink, 233–247.

Weinrich, Harald (1998) *Lethe. Kunst und Kritik des Vergessens.* München: Beck.

Welsch, Wolfgang, Hg., (1994) „Transkulturalität. Lebensformen nach der Auflösung der Kulturen", in: K. Lugert, R. Renger. Hgg., *Dialog der Kulturen. Die multikulturelle Gesellschaft und die Medien.* Wien: Österreichischer Kunst- und Kulturverlag, 147–149.

Wende, Waltraud (2004) Kultur – Medien – Literatur. Literaturwissenschaft als Medienkulturwissenschaft. Würzburg: Könighausen & Neumann.

White, Hayden (1973) *Metahistory. The Historical Imagination in Nineteenth Century Europe.* Baltimore: Johns Hopkins UP.

Whitrow, G. J. (1991) *Die Erfindung der Zeit.* Hamburg: Junius.

Wierlacher, Alois, Hg., (1993) *Kulturthema Essen. Ansichten und Problemfelder.* Berlin: Akademieverlag.

Williams, Raymond (1958) *Culture and Society.* Harmondsworth: Penguin Books.

Williams, Raymond (1976) *Keywords. A Vocabulary of Culture and Society.* Glasgow: Fontana.

Wilson, John Dover (1966) *What Happens in ‚Hamlet'.* Cambridge: Cambridge UP.

Winkels, Hubert (1997) *Leselust und Bildermacht. Über Literatur, Fernsehen und neue Medien.* Köln: Kiepenhauer & Witsch.

Wirth, Uwe, Hg., (2002) *Performanz. Zwischen Sprachphilosophie und Kulturwissenschaften.* Frankfurt a. M.: Suhrkamp.

Wischermann, Clemens, Hg., (2000) *Körper mit Geschichte. Der menschliche Körper als Ort der Selbst- und Weltdeutung.* (Studien zur Geschichte des Alltags, Bd. 17.) Stuttgart: Steiner.

Woodmansee, Martha, Hg., (1983) *Erkennen und Deuten. Essays zur Literatur und Literaturtheorie. Edgar Lohner in memoriam.* Berlin: Erich Schmidt.

Woodward, Kathrin (1977) *Identity and Difference.* London: Sage Publications.

Wright, Richard / Rosskam, Edwin (1988) *Twelve Million Black Voices.* (1941) New York: Thunder's Mouth Press.

Wulf, Christoph, Hg., (1985) *Lust und Liebe. Wandlungen der Sexualität.* München: Piper.

Wulf, Christoph, Hg., (1997) *Vom Menschen. Handbuch Historische Anthropologie.* Weinheim: Beltz.

Wulf, Christoph (2004) *Anthropologie – Geschichte, Kultur, Philosophie.* Reinbek: Rowohlt.

Yates, Frances (2001) *The Art of Memory.* Chicago: Chicago UP.

Sachregister

Namensregister